商业汇票操作实务与风控手册

任恩林 赵伟喆 编著

责任编辑:黄海清
责任校对:刘　明
责任印制:程　颖

图书在版编目(CIP)数据

商业汇票操作实务与风控手册/任恩林,赵伟喆编著.—北京:中国金融出版社,2020.4
　　ISBN 978-7-5220-0438-9

Ⅰ.①商…　Ⅱ.①任…赵…　Ⅲ.①承兑汇票—手册　Ⅳ.①F830.46-62

中国版本图书馆 CIP 数据核字(2020)第000716号

商业汇票操作实务与风控手册
Shangye Huipiao Caozuo Shiwu yu Fengkong Shouce
出版
发行　中国金融出版社
社址　北京市丰台区益泽路2号
市场开发部　(010)63266347,63805472,63439533(传真)
网上书店　http://www.chinafph.com
　　　　　(010)63286832,63365686(传真)
读者服务部　(010)66070833,62568380
邮编　100071
经销　新华书店
印刷　保利达印务有限公司
尺寸　185毫米×260毫米
印张　21.25
字数　418千
版次　2020年4月第1版
印次　2020年4月第1次印刷
定价　75.00元
ISBN 978-7-5220-0438-9
如出现印装错误本社负责调换　联系电话(010)63263947

序

我国票据市场自20世纪80年代起步以来,迄今已有四十多年的发展历史。四十年多间,经历了从无到有、规模逐步扩大、参与主体越发广泛、制度建设和基础设施越发完善的巨变。尤其是2009年10月以来,中国人民银行建成电子商业汇票系统(ECDS)并投产运行,我国票据市场正式进入电票时代。电子商业汇票的出现使票据业务步入了快速发展的轨道,并有助于票据电子化、标准化产品的创新。票据业务的价值创造、规模调节、流动性调节等功能被充分发掘。

2016年12月8日,上海票据交易所正式挂牌成立,标志着全国统一的票据市场基础设施正式建立,中国票据市场正式进入票交所时代。至此,中国票据市场有了统一的票据交易中心、登记托管中心、清算结算中心、票据信息数据库、风险防控中枢以及货币政策操作平台。在票交所模式下,电子商业汇票承兑和贴现业务得到大幅提升,票据交易种类更加丰富,业务流程更加简化。2019年8月16日,经中国人民银行同意,上海票交所创设2019年第一期标准化票据,打开了票据资产证券化的全新篇章。显然,票据市场作为我国金融市场的重要组成部分,在金融创新不断深化、基础设施不断完备、社会信用不断完善、企业直接融资需求日益增强、国家政策大力支持的背景下,必将走上一条快速发展的道路,同时将迎来票据市场的新机遇、新挑战、新风险。本书在市场转变之时为广大票据从业者指明方向并保驾护航。

另外,票据市场在快速发展过程中,参与主体与参与的业务模式更加丰富,不仅需要大量的具有专业知识的人才参与其中,而且对于票据业务风险的规避以及业务模式合规性的思考也越发引人关注。诸如伪电票、冒名开具电子商业汇票、商业主体大量开具融资性票据进行融资、金融机构票据违约、票据私募基金大范围暴雷等一系列风险正在严重干扰着电子商业汇票的流通以及票据市场的正常运行。但目前市面上对于商业汇票尤其是电子商业汇票操作与风险相关的书籍还是比较稀缺的,不得不说是一个遗憾。任恩林与赵伟喆两位作者撰写的《商业汇票操作实务与风控手册》一书正是填补了这一空白。

二位作者各有所长,依托他们在票据领域多年的研究与执业经验,为读者提供了较强的理论性、应用性与操作性的参考。

任恩林系国内票据市场发展趋势、纸质票据鉴别、电子商业汇票系统运行等方面的知名专家，对电子商业汇票业务流程的处理、资金清算业务也有着全面的了解。尤其是在商票与供应链的结合方面具有丰富的经验，对多家国有大型企业商业承兑汇票业务进行多次专业性指导，对商业承兑汇票市场的发展产生深远的影响。同时任恩林长期从事票据培训工作，培训银行及各大院校达500余次，对各家商业银行票据盈利模式及案例进行收集整理并总结分析，对商业银行的票据运营提供了具体的经营模式与风控措施。

赵伟喆律师作为长期从事票据领域法律服务的律师，不仅在票据逾期处理方面具有丰富的经验，而且对于票据的基础理论与应用也很有研究。比如票据在资管、基金、保理等各类金融机构中的合规应用与风险控制，票据在企业供应链中流转结构的设计与风控，在这些方面他都展现出很强的业务素养。

两位作者撰写的《商业汇票操作实务与风控手册》一书内容全面而丰富。全书从票据中最基础的部分讲起，系统地介绍了票据的概念、种类、票面，并对商业汇票进行了详细的解说，其中不仅涉及商业汇票的基础理论与基本知识，而且包括纸质与电子商业汇票的各种要素。

本书一大亮点就是对于电子商业汇票的解读系统而全面，从电子商业汇票市场基础设施、电票票面要素讲起。以商业汇票参与主体为主线，以各类票据行为为路径，系统梳理各类票据参与主体的业务行为。其中主体不止包括直接参与汇票业务的各类主体，还包括相关主体的监管机构。在票据行为方面，全面分析了票据的出票、承兑、收票、背书转让、保证、质押、提示付款与追索等，并结合电子商业汇票系统与中国票据交易系统中的操作加以分析、说明。对票据行为及相关风险进行详细的解释。在上篇的最后，从票据的功能入手，对其具体应用及相关风险进行说明，不仅介绍了票据池这类传统应用，还包括票付通、票据资产证券化以及票据在供应链金融方面这类最新的应用案例，对票据市场的新变化与新趋势进行了展望。

《商业汇票操作实务与风控手册》一书将理论与实际操作相结合，为广大商业银行票据管理者、票据从业人员、企业财务人士、金融业务人士提供票据业务工作方面的参考，对于其他读者学习也很有帮助。

2020年3月18日

目　　录

第一章　票据基础理论 …………………………………………………… 1
第一节　票据的概念与特征 ……………………………………………… 1
　　一、票据的概念 ………………………………………………………… 1
　　二、票据的特征 ………………………………………………………… 1
第二节　票据的分类 ……………………………………………………… 3
　　一、汇票 ………………………………………………………………… 3
　　二、伪造变造假票据分析与防伪技术现状 ………………………… 11
　　三、本票 ………………………………………………………………… 18
　　四、支票 ………………………………………………………………… 20
第三节　电子商业汇票要素 ……………………………………………… 23
　　一、电子商业汇票票面要素 …………………………………………… 23
　　二、票据状态简述 ……………………………………………………… 33
第四节　电子商业汇票市场基础设施系统 ……………………………… 54
　　一、中国票据交易系统 ………………………………………………… 54
　　二、电子商业汇票系统 ………………………………………………… 60

第二章　电子商业汇票的主体 …………………………………………… 66
第一节　参与主体的分类 ………………………………………………… 66
　　一、直接参与主体 ……………………………………………………… 66
　　二、间接参与主体 ……………………………………………………… 71
第二节　监管主体 ………………………………………………………… 91
　　一、中国人民银行 ……………………………………………………… 92
　　二、中国银行保险监督管理委员会 …………………………………… 97
第三节　业务参与主体 …………………………………………………… 102
　　一、银行业金融机构 …………………………………………………… 102
　　二、财务公司 …………………………………………………………… 108
　　三、非金融机构的法人 ………………………………………………… 115

四、中央银行 ·· 120
　　五、证券公司 ·· 123
　　六、基金管理公司 ·· 129
  第四节　电子商业汇票市场基础设施 ··· 138
　　一、上海票据交易所概况 ·· 138
　　二、上海票据交易所服务内容 ··· 139
　　三、上海票据交易所的影响 ··· 149

第三章　票据行为 ·· 152
  第一节　出票 ·· 152
　　一、行为简介 ·· 152
　　二、电子商业汇票系统中的操作流程 ··· 155
　　三、相关风险与案例 ··· 166
  第二节　承兑 ·· 170
　　一、行为简介 ·· 170
　　二、电子商业汇票系统中的操作流程 ··· 175
　　三、相关风险与案例 ··· 178
  第三节　背书 ·· 189
　　一、业务简介 ·· 189
　　二、电子商业汇票系统中的操作流程 ··· 192
　　三、相关风险与案例 ··· 195
  第四节　保证 ·· 203
　　一、业务简介 ·· 203
　　二、电子商业汇票系统中的操作流程 ··· 205
　　三、相关风险与案例 ··· 208
  第五节　质押 ·· 212
　　一、业务简介 ·· 212
　　二、电子商业汇票系统中的操作流程 ··· 215
　　三、相关风险与案例 ··· 218
  第六节　贴现 ·· 220
　　一、业务简介 ·· 220
　　二、业务操作流程 ·· 223
　　三、相关风险与案例 ··· 250

目 录

第七节 提示付款 ... 252
- 一、业务介绍 ... 252
- 二、电子商业汇票系统中的操作流程 ... 257
- 三、相关风险与案例 ... 261

第八节 追索 ... 270
- 一、业务介绍 ... 270
- 二、电子商业汇票系统中的操作流程 ... 274
- 三、法律风险与相关案例 ... 281
- 四、延伸 ... 290

第四章 电子商业汇票的应用 ... 295

第一节 票据功能综述 ... 295
- 一、信用功能 ... 295
- 二、支付功能 ... 295
- 三、融资功能 ... 296
- 四、流通功能 ... 296
- 五、宏观调控功能 ... 296

第二节 票据功能的应用举例 ... 297
- 一、票付通 ... 297
- 二、票据池业务 ... 302
- 三、票据资产证券化 ... 309
- 四、供应链金融 ... 320

第一章 票据基础理论

第一节 票据的概念与特征

一、票据的概念

票据是以支付一定金钱为目的，代表着一定的民事财产权利，依法转让流通的有价证券。根据我国《票据法》的规定，票据是指出票人依票据法签发的，由自己或委托他人在见票时或在指定日期无条件支付确定金额给收款人或持票人的有价证券。

二、票据的特征

（一）票据是无因证券

所谓票据的无因性，是指票据关系与原因关系相分离，票据一经作成，权利就产生，并与原因关系相分离，无论票据原因关系是否有效，对票据权利的效力不产生影响。依据《票据法》的规定，票据权利的发生、转移和行使都与票据原因无关。对于持票人而言，其行使票据权利时，无须证明获得票据的原因，只以提示票据为要件。并且，票据债务人也不得以票据原因是违法的，或存在其他瑕疵为理由，只要在合法票据上签章确认了票据的记载事项，就必须承担票据债务责任。在民法上，债权发生转移，债务人的抗辩也随之转移到新的债权人。而《票据法》则不同，即使票据转移，票据债务人对其后手的抗辩并不转移，而因票据的无因性切断。

（二）票据是要式证券

所谓要式性，是指票据的作成必须按照法定条件完成，才能产生法律效力。票据出票人制作票据，应当按照《票据法》的规定，在票据上记载绝对必要记载事项，并在票据上签章，并按照所记载的事项承担票据责任。持票人行使票据权利，应当按照法定程序在票据上签章，并出示票据。其他票据债务人在票据上签章的，按照票据所记载的事项承担票据责任。票据法律关系的权利义务确定的唯一标准只能依靠票据上的记载，因此要式性是保证票据权利明确和唯一的前提。绝对必要记载事项不全或者缺乏签章都会导致票据无效。

(三) 票据是文义证券

文义性是票据的一大特征，即票据的权利义务完全按照票据上的记载内容来确定，即使该记载内容与实际不符，也不能否认票据上记载的法律效力。文义以外的任何事项和理由不能作为票据权利和义务的依据。如有其他证据与票据上的记载内容产生矛盾时，以票据上的记载为准。票据文义直接决定了票据债权人与债务人票据权利和票据义务的范围。

(四) 票据是设权证券

证券可以分为设权证券和证权证券。设权证券是指证券所代表的权利本来不存在，而是随着证券的制作而产生，即权利的发生是以证券的制作和存在为条件的。而证权证券是指证券是权利的一种物化的外在形式，它是作为权利的载体，权利是已经存在的。例如，股票是证权证券，它代表的是股东权利，它的发行是以股份的存在为条件的，它的作用不是创造股东的权利，而是证明股东的权利。设权，是与"证权"相对而言。票据是设权证券，票据权利的产生是以票据的作成为前提，没有票据也就没有票据权利。出票人签发票据，并在票面载明"无条件支付一定金额"的条件，持票人因此有了一个请求债务人"无条件支付一定金额"的权利。

(五) 票据是完全有价证券

所谓有价证券，是指标有票面金额，用于证明持有人或该证券指定的特定主体对特定财产拥有所有权或债权的凭证。根据权利与证券之间是否可以分离，分为完全有价证券与不完全有价证券。

所谓完全有价证券，是指权利完全证券化、权利与证券融为一体、不可分离的一类证券。这类证券，证券上权利的存在、行使和移转，都与证券分不开。票据属于完全有价证券，它的作成使得票据权利得以发生；交付，使得票据权利得以转移；提示票据，使得票据权利得以行使。权利与证券融为一体不可分离。

(六) 票据是货币证券

票据是代表一定数量货币请求权的有价证券，即货币证券。有价证券可分为物权证券、货币证券和资本证券三类，其中，货币证券是代表一定数量货币请求权的有价证券，可以在法定的范围和条件下流通。货币证券主要包括汇票、本票、支票。货币证券并不是货币本身，它不具有由法律所规定的货币强制通用效力，它只是在法定的特殊范围和条件下才可以发挥其作用。票据正是因为属于货币证券，代表了一定数量的货币请求权，在一定程度上可以用来代替货币使用，具有流通作用。

(七) 票据是提示证券

所谓提示证券是指票据权利人在行使票据权利时，必须向票据义务人发出提示，将票据提示票据债务人验看，否则票据债务人有权拒绝向债权人履行债务义务。提示可以分为提示承兑与提示付款。汇票属于委托票据，必须要经过提示承兑才可以提示付款。本票与支票属于即期票据，只需提示付款。

（八）票据是流通证券

流通证券也称"可转让证券"，可以经过转让而自由流通的证券。票据所代表的权利，经过票据的背书或交付而自由转让，实现票据的流通。而且其流通的法定方式简捷便利，能够迅速完成，加之转让次数越多，票据信用度越高，可靠性越强，因而比其他一般有价证券的流通性要强。

第二节 票据的分类

根据我国《票据法》的规定，票据分为汇票、本票和支票。

一、汇票

（一）汇票的概念

根据我国《票据法》的规定，所谓汇票是出票人签发的，委托付款人在见票时或者在指定日期无条件支付确定的金额给收款人或者持票人的票据。

（二）汇票的特征

汇票与支票、本票同属于票据，因此具有票据的一般属性。同时又区别于本票与支票，具有自己独特的特征。

1. 汇票是委托他人付款的票据。汇票产生于贸易中的支付环节，具有支付功能。在法律关系上，汇票一般涉及三个当事人，分别是出票人、付款人、收款人。

出票人是签发汇票的人，在签发时，委托付款人见票时或在指定日期无条件支付确定金额给收款人或持票人。

付款人是接受付款委托的另一方，它可以是银行、非金融机构、机关、企业、事业单位等。

收款人是凭汇票向付款人请求支付票据金额的人，是汇票的债权人，一般是商品交易的卖方。

出票人与付款人相分离，除非持票人行使追索权，否则出票人不承担付款责任，这使它与自付证券本票相区别。

2. 汇票是承兑票据。承兑是汇票特有的制度。出票人签发汇票是单方面的行为，记载事项需要付款人认可。承兑就是汇票到期前付款人对票据记载事项进行确认、承诺在票据到期负担票据债务并在票据上签字盖章的行为。票据经承兑后，承兑人成为票据的第一付款责任人。根据《电子商业汇票业务管理办法》的规定，电子商业汇票在交付收款人前，应由付款人承兑。承兑人应在票据到期日前，承兑电子商业汇票。

3. 汇票是信用票据，具有远期信用功能。汇票是基于交易双方的交易活动而产生的。交易中，买卖双方形成债权债务关系，约定使用汇票作为支付结算工具，并非使用现金，是一种延期付款交易。其基础是源于付款人的信用，在该期限内，付款人相当于得到了收款人的资金融通。因此，汇票具有信用功能，为付款人提供短期资金融通功能。

（三）汇票的分类

1. 即期汇票与远期汇票。我国《票据法》第二十五条规定了付款日期的表述形式，分为见票即付、定日付款、出票后定期付款、见票后定期付款。汇票根据付款日期的不同进行区分，分为即期汇票与远期汇票。

（1）即期汇票。所谓即期汇票就是见票即付的汇票，即在汇票上无到期日的记载，而在收款人或者持票人向付款人提示汇票、请求付款之时，即为到期，付款人应即时付款的汇票。[①] 包括未载明付款日的汇票；票面载明即期付款的汇票；票面载明见票即付的汇票；逾期后再经承兑或背书的汇票，此种汇票对承兑人或背书人来讲，应该视为即期汇票。

即期汇票一般以提示日为到期日，持票人持票到银行或其他委托付款人处，后者见票时就必须付款。这种汇票的持票人可以随时行使自己的票据权利，在此之前无须提前通知付款人准备履行义务。

（2）远期汇票。远期汇票是指在票面上载明在一定期限后或特定日期付款的汇票，包括定日付款、出票后定期付款与见票后定期付款。

定日付款：即在票面上载明了付款日期（到期日），如银行承兑汇票、商业承兑汇票；

出票后定期付款（计期汇票）：在票面上载明出票日后一定时期付款；

见票后定期付款（注期汇票）：在票面上载明见票后一定时期付款。

银行承兑汇票与商业承兑汇票均属于定日付款的票据。持票人应自到期日起十日内向承兑人提示付款（电子商业汇票提示付款最后一日遇法定节假日、大额支付系统非营业日、电子商业汇票系统非营业日则顺延）。而付款日期也直接影响到持票人票据权利的行使，如提示付款的时间节点、追索权的时间约定，同时公示催告期间也以此为基点。

2. 记名汇票、无记名汇票与指示汇票。根据收款人的记载方式，汇票可以分为记名汇票、无记名汇票与指示汇票。所谓记名汇票是指出票人在票面上明确记载了收款

---

① 侯丽艳. 经济法概论［M］. 北京：中国政法大学出版社，2012.

人的姓名或名称的汇票，也叫作"抬头汇票"。

无记名汇票没有明确的指定收款人，收款人一般为合法取得票据的持票人。

指示汇票是指出票人在汇票上记载收款人的姓名或名称，同时附加记载"或其指定人"字样的汇票。这种汇票，发票人可以依背书交付而转让，但不得对执票人的背书转让加以禁止。指示汇票的票面通常记载着"凭票付给 A 或其他指定人"，不同于记名汇票仅仅在票面记载收款人的姓名或名称。

我国《票据法》规定，收款人名称为绝对必要记载事项，汇票只有载明收款人才具有法律效力。所以，在我国禁止使用无记名汇票。

3. 银行汇票与商业汇票。根据出票人的不同，汇票分为银行汇票与商业汇票。

（1）银行汇票。银行汇票是出票银行签发的，由其在见票时按照实际结算金额无条件支付给收款人或者持票人的票据。因此它是一种即期汇票。银行汇票的出票银行为银行汇票的付款人。

银行汇票的特点：

● 票随人走，钱货两清。使用银行汇票结算，购货单位交款，银行开票，票随人走；购货单位购货给票，销售单位验票发货，一手交票，一手交货；银行见票付款，这样可以减少结算环节，缩短结算资金在途时间，方便购销活动。

● 信用度高，安全可靠。银行汇票是银行在收到汇款人款项后签发的支付凭证，因而具有较高的信誉，银行保证支付，收款人持有票据，可以安全及时地到银行支取款项。

● 使用灵活，适应性强。实行银行汇票结算，持票人可以将汇票背书转让给销货单位，也可以通过银行办理分次支取或转让，另外还可以使用信汇、电汇或重新办理汇票转汇款项。

● 结算准确，余款自动退回。一般来讲，购货单位很难准确确定具体购货金额，因而可能出现汇多用少的情况，使用银行汇票结算，凡在汇票的金额之内，可根据实际采购金额办理支付，多余款项由银行自动退回，从而有效防止交易尾欠的发生。

银行汇票适用于异地结算。汇款人将款项存入当地出票银行，由出票银行签发，由其在见票时，按照实际结算金额无条件支付给持票人或收款人的票据。这种结算方式不仅适用于在银行开户的单位、个体经济户和个人，而且适用于未在银行开立账户的个体经济户和个人。凡是各单位、个体经济户和个人需要在异地进行商品交易、劳务供应和其他经济活动及债权债务的结算，都可以使用银行汇票；并且银行汇票既可以用于转账结算，填明"现金"字样的银行汇票也可以用于支取现金。

银行汇票一式四联，第一联为"卡片"，是承兑行支付票款时作付出传票；第二联为"银行汇票"，与第三联解讫通知一并由汇款人自带，在兑付行兑付汇票后此联作联行往来账付出传票;第三联为"解讫通知",在兑付行兑付票据后,随单寄签发行,由签发行作余款收入传票;第四联为"多余款收账通知",并在签发行结清后交汇款人。

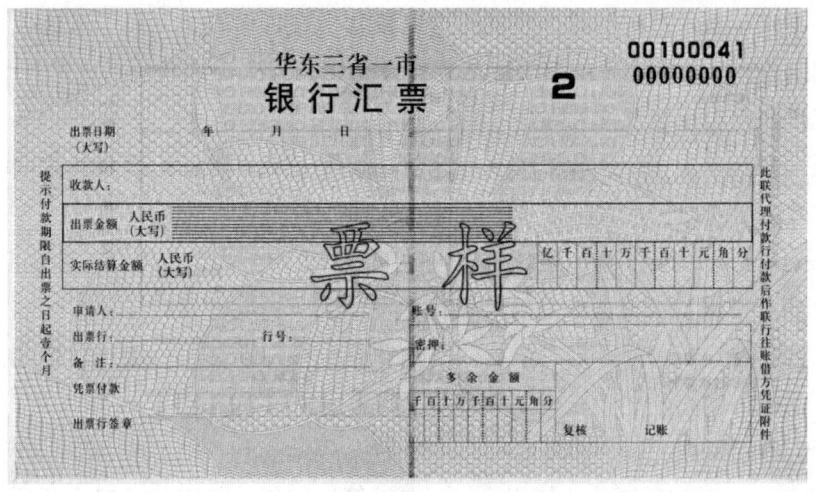

图 1-1 华东三省一市银行汇票

银行汇票结算的相关规定:

①银行汇票的出票和付款[①]。银行汇票的出票和付款,全国范围限于中国人民银行和各商业银行参加"全国联行往来"的银行机构办理。跨系统银行签发的转账银行汇票的付款,应通过同城票据交换将银行汇票和解讫通知提交给同城的有关银行审核支付后抵用。代理付款人不得受理未在本行开立存款账户的持票人为单位直接提交的银行汇票。省、自治区、直辖市内和跨省、市的经济区域内银行汇票的出票和付款,按照有关规定办理。银行汇票的代理付款人是代理本系统出票银行或跨系统签约银行审核支付汇票款项的银行。

②银行汇票是记名汇票。签发银行汇票必须记载下列事项:

- 表明"银行汇票"的字样;
- 无条件支付的承诺;
- 出票金额;
- 付款人名称;
- 收款人名称;
- 出票日期;
- 出票人签章。

---

① 《支付结算办法》第二节第五十五条。

第一章 票据基础理论

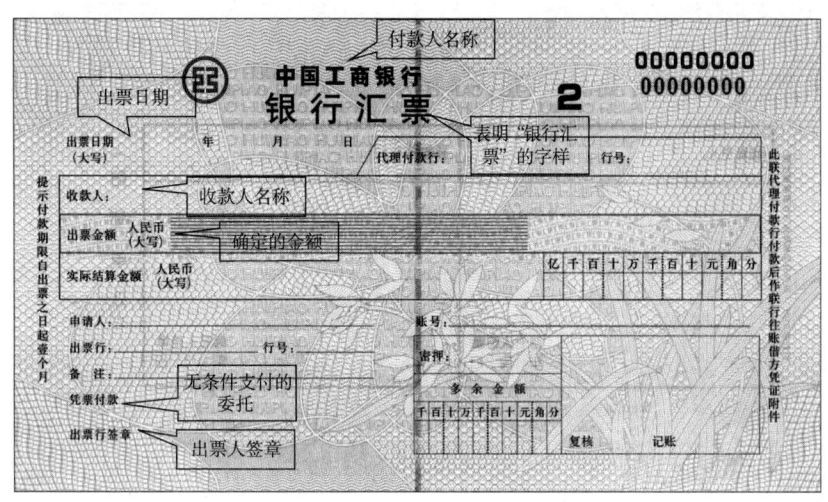

图1-2 中国工商银行纸质银行汇票

欠缺记载上列事项之一的,银行汇票无效。收款人为银行汇票绝对必要记载事项。但如果指定收款人以背书方式将领款权转让给其指定的收款人,其指定的收款人有领款权。银行汇票的背书转让以不超过出票金额的实际结算金额为准。未填写实际结算金额或实际结算金额超过出票金额的银行汇票不得背书转让。

③银行汇票的提示付款期限自出票日起1个月。持票人超过付款期限提示付款的,代理付款人不予受理。这里所说的1个月,是指从签发日开始,不论月大月小,统一到下月对应日期止的1个月。比如签发日为6月5日,则付款期到7月5日止。如果到期日遇例假日可以顺延。

④银行汇票无起点金额限制。根据《票据法》和《票据管理实施办法》,中国人民银行对银行结算办法进行了全面的修改与完善,形成了《支付结算办法》。相较于《银行结算办法》取消了银行汇票金额起点500元的限制。

⑤注明"现金"字样的银行汇票不得背书转让。收款人可以将银行汇票背书转让给被背书人,但注明"现金"字样的银行汇票不得背书转让。银行汇票的背书转让以不超过出票金额的实际结算金额为准。未填写实际结算金额或实际结算金额超过出票金额的银行汇票不得背书转让。

(2)商业汇票。商业汇票是由出票人签发的,委托付款人在指定日期无条件支付确定金额给收款人或者持票人的票据。

根据付款人的不同,商业汇票又可以分为银行承兑汇票与商业承兑汇票。

①银行承兑汇票。

银行承兑汇票是指由出票人签发并由银行(或财务公司)承兑的商业汇票,由承兑人在指定日期无条件支付确定金额给收款人或者持票人的票据。

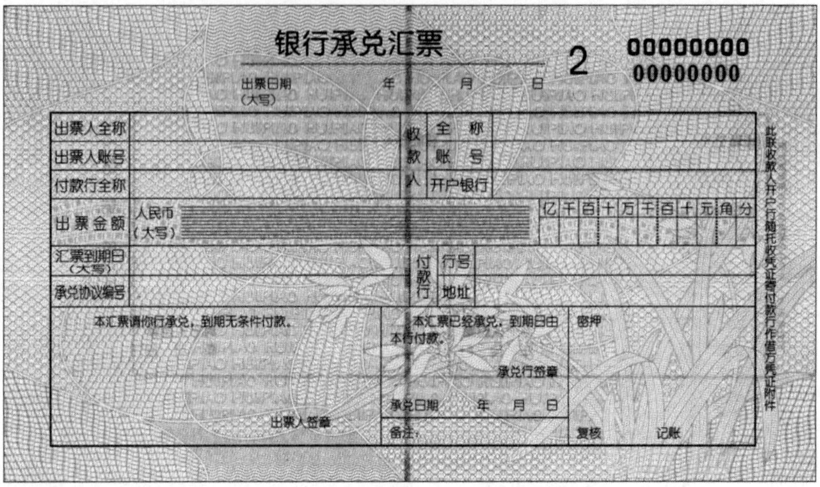

银行承兑汇票
2 00000000
00000000
出票日期（大写） 年 月 日
出票人全称
出票人账号
付款行全称
收款人 全称
账号
开户银行
出票金额 人民币（大写）
亿 千 百 十 万 千 百 十 元 角 分
汇票到期日（大写）
付款行 行号
地址
承兑协议编号
本汇票请你行承兑，到期无条件付款。
出票人签章
本汇票已经承兑，到期日由本行付款。
承兑行签章
承兑日期 年 月 日
备注：
密押
复核 记账
此联收款人开户行随托收凭证寄付款行作借方凭证附件

图 1－3　纸质银行承兑汇票

显示日期：
电子商业汇票系统
Electronic Commercial Draft System
电子银行承兑汇票
出票日期
汇票到期日
票据状态：
票据号码
出票人 全称
账号
开户银行
收票人 全称
账号
开户银行
出票保证信息 保证人名称： 保证人地址： 保证日期：
票据金额 人民币（大写）
十 亿 千 百 十 万 千 百 十 元 角 分
承兑人信息 全称 开户行行号
账号 开户行名称
交易合同号
能否转让
承兑信息 出票人承诺：本汇票请予以承兑，到期无条件付款
承兑人承兑：本汇票已经承兑，到期无条件付款
承兑日期
承兑保证信息 保证人名称： 保证人地址： 保证日期：
评级信息（由出票人、承兑人自己记载，仅供参考） 出票人 评级主体： 信用等级： 评级到期日：
承兑人 评级主体： 信用等级： 评级到期日：

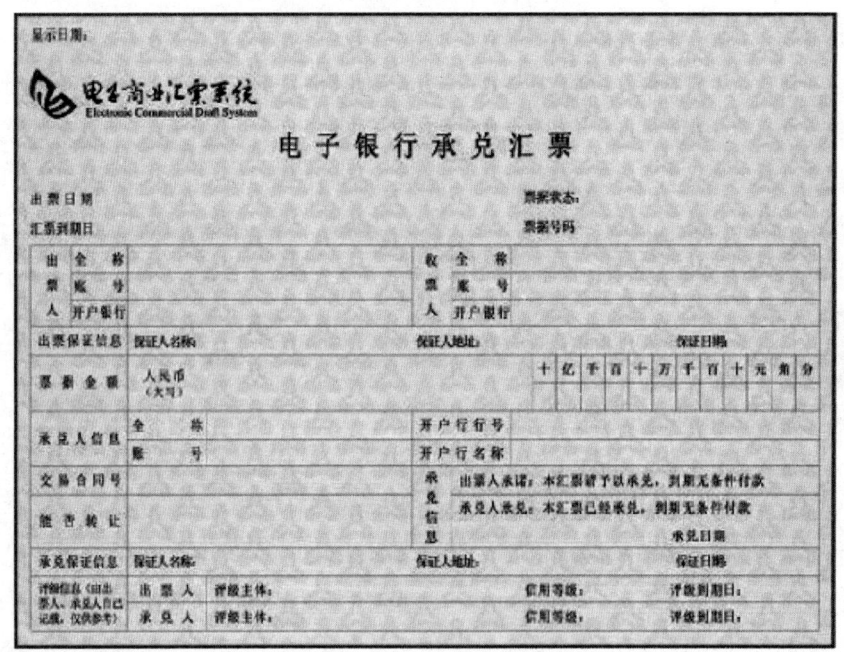

图 1－4　电子银行承兑汇票

银行承兑汇票一经银行承兑，承兑银行必须承担到期无条件付款的责任。因此，银行承兑汇票的承兑对于银行而言属于一种授信业务，是银行基于对出票人资信的认可而给予的信用支持。

银行承兑汇票的优点：

- 对于收票人（即卖方）来说，首先，银行承兑汇票以商业银行的信用为基础，在

第一章　票据基础理论

我国目前的情况下，收到银行承兑汇票尤其是信用颇高的四大行的承兑汇票，相当于收到了现金，安全性较高；其次，以银行承兑汇票对买方提供远期付款这种优惠的付款方式，可以增加对客户的吸引力，扩大销售额，提高产品的市场竞争力；最后，银行承兑汇票流动性强，可以通过背书进行转让，也可以申请贴现，不会过多占用企业的资金。

- 对于出票人（即买方）来说，缴纳规定数额的保证金就能申请开立银行承兑汇票，节约了资金成本，可以以有限的资金买入更多货物，提高资金使用效率；另外由银行提供承兑，把企业自身的商业信用转化为银行信用，可以打消卖方的顾虑。
- 对于银行来说，向商业企业提供"承兑"业务，无须占用银行资金，同时相较于贷款而言，风险较低，还可以赚取承兑手续费。

②商业承兑汇票。

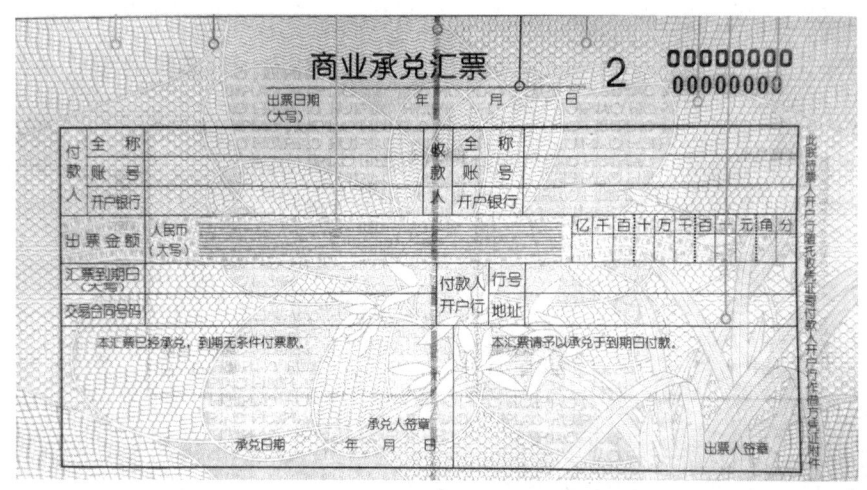

图 1-5　纸质商业承兑汇票

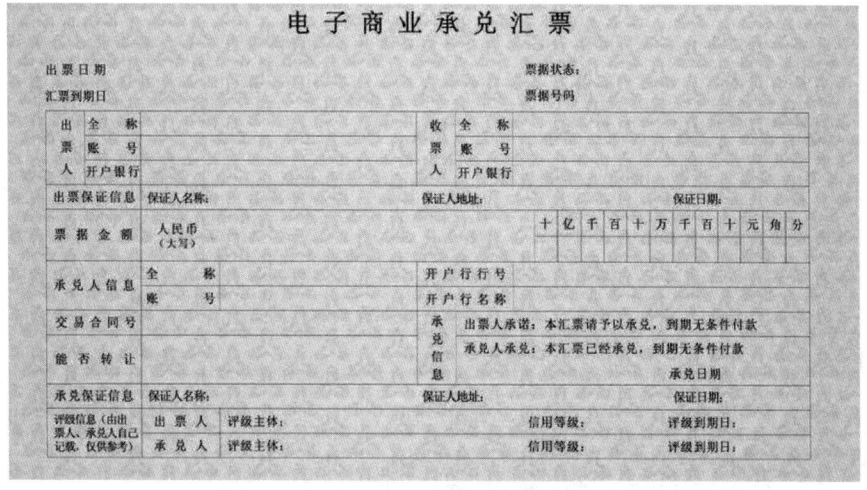

图 1-6　电子商业承兑汇票

商业承兑汇票是指由法人及其他组织签发的，银行以外的付款人承兑的商业汇票，由承兑人在指定日期无条件支付确定金额给收款人或者持票人的票据。其出票人可以是承兑人，也可以是收款人。

商业承兑汇票是建立在商业信用基础上的信用支付工具。相较于银行承兑汇票付款成本明显更低，最低成本为零，有利于核心企业开发与利用自身信用降低融资成本，有利于中小企业利用核心企业商业信用提高自身融资能力、降低融资成本。

目前国内存在大量优质企业，其信用绝不亚于银行信用，甚至远高于部分中小商业银行信用。随着电票的普及和企业信用的日渐透明，企业的信用越发重要，违约成本显著提高，商业承兑汇票将迎来新的发展机遇。

商业承兑汇票的优点在于：

- 对付款企业来说，推广使用商业承兑汇票，有利于企业利用自身商业信用丰富自身支付手段，对开发与完善自身商业信用、降低企业融资成本具有重要意义。商业承兑汇票的出具及承兑无须依赖银行，手续简便，可以通过背书使票据在供应链中转让。商业承兑汇票相较于国内传统的赊销业务仅以合同来确认债务责任的情况有着先天的优势。票据参与各方基于《票据法》的保护，按照这一法律的权利与义务在票据到期没有得到兑付时行使相应的付款请求权以及之后的追索权。再者，除了满足自身结算的需求外，降低付款企业的财务成本也是使用商业承兑汇票的重要好处。使用银行承兑汇票结算，需向银行支付0.05%左右的开票费用，还需向银行缴纳一定比例的保证金，根据企业自身情况，这一比例在30%~100%。另外还有银行的授信成本等。使用商业承兑汇票，无须承担任何保证金、手续费及银行的授信成本，彻底摆脱银行承兑汇票杠杆率的限制，有效降低财务成本。

- 对收款企业来说，收到商业承兑汇票，等于提前收到了合同款，与一般保理业务中的应收账款转让相比减少了确权这一环节。中小企业接受核心企业开出的商业承兑汇票，可以利用核心企业的商业信用替代自身信用进行融资，降低融资成本。

对比国外票据市场，国外的银票份额都较小，商票才是整个市场的主体。我国的票据市场中，商票比例较低，其原因在于企业的信用体系尚不成熟，市场无法甄别商票的信用风险，也就无法对其进行信用定价。对企业信用定价的环节全部放在商业银行来做，体现在银票承兑和商票直贴这两个业务上。目前的票据市场上，只有银票和银行贴现后的商票才具有较高的流动性，这正是票据信用市场缺失的一个表现。目前票交所的业务只局限在银行贴现后的票据交易市场，其实质是银票承兑和商票直贴这两个环节都将企业信用风险转移到了银行体系，但带来的问题是，这需要消耗银行大量资本。同时也不利于商票体系的高效运转。这是票据市场和债券市场最本质的区别所在。

不附加银行信用的商票交易市场应该是票据行业未来最大的市场所在，让企业信用风险通过票据交易所的交易来定价,同时,票交所通过对企业开票、付款等历史行为数据的量化分析,能够向市场提供更具参考性的信用评级基础信息,这将反馈到企业融资成本上,进而形成一个良性循环,建设一个健康高效的票据市场。

4. 光票与跟单汇票。根据是否附有有关单据,汇票分为光票与跟单汇票。

所谓光票也称商业净票,又叫白票,是指不附有商业单据的汇票。它的流通完全依靠人的信用,即完全看出票人、付款人或背书人的资信。在国际贸易中光票使用很少,一般仅在托收运费、保险费、利息、样品费等情况下使用。

跟单汇票又称信用汇票、押汇汇票,是指附有商业单据的汇票,如附有提单、航空运单或铁路运单、仓单、保险单、装箱单、商业发票等单据。对于付款人来说,只有收到符合条件的汇票和附属的单据才予以承兑或付款,在国际贸易中经常使用。

跟单托收项下的跟单汇票分为两种:

(1) 付款交单汇票。出票人签发的以代收银行为收款人,以托收银行为付款人,约定代收银行在进口商付款后将汇票及附属单据交进口商凭以提货。

(2) 承兑交单汇票。出票人签发的以代收行为收款人,以托收行为付款人,以约定的附加商业单据为承兑条件的汇票。代收银行在进口商承兑汇票后将附属单据交进口商,已承兑的汇票留待到期时向进口商收款。

使用信用证项下,跟单汇票表现为跟单信用证汇票,是指出票人签发的,以跟单银行为收款人,以开具信用证的银行为付款人,必须附有与信用证记载条款一致单据的汇票。

5. 一般汇票与变式汇票。以票据关系当事人资格是否重叠为标准,汇票可分为一般汇票和变式汇票。一般汇票是指汇票的三方基本当事人,即出票人、付款人和收款人分别由不同的人充当,彼此之间互不兼任的汇票。

变式汇票是指出票人、付款人及收款人中有一人兼任数个票据当事人身份的汇票。

具体可以分为三种:

- 指己汇票,又称己受汇票,出票人兼收款人的汇票。
- 对己汇票,又称己付汇票,出票人兼为付款人的汇票。
- 付受汇票,付款人兼为收款人的汇票。

我国《票据法》中提及的汇票就分为银行汇票和商业汇票。其他内容并未涉及。

二、伪造变造假票据分析与防伪技术现状

(一) 伪造变造票据分析与防伪技术现状

根据中国人民银行《银行票据凭证印制管理办法》(银发〔2013〕91号)第四条:票据鉴定。银行对流通中的票据凭证纸张及印刷要素真伪存在疑义的,可向中国印钞造币总公司申请鉴别。

（二）伪造票特点

1. 纸张：伪造票使用证券纸无水印，安全线为印刷灰色油墨，挺度与汇票纸差别较大，荧光纤维无双面变色效果，水印印刷而成，无纸张薄厚立体感。从近年来发现的伪造票分析，无一假票能做出纸张的水印、安全线、无色荧光纤维（荧光下显双色）三大防伪点。目前票据纸张防伪依然是安全有效的，票据使用人员应重点关注纸张防伪。

2. 油墨：蓝绿底纹颜色均偏暗，与真票存在色差，底纹图案近似；无色荧光油墨号码处团花清晰度偏低，主体图案（梅兰竹菊）套印有偏差且亮度不够；红水线油墨无水溶性效果，颜色偏差较大且荧光下亮度模糊不清；在红外光下观察表格黑墨有残留阴影。

3. 号码：号码字形相近，但粗细相差较大。

（三）变造票据特点

通过分析整理，变造票据都是其承兑行签发同一出票人和同一收款人大小金额不一致的多张票据，持票人将手中小金额变造为大金额票据进行诈骗。主要变造位置是出票日期、汇票到期日、流水号、密押、大写金额和小写金额，具体情况如下：

1. 在紫外光下观察可以清晰地看到票面号码处的无色荧光花团遭到破坏，红水线荧光颜色亮度改变，如图 1-7、图 1-8 所示。

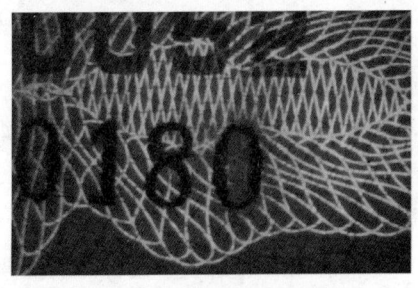

图 1-7　紫外光下无色荧光花团

图 1-8　紫外光下红水线

2. 在红外光下观察可见票面号码最后一位、密押处有明显涂改痕迹，如图 1-9、图 1-10 所示。

图 1-9　红外光下号码

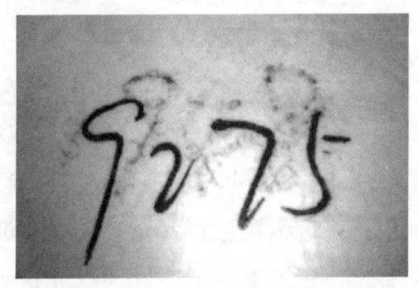

图 1-10　红外光下密押

第一章　票据基础理论

3. 大小写金额处底纹微缩文字刮擦明显，如图1-11、图1-12所示。

图1-11　小写金额底纹

图1-12　小写金额底纹

4. 渗透油墨票号正背不对应，如图1-13所示。

（四）银行防伪技术与鉴别

票据鉴别的简单方法：一看二摸三鉴别，具体是：一是看有无变造痕迹，看文字、颜色、要素、尺寸、文字位置和底纹等制作特征是否相符。二是摸纸张手感，挺度，声音是否和纸张特征相符。三是鉴别票据本身的防伪特征。

图1-13　渗透油墨

水印

1. 对着光源目视检查由于纤维密度不同可见黑包白和白包黑水印图案。

2. 汇票和本票水印图案连续不断，并有"PJ"变形形成的方孔钱图案。

3. 支票水印由"ZP"和人民币符号组成。

水印是对光观察，纸张薄的地方透过去的光多，叫白水印；对光观察透过去的光少看上去较暗叫黑水印。由于水印形成是纸张薄厚不一样，且造纸设备比较昂贵，假票基本都是印刷伪造，纸张没有薄厚立体感。

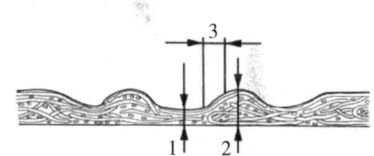

（1）薄纸——对光较亮——白水印
（2）厚纸——对光较暗——黑水印
（3）纸张厚薄过渡区——水印边线

图1-14　水印成因

水印识别方法：

1. 人工方法：用手触摸凹凸感。

2. 鉴别仪：测光观察能看到水印纸薄厚立体感。

3. 背透光看整体或局部，局部是否完整。

4. 边缘渐变，过渡自然；边缘过渡生硬为假。

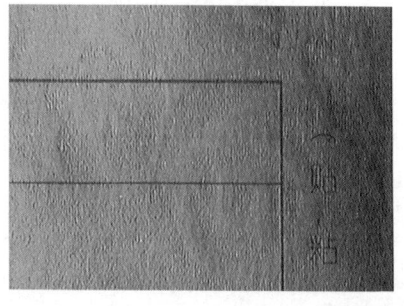

图1-15　真票水印测光图片

13

安全线

票据安全线纸是带有双面双方向,"PJ"字样的全埋式金属安全线,自然光下观察为一段白一段黑,白的地方由于这段安全线的金属为灰白色,由于透光观察时金属线不透光所以透光观察为黑色。

1. 透光观察为连续完整的黑色实线。
2. 安全线中含有"PJ"字样微缩字母,清晰可见。
3. 用手触摸有凹凸感。
4. 通过侧光观察有轻微的凸起痕迹。

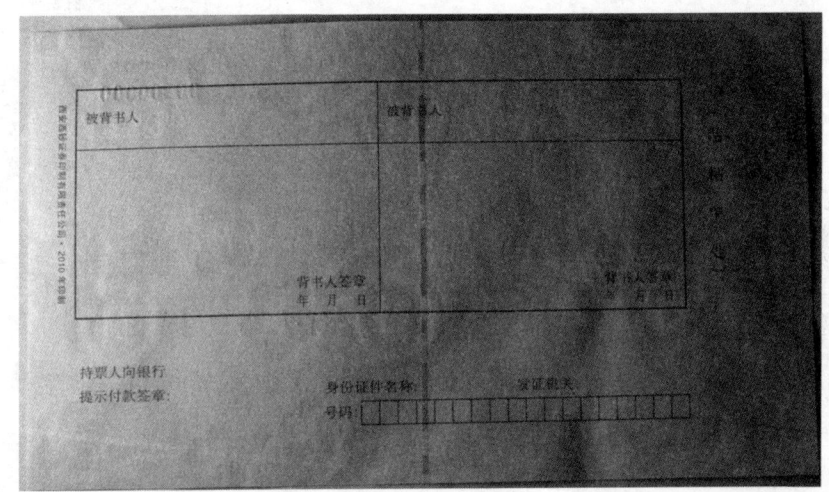

图 1-16　票据安全线

银行票据上八位由五部分组成,前三位为组织机构代码,第四位为预留号,目前都是"0",第五、第六位为省别地区代码,第七位为票据种类,第八位为印刷企业识别码。

前三位银行机构代码,分别代表:

001 人民银行,102-105 工行、农行、中行、建行,

201-203 国开、进出口、农发 313 城商　314 农商,

301-310 交、信、光、夏、民、广发、平安、招、兴、浦(交信光夏民广平招兴浦),

315 恒丰,316 浙商,317 农村合作银行,318 渤海,319 徽商,320 村镇,321 三峡,322 上海农商,

401 城合,402 农村信用合作社,403 邮储,501-787 外资银行,904 城市商业银行资金清算中心,910 农信银资

图 1-17　票据安全线细节

第一章 票据基础理论

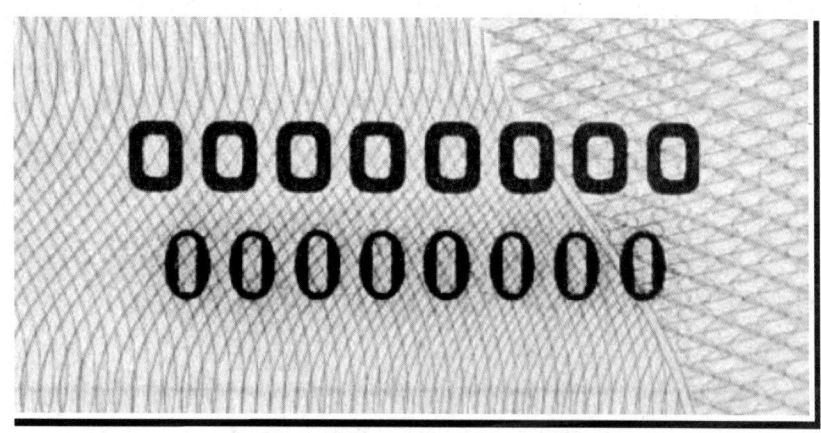

图 1-18 票据号码防伪技术

金清算中心。

上八位的第四为预留号，目前全部都是"0"。

上八位的第五六为省别代码，三种汇票采用全国代码目前全部为"00"支票本票分别是：

1. 华北（京津冀晋蒙）11、12、13、14、15；

2. 东北（辽吉黑）21、22、23；

3. 华东（沪苏浙徽闽赣鲁）31、32、33、34、35、36、37；

4. 中南华南（豫鄂湘粤桂琼）41、42、43、44、45、46；

5. 西南（渝川黔滇藏）50、51、52、53、54；

6. 西北（陕甘青宁疆）61、62、63、64、65；

7. 计划单列市（大连、宁波、厦门、青岛、深圳）。

上八位的第七位代表票据种类，分别为：

1 现金支票，2 转账支票，3 清分机支票，

4 银行汇票，5 银行承兑汇票，6 商业承兑汇票，

7 非清分机本票，8 清分机本票。

上八位的第八位代表票据印刷企业识别码，分别为：

1 上海证券印制有限公司，

2 西安西正印制有限公司，

3 保定五四三印刷厂，

4 天津人民印刷厂（2014 年 1 月 1 日起不再印制），

5 海南华森印务有限公司，

6 扬州鑫华印刷有限公司。

其余厂家全部为"0"。

（五）电子商业汇票

1. 电子商业汇票的概念。电子商业汇票是指出票人依托电子商业汇票系统，以数据电文形式制作的，委托付款人在指定日期无条件支付确定金额给收款人或者持票人的票据。

2009年10月28日，电子商业汇票系统正式投入运营，开始了电子商业汇票全面替代纸质商业汇票的进程。

2. 电子商业汇票的特点。

（1）电子商业汇票在电子商业汇票系统中集中登记，存储在人民银行ECDS中，通过安全认证机制，能够保证票据的唯一性、完整性和安全性，降低了票据被克隆、变造、伪造以及丢失、损毁等各种风险。

（2）电子汇票要素记载全部电子化，流通通过银行的系统渠道进行，交易、回款高效。而纸票传递和携带需要专人，存在受天气、人为因素影响较大的问题。

（3）电子商业承兑汇票信用透明，ECDS内含信用记录功能，可以记载商业汇票的所有参与人的支付信用信息，记录所有出票与兑付的历史数据，处于待签收的持票人可以查询承兑人或出票人、前手的支付信用，企业签发电子商票的行为越多，且全部按期兑付，自身资信度越高，其承兑的电子商票的流动性越好。

（4）期限由纸票的6个月延长至一年，有利于企业短期资金的融通。

（5）流通范围相对于纸票而言，打破了地域限制，有助于全国统一票据市场的形成，有助于打破因信息不对称导致的价格差异。

（6）业务品种增多，增加了保证、回购式贴现等业务。

（7）电子商业汇票系统可办理出票、承兑、转让背书、保证、质押、提示付款和追索等业务。而人民银行ECDS的工作时限为7天×12小时（8：00－20：00）。

（8）签收方面。纸票签收：客户开出票据到资金中心确认收票入库，完成全过程至少需要3～5天时间，且票据传递需要销售、财务部门多人参与，收票信息通过人工统计，容易出现差错且需要与收款人交接手续。

电票签收：使用电票银企直联后，客户在银行一经开出电子票据，瞬间到达经营单位银行账户，收款人仅需在自己网银点击签收完成收票。

（9）托收方面。纸票需要通过开户行办理委托收款：办理纸票托收需提前7天委托银行收款，如有票据瑕疵还需补证明或退票，耗时耗力，无法及时回笼资金。

电票取消委托收款，由持票人直接向承兑人提示付款：持票方直接在电票系统向票据承兑人提示付款，不存在瑕疵票据，无退票可能，当天款项即可到账。

（10）开票方面。目前自开纸质票据，从向银行提出开票申请，存入开票保证金，

第一章 票据基础理论

经银行审核、承兑、出票,到经营单位取得纸票传递给供应商,一般需时 3~5 天。

开出电票业务全部在网上银行操作,开票成功后可直接将电票发送到供应商的电票账户,时间可缩短至 1~2 天。

(11) 背书方面。一般纸质汇票的背书付款,需要票据盖章、邮寄,一般需耗时 2~3 天,因背书不规范如票据盖章不清晰、缺损等还有可能造成供应商退票。

电票背书仅需登录网上银行提交背书申请,经过银行处理后,供应商即时可以登录网银签收电票,实现收票。

3. 电子商业汇票与纸质商业汇票比较。

表 1-1　　　　　　　电子商业汇票与纸质商业汇票比较情况

比较项目	纸质商业汇票	电子商业汇票
存储介质	实物载体——纸张	数据电文
签章方式	实体签章	电子签名（符合《中华人民共和国电子签名法》）
记载方式	手工书写仅包含《票据法》规定的部分信息	计算机录入,信息自动核对每一个行为都记载日期
保管方式	票据当事人自行保管	电票系统中
兑付方式	异地邮政托收,见票后付款	在线交割,可实时兑付
单笔金额	最大 100 万元	最大 10 亿元
融资期限	最长 6 个月	最长 1 年
付款期限	最长 6 个月	最长 1 年
票据号码	16 位	30 位,人民银行统一规则
背书不得转让	可以转让	系统禁止转让避免纠纷
委托收款	开户行委托收款	持票人直接提示付款
背书连续	名称与签章一致	账号、开户行行号、组织机构代码
冻结	向承兑人冻结	向持票人开户行（无错误冻结）
公示催告	有	存有争议

注：①2016 年 9 月,中国人民银行下发了《关于规范和促进电子商业汇票业务发展的通知》,强调：各金融机构应严格落实电票业务各项制度规定,采取有效措施,规范有序开展电票业务,有效提升电票业务占比,确保办理的电票承兑业务在本机构办理的全部商业汇票承兑业务中金额占比逐年提高。

②自 2017 年 1 月 1 日起,单张出票金额在 300 万元以上的商业汇票应全部通过电票办理。

③自 2018 年 1 月 1 日起,原则上单张出票金额在 100 万元以上的商业汇票应全部通过电票办理。

4. 电子商业汇票的分类。电子商业汇票包括电子商业承兑汇票与电子银行承兑汇票。电子银行承兑汇票由银行业金融机构、财务公司（以下统称金融机构）承兑;电子商业承兑汇票由金融机构以外的法人或其他组织承兑。电子商业汇票的付款人为承兑人。

至此,持票人将依托电子商业汇票系统,以数据电文的形式报送电子商票信息。

相较于纸票,其安全性、完整性大大提高,降低了票据被变造、伪造、克隆以及丢失、损毁等风险。同时其票据行为与流转均在电子商业汇票系统中进行,大大提高了票据的流转速度,有利于票据支付功能的实现和金融效率的提高。

5. 票据的电子化趋势。据2019年4月上海票交所交易数据可知,1-4月,电票承兑业务同比增长35.39%,电票贴现业务同比增长67.81%,这一变化体现出实体经济的融资工具正在逐渐向票据倾斜。

同时数据显示,2019年1-4月,累计承兑商业汇票6.91万亿元。其中,电票为6.73万亿元,同比增长35.39%;纸票为1842.92亿元,同比下降66.25%;银票为5.98万亿元,同比增长25.11%;商票为9311.73亿元,同比增长26.72%。

表1-2　　　　　　　上海票交所纸票和电票承兑情况　　　　单位:万亿元

统计期限	纸票、电票承兑发生额	电票承兑发生额	电票占比(%)
2019年1-4月	6.91	6.73	97.40
统计期限	纸票、电票贴现发生额	电票贴现发生额	电票占比
2019年1-4月	4.48	4.45	99.33

1-4月,累计贴现商业汇票4.48万亿元。其中,电票为4.45万亿元,同比增长67.81%;纸票为307.88亿元,同比下降69.43%;银票为4.13万亿元,同比增长66.55%;商票为3481.57亿元,同比增长28.41%。

可见,商业汇票不管是从承兑环节还是贴现环节,各家银行的业务基本上转到电票业务,纸票正在逐步退出市场。

6. 电子商业汇票操作相对风险比较低,很多违规操作系统自动约束,比如按照法律规定因质押而取得再进行背书转让或质押的背书无效,电票系统因质押取得自动关闭背书转让质押等功能,不会出现因质押取得再背书转让情况,但大多数银行电票系统对汉字名称不校验使得出现大量瑕疵票据,给使用者带来不便,建议上海票据交易所提升优化功能,电子票据所有名称不需要输入,输入企业的账号,系统自动显示开户时对应的企业名称。

三、本票

(一)本票的概念

我国《票据法》第七十三条规定,所谓本票,是出票人签发的,承诺自己在见票时无条件支付确定的金额给收款人或者持票人的票据。

本票具有以下特征:

● 本票属于票据,因此它具备所有票据的特征,是无因证券、设权证券、文义证券、要式证券等;

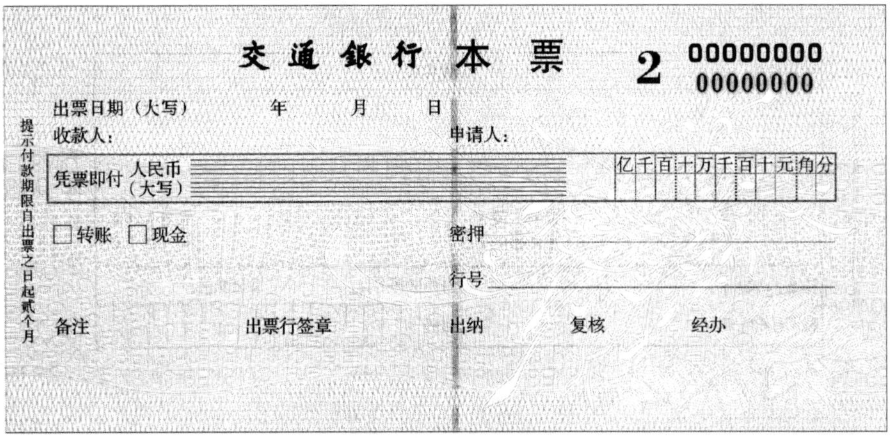
交通银行 本 票　2　00000000 00000000
出票日期（大写）　年　月　日
收款人：　申请人：
凭票即付　人民币（大写）　亿 千 百 十 万 千 百 十 元 角 分
□转账 □现金　密押
行号
备注　出票行签章　出纳　复核　经办
提示付款期限自出票之日起贰个月

图1－19　本票票样

● 本票是自付证券，它是出票人自己对收款人支付并承担绝对付款责任的票据。在本票法律关系中，基本当事人只有出票人和收款人，债权债务关系相对简单；

● 本票无须承兑，本票是由出票人本人承担付款责任，无须委托他人付款，因此，本票无须承兑就做到了保证付款。

（二）本票的种类

1. 银行本票与商业本票。根据签发人的不同，本票分为银行本票和商业本票。我国《票据法》所称本票，是指银行本票。本票自出票日起，付款期限最长不得超过2个月，持票人超过付款期限提示付款的，代理付款人不予受理。

所谓银行本票是指申请人将款项存入银行，由银行签发承诺自己在见票时无条件支付确定金额给收款人或持票人的票据。

商业本票是指银行以外的单位或个人签发的，承诺在见票时或指定到期日无条件支付确定金额给收款人或者持票人的票据。

2. 即期本票与远期本票。根据付款时间的不同，本票可以分为即期本票与远期本票。我国《票据法》规定银行本票就是即期本票。

所谓即期本票是指见票即付的本票，持票人自出票日起可以随时请求出票人付款，一经持票人提示，出票人或其代理机构应立即付款。

远期本票是票据到期日才能请求付款的本票。按约定付款时间的不同又细分为三种：

（1）定日本票，即出票人承诺于固定日期付款；

（2）出票后定期付款本票，即出票人承诺自发票日起算，若干日后付款；

（3）见票后定期付款，即发票人承诺见票日后若干日付款。

3. 定额银行本票与不定额银行本票。根据《支付结算办法》第九十九条，银行本票按照其金额记载是否固定可分为不定额和定额两种。

定额银行本票是指票面上预先印有固定面额的银行本票，定额银行本票面额为 1000 元、5000 元、1 万元和 5 万元。

不定额银行本票票面上金额是空白的，根据签发时的具体情况填写金额，不定额银行本票起点金额为 100 元。

4. 转账银行本票与现金银行本票。根据我国《支付结算办法》第九十八条第二款，银行本票可以用于转账，注明"现金"字样的银行本票可以用于支取现金。

转账银行本票即通过银行账户转移资金的方式进行支付结算的银行本票。

现金银行本票即在票面上注明"现金"字样，通过向银行支取现金的方式进行支付结算的银行本票。根据《支付结算办法》第一百零四条，申请人或收款人为单位的，不得申请签发现金银行本票。

（三）本票的相关规定

1. 银行本票仅限于出票人向其票据交换区域内的收款人出票。

2. 票据可以背书转让，但填明"现金"字样的银行本票不得背书转让。银行本票仅限于在其票据交换区域内背书转让。

3. 填明"现金"字样的银行本票丧失，可以由失票人通知付款人或者代理付款人挂失止付；未填明"现金"字样的银行本票丧失，不得挂失止付。

4. 银行本票必须记载事项为：

（1）表明"银行本票"的字样；

（2）无条件支付的承诺；

（3）确定的金额；

（4）收款人名称；

（5）出票日期；

（6）出票人签章。

欠缺上述事项之一的，银行本票无效。

四、支票

（一）支票的概念

支票是出票人签发的，委托办理支票存款业务的银行在见票时无条件支付确定的金额给收款人或者持票人的票据。

支票具有以下特征：

第一章　票据基础理论

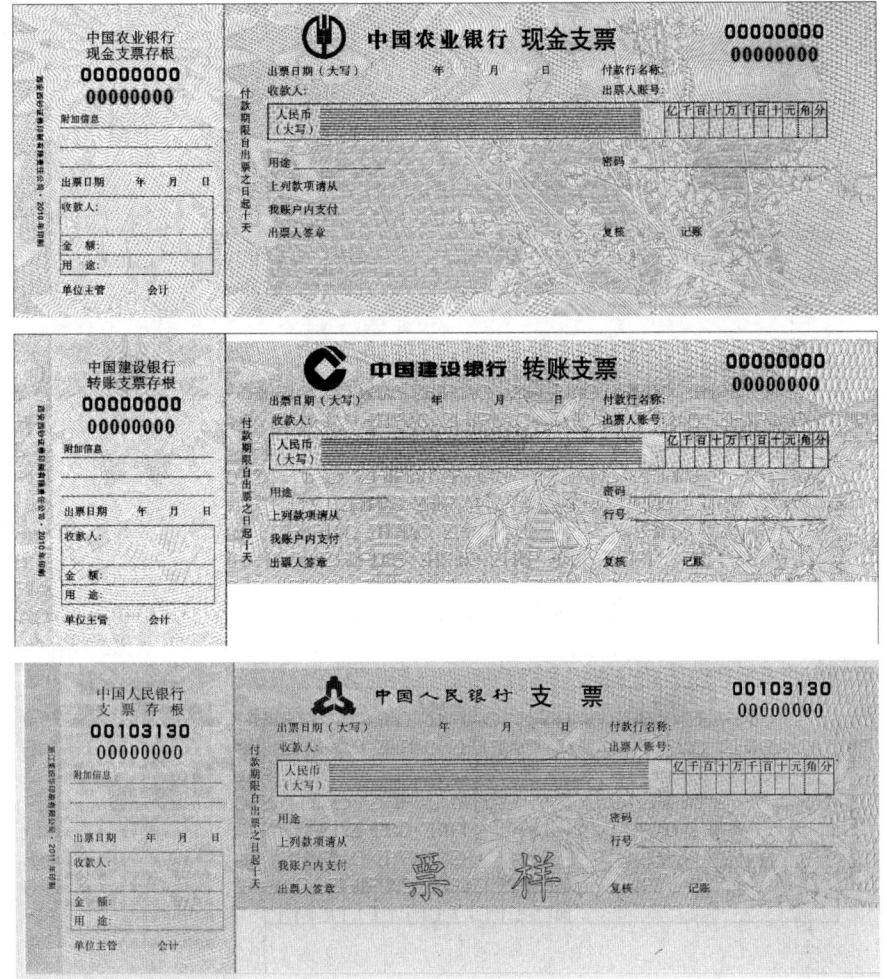

图1-20　三种类型支票样式

（二）支票的种类

1. 按照支付票款的方式不同，支票分为现金支票、转账支票、普通支票。

支票上印有"现金"字样的为现金支票，现金支票只能用于支取现金，不得背书转让。

支票上印有"转账"字样的为转账支票，转账支票只能用于转账。

支票上未印有"现金"或"转账"字样的为普通支票，普通支票可以用于支取现金，也可以用于转账。在普通支票左上角划两条平行线的，为划线支票，划线支票只能用于转账，不得支取现金。

2. 划线支票、保付支票。根据支票上是否有特殊保障意义的记载分为划线支票与保付支票。

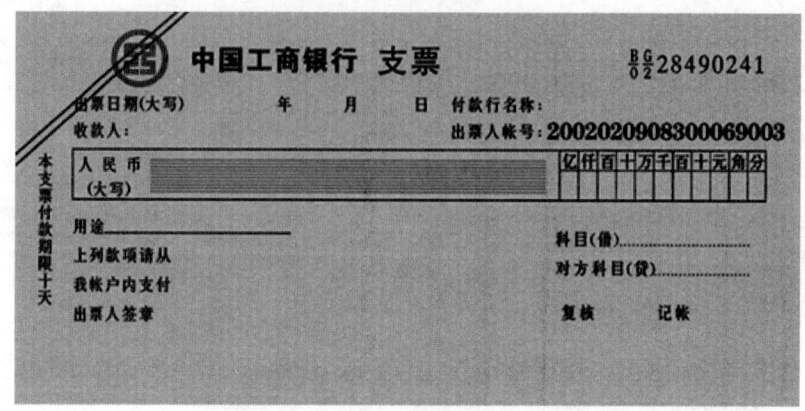

图 1-21 划线支票式样

划线支票是在支票正面划两道平行线的支票。划线支票与一般支票不同,划线支票非由银行不得领取票款,只能委托银行代收票款入账。

保付是由付款银行在支票上加盖"保付"戳记,以表明在支票提示时一定付款。支票一经保付,付款责任即由银行承担。出票人、背书人都可免于追索。2002年中国人民银行杭州中心支行出台了《杭州市银行保付支票试行办法》,推出了支票保付制度。2011年12月9日《中国人民银行杭州支行关于公布中国人民银行杭州中心支行规范性文件清理结果的通知》中公布上述文件失效。

(三)支票的相关规定

1. 支票仅限于出票人向其票据交换区域内的收款人出票,并且仅限于在其票据交换区域内背书转让。

2. 支票的提示付款期限自出票日起10日,但中国人民银行另有规定的除外。超过提示付款期限提示付款的,持票人开户银行不予受理,付款人不予付款。

3. 支票的出票人签发支票的金额不得超过付款时在付款人处实有的存款金额。禁止签发空头支票。

4. 签发支票必须记载下列事项:

表明"支票"的字样;

无条件支付的委托;

确定的金额;

付款人名称;

出票日期;

出票人签章。

欠缺记载上列事项之一的,支票无效。支票的付款人为支票上记载的出票人开户

第一章　票据基础理论

银行。

第三节　电子商业汇票要素

电子商业汇票与纸质汇票不同，是票据信息在电票系统中以代码形式进行的传递，其信息的录入均在电票系统中完成。操作者通常只需根据操作手册录入相关信息即可。但其同样具有票据的要式性，其格式与填写都有着严格的标准。而票据交易进行的每一步也都会在票面信息中显示出来。因此，票面信息不容忽视。

根据《电子商业汇票业务管理办法》，电子商业汇票在 ECDS 和系统参与者提供的电子终端上的显示应统一，要素名称、布局和背景色应严格按照规定样式显示。字体统一使用宋体。其中表明票据种类的名称，即"电子银行承兑汇票""电子商业承兑汇票"字样加粗，其余文字使用常规字形。

一、电子商业汇票票面要素

（一）正面要素

一张电子商业票据票样分为正面和背面，其中票据正面要素包括票据名称（电子商业承兑汇票/电子银行承兑汇票）、显示日期、电子商业汇票系统 logo、出票日期、汇票到期日、票据状态、票据号码、出票人信息、收款人信息、出票保证信息、票据金额、承兑人信息、交易合同号、能否转让、承兑信息、承兑保证信息、评级信息。

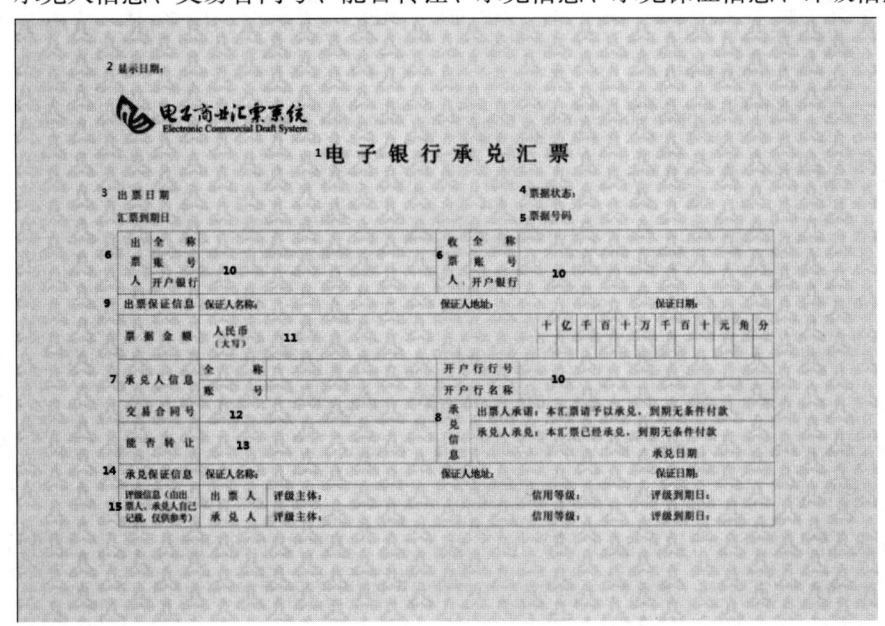

图 1-22　电子商业汇票正面要素

1. 电子商业汇票名称。电子商业汇票根据承兑人的不同分为电子商业承兑汇票和电子银行承兑汇票。根据《电子商业汇票业务管理办法》第二条规定由银行业金融机构、财务公司（以下统称金融机构）承兑的为电子银行承兑汇票。汇票名称显示为"电子银行承兑汇票"。由金融机构以外的法人或其他组织承兑的电子商业汇票，为电子商业承兑汇票，名称处会显示为电子商业承兑汇票。

2. 显示日期。显示日期是电子商业汇票的当事人查看该张票据的实际日期，以"yyyy－mm－dd"格式显示，如2019年7月15日，显示为"2019－07－15"。

3. 出票日期与汇票到期日。出票日期与到期日均以"yyyy－mm－dd"格式显示。

根据《电子商业汇票业务管理办法》第十三条，电子商业汇票为定日付款票据，电子商业汇票的付款期限自出票日起至到期日止，最长不得超过1年。

出票日期和汇票到期日记载了十分关键的信息——期限。电子商业汇票的出票日是指出票人记载在电子商业汇票上的出票日期。汇票到期日是承兑人承诺的支付电子商业汇票金额的付款日期。纸票的最长期限是半年，电子商业汇票的最长期限是1年。

同时到期日也是很多票据行为在计算时的参考日期。

承兑人的承兑应在票据到期日之前。

持票人的贴现是在票据到期日前，将票据权利背书转让给金融机构。

金融机构的转贴现是在票据到期日前，将票据权利背书转让给其他金融机构。

金融机构的再贴现是在票据到期日前，将票据权利背书转让给中国人民银行。

电子商业汇票当事人在办理回购式贴现、回购式转贴现和回购式再贴现业务的截止日期，应早于票据到期日。

电子商业汇票的质押应在票据到期日前在电子商业汇票系统中进行登记，并设立质权：

主债务到期日先于票据到期日，且主债务已经履行完毕的，质权人应按约定解除质押；

主债务到期日先于票据到期日，且主债务到期未履行的，质权人可行使票据权利，但不得继续背书。

票据到期日先于主债务到期日的，质权人可在票据到期后行使票据权利，并与出质人协议将兑现的票款用于提前清偿所担保的债权或继续作为债权的担保。

电子商业汇票提示付款日为票据到期日起10日，最后一日遇法定休假日、大额支付系统非营业日、电子商业汇票系统非营业日顺延。

持票人在票据到期日前提示付款的，承兑人可付款或拒绝付款，或于到期日付款；承兑人拒绝付款或未予应答的，持票人可待票据到期后再次提示付款。

持票人在票据到期日前被拒付的，不得拒付追索。持票人在提示付款期内被拒付的，可向所有前手拒付追索。持票人超过提示付款期提示付款被拒付的，若持票人在提示付款期内曾发出过提示付款，则可向所有前手拒付追索；若未在提示付款期内发出过提示付款，则只可向出票人、承兑人拒付追索。

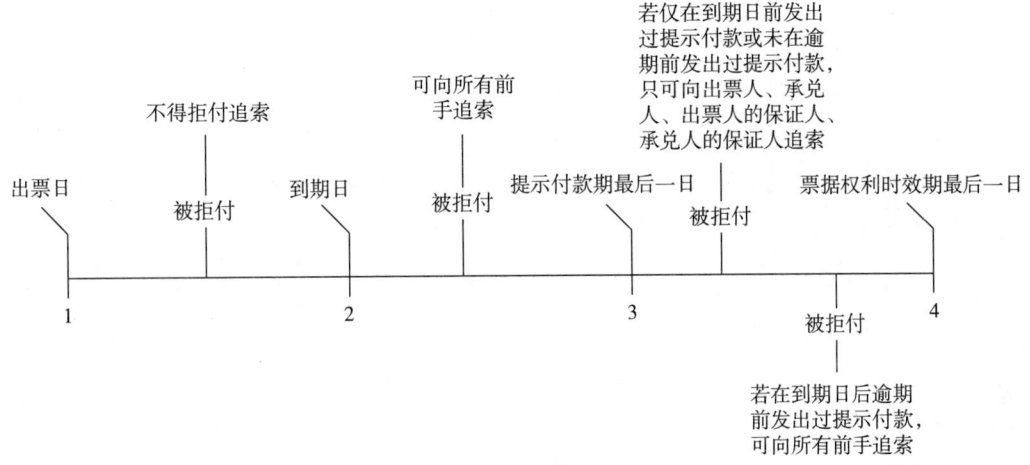

图 1-23　提示付款时限说明

持票人因电子商业汇票到期后被拒绝付款或法律、法规规定的其他原因，拥有的对出票人、承兑人追索和再追索的权利时效，自票据到期日起 2 年，且不短于持票人对其他前手的追索和再追索权利时效。

电子银行承兑汇票的出票人于票据到期日未能足额交存票款时，承兑人除向持票人无条件付款外，对出票人尚未支付的汇票金额转入逾期贷款处理，并按照每天万分之五计收罚息。

4. 票据状态。显示行内系统目前存储的票据状态，以汉字显示。

根据电子商业汇票所处的流转阶段，电子商业汇票系统将电子商业汇票在出票、承兑、收票、背书转让、买断式贴现、回购式贴现、买断式转贴现、回购式转贴现、买断式再贴现、回购式再贴现、质押、提示付款、逾期提示付款、拒付追索、非拒付追索、央行卖票等环节产生的各种票据状态加以定义与区分，形成了电票系统中票据的八十种票据状态。在后面一节将对这些状态逐一解读。

5. 票据号码。电子商业汇票的票据号码，跟人的身份证一样，是电子商业汇票在电票系统上的唯一身份认证号码。通过号码可以在上海票据交易所查询到该汇票的全部信息。

电子商业汇票的"电子票据号码"分为 5 个部分，30 位，全部由阿拉伯数字组成。第 1 位代表票据种类，第 2 位至第 13 位代表行号（即出票银行行号），第 14 位至第 21 位代表出票信息登记日期，第 22 位至第 29 位代表当天流水号，最后一位为校验号，具体结构如下：

票据种类标识	支付系统行号	出票信息登记日期	当天流水号	校验码
1位	12位	8位	8位	1位

票据种类标识为1或者2，"1"代表电子银行承兑汇票，"2"代表电子商业承兑汇票。支付系统行号是出票人的开户行行号；登记日期是出票人开具票据电票系统的登记日期，一般与出票日期一致但可以晚于出票日期；当天流水号是电子商业汇票系统随机产生并且唯一的流水号码；校验码则是由电子商业汇票系统自动生成的，用于校验核对，防止录入错误。

6. 出票人和收票人。出票人信息包括出票人全称、出票人账号和出票人开户银行。上述三种信息应为"出票信息登记报文（001）"或"通用票据转发报文（034）"中的出票人名称、账号、出票人开户行行号对应的名称。出票人开户行行号对应的名称应为行名行号系统中登记的银行名称。

收款人信息包括收款人全称、收款人账号和收款人开户银行。上述三种信息应为"出票登记报文"或"通用票据转发报文"中的收款人名称、收款人账号、收款人开户行行号对应的名称。收款人开户行行号应为行名行号系统中登记的银行名称。

电子商业汇票的出票人必须为银行业金融机构以外的法人或其他组织，电子商业承兑汇票收款人与出票人可以为同一人。电子银行承兑汇票的出票人应在承兑金融机构开立账户。个人不可以开具电子商业汇票。相对地，收票人就是接收出票人开具的电子商业汇票的公司。电子银行承兑汇票的出票人与收款人不得为同一人。

电子银行承兑汇票的出票人应向承兑金融机构提交真实、有效、用于证实真实交易关系或债权债务关系的交易合同或其他证明材料，并在电子商业汇票上作相应记录，承兑金融机构应负责审核。

7. 承兑人信息。承兑人是汇票的核心信息之一，承兑人就是电子商业汇票的付款人，即票据的主债务人。出票人和承兑人，一般为同一人，也可能不是同一人。

承兑信息包括承兑人全称、承兑人账号、承兑人开户行行号和承兑人开户行名称。上述信息应为"出票信息登记报文"或"通用票据转发报文"中的承兑人名称、承兑人账号、承兑人开户行行号、承兑人开户行行号对应的名称。承兑人开户行行号对应的名称应为行名行号系统中登记的银行名称。个别银行电票系统会出现对承兑人名称不校验的情况，承兑人名称出现错误。强烈建议各金融机构电票系统输入账号后名称由系统自动显示，避免出现名称错误导致的纠纷。

商业承兑汇票的承兑人应与接入机构签订协议，在符合本办法规定的情况下，由接入机构代为签收或驳回提示付款指令，并代理签章。

8. 承兑信息。包括出票人承诺：本汇票请予以承兑，到期无条件付款；承兑人承诺：本汇票已经承兑，到期无条件付款；承兑日期：承兑日期应为回复标记为"签收"的"通用回复报文（031）"（承兑回复）或"通用票据转发报文（034）"中的承兑回复日期。

9. 出票保证信息。电子商业汇票的保证，是指电子商业汇票上记载的债务人以外的第三人保证该票据获得付款的票据行为。

出票保证信息包括保证人名称、保证人地址和保证日期。保证人名称应为"保证申请报文（017）"（出票保证申请）或"通用票据转发报文（034）"中的保证人名称；保证人地址、保证日期应为保证回复标记为"签收"的"通用回复报文"或"通用票据转发报文"中的保证人地址、保证回复信息。如有多名出票保证人，则按顺序连续显示；如无出票保证人，则该行不显示。

保证人并非强制措施，如果取得保证人提供的保证，从回款的层面上来说，电子商业汇票的安全性会更高。

电子商业汇票获得承兑前，保证人作出保证行为的，被保证人为出票人。电子商业汇票获得承兑后，出票人将电子商业汇票交付收款人前，保证人作出保证行为的，被保证人为承兑人。出票人将电子商业汇票交付收款人后，保证人作出保证行为的，被保证人为背书人。

个别银行电票系统会出现对保证人名称不校验的情况，出现名称错误。强烈建议各金融机构电票系统输入保证人账号后，名称由系统自动显示，避免该类问题导致的纠纷。

10. 开户行信息。电子商业汇票票面开户行信息涉及三处，分别为出票人开户行信息、承兑人开户行信息和收款人开户行信息。开户行均为银行业金融机构和财务公司。

如企业通过接入财务公司进行出票信息登记，则出票申请信息的出票人账号、出票人开户行行号为企业在财务公司的内部账号和财务公司的大额支付系统行号；如收款人通过接入财务公司办理电子商业汇票业务，则收款人账号与收款人开户行行号为收款人在财务公司的内部账号和财务公司的大额支付系统行号。

如承兑人为接入行、接入财务公司，则承兑人名称为接入行、接入财务公司的名称，承兑人账号显示为"0"，承兑人开户行行号为接入行、接入财务公司的大额支付系统行号。

如承兑人为企业、被代理行、被代理财务公司，则承兑人为企业、被代理行、被代理财务公司的名称；承兑人账号为企业、被代理行、被代理财务公司在开户银行的真实账号或在开户财务公司的内部账号；承兑人开户行行号为企业、被代理行、被代理财务公司开户银行或开户财务公司的大额支付系统行号。

11. 票据金额。汇票对应的权利关系是金钱债权债务关系，给付标的物只能是金钱，在给付时必须确定金额。这意味着票面记载必须明确、具体，不能选择性记载、浮动性记载、未定记载；票据金额不得改写。

票据金额应为"出票信息登记报文（001）"或"通用票据转发报文（034）"中的票据金额。金额同时用中文和数码记载，中文大写和阿拉伯小写应一致。中文大写金额数字前面应显示"人民币"字样，大写金额数字应紧接"人民币"字样，不得留有空白。中文大写金额数字应用宋体显示，阿拉伯小写金额数字前面应显示人民币符号"￥"。

12. 合同交易号。根据《电子商业汇票业务处理手续》的相关规定，出票人在填写提示承兑信息时，如已获得交易合同和发票，则必须填写交易合同编号、发票号码。若无交易合同编号，则登记交易合同名称。若有多张发票且难以在"发票号码"项中全部注明的，应在"出票人备注"项中补全。因此，开具电子商业汇票需关注对应合同签署日期，如合同签署早于汇票开出，则需在电票系统中录入该合同信息；反之可以此处留空。确保对应电子商票该项目录入合理。

交易合同号应为"提示承兑申请报文（002）"或"通用票据转发报文（034）"中的交易合同编号。

13. 能否转让。该票面信息是票据能否继续流通转让的关键，有"不得转让"和"可转让"两种情况。出票人或背书人在电子商业汇票上记载了"不得转让"事项的，电子商业汇票不得继续背书。记载"不得转让"票据一旦签收票据就不得转让，唯一可操作的是提示付款，如承兑人同意，可以提前解付。

14. 承兑保证信息。承兑保证信息包括保证人名称、保证人地址和保证日期。保证人名称为"保证申请报文（017）"（承兑保证申请）或"通用票据转发报文（034）"中的保证人名称；保证人地址、保证日期应为保证回复标记为"签收"的"通用回复报文（031）"（承兑保证回复）或"通用票据转发报文（034）"中的保证人地址、保证回复日期。

承兑保证与出票保证信息一样，同样个别银行存在对保证人名称不校验的现象，出现名称错误误导持票人。强烈建议各金融机构电票系统输入保证人账号后名称由系统自动显示，避免名称错误纠纷。

15. 评级信息。出票人、承兑人均可在电子商业汇票上记载自身的评级信息，并对记载信息的真实性负责，但该记载事项不具有票据上的效力。评级信息包括评级机构、信用等级和评级到期日。电子商业汇票系统仅提供票据当事人的电子商业汇票支付信用信息，不对其进行信用评价或评级。

其中出票人评级信息为"出票信息登记报文（001）"或"通用票据转发报文（034）"中的评级主体、等级、评级到期日。承兑人评级信息来自承兑回复标记为"签收"的"通用回复报文（031）"（承兑回复）或"通用票据转发报文（034）"中的评级主体、信用等级、评级到期日。

第一章　票据基础理论

（1）风险示范：保证信息也有假。

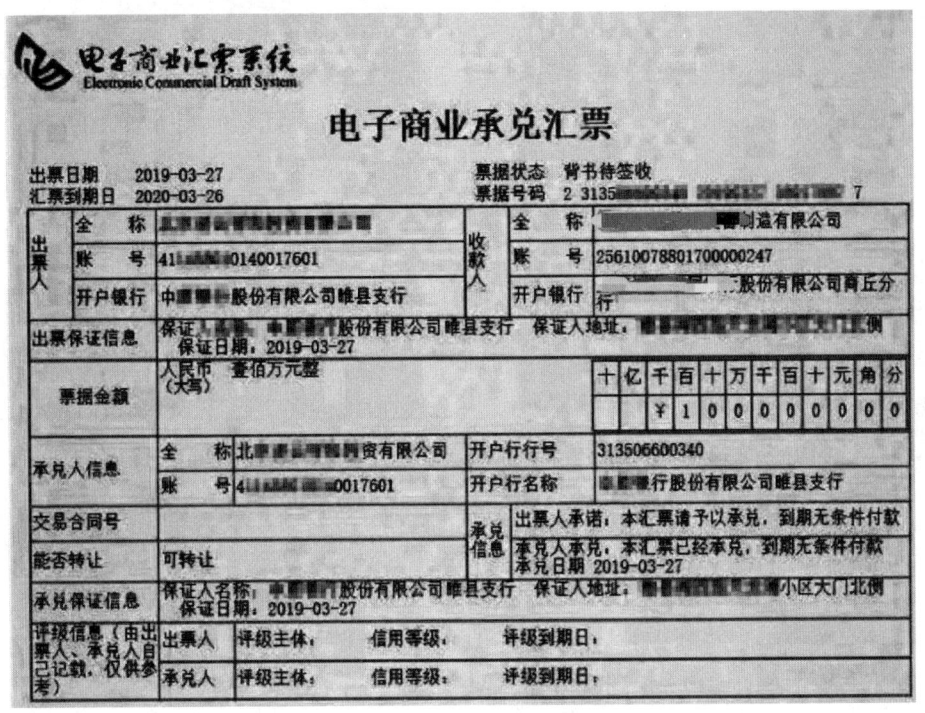

图1-24　伪造票据保证信息样票

这张电子商业承兑汇票不管是出票人还是承兑人都平平无奇，并不会引起人的关注。但下面的一个信息则让它在后续的流转与投资市场上的价值迅速攀升，那就是保证人为某银行某某支行。

票据的保证使得保证人对票据债务负有连带责任，债权人也就是持票人可以在保证人与被保证人中任选一个进行债务的追索。换句话说，这张票据在某银行的保证下，地位瞬间上升为银票，风险大大降低。

然而经与票面记载的保证行联系后证实，该票据保证信息为伪造，票面显示的银行并没有为该票承兑人作出任何的保证行为。

银行以防范风险、稳健经营为前提对其保证业务有着严格的要求，一方面，保证业务必须严格按照授权办理；另一方面，开展业务过程本身也有着严格的操作流程与文件留存。

以建设银行为例，1998年11月23日，建设银行就发布了《中国建设银行保证业务办法》和《中国建设银行保证业务内部管理规程》，明确指出，"建设银行接到申请人的保证申请及相关材料经审查同意受理的，应根据授权权限及《中国建设银行保证业务内部管理规程》的规定，在与申请人签具《出具保函协议书》及相应的反担保合同后，按照本办法第四章的规定，出具保函。"

因此，一个有效的保证，被保证人必然持有上述文件，通过这一方式，可以作出基本的筛查。另外，关于保证业务的授权："各级行必须严格按照授权权限办理保证业务；各一级分行必须按照总行的有关规定，严格掌握对所辖二级分行转授权及转授权权限的范围。总行重申，未经授权（或转授权），各级行无权自行审批并办理保证业务；各级行只能在授权（或转授权）范围内审批并办理保证业务，对超出授权（或转授权）范围的，必须逐级上报有审批权限的行审批；有审批权限的行的审批意见是经办行能否具体办理该项保证业务、能否出具保函的唯一依据。"

另外根据《〈中国建设银行保证业务内部管理规程〉的通知》第四条规定："各级行必须严格按照国家有关法律、法规特别是总行新的保证业务办法及其内部管理规程的规定办理保证业务。自本通知下发后，凡发生无权担保、越权担保、违规操作或在具体经办过程中失职渎职的，一经发现，无论是否造成损害后果，一律按照《中国建设银行关于对工作人员违反金融规章制度行为处理的暂行办法》的规定，严肃处理。"

基于以上两条规定，对出具保函行的业务权限进行确认，或是核实审批权限行的审批意见是进行筛选的第二步。

经过上述两个步骤的审核，基本可以确定保证信息是否真实。那么有一个问题，不是真实的保证信息又是如何填写上去的呢？

其实这是票据被保证当事人利用电票系统接入点的漏洞伪造出来的保证信息。某些银行的电票接入系统存在校验漏洞，也就是说对交易对手发来的申请报文，账号、户名缺乏校验功能。电票系统中数据的流转都是通过对代码的校验完成的，以其他相关方为目标（非电票系统）的信息传递，对象也是某某数字账号的一方，通常情况下，资金在系统中的流转是需要账号与户名进行比对的，一致的入账；不一致的则会出现信息不符的提示。但正是因为存在不校验的漏洞，账号还是那个账号，但户名却可以随意填写，可以是银行或其他任何企业。这样的话，保证人除了银行，也可以是其他某某信誉极高的企业。

（2）风险示范：奇怪的评级信息。

如图1-25所示，出票人对自身的信用评级进行了展示。

评级主体：中国农业银行，信用等级显示为AAA+，评级到期日2049年12月31日。

这个评级到底该怎么看呢？

目前出票人的评级在电票系统中是出票人在出票时的选填项目，并由出票人对记载信息的真实性负责，但该记载事项不具有票据上的效力。大部分商票是不填的，像这张商票的填法有误导性。

根据《中国农业银行企业信用等级评定暂行办法》，农业银行对企业信用等级评定实行百分制。按得分高低，企业信用等级分为AAA、AA、A、B、C五个等级，并无

第一章 票据基础理论

图 1－25 记载虚假评级信息样票

AAA＋这一等级。

那么评级机构的话呢？根据《中国人民银行信用评级管理指导意见》，借款企业信用等级分为三等九级，即 AAA、AA、A、BBB、BB、B、CCC、CC、C。每一个信用等级可用"＋""－"符号进行微调，表示略高或略低于本等级，但不包括 AAA＋。因此，该票据中评级结果为 AAA＋，不管评级主体是谁显然都不符合实际。

另外，根据《中国农业银行企业信用等级评定暂行办法》第四章与第五章关于评级规定的表述，不管是银行内部信贷部门对企业的评级还是银行委托有资格的咨询机构作出的评定，其结果有效期均为一年。而上述票据评级有效期至 2049 年显然是天方夜谭。

那么我们是否可以通过什么方式来确认这个评级信息是否正确呢？

首先，按照这张票来说，银行的确会对借款企业作一个信用评级，但该信用评级为银行内部使用，未征得企业同意不得对外提供，当然更不会公布。出票人可自行在电票上进行披露，但作为票据流通的后手，是无法通过银行对外公布的信息对该评级进行确认的。

当然，如果是人民银行或证监会认可的评级机构发布的结果是可以在其网站进行查询的，但目前这类机构并无对票据进行评级的资质。

换句话说，我们无法对这个结果验明正身。而且即便验明正身这个结果是正确或者有误，是否可以追究开票人的票据责任呢？遗憾的是，目前票据评级信息的记载事项不具有票据上的效力，因此我们不能以此为由来追究出票人的票据法律责任。

（二）电子商业汇票背面要素

电子商业汇票背面的要素包括显示日期、电子商业汇票系统 LOGO、电票种类字样、票据号码和背面信息。

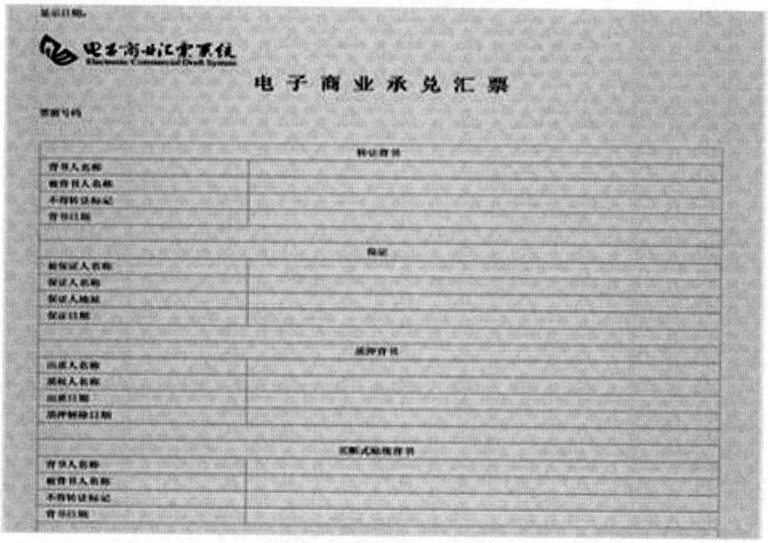

图 1-26　电子商业汇票背面信息

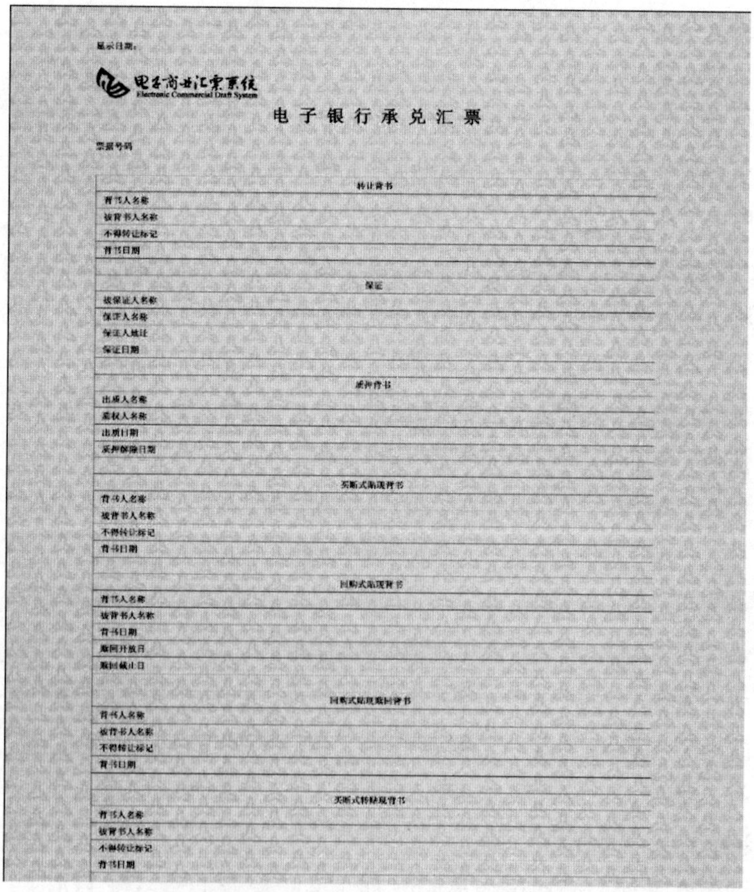

图 1-27　电子商业汇票背面信息

第一章　票据基础理论

1. 显示日期。同正面。
2. 电子商业汇票系统 LOGO，同正面。
3. 电票种类字样，与正面显示要求一致。
4. 票据号码，同正面。
5. 背面信息，包括转让背书、保证、质押、买断式贴现、回购式贴现、回购式贴现赎回、买断式转贴现、回购式转贴现、回购式转贴现赎回、买断式再贴现、回购式再贴现、回购式再贴现赎回、央行卖出商业汇票、提示付款、追索清偿和再追索清偿业务发生的具体信息。

背面上述信息以实际业务发生的具体时间先后顺序排列显示。除提示付款日期、追索日期、再追索日期、赎回开放日、赎回截止日和清偿日期外，背面信息中的"××日期"，应为其相应业务标记为"签收"的"通用回复报文（31）"或"通用票据转发报文（034）"中的回复日期，日期格式为"yyyy－mm－dd"。票据行为只有在完成的情况下才显示，若票据处于"××待签收"状态下，则不显示该手"××"的信息。

提示付款信息包括提示付款人名称、提示付款日期、付款或拒付、付款或拒付日期和拒付理由。提示付款人名称、提示付款日期应为"提示付款申请报文（020）""逾期提示付款申请报文（021）"或"通用票据转发报文（034）"中的提示付款人名称、提示付款申请日期；付款或拒付、付款或拒付日期、拒付理由应为"通用回复报文（031）"（提示付款回复）或"通用票据转发报文（034）"中的提示付款回复标记对应的"付款"或"拒付"字样、提示付款回复日期、拒付理由代码对应的拒付理由。

追索清偿信息包括追索人名称、清偿人名称、追索日期、追索类型和清偿日期。上述信息应为"追索通知报文（022）"或"通用票据转发报文（034）"中的同意清偿人名称、追索日期和追索类型；清偿人名称、清偿日期应为"追索同意清偿申请报文（023）"或"通用票据转发报文（034）"中的同意清偿人名称、清偿日期。

二、票据状态简述

电子商业汇票在电子商业汇票系统中的流转，所有处理操作均以报文的形式加以记载与传递，同时系统也会根据具体的业务报文对相应的票据作票据状态变更的操作。

其中业务报文包括出票类、票据流转类和信息类相应报文。系统参与者在日间进行业务处理时收到以下报文，根据具体情况修改票据状态：

追索同意清偿申请报文（023　Commercial Draft Recourse Agreement Request），

通用回复报文（031　Commercial Draft Common Sign Up），

通用撤销报文（032　Commercial Draft Cancellation Request），

通用确认报文（033　Commercial Draft Common Status），

通用票据转发报文（034 Commercial Draft Common Transmission），
清分失败回复报文（035 Commercial Draft Exception Notification），
线上清算结果通知报文（036 Commercial Draft Settlement Result Notification），
票据状态变更通知报文（040 Commercial Draft Status Changing Notification），
通用业务通知报文（041 Commercial Draft Common Business Notification），
票据已结清通知报文（043 Commercial Draft Settled Or Destructed Notification）。

另外，在以下两种情况下，电子商业汇票系统会修改票据状态并通过报文下发通知。

（一）到期票据的票据状态

系统根据规则将到期票据的"票据状态"修改为新状态，以便进一步进行业务处理。同时，系统将修改后的票据状态，使用"票据状态变更通知报文（040）"通知到最后一次行为的相关参与者，以便权利人明确他所持有的票据所允许做的业务范围的变化。规则见表1-3。

表1-3　　　　　　　　　　　　票据状态变更规则

原状态	到达日期	新状态	通知对象
出票已登记	票据到期日日初	票据已作废	出票人、出票保证人
保证待签收（出票人为被保证人）	票据到期日日初	票据已作废	出票人、出票保证人
承兑待签收	票据到期日日初	票据已作废	出票人、出票保证人、承兑人
承兑已签收（未提示收票）	提示付款期末日日终	票据已作废	出票人、出票保证人、承兑人、承兑保证人
保证待签收（被保证人为承兑人）	提示付款期末日日终	票据已作废	出票人、出票保证人、承兑人、承兑保证人
提示收票待签收	提示付款期末日日终	票据已作废	出票人、出票保证人、承兑人、承兑保证人、收款人
回购式贴现已签收（贴现签收日<赎回开放日）	赎回开放日日初	回购式贴现已至赎回开放日	贴入人、贴出人
回购式贴现已签收（赎回开放日≤贴现签收日<赎回截止日）	签收日+1日日初	回购式贴现已至赎回开放日	贴入人、贴出人
回购式贴现已签收（赎回截止日≤贴现签收日）	签收日+1日日初	回购式贴现已逾赎回截止日	贴入人、贴出人
回购式贴现已至赎回开放日、回购式贴现赎回待签收	赎回截止日+1日日初	回购式贴现已逾赎回截止日	贴入人、贴出人
回购式转贴现已签收（转贴现签收日<赎回开放日）	赎回开放日日初	回购式转贴现已至赎回开放日	贴入人、贴出人
回购式转贴现已签收（赎回开放日≤转贴现签收日<赎回截止日）	签收日+1日日初	回购式转贴现已至赎回开放日	贴入人、贴出人

第一章　票据基础理论

续表

原状态	到达日期	新状态	通知对象
回购式转贴现已签收（赎回截止日≤转贴现签收日）	签收日+1日日初	回购式转贴现已逾赎回截止日	贴入人、贴出人
回购式转贴现已至赎回开放日、回购式转贴现赎回待签收	赎回截止日+1日日初	回购式转贴现已逾赎回截止日	贴入人、贴出人
回购式再贴现已签收（再贴现签收日＜赎回开放日）	赎回开放日日初	回购式再贴现已至赎回开放日	贴入人、贴出人
回购式再贴现已签收（赎回开放日≤再贴现签收日＜赎回截止日）	签收日+1日日初	回购式再贴现已至赎回开放日	贴入人、贴出人
回购式再贴现已签收（赎回截止日≤再贴现签收日）	签收日+1日日初	回购式再贴现已逾赎回截止日	贴入人、贴出人
回购式再贴现已至赎回开放日、回购式再贴现赎回待签收	赎回截止日+1日日初	回购式再贴现已逾赎回截止日	贴入人、贴出人
质押已签收、质押解除待签收	票据到期日日初	质押已至票据到期日	出质人、质权人
	票据权利失效日+1日日初（2年未结清）	已逾票据权利失效日	出票人、出票保证人、承兑人、承兑保证人和持票人

（二）系统运行状态为营业截止时的票据状态

当系统运行状态为营业截止时，对于需要与大额清算系统作线上清算而且处于"待签收"状态的业务进行退回处理，票据状态回滚为上手票据状态，使用"票据状态变更通知报文（040）"通知相关参与者。需要作未签收退回的业务状态如下：

- 贴现待签收；
- 贴现赎回待签收；
- 转贴现赎回待签收；
- 再贴现赎回待签收；
- 央行卖票待签收。

（三）典型业务场景票据状态变更情况

根据电子商业汇票所处的流转阶段及相应的报文流程，电子商业汇票系统将电子商业汇票分为如下18种状态。

出票阶段，票据状态可显示为"出票已登记"；在承兑环节，票据状态可显示为"提示承兑待签收""提示承兑已签收"；在收票环节，可显示为"提示收票待签收""提示收票已签收"；背书环节，可显示为"背书待签收""背书已签收"；质押票据可显示为"质押待签收""质押已签收""质押已至票据到期日""质押解除待签收""质押解除已签收"；提示付款阶段，票据可显示为"提示付款待签收""提示付款已签收待清算""提示付款已签收已排队""提示付款已拒付"；追索阶段，票据可显示为

"拒付追索待清偿""拒付追索同意清偿待签收"等。

1. 出票阶段——出票已登记。出票人登录电子商业汇票系统，通过出票人开户行申请出票信息登记业务，出票人接入点根据《电子商业汇票系统报文格式标准》规定的报文格式组成"出票信息登记报文（001）"，并加数字签名，通过消息队列发送给MBFE（前置机系统）进行身份认证及合法性检查。同时出票人开户行行内系统等待回应报文。

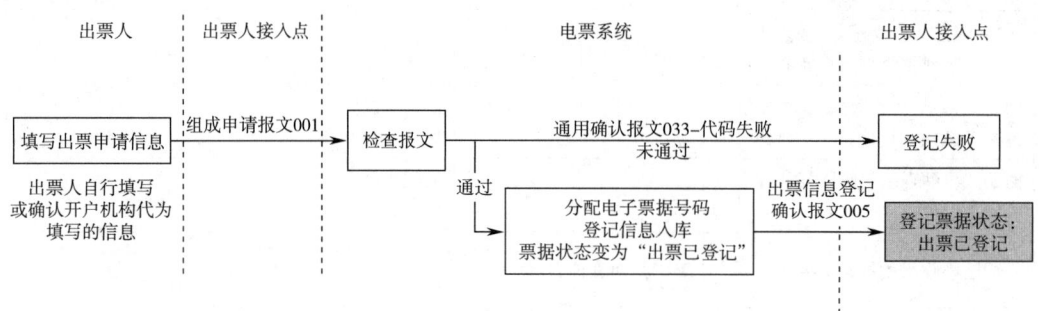

图1-28 出票阶段票据状态变化

（1）如果接收的回应报文是"通用确认报文（033）"，处理状态"已拒绝"，则出票失败。

（2）如果接收的回应报文是"出票信息登记确认报文（005）"。设置票据当前状态为"出票已登记"。

2. 提示承兑——提示承兑待签收、提示承兑已签收。出票人在票据状态为"出票已登记"时，通过电票系统向承兑人提示承兑。出票人通过出票人开户行申请出票提示承兑请求，出票人开户行行内系统按照《电子商业汇票系统报文格式标准》规定的报文格式组成"提示承兑报文（002）"，并加数字签名，通过消息队列发送给MBFE（前置机系统）进行身份认证及合法性检查，同时出票人开户行行内系统等待回应报文"通用确认报文（033）"，并根据通用确认报文的票据状态修改规则作相应的票据状态修改。检查通过的，将提示承兑信息入库，修改票据状态为"提示承兑待签收"。承兑人接入点收到电票系统报文后进行形式审查，通过的修改票据状态，并根据报文中承兑人名称、行号和账号字段，向承兑人展示，通知承兑人回复。

承兑人收到提示后，可以选择签收或驳回。承兑人签收，则电子商业汇票系统修改票据状态为"承兑已签收"；承兑人驳回，则系统修改票据状态为"出票已登记"。该信息通过报文形式由电票系统向出票人接入点回复。

3. 提示收票——提示收票待签收、提示收票已签收。出票人在电子商业汇票票据状态为"承兑已签收"时，可向收款人发出提示收票申请。出票人接入点根据《电子

第一章 票据基础理论

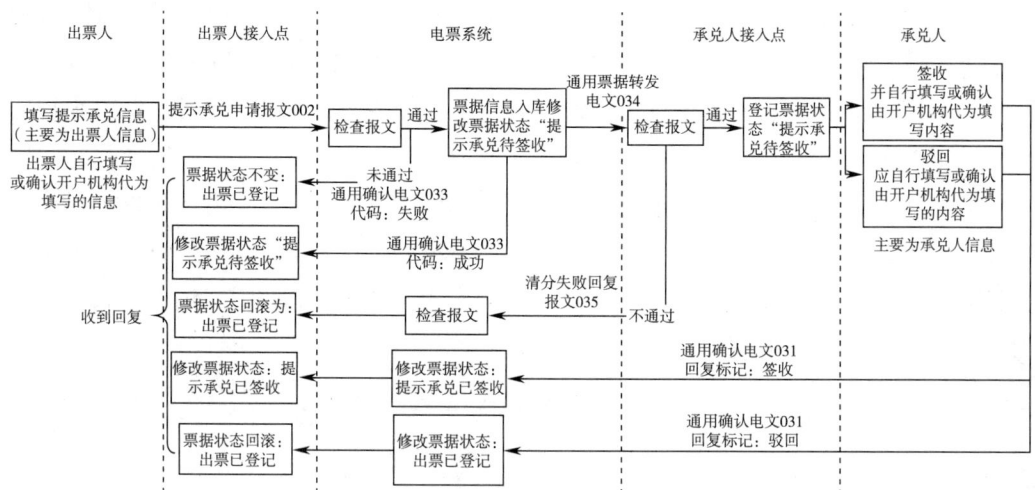

图 1-29 提示承兑环节票据状态变化

商业汇票系统报文格式标准》将提示收票申请信息组成"提示收票报文（003）"，并加数字签名，通过消息队列发送给 MBFE（前置机系统）进行身份认证及合法性检查。电票系统则对该报文进行检查，检查通过后，将提示收票信息入库，票据状态修改为"提示收票待签收"，同时向收款人接入点转发报文。收款人接入点在收到电票系统发来的报文后，进行检查，检查通过的，登记票据状态为"提示收票待签收"并根据报文中收款人名称、行号、账号字段向收款人提示信息并通知其回复。

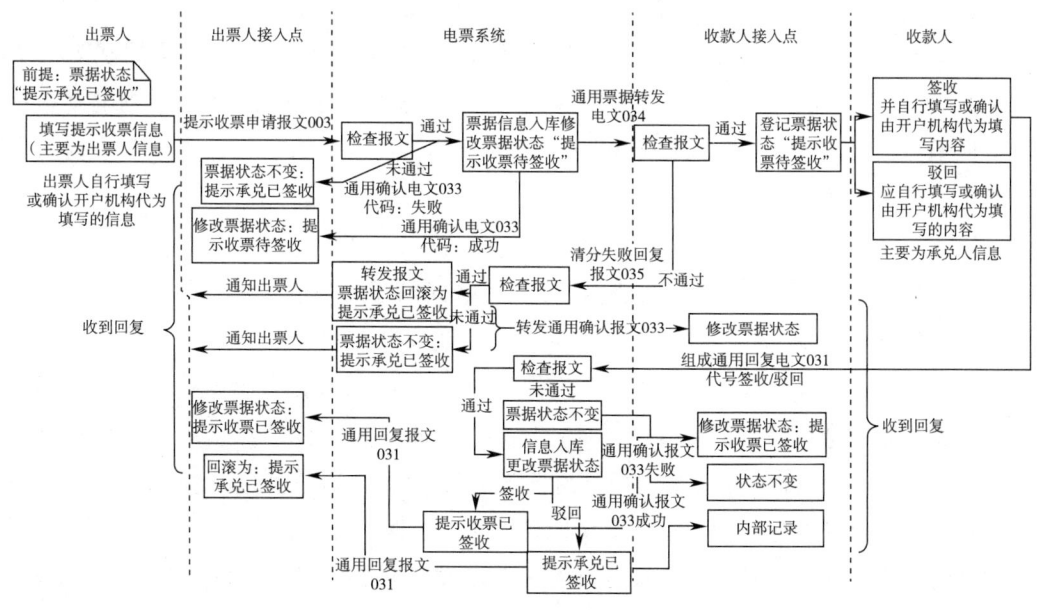

图 1-30 提示收票环节票据状态变化

37

收款人可以选择对提示收票申请签收或者驳回。之后,报文通过收款人接入点返回电票系统,收款人回复"签收"的,票据状态修改为"提示收票已签收";收款人回复"驳回"的,票据状态在电票系统中修改为"承兑已签收"。同时,电票系统向出票人接入点转发报文,接入点将结果通知出票人。

4. 电子商票撤票——票据已作废。出票人在出票登记成功后、出票人提示保证已完成、出票人提示承兑已完成、承兑人提示保证已完成,并且票据状态处于"出票已登记"或"提示承兑已签收",即收款人等相对方对上述申请作出答复前,出票人可通过自己的开户行进行申请撤票。

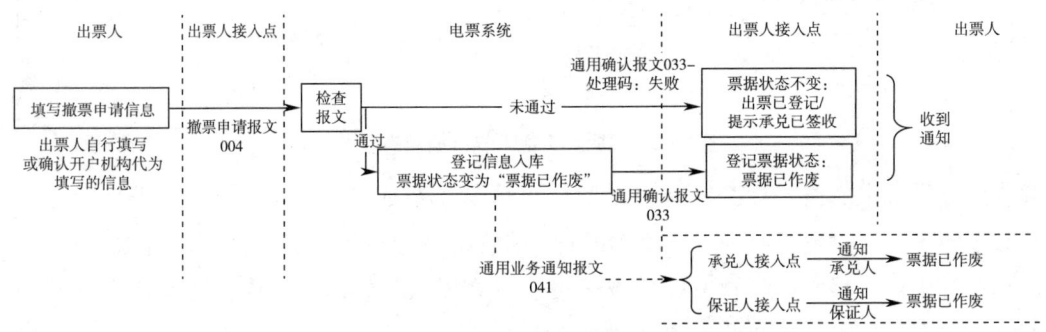

图 1-31　撤票环节票据状态变化

出票人录入撤票申请信息,由接入点根据《电子商业汇票系统报文格式标准》规定的报文格式组成"撤票申请报文(004)",并加数字签名,发送 MBFE(前置机系统)进行身份认证及合法性检查。检查通过后,撤票信息登记入库,票据状态变为"票据已作废"。如之前已作出了出票保证、提示承兑、承兑保证等行为,则电票系统同时向承兑人接入点、保证人接入点发送相关通知。在承兑人、保证人处,票据状态变更为"票据已作废"。

5. 转让背书——背书待签收、背书已签收。背书人在电子商票处于"提示收票已签收""背书已签收""质押解除已签收""回购式贴现赎回已签收"状态下,票据未记载"不得转让"标记的,可向被背书人发出转让背书申请。

背书人自行填写或确认由其开户金融机构代为填写的转让背书申请信息,背书人接入点将收到的申请信息按照《电子商业汇票系统报文格式标准》组织"转让背书申请报文(010)",并加数字签名,通过消息队列发送给 MBFE(前置机系统)进行身份认证及合法性检查。检查通过后,申请信息入库,票据状态修改为"背书待签收",同时向被背书人转入点转发报文。被背书人接入点收到电票系统发来的报文,进行检查。检查通过的,修改票据状态为"背书待签收",并根据报文中被背书人名称、行号和账号字段,向被背书人展示该转让背书申请并通知被背书人回复。被背书人可以选择对

第一章　票据基础理论

该申请签收或者驳回。被背书人接入点收到被背书人的回复，回复为签收的，票据状态修改为"转让背书已签收"；被背书人驳回的，则在内部系统作相应记录。

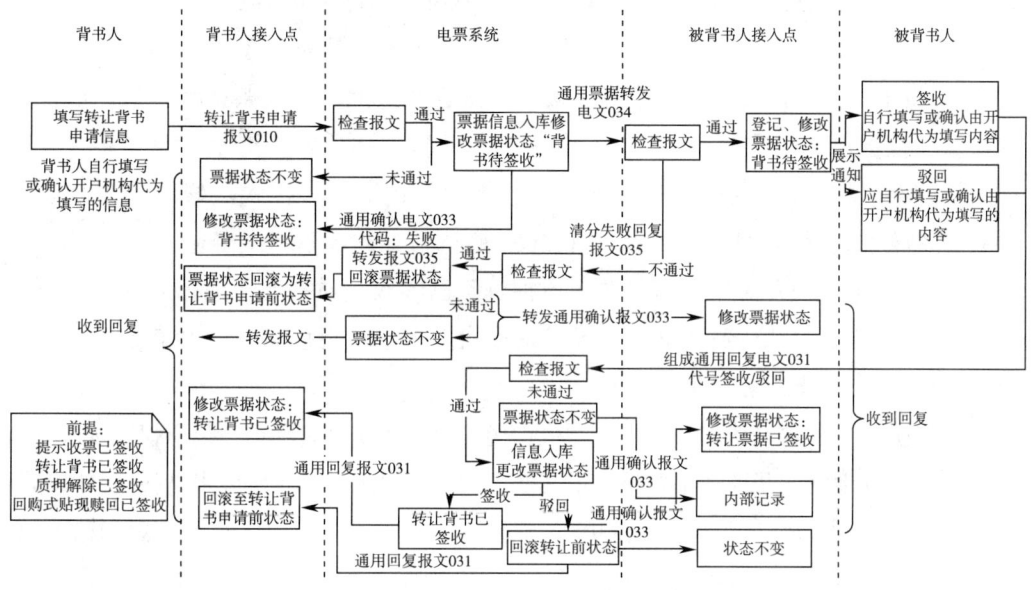

图 1-32　转让背书环节票据状态变化

6.质押——质押待签收、质押已签收。票据到期日前，票据在"提示收票已签收""背书已签收""回购式贴现赎回已签收""质押解除已签收"状态下，持票人可以对所持有的票据进行质押。

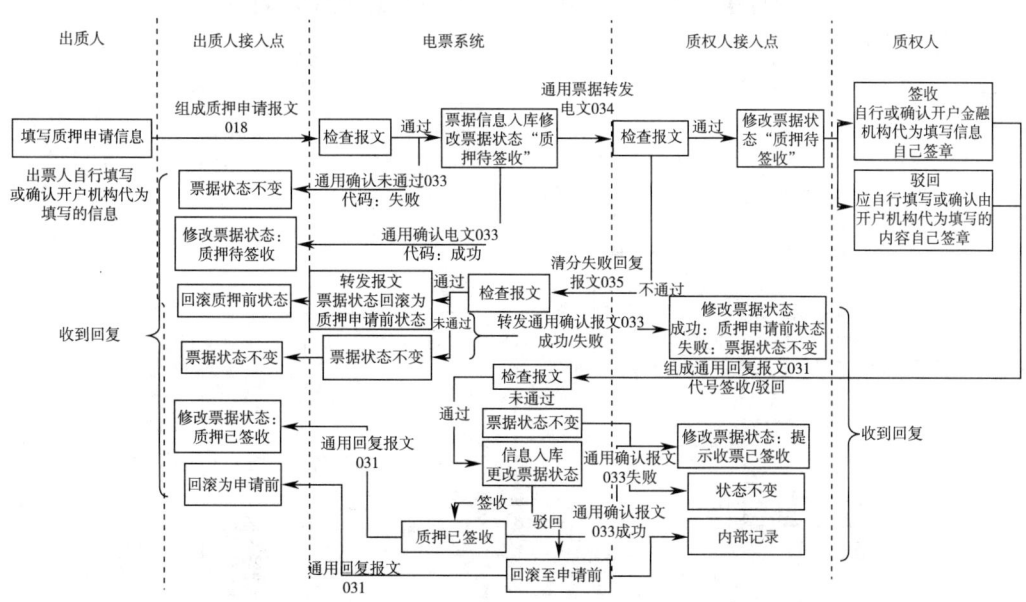

图 1-33　质押环节票据状态变化

39

出质人在开户行系统中自行填写或确认由其开户金融机构代为填写的质押申请信息，出质人接入点将按照《电子商业汇票系统报文格式标准》组织"质押申请报文（018）"，并加数字签名，通过消息队列发送给 MBFE（前置机系统）进行身份认证及合法性检查。

检查通过的，将上述信息入库，并修改票据状态为"质押待签收"同时向质权人接入点转发报文。质权人接入点检查该报文，检查通过的，修改票据状态为"质押待签收"，并根据报文中质权人名称、行号和账号字段，向质权人展示并通知质权人回复。质权人可以对该信息申请签收或驳回。签收的，质权人接入点修改票据状态为"质押已签收"；质权人回复驳回的，则质权人接入点在内部系统作相应记录。

7. 质押解除——质押解除待签收、质押解除已签收、质押已至票据到期日。票据质押背书后，自出质日至到期日前一天，票据状态为"质押已签收"状态下，质权人可以向出质人发起质押解除业务申请。

质权人自行填写或确认由其开户金融机构代为填写的质押解除申请，质权人接入点依据申请信息，按照《电子商业汇票系统报文格式标准》组织"质押解除申请报文（019）"，并加数字签名，通过消息队列发送给 MBFE（前置机系统）进行身份认证及合法性检查，此时票据状态为"质押解除待签收"，检查通过的，将申请信息入库，修改票据状态为"质押解除待签收"，同时向出质人接入点转发该报文。出质人接入点根据报文，修改票据状态为"质押解除待签收"，并根据报文中出质人行号和账号字段，向出质人展示该申请并通知其回复。在票据到期日前，出质人可以选择对该申请签收或驳回。签收的，出质人接入点修改票据状态为"质押解除已签收"；驳回的，则票据状态回滚为"质押已签收"。之后出质人接入点向电票系统进行回复，电票系统根据回复对票据状态进行更改。

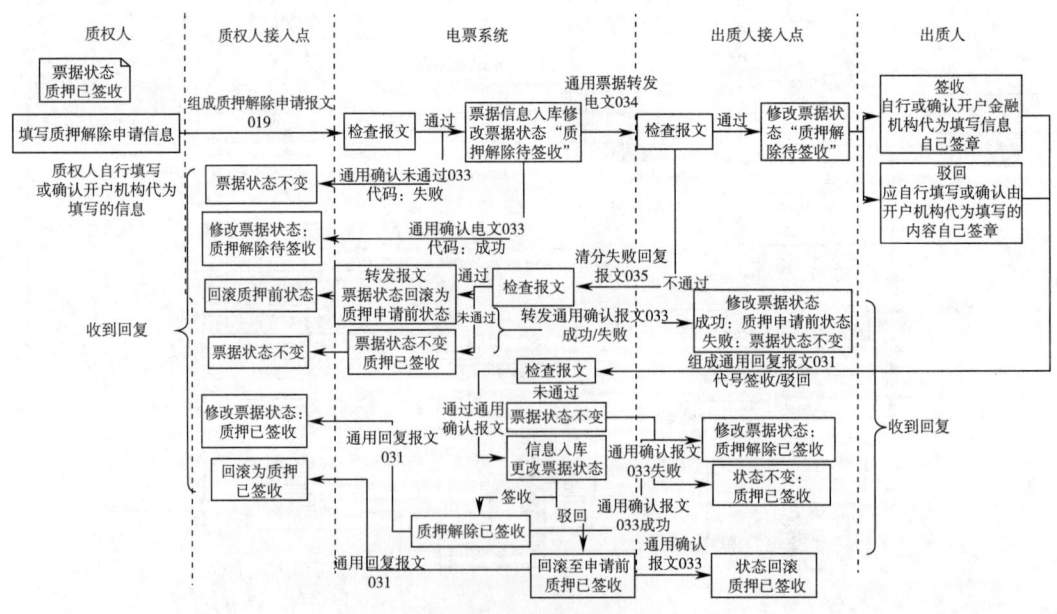

图 1-34 质押解除票据状态变化

第一章 票据基础理论

在票据到期日前,如质权人未发出质押解除申请、出质人驳回质押解除申请或出质人未回复质押解除申请,电子商业汇票系统将会在票据到期日日初,将票据状态修改为"质押已至票据到期日",并向出质人接入点和质权人接入点分别发送状态更改报文。到期日后(含到期日),质权人可通过电票系统发起提示付款申请或逾期提示付款申请。

8. 保证——保证待签收。保证业务可以由出票人、承兑人和背书人发起,不同阶段业务流程一致。票据状态以发起业务后的"保证待签收"为标志。在以下票据状态下可以发起保证请求:"出票已登记""承兑已签收""提示收票已签收""背书已签收""回购式贴现赎回已签收""质押解除已签收"。

被保证人自行填写或确认由其开户金融机构代为填写的保证申请信息,被保证人接入点则按照《电子商业汇票系统报文格式标准》组织"保证申请报文(017)",并加数字签名,通过消息队列发送给 MBFE(前置机系统)进行身份认证及合法性检查。检查通过的,申请信息入库,票据状态修改为"保证待签收",同时向保证人接入点转发报文。保证人接入点检查报文后,检查通过的,票据状态修改为"保证待签收",并根据报文中保证人名称、行号和账号字段向保证人展示申请并通知保证人回复。不论保证人回复为"签收"或"驳回",保证人接入点都在内部系统作相应记录,而电票系统则根据回复报文将票据状态回滚至保证申请前状态,并根据内部记录在电票保证信息界面进行标记。

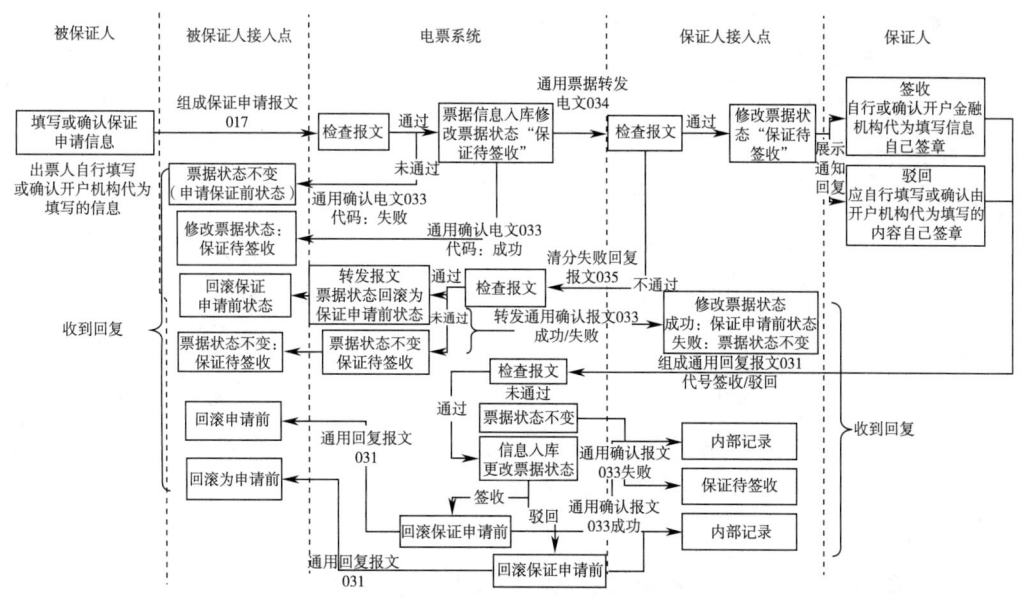

图 1-35 保证环节票据状态变化

9. 提示付款——提示付款待签收、提示付款已签收待清算、票据已结清、提示付款已签收已排队、提示付款已拒付（四种）。

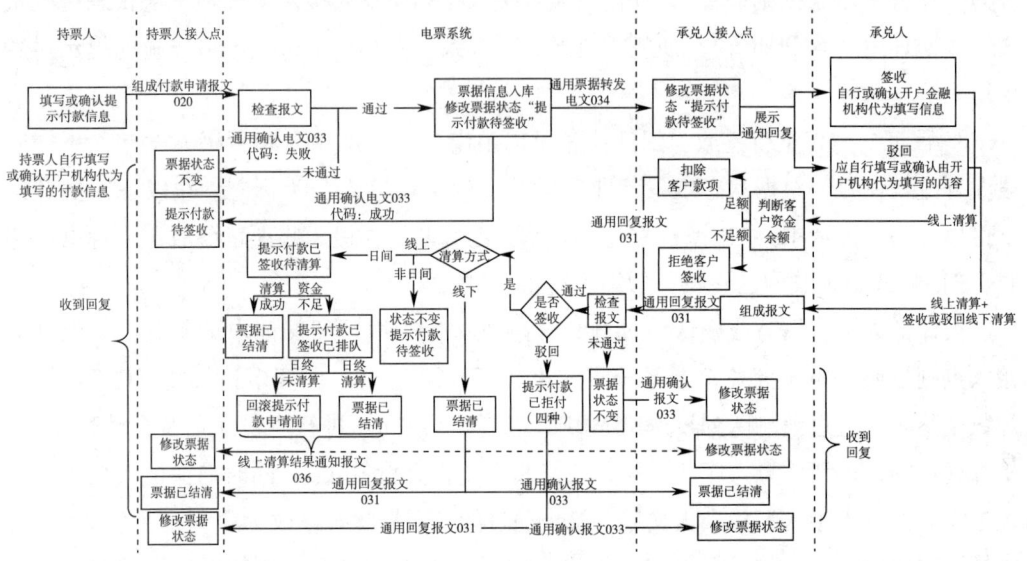

图 1-36　提示付款环节票据状态变化

票据在以下状态时持票人可对该票据发起提示付款请求：

- 提示收票已签收；
- 背书已签收；
- 买断式贴现已签收；
- 回购式贴现赎回已签收；
- 回购式贴现已逾赎回截止日；
- 买断式转贴现已签收；
- 回购式转贴现赎回已签收；
- 回购式转贴现已逾赎回截止日；
- 买断式再贴现已签收；
- 回购式再贴现赎回已签收；
- 回购式再贴现已逾赎回截止日；
- 质押解除已签收；
- 质押已至票据到期日；
- 提示付款已拒付（不可拒付追索）；
- 提示付款已拒付（可拒付追索，可追所有人）；
- 央行卖票已签收。

第一章　票据基础理论

持票人自行填写或确认由开户金融机构代为填写的提示付款信息，持票人接入点按照《电子商业汇票系统报文格式标准》组织"提示付款申请报文（020）"，并加数字签名，通过消息队列发送给 MBFE（前置机系统）进行身份认证及合法性检查。检查通过的，电票系统修改票据状态为"提示付款待签收"，并向持票人接入点与承兑人接入点发送报文；检查未通过的，票据状态保持不变。承兑人接入点收到提示报文后，展示并通知承兑人回复，同时修改票据状态为"提示付款待签收"。

根据持票人选择的清算方式的不同（线上/线下），承兑人的反馈会形成不同的票据状态。

承兑人签收的，如选择线下清算，则电票系统修改票据状态为"票据已结清"（不论线下是否已支付）。如选择线上清算，则根据大额支付系统是否处于日间状态，票据状态有所不同。

处于非日间状态，则电票系统保持票据状态不变。

日间状态时，票据状态修改为"提示付款已签收待清算"，同时电票系统向大额支付系统发送支付报文，若清算成功，则票据状态变为"票据已结清"；如清算账户资金不足，则作排队处理，票据状态修改为"提示付款已签收已排队"，在系统日终前该笔业务得到清算，则票据状态变为"票据已结清"。如大额支付系统日终仍未清算，则该笔业务退回，票据状态回滚至提示付款申请前状态。

承兑人驳回的，则根据提示付款申请和回复的日期票据状态分为四种情况：

- 提示付款回复为票据到期日前，则票据状态修改为"提示付款已拒付（不可进行拒付追索）"；
- 提示付款回复为票据提示付款期内，则票据状态修改为"提示付款已拒付（可拒付追索，可以追所有人）"；
- 回复为票据逾期提示付款期后，票据提示付款期内未发起过提示付款申请的，票据状态修改为"提示付款已拒付（可拒付追索，只可追出票人、承兑人及保证人）"；
- 回复为票据逾期提示付款期后，票据提示付款期内曾发生过提示付款申请的，票据状态修改为"提示付款已拒付（可拒付追索，可以追所有人）"。

10. 逾期提示付款——逾期提示付款待签收、票据已结清、提示付款已签收已排队、逾期提示付款已拒付（可拒付追索，可以追所有人）、逾期提示付款已拒付（可拒付追索，只能追出票人，承兑人及其保证人）。

票据逾期后可对该票据发起提示付款请求。

- 提示收票已签收；
- 背书已签收；
- 买断式贴现已签收；

- 回购式贴现赎回已签收；
- 回购式贴现已逾赎回截止日；
- 买断式转贴现已签收；
- 回购式转贴现赎回已签收；
- 回购式转贴现已逾赎回截止日；
- 买断式再贴现已签收；
- 回购式再贴现赎回已签收；
- 回购式再贴现已逾赎回截止日；
- 质押解除已签收；
- 质押已至票据到期日；
- 提示付款已拒付（不可拒付追索）；
- 提示付款已拒付（可拒付追索，可追所有人）；
- 提示付款已拒付（可拒付追索，只可追出票人，承兑人及其保证人）；
- 逾期提示付款已拒付（可拒付追索，可追所有人）；
- 逾期提示付款已拒付（可拒付追索，只可追出票人，承兑人及其保证人）；
- 央行卖票已签收。

持票人自行填写或确认由其开户金融机构代为填写的提示付款信息，接入点按照《电子商业汇票系统报文格式标准》组织"逾期提示付款申请报文（021）"，并加数字签名，通过消息队列发送给 MBFE（前置机系统）进行身份认证及合法性检查。检查通过的，则票据状态修改为"逾期提示付款待签收"同时向持票人接入点与承兑人接入点转发报文；检查未通过的，则票据状态保持不变。

与提示付款一样，根据持票人选择的清算方式的不同（线上/线下），承兑人的反馈会形成不同的票据状态。

承兑人签收的，如选择线下清算，则电票系统修改票据状态为"票据已结清"（不论线下是否已支付）。同时向持票人接入点与承兑人接入点发送通知报文。如选择线上清算，则根据大额支付系统是否处于日间状态，票据状态有所不同。

处于非日间状态，则电票系统保持票据状态不变。

日间状态时，票据状态修改为"逾期提示付款已签收待清算"，同时电票系统向大额支付系统发送支付报文，若清算成功，则票据状态变为"票据已结清"；如承兑人大额支付系统清算账户资金不足，则大额支付系统将该业务作排队处理，票据状态修改为"提示付款已签收已排队"。在大额支付系统日终前该笔业务得到清算，则票据状态变为"票据已结清"；如系统日终仍未清算，则该笔业务退回，票据状态回滚至提示付款申请前状态。

第一章 票据基础理论

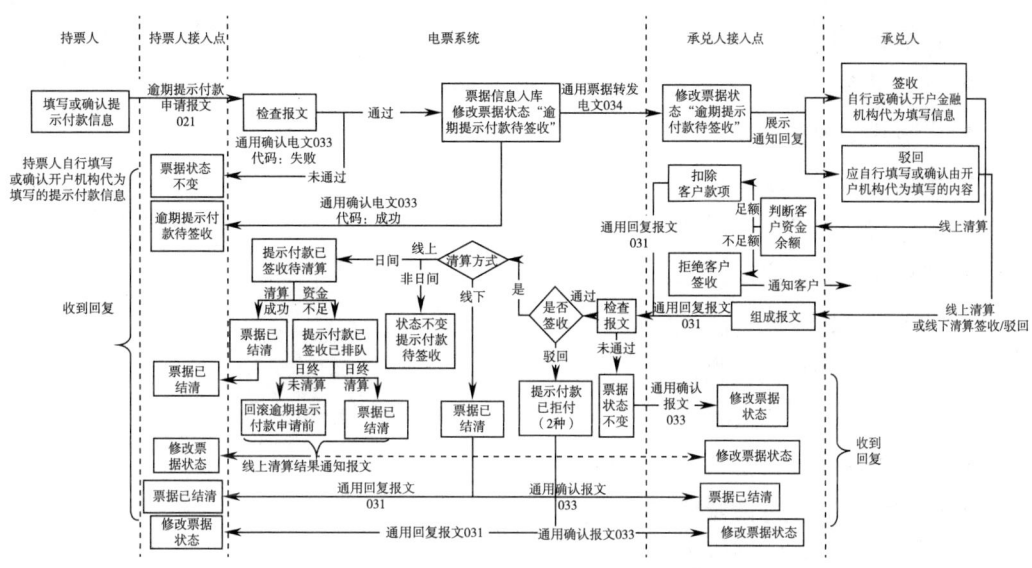

图 1-37 逾期提示付款环节票据状态变化

承兑人驳回的，票据状态根据之前提示付款及被拒付情况分两种情况修改：

● 提示付款期内曾发起过提示付款或在提示付款期内曾被拒付的，票据状态修改为"逾期提示付款已拒付（可拒付追索，可以追所有人）"；

● 其他情况下，修改票据状态为"逾期提示付款已拒付（可拒付追索，只能追出票人，承兑人及其保证人）"。

持票人接入点与承兑人接入点接到电票系统发来的报文，根据报文修改票据状态，并通知持票人与承兑人。

11. 追索业务处理——拒付追索待清偿、非拒付追索待清偿；拒付追索同意清偿待签收、非拒付追索同意清偿待签收；拒付追索同意清偿已签收、非拒付追索同意清偿已签收、票据已结清。根据追索原因，追索分为拒付追索与非拒付追索。二者都包括追索通知与同意清偿两个业务子流程。票据在以下状态时可对该票据发起追索通知。

（1）拒付追索：

● 提示付款已拒付（可拒付追索，可追所有人）；

● 提示付款已拒付（可拒付追索，只可追出票人，承兑人及其保证人）；

● 逾期提示付款已拒付（可拒付追索，可追所有人）；

● 逾期提示付款已拒付（可拒付追索，只可追出票人，承兑人及其保证人）；

● 拒付追索同意清偿已签收；

● 拒付追索待清偿。

45

（2）非拒付追索：

- 提示收票已签收；
- 背书已签收；
- 买断式贴现已签收；
- 回购式贴现已签收；
- 回购式贴现已至赎回开放日；
- 回购式贴现已逾赎回截止日；
- 贴现赎回已签收；
- 买断式转贴现已签收；
- 回购式转贴现已签收；
- 回购式转贴现已至赎回开放日；
- 回购式转贴现已逾赎回截止日；
- 回购式转贴现赎回已签收；
- 买断式再贴现已签收；
- 回购式再贴现已签收；
- 回购式再贴现赎回已签收；
- 回购式再贴现已至赎回开放日；
- 回购式再贴现已逾赎回截止日；
- 央行卖票已签收；
- 质押已签收；
- 质押解除已签收；
- 质押已至票据到期日；
- 提示付款已拒付（不可进行拒付追索）；
- 非拒付追索已撤销；
- 非拒付追索同意清偿已签收；
- 非拒付追索待清偿。

（3）状态出现及转换情况：

追索人自行填写或确认由其开户金融机构代为填写的追索通知信息，追索人接入点按照《电子商业汇票系统报文格式标准》组织"追索通知报文（022）"，并加数字签名，通过消息队列发送给 MBFE（前置机系统）进行身份认证及合法性检查，根据该信息组成追索通知报文向电票系统发送，根据原因分为拒付追索与非拒付追索。检查通过的，票据状态修改为"拒付追索待清偿"或者"非拒付追索待清偿"，同时向追索人接入点与被追索人接入点发送报文。检查未通过则票据状态不变。被追索人接

第一章 票据基础理论

入点收到电票系统报文后进行检查，检查通过的，根据被追索人名称、行号和账号字段向被追索人展示并通知，同时修改票据状态"拒付追索待清偿"或"非拒付追索待清偿"。

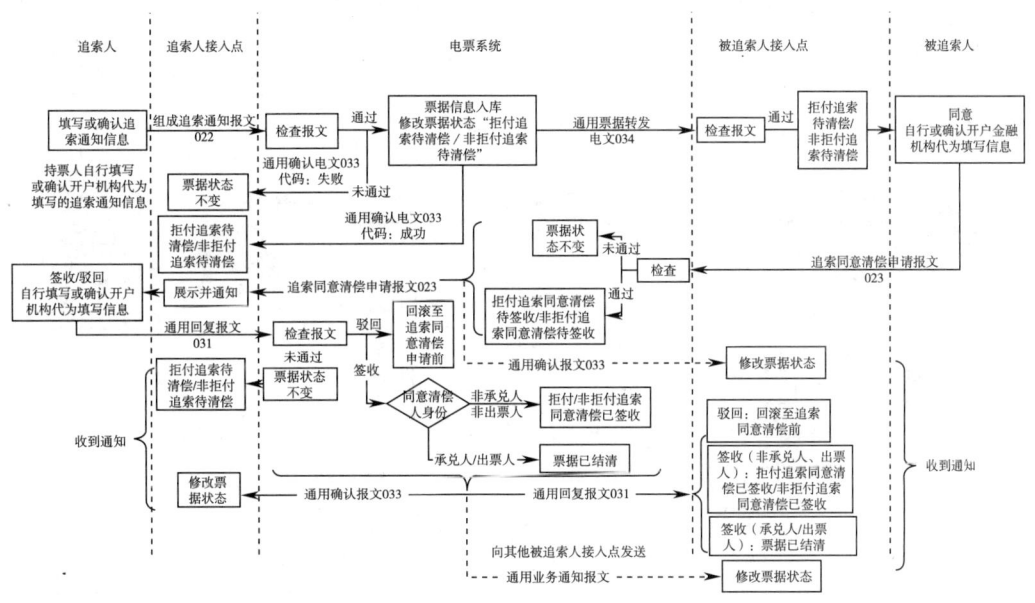

图 1-38 追索操作票据状态变化

在追索同意清偿业务环节，被追索人收到追索通知后，如同意清偿（不同意对该通知不作应答即可），则自行填写或确认由其开户金融机构代为填写的同意清偿信息，由接入点组成报文向电票系统发送。电票系统对该报文进行检查，通过的则修改票据状态为"拒付追索同意清偿待签收"或"非拒付追索同意清偿待签收"。未通过的，票据状态保持不变。并将以上回复通过电票系统向追索人接入点传递。

追索人接入点对以上信息进行展示并通知追索人应答，并将应答结果通过电文向电票系统发送。电票系统接到报文后对其进行检查，检查未通过，则票据状态不变。检查通过的，根据回复标记为"签收"或"驳回"区别处理。追索人回复"签收"的，在追索同意清偿人为非承兑人且非出票人的情况下，票据状态为"拒付追索同意清偿已签收"或"非拒付追索同意清偿已签收"。在追索同意清偿人为承兑人或出票人时，票据状态为"票据已结清"。

追索人回复"驳回"，则票据状态回滚至追索同意清偿申请前状态，拒付追索，显示为"拒付追索待清偿"；非拒付追索显示为"非拒付追索待清偿"。

电票系统将以上信息形成报文，向追索同意清偿人接入点转发，同时向追索人接入点与其他被追索人接入点发送。各接入点将信息向被接入方展示。

12. 贴现业务——买断式/回购式贴现待签收、买断式/回购式贴现已签收、买断式/回购式贴现已签收待清算、买断式/回购式贴现已签收已排队。票据到期日前，票据在以下状态可对票据发起贴现请求，"提示收票已签收""背书已签收""质押解除已签收""回购式贴现赎回已签收"。企业可以将未记载"不得转让"的票据，向接入行、接入财务公司、被代理行、被代理财务公司申请贴现。

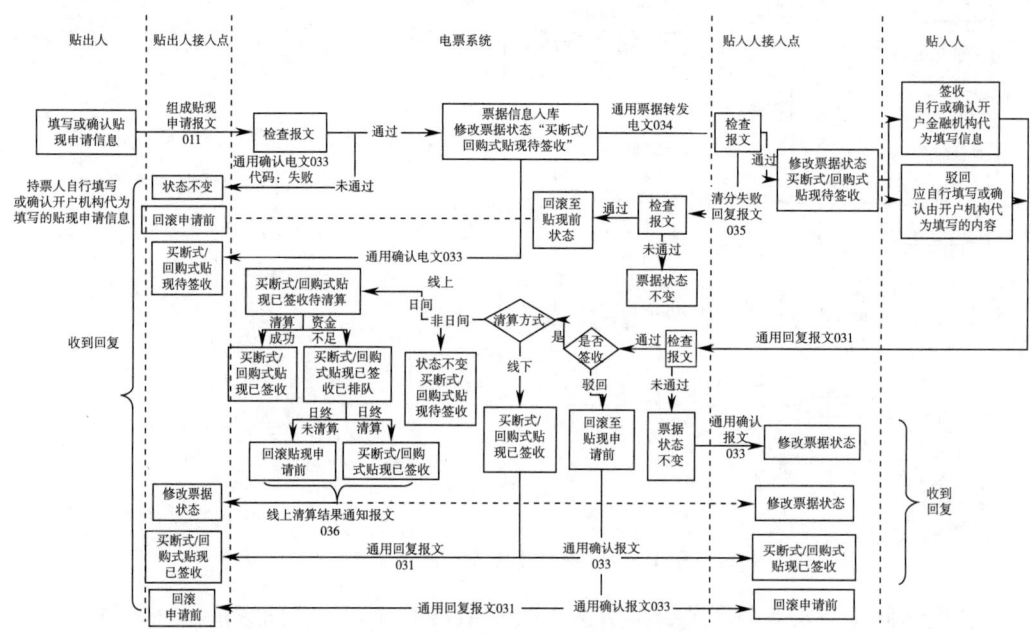

图 1-39　贴现操作票据状态变化

贴出企业选择要贴现的票据，自行填写或确认由其开户金融机构代为填写的贴现申请信息（若持票人和承兑人的电票账户接入点均为统一价银行机构时，不得选择票款对付的线上清算方式）。回购式贴现，还需要确认赎回相关信息（贴现申请日＜贴现赎回开放日≤贴现赎回截止日＜票据到期日）。贴出人接入点按照《电子商业汇票系统报文格式标准》组织"贴现申请报文（011）"，并加数字签名，通过消息队列发送给 MBFE（前置机系统）进行身份认证及合法性检查。

电票系统对以上报文进行检查，检查未通过的，票据状态保持不变；通过的，修改票据状态为"买断式贴现待签收"或"回购式贴现待签收"并向贴出人与贴入人接入点转发信息。贴入人接入点对上述报文进行检查，检查通过的，根据报文中贴入人名称、行号和账号字段向贴入人展示并通知其回复，同时修改票据状态为"回购式贴现待签收"。

贴入人对上述通知可以签收或驳回。贴入人接入点将上述信息组成报文向电票系统发送。签收的，应对交易背景真实性进行审查，并自行填写或确认由其开户金融机构代为填写的回复信息。电票系统对报文进行检验,未通过的,票据状态不变,通过的则根据是否签收以及清算方式选择的不同产生不同的票据状态。

驳回的,票据状态回滚至贴现申请前状态。

贴入人签收,同时贴出人选择的线下清算,则票据状态修改为"买断式贴现已签收"或"回购式贴现已签收"。如线上清算,则根据大额支付系统是否处于日间状态区分对待。非日间状态,票据状态保持不变,为"买断式贴现待签收"或"回购式贴现待签收"。日间状态,票据状态变为"买断式贴现已签收待清算"或"回购式贴现已签收待清算"。同时电票系统向大额支付系统发送即时转账支付报文,若清算成功,则大额支付系统向电票系统以及贴出人开户行、贴入人开户行的大额支付系统直接参与者发送报文,此时票据状态修改为"买断式贴现已签收"或"回购式贴现已签收"。如果贴入人大额支付系统清算账户资金不足,则大额支付系统作排队处理,票据状态修改为"买断式贴现已签收已排队"或"回购式贴现已签收已排队"。大额支付系统日终前该业务清算完毕,则票据状态修改为"买断式贴现已签收"或"回购式贴现已签收";未完成清算,则票据状态回滚至贴现申请前状态。

电票系统将以上信息向贴出人、贴入人接入点转发,接入点更新票据状态并通知贴出人、贴入人。

如贴入人未在当日签收或驳回的,或者电票系统对贴现回复报文检查失败的,则电票系统在日终前退回该业务,票据状态回滚至贴现申请前状态。

13. 回购式贴现赎回——回购式贴现已至赎回开放日、回购式贴现已逾赎回截止日、回购式贴现赎回待签收、回购式贴现赎回已签收待清算、回购式贴现赎回已签收已排队、回购式贴现赎回已签收。回购式贴现在赎回开放日日初,电票系统将票据状态修改为"回购式贴现已至赎回开放日"并通知贴出人接入点与贴入人接入点。

原贴入人自赎回开放日起至赎回截止日止,可对处于"回购式贴现已至赎回开放日"状态的电票发起回购式贴现赎回申请。原贴入人选择要求原贴出人赎回的电票,自行填写或确认由其开户金融机构代为填写的回购式贴现赎回申请信息,(原贴入人选择线下资金清算方式且接入点为财务公司的,需在原贴入人备注中填写入账信息:入账行行号和账号以#开始,以#结束,以@分割,以半角方式填写。#102100012345@1234567890#电话××××××××)该申请由接入点按照《电子商业汇票系统报文格式标准》组织"回购式贴现赎回申请报文(012)",并加数字签名,通过消息队列发送给MBFE(前置机系统)进行身份认证及合法性检查。

电票系统对以上报文进行检查,检查未通过的,票据状态保持不变;通过的,则修改票据状态为"回购式贴现赎回待签收",同时向原贴入人接入点与原贴出人接入点转发报文。原贴出人接入点根据报文中名称、行号和账号字段向原贴出人展示,并通知其回复。原贴出人可以选择签收或驳回该申请,接入点将回复向电票系统发送。电票系统收到后对报文进行检查,检查未通过,则保持票据状态不变;检查通过的,根据签收状态与清算模式呈现不同的票据状态:

回复为驳回的,票据状态回滚至回购式贴现赎回申请前状态,即"回购式贴现已至赎回开放日"。

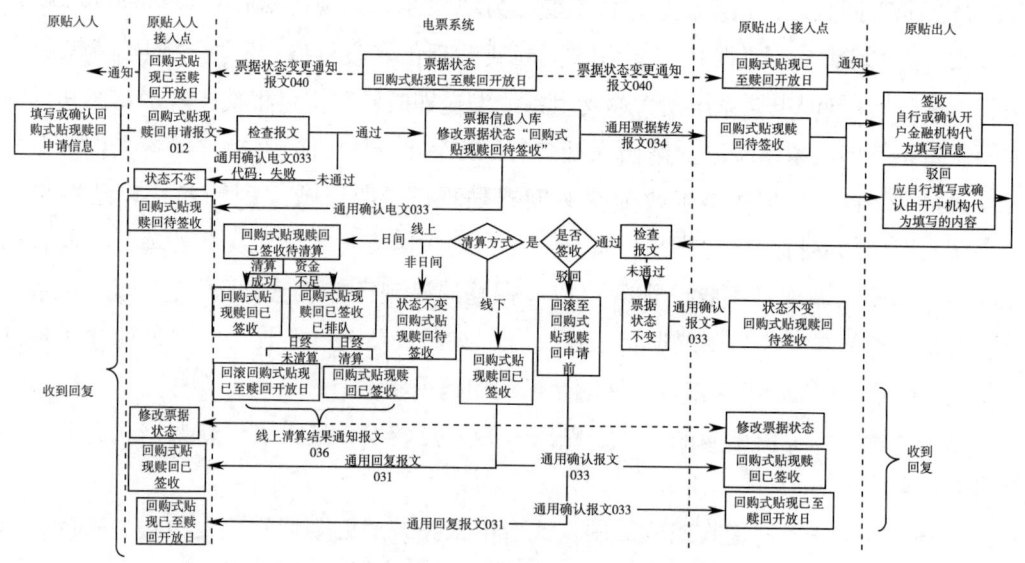

图 1-40 回购式贴现赎回操作票据状态变化

回复为签收的,同时选择线下清算模式,票据状态修改为"回购式贴现赎回已签收"。回复为签收,选择线上清算模式,则根据大额支付系统是否处于日间状态,呈现不同的票据状态。

非日间状态时,电票系统保持票据状态不变,并向原贴出人接入点发送报文告知。

日间状态时,电票系统修改票据状态为"回购式贴现赎回已签收待清算",同时向大额支付系统发送即时转账支付报文,若清算成功,则票据状态修改为"回购式贴现赎回已签收";若原贴出人大额支付系统清算账户资金不足,则大额支付系统将该笔业务作排队处理,电票系统将票据状态修改为"回购式贴现赎回已签收已排队"。若在大额支付系统日终前得到清算,则票据状态修改为"回购式贴现赎回已签收";若仍未得到清算,则退回该业务,票据状态回滚至回购式贴现赎回申请前状态,即"回购式贴现已至赎回开放日"。

线上清算的回购式贴现赎回申请,原贴出人未在当日签收或驳回的,或电票系统对回购式贴现赎回回复报文检查失败的,电票系统退回该业务,票据状态回滚至业务申请前状态,即"回购式贴现已至赎回开放日"。

第一章　票据基础理论

在赎回截止日的下一个系统工作日日初，如票据状态没有变为"回购式贴现赎回已签收"。则电票系统将票据状态修改为"回购式贴现已逾赎回截止日"。

以上票据状态修改，电票系统向原贴入人接入点和原贴出人接入点发送报文，接入点根据报文修改票据状态，通知原贴入人与原贴出人。

14. 回购式再贴现的赎回——回购式再贴现已至赎回开放日、回购式再贴现已逾赎回截止日、回购式再贴现赎回待签收、回购式再贴现赎回已签收待清算、回购式再贴现赎回已签收已排队、回购式再贴现赎回已签收。回购式再贴现在赎回开放日日初，电票系统将票据状态修改为"回购式再贴现已至赎回开放日"并通知原贴出人接入点与再贴现系统。接入点修改票据状态，并通知原贴出人和原贴入人。

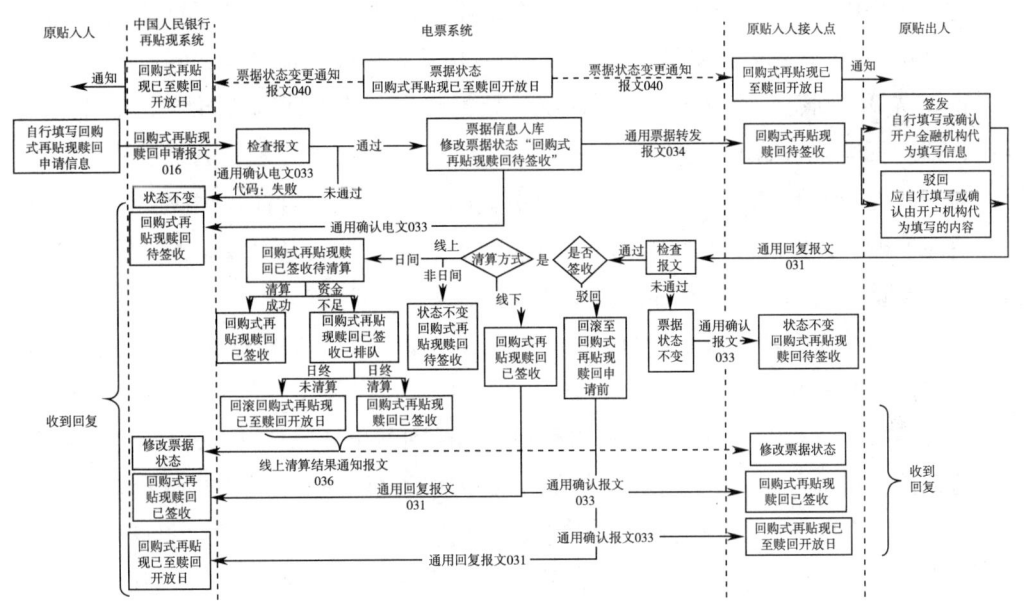

图 1-41　回购式再贴现赎回操作票据状态变化

原贴入人自赎回开放日起至赎回截止日止，可对处于"回购式再贴现已至赎回开放日"状态的电票发起回购式再贴现赎回申请。原贴入人选择要求原贴出人赎回的电票，自行填写回购式再贴现赎回申请信息，按照《电子商业汇票系统报文格式标准》组织"回购式再贴现赎回申请报文（016）"，并加数字签名，通过消息队列发送给 MBFE（前置机系统）进行身份认证及合法性检查，检查未通过的，票据状态保持不变；通过的，则修改票据状态为"回购式再贴现赎回待签收"，原贴出人可以选择签收或驳回该申请，自行填写或确认由其开户金融机构代为填写的信息，接入点将信息转化成报文向电票系统发送。电票系统收到后对报文进行检查，检查未通过，则保持票据状态不变；检查通过的，根据签收状态与清算模式呈现不同的票据状态：

回复为驳回的,票据状态回滚至回购式再贴现赎回申请前状态,即"回购式再贴现已至赎回开放日"。

回复标记为签收的,在线上清算与线下清算时,票据状态的变化有所不同。线下清算时,票据状态修改为"回购式再贴现赎回已签收"。线上清算模式,则根据大额支付系统是否处于日间状态,票据状态有所不同。

非日间状态时,电票系统保持票据状态不变,并向原贴出人接入点发送报文告知。

大额支付系统处于日间状态,电票系统修改票据状态为"回购式再贴现赎回已签收待清算",同时向大额支付系统发送即时转账支付报文,若清算成功,则票据状态修改为"回购式再贴现赎回已签收";若原贴出人大额支付系统清算账户资金不足,则大额支付系统将该笔业务作排队处理,电票系统将票据状态修改为"回购式再贴现赎回已签收已排队"。若在大额支付系统日终前得到清算,则按照清算成功的流程处理;若仍未得到清算,则退回该业务,电票系统将票据状态回滚至回购式再贴现赎回申请前状态,即"回购式再贴现已至赎回开放日"。

对于线上清算的回购式再贴现赎回申请,原贴出人未在当日签收或驳回的,或电票系统对回购式再贴现赎回回复报文检查失败的,电票系统退回该业务,票据状态回滚至业务申请前状态,即"回购式再贴现已至赎回开放日"。

回购式再贴现在赎回截止日的下一个系统工作日日初,如票据状态仍处于"回购式再贴现已至赎回开放日""回购式再贴现已签收""回购式再贴现赎回待签收",则电票系统将票据状态修改为"回购式再贴现已逾赎回截止日"。中国人民银行再贴现系统和原贴出人接入点收到电票系统发送的相关报文后,根据报文修改票据状态。

15. 央行卖票业务——央行卖票待签收、已签收待清算、已签收已排队、已签收。央行持有的票据在以下状态可向金融机构卖出:买断式再贴现已签收、回购式再贴现已逾赎回截止日和质押解除已签收。

中国人民银行选择要卖出的票据,自行填写卖出商业汇票申请信息,央行按照《电子商业汇票系统报文格式标准》组织"央行卖出商业汇票申请报文(025)",并加数字签名,通过消息队列发送给 MBFE(前置机系统)进行身份认证及合法性检查。检查未通过的,票据状态保持不变;检查通过的,登记入库,并修改票据状态为"央行卖票待签收",并向买入人接入点转发报文。买入人接入点收到电票系统发来的报文后进行检查,检查通过的,则根据报文中买入人名称、行号和账号字段向买入人展示卖出申请并通知买入人回复,同时票据状态修改为"央行卖票待签收";检查未通过的,票据状态保持不变。

买入人对央行卖出商业汇票的申请可以签收或驳回,该回复信息以报文形式回传电票系统。电票系统对该回复进行检查,检查未通过的,则票据状态保持不变。检查

第一章 票据基础理论

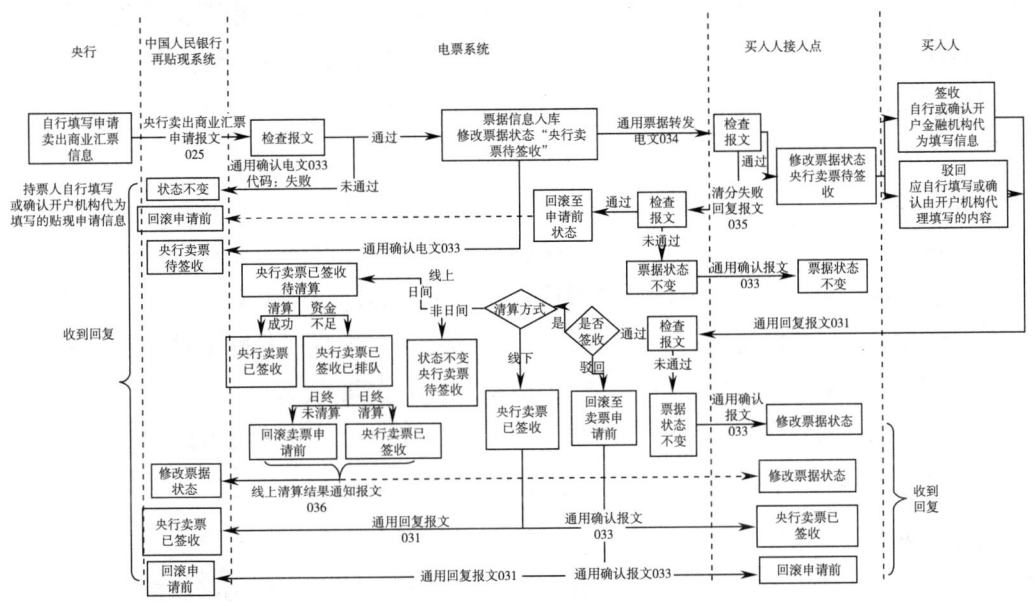

图1-42 央行卖票业务票据状态变化

通过的则根据签收情况形成不同的票据状态。回复为驳回的，则电票系统将票据状态回滚至央行卖出商业汇票申请前状态。回复为签收的，根据清算方式与大额支付系统是否处于日间状态，票据形成的状态有所区别。

线下清算，电票系统将卖出申请回复登记入库，修改票据状态为"央行卖票已签收"，同时向人民银行再贴现系统与买入人接入点转发报文。

线上清算，大额支付系统处于非日间状态，则原票据状态保持不变。大额支付系统处于日间状态时，电票系统将票据状态修改为"央行卖票已签收待清算"，同时向大额支付系统发送报文，清算成功，则票据状态修改为"央行卖票已签收"；如买入人大额支付系统清算账户资金不足，则大额支付系统将该笔业务作排队处理，票据状态修改为"央行卖票已签收已排队"，如在系统日终前得到清算，则按清算成功流程处理，如日终仍未清算，则退回该业务，票据状态回滚至央行卖出商业汇票申请前状态。

以上信息，电票系统以报文形式向中国人民银行再贴现系统与买入人接入点发送，后二者根据报文，修改票据状态。

对于线上清算的央行卖出商业汇票申请，买入人未在当日签收或驳回的，或电票系统对央行对回复报文检查失败的，电票系统在日终前退回该业务，票据状态回滚至央行卖出汇票申请前状态，并以报文形式向买入人接入点与人民银行再贴现系统转发。

16. 转贴现、再贴现业务环节相关报文及票据状态。上海票据交易所于2018年10月8日正式投产上线纸电票据交易融合第二阶段。自投产上线日起，电票贴现及贴现前业务通过电子商业汇票系统 ECDS 办理，执行 ECDS 业务规则；电票交易及后续业务处理通过中国票据交易系统（以下简称交易系统）直连接口或客户端办理，执行《票据交易管理办法》（中国人民银行公告〔2016〕第 29 号）及上海票据交易所发布的相关业务规则；上海票据交易所于 2018 年 10 月 1 日至 10 月 7 日组织实施了电票数据迁移等上线投产工作。

迁移工作开展后，存量电票无法再发起新的转贴现、再贴现业务，可在原有票据状态上进行到期赎回等操作。存量电票符合迁移条件的，迁移到交易系统后，票据状态统一修改为"票据已迁移"。在迁移开展后新发生的转贴现、再贴现类业务在中国票据交易系统内完成，不再执行 ECDS 报文规则，不涉及票据状态。

因此，《电子商业汇票系统与直连系统参与者系统互联规范 V2.0》删除了 013 转贴现申请报文、015 再贴现申请报文，删除转贴现 014 业务场景介绍。

第四节　电子商业汇票市场基础设施系统

电子商业汇票市场基础设施是指提供票据交易、登记托管、清算结算、信息服务的机构。上海票据交易所是中国人民银行指定的提供上述服务的机构。

作为票据市场基础设施，票交所除提供上述服务外，同时承担着中央银行货币政策再贴现操作等政策职能，其建设和发展对于票据市场的发展意义深远。票交所系统目前包括中国票据交易系统与电子商业汇票系统，二者有机结合与大额支付系统、会员内部系统以及其他相关系统相连接，实现商业汇票出票、背书转让、质押、保证、登记托管、报价交易、清算结算等业务信息传递和数据交换。

一、中国票据交易系统

（一）中国票据交易系统的概念

中国票据交易系统是由上海票据交易所建设并管理的，依托网络和计算机技术，向交易成员提供询价、报价、成交及登记、托管、清算、无纸化托收等其他交易辅助服务的计算机业务处理系统和数据通信网络。

（二）中国票据交易系统的参与者

中国票据交易系统的参与者是指根据有关法律法规和票交所规章制度，依托中国票据交易系统从事票据承兑、贴现、交易、质押、保证、提示付款等相关业务的金融机构总部及分支机构和非法人产品等主体。根据《票据交易管理办法》第五条规定，票据交易市场具体的参与者包括以下三类：

1. 法人类参与者。法人类参与者指金融机构法人，包括政策性银行、商业银行及

第一章　票据基础理论

其授权分支机构，农村信用社、企业集团财务公司、信托公司、证券公司、基金管理公司、期货公司、保险公司等经金融管理部门许可的金融机构。

2. 非法人类参与者。非法人类参与者指金融机构等作为资产管理人，在依法合规的前提下，接受客户委托或者授权，按照与客户约定的投资计划和方式开展资产管理业务所设立的各类投资产品，包括证券投资基金、资产管理计划、银行理财产品、信托计划、保险产品、住房公积金、社会保障基金、企业年金、养老基金等。

3. 中国人民银行确定的其他市场参与者。

关于其他市场参与者，目前中国人民银行并无具体规定。

（三）中国票据交易系统的构成与业务功能

中国票据交易系统主要以客户端模式为各会员和系统参与者提供服务，包括机构管理、纸票登记、核心交易、登记托管、清算结算、再贴现、计费缴费、托管账务和贴现通9个子系统。

1. 机构管理子系统。机构管理子系统实现机构管理员对本级及下级机构信息查询、修改、维护、复核，设置机构层级和机构权限，实现对下级机构的管理。

机构提交加入票交所的申请材料和机构信息后，场务操作员在票交所系统建立会员及各级机构、生成机构管理员账号信息，并为会员、总行级机构和总行机构管理员进行赋权。场务操作完成后，机构管理员通过机构管理子系统，对本级及下级机构进行信息查询维护、层级关系设置、权限设置，创建本级操作员并赋权，满足会员内部的机构和用户管理需求。

2. 纸票登记子系统。纸票登记子系统实现对纸票各类交易信息的登记，包括承兑登记、质押业务处理、贴现业务处理、承兑保证、库存移库业务处理、保证增信业务处理、承兑付款确认、结清登记、止付信息登记、纸票登记查询和纸票登记管理等业务。

3. 核心交易子系统。票据市场系统参与者主要通过票交所系统的核心交易子系统进行票据交易。核心交易子系统通过设立询价、点击成交、匿名点击等多样化的交易方式，引导市场参与者达成票据交易，从而实现纸质及电子商业汇票的转贴现、质押式回购、买断式回购等业务产品的实时线上交易，提高票据业务交易效率。

在票交所内部，核心交易子系统与登记托管子系统和清算结算子系统之间通过数据接口实现直通式处理（STP）：票据交易达成后，核心交易子系统将成交信息实时传输至清算结算子系统完成资金的交付，并由登记托管子系统完成票据的变更登记。

在核心交易子系统下，票据到期偿付顺序如下：

（1）票据未经承兑人付款确认和保证增信即交易的，若承兑人未付款，应当由贴现人先行偿付。该票据在交易后又经承兑人付款确认的，应当由承兑人付款；若承兑人未付款,应当由贴现人先行偿付。

(2) 票据经承兑人付款确认且未保证增信即交易的,应当由承兑人付款;若承兑人未付款,应当由贴现人先行偿付。

(3) 票据保证增信后即交易且未经承兑人付款确认的,若承兑人未付款,应当由保证增信行先行偿付;保证增信行未偿付的,应当由贴现人先行偿付。

(4) 票据保证增信后且经承兑人付款确认的,应当由承兑人付款;若承兑人未付款,应当由保证增信行先行偿付;保证增信行未偿付的,应当由贴现人先行偿付。

4. 登记托管。票据登记是指金融机构将票据权属在票据市场基础设施电子簿记系统予以记载的行为。票据市场基础设施依据电子商业汇票系统相关信息为持票人完成电子票据的登记;因票据的交易过户、非交易过户等原因引起托管账户余额发生变化的,票据市场基础设施应当为权利人办理票据变更登记。

票据托管是指票据市场基础设施根据票据权利人委托对其持有票据的相关权益进行管理和维护的行为。市场参与者应当在票据市场基础设施即票交所开立票据托管账户。开立托管账户时,应向票据市场基础设施提出申请,并保证所提交开户资料的真实、准确和完整。同时,票据托管账户采用实名制,不得出租、出借或者转让。

上海票据交易所作为票据市场基础设施为票据交易系统的参与者提供票据托管登记服务,通过票据托管账户记载其持有票据的余额及变动等情况。

5. 清算结算子系统。票交所为会员提供票据业务清算结算及票交所资金账户服务。会员机构使用人民银行清算账户或者票交所资金账户办理票据业务结算及资金收付。

(1) 清算结算服务。

①结算方式。系统参与者委托票交所办理票据业务清算结算,可以采用票款对付 (DvP) 和纯票过户 (FoP) 方式。

票款对付 (DvP):结算双方同步办理票据过户和资金支付并互为条件的结算方式。

纯票过户 (FoP):结算双方的票据过户与资金支付相互独立的结算方式。

对于票据交易业务,会员之间应当采用 DvP 方式结算;会员内部系统参与者之间可以采用 FoP 方式结算,但同一会员不同非法人产品之间仍应当采用 DvP 方式结算。对于票据托收、追偿业务,应当采用 DvP 方式结算。

②清算类型。票据交易清算类型包括全额清算和净额清算。

全额清算:交易双方达成交易后,票交所系统实时逐笔办理资金清算和结算。票交所系统(一期)只支持全额清算。

净额清算:交易双方达成交易后,票交所系统实时办理资金轧差清算,并在指定时点以轧差后的应收或应付资金办理资金结算。

③清算速度。票据交易的清算速度包括 T+0 和 T+1。

第一章　票据基础理论

T+0：成交达成当日进行清算结算；

T+1：成交达成后的下一工作日进行清算结算。

（2）资金账户服务。

①账户开立。法人类参与者和非法人类系统参与者均可以申请开立票交所资金账户。系统参与者申请开立票交所资金账户的，应当由其所属法人或产品管理人在申请票交所会员或系统参与者资格时一并提交开户申请。

②账户使用。系统参与者开立票交所资金账户后，通过该账户办理票据业务清算结算。票交所根据票交所资金账户余额向资金账户持有人支付利息。

6. 再贴现。再贴现业务子系统是上海票据交易所根据中国人民银行的要求，依托中国票据交易系统开发的，为再贴现操作提供高效、安全、便捷的电子化处理平台。人民银行总行和各级具有相应授权的分支机构作为系统参与者加入票交所系统，作为再贴现受理窗口在系统中电子化处理再贴现业务申请，同时可对再贴现业务实现额度控制和参数管理。金融机构可查询再贴现业务受理情况和额度使用情况等业务信息。

再贴现业务子系统主要包括再贴现、机构管理、登记托管、清算结算和通用查询五个业务模块，系统将根据机构管理员和机构操作员分别赋予相应权限。

7. 计费缴费子系统。为系统参与者提供票据有偿服务费相关的计费缴费信息查询、下载和打印功能。

8. 托管账务。托管账务子系统是对所有已登记托管未注销的票据实现簿记管理，用于记载和反映票据权利人持有票据权益的余额及变动情况，实行分类设置和集中管理，保证托管账务记载正确、完整和平衡。

托管账务子系统主要从托管记账管理、托管单据管理、托管台账管理、托管库存管理、托管对账管理五个方面实现对托管账户的账务管理，并形成完整的托管账务体系。

9. 贴现通子系统。2019年5月22日，上海票据交易所发布《关于贴现通业务投产上线的通知》（票交所发〔2019〕1号），标志贴现通业务正式落地实施。上海票据交易所于2019年5月26日上线贴现通业务系统模块，5月27日为首个贴现通交易日。

（1）贴现通子系统的概念与功能。贴现通业务是指票据经纪机构受贴现申请人委托，在交易系统进行贴现信息登记、询价发布、交易撮合后，由贴现申请人与贴现机构通过电子商业汇票系统办理完成票据贴现的服务机制安排。

贴现通子系统包括信息登记、询价交易、清算结算和参数管理四个功能模块。经纪机构通过贴现通子系统实现企业信息存档、委托信息登记、询价交易、信息查询、参数设置等功能。贴现机构通过贴现通子系统实现询价交易、信息查询等功能。

（2）贴现通子系统的作用。贴现通业务是上海票据交易所基于中国票据交易系统和电子商业汇票系统,引入票据经纪机制,为贴现申请人提供的贴现信息登记、询价发布和交易撮合的全开放互动式报价平台。

在传统的贴现业务办理过程中,贴现申请人直接向贴现机构询价、申请业务办理,贴现机构接受客户申请后为其办理贴现业务,业务过程中没有第三方的参与,贴现申请人与贴现机构之间是"点对点"的业务模式。询价成本高,信息不透明。而在贴现通业务模式下,贴现申请人通过委托票据经纪机构,可以实现向全市场或特定群组的询价,贴现需求被"广而告之",并由经纪机构进行交易撮合。此举有助于实现票据贴现市场信息共享,提高银行直贴报价透明度,使企业可以在最短时间内获得更多的贴现融资渠道,以更低的价格获得贴现资金。同时,加快票据资产流通速度,为民营企业、小微企业进一步拓宽融资渠道,降低融资成本。在这一过程中,票据经纪机构起到至关重要的作用,票据经纪服务环节也是贴现通业务区别于传统贴现业务的主要特点。

(3)贴现通业务模式。

①参与人。

贴现申请人:中国境内合法注册经营,并有效存续的法人企业或其他经济组织;票据的合法权利人;票据经纪机构、贴现机构规定的其他条件。

经纪机构:提供票据经纪机构需要具备票据经纪业务资格,票据经纪机构应当通过交易系统提供票据经纪服务。《关于贴现通业务投产上线的通知》(票交所发〔2019〕1号)明确票据经纪机构试点范围为中国工商银行、招商银行、浦发银行、浙商银行和江苏银行。为防止票据经纪机构票据经纪业务与票据贴现业务的竞争,《贴现通业务操作规程(试行)》明确要求:"票据经纪机构兼营其他票据业务的,应当确保票据经纪业务与其他票据业务相分离……票据经纪业务操作与其他票据业务操作相分离。""票据经纪机构的贴现信息登记、询价发布、交易撮合等票据经纪业务职责应当由独立的部门履行。"贴现机构:中国票据交易系统和电子商业汇票系统的系统参与者,具备票据贴现业务办理资质。

②业务流程。

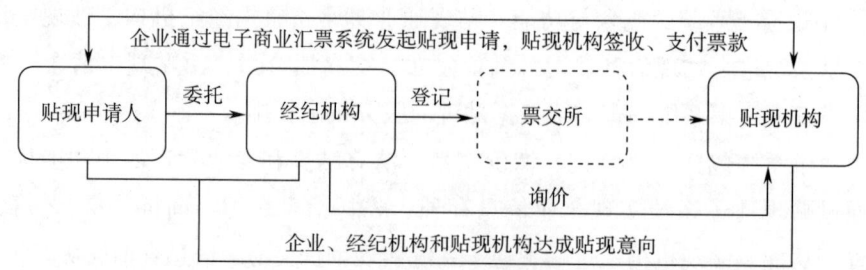

图1-43 贴现通业务流程

- 企业将票据委托给经纪机构。
- 经纪机构在票交所进行登记。
- 经纪机构和贴现机构间的询价。
- 企业、经纪机构和贴现机构达成贴现意向。
- 企业通过电子商业汇票系统发起贴现申请,贴现机构签收,支付票款。系统生成结算交割单,可作为贴现凭证。

③询价方式。系统支持意向询价、挂牌询价和对话报价三种询价方式。

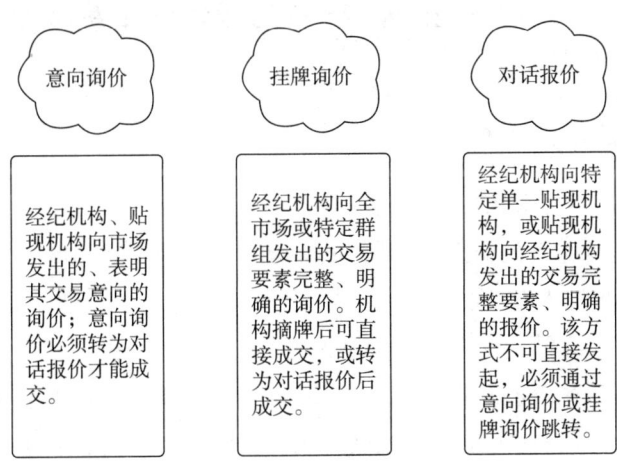

图1-44 贴现通询价方式

(4)业务政策解读。贴现政策不变:贴现通贴现均为买断式,贴现申请人通过ECDS发起。

①异地、跨省问题。贴现通业务中,贴现行存在办理异地贴现的可能,部分机构异地贴现将会面临监管约束。各个机构在实际办理业务时,应根据跨省授信管理能力,遵从属地监管要求。

根据《中国银行保险监督管理委员会办公厅关于规范银行业金融机构跨省票据业务的通知》(银保监办发〔2018〕21号),银行业金融机构应审慎开展跨省票据承兑、贴现业务;《中国银保监会办公厅关于推进农村商业银行坚守定位强化治理,提升金融服务能力的意见》(银保监办发〔2019〕5号)要求县域及城区农村商业银行应严格审慎开展综合化和跨区域经营,原则上机构不出县(区)、业务不跨县(区);《中国银监会关于进一步深化整治银行业市场乱象的通知》(银监发〔2018〕4号)将"村镇银行跨经营区域发放贷款、办理票据承兑与贴现(不含转贴现)业务"认定为违法违规展业。因此,部分中小金融机构参与贴现通业务模式下票据贴现时,本地、本省异地明确是可以的,可优选本省贴现申请人;跨省应审慎。

②跨行开户问题。贴现通业务模式下，由于贴现需求是向全市场询价，贴现业务办理过程中，贴现申请人未必在贴现行开户，票交所《贴现通业务操作规程（试行）》要求贴现机构支付贴现款项至贴现申请人委托票据的开户行账户，而非限定其在贴现行的账户。同时《电子商业汇票业务管理办法》《票据管理实施办法》《支付结算办法》均未限定存款账户必须开立在贴现机构。

③关于真实贸易背景。票交所《贴现通业务操作规程（试行）》明确要求："贴现申请人应当拥有委托票据的完整票据权利，与出票人或直接前手之间具有真实的交易关系和债权债务关系。"对于经纪机构，票交所要求票据经纪机构"应当对贴现申请人信息的真实性进行审核"。

二、电子商业汇票系统

（一）电子商业汇票系统的概念

1. 电子商业汇票系统的概念。所谓电子商业汇票系统（ECDS）是指经中国人民银行批准建立，依托网络和计算机技术接收、存储、发送电子商业汇票数据电文，提供与电子商业汇票货币给付、资金清算行为等相关服务的业务处理平台。

2. 电子商业汇票系统的总体结构。电子商业汇票系统于2009年10月28日上线运行，创建之初包括电子商业汇票业务处理功能模块、纸质商业汇票登记查询功能模块和商业汇票转贴现公开报价功能模块。2018年10月1日，电子商业汇票系统关闭转贴现公开报价、计费管理等非业务类功能以及转贴现、再贴现、贴现后质押和贴现后保证等业务类功能。另外纸质商业汇票登记查询功能模块也进行了关闭。

电子商业汇票业务处理功能模块是电子商业汇票系统的核心模块，与银行、财务公司内部系统及现代化支付系统相连接。系统参与者开通电子商业汇票业务处理功能模块必须以直连方式接入。电子商业汇票系统全面采用大额支付系统的行名、行号，并且电子商业汇票系统作为大额支付系统的无户特许参与者，支持部分电子商业汇票业务的线上清算。

2018年10月1日纸电票据交易融合第二阶段投产上线后，电子商业汇票业务功能包括以下两个方面：

（1）电子商业汇票系统非业务类功能。

表1-4　　　　　电子商业汇票系统（ECDS）非业务类功能

序号	ECDS非业务类功能	ECDS功能是否保留
1	纸质商业汇票登记查询业务	否（转至票据交易系统）
2	商业汇票转贴现公开报价业务	否（转至票据交易系统）
3	计费管理	否

第一章 票据基础理论

续表

序号	ECDS 非业务类功能	ECDS 功能是否保留
4	业务承接	保留
5	统计监测业务	保留（贴现前业务）
6	电子商业汇票信息查询	保留
7	电子合同	保留
8	通知业务	保留
9	支付信用信息查询的处理	保留
10	日终票据行为信息核对的业务处理	保留
11	每月票据行为信息核对的业务处理	保留
12	电票照票	保留

（2）电子商业汇票系统业务类功能。

表1-5　　　　　电子商业汇票系统（ECDS）业务类功能

序号	ECDS 业务类功能	ECDS 功能是否保留
1	出票	保留
2	转让背书	保留
3	贴现	保留
4	回购式贴现赎回	保留
5	转贴现	否
6	回购式转贴现赎回	保留
7	再贴现	否
8	回购式再贴现赎回	保留
9	央行卖出商业票据	保留
10	质押（贴现前业务）	保留
11	质押解除	保留
12	保证（贴现前业务）	保留
13	提示付款	保留
14	逾期提示付款	保留
15	非拒付追索	保留
16	拒付追索	保留

（二）电子商业汇票系统的构成

电子商业汇票系统由国家处理中心、城市处理中心、商业银行前置机与行内系统共同组成。

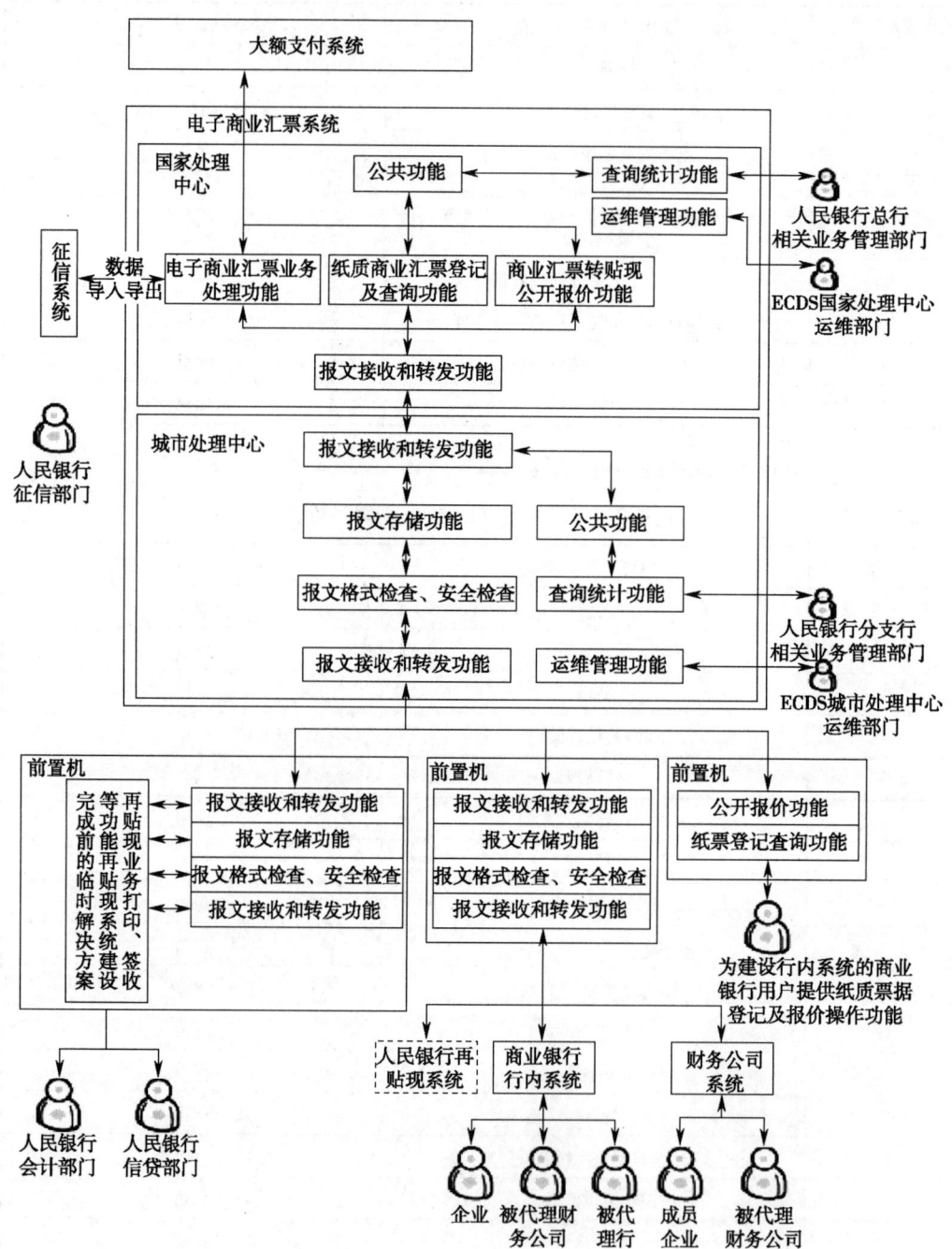

图1-45 电子商业汇票系统的构成

1. 电子商业汇票系统国家处理中心。ECDS 国家处理中心负责电子商业汇票系统的运行和管理，接收、转发各城市处理中心的商业汇票处理指令，并对集中登记的电子商业汇票、纸质商业汇票、商业汇票公开报价信息进行处理。并向 ECDS 城市处理中心发送来账业务报文和往账回应报文。

2. 电子商业汇票系统城市处理中心。ECDS 城市处理中心是 ECDS 的城市节点，负责接收 ECDS 直连前置机发送的往账业务报文，进行必要的业务检查后转发 ECDS 国家处理中心，负责接收 ECDS 国家处理中心发来的来账业务报文和往账回应报文，并转发给 ECDS 直连前置机。

3. ECDS 直连前置机。ECDS 的直连前置机是连接电子商业汇票处理系统的城市处理中心（CCPC）和行内系统的桥梁，是电子商业汇票系统的一个重要组成部分。直连前置机的主要功能包括数据转发、存储、报文格式检查和安全管理等，具体而言就是按照电子商业汇票系统接入规范和约束进行相应的报文格式合法性检查，并根据电子商业汇票系统的安全机制实现报文的可靠传输和交换。直连前置机不负责与具体业务检查相关的处理（业务合法性检查、业务核对等），以保证其稳定运行，降低运行维护难度。

ECDS 直连前置机应用软件由人民银行负责提供，直连接入商业银行或直连接入财务公司。

4. 行内系统。行内系统与电子商业汇票系统直连前置机连接，负责将业务参与者提交的有关电子商业汇票业务指令转交给 ECDS 直连前置机，并负责接收 ECDS 直连前置机转送的来账报文和往账回应报文。这里的行内系统泛指直接接入 ECDS 的商业银行行内系统或直接接入 ECDS 的财务公司内部业务系统。

（三）电子商业汇票系统的相关方

1. 电子商业汇票系统运营者——上海票据交易所股份有限公司。为建立全国统一的票据市场，人民银行决定将 ECDS 2017 年运营者由人民银行清算中心变更为上海票据交易所股份有限公司运营，并于 2017 年 10 月完成移交切换。至此，电子商业汇票的登记、流转和结清等业务必须通过上海票据交易所电子商业汇票系统等相关系统办理。

2. 电子商业汇票系统的直连参与者——金融机构。电子商业汇票系统的参与者是具有大额支付系统行号，直接接入并通过电子商业汇票系统处理电子商业汇票业务的银行业金融机构、财务公司。它们通过接入点以直连方式接入电子商业汇票系统。

所谓直连方式是指系统参与者通过电子商业汇票系统数据接口办理电子商业汇票业务的接入方式，它包括通过自有系统直接接入电票系统的自主直连与通过集中接入技术服务机构直接接入电票系统的集中接入直连。系统参与者可自主选择其中一种方式接入系统。

对于不能直接接入电子商业汇票系统的金融机构，可以通过业务代理的形式接入电子商业汇票系统。业务代理是指未直连接入电子商业汇票系统的银行业金融机构、财务公司或作为银行间债券市场交易主体的其他金融机构采取通过电子商业汇票系统的系统参与者办理电子商业汇票业务的业务办理方式。

提供电子商业汇票业务代理服务的系统参与者称为代理机构。

通过代理机构办理电子商业汇票业务的金融机构称为被代理机构。

加入电子商业汇票系统的金融机构应具备下列条件：

（1）拥有大额支付系统行号；

（2）满足加入电子商业汇票系统的相关技术及安全性要求；

（3）具有健全的电子商业汇票系统相关内部管理制度；

（4）中国人民银行以及上海票据交易所规定的其他条件。

3. 电子商业汇票系统的监管者——中国人民银行。中国人民银行依法对电子商业汇票系统履行以下监管职责：

（1）制定电子商业汇票系统管理制度；

（2）审核电子商业汇票系统核心业务功能调整；

（3）指导电子商业汇票系统参与者的准入、变更和退出管理工作；

（4）监督检查上海票据交易所和系统参与者的业务活动；

（5）审核电子商业汇票系统重大危机处置方案；

（6）法律法规以及中国人民银行规章规定的其他监管职责。

（四）电子商业汇票系统的业务功能

电子商业汇票系统支持电子商业汇票票据托管业务、信息接收和存储业务、信息发送业务、信息更新业务、电子商业汇票票款对付业务和信息服务业务。

电子商业汇票票据托管业务是指电子商业汇票系统负责保管经系统登记的电子商业汇票的业务。

电子商业汇票票据信息接收和存储业务是指电子商业汇票系统接收系统参与者发来的票据当事人的各类行为申请和回复，并将其存储在系统内的业务。

电子商业汇票信息发送业务是指电子商业汇票系统根据发起方内部系统提交的电子商业汇票信息、向接收方内部系统转发相关信息，以及根据业务处理需要向系统参与者主动发送相关信息的业务。电子商业汇票系统转发票据信息时，只转发本次票据行为当事人的签章，不转发历史票据行为当事人的签章。

电子商业汇票信息更新业务是指电子商业汇票系统根据系统参与者发来的票据当事人的票据行为信息，实时记录票面信息和行为信息的业务。

电子商业汇票票款对付业务是指电子商业汇票系统提供与电子商业汇票提示付款、

第一章 票据基础理论

贴现、转贴现和再贴现相关的实时资金清算服务的业务。

电子商业汇票信息服务业务是指电子商业汇票系统提供单笔或批量电子商业汇票票据信息查询、电子商业汇票当事人支付信用信息查询、系统参与者相关信息查询和广播式公告等信息发布服务的业务。

（五）关于日期顺延的说明

在实际操作中，根据需要，某些业务的特定日期有可能是非工作日、非大额工作日、法定节假日，系统需要顺延部分特殊业务日期，使该日期或者该期间最后一天为系统的工作日或者同时为大额工作日，并且非法定节假日。

系统工作日：系统通过系统状态变更通知报文（054）通知；

大额工作日：线上清算功能开关通知报文（060）通知；

国家法定节假日：ECDS 不另行下发通知。

在营业日开始处理阶段（日初处理阶段），系统会将以下三类业务作日期顺延处理，处理情况如表 1-6 所示。

表 1-6　　　　　　　　电子商业汇票系统日期顺延处理情形

需要顺延的工作日	同时判断大额支付系统是否工作日	法定节假日判断	需要判断的票据状态
提示付款期末（T+10）	需要判断	需要判断	
电子商业汇票票据权利失效日（票据到期日）	不用判断	需要判断	
商业承兑汇票提示付款回执期（T+3）	需要判断	需要判断	不用判断
银行承兑汇票提示付款回执期（T+0）	需要判断	需要判断	不用判断
追索权利失效截止日	不用判断	需要判断	满足以下任一状态： 提示付款已拒付（可追所有人）； 提示付款已拒付（只可追出票人，承兑人及其保证人）； 逾期提示付款已拒付（可追所有人）； 逾期提示付款已拒付（只可追出票人，承兑人及其保证人）； 拒付追索待清偿； 拒绝同意清偿待签收； 拒绝同意清偿已签收； 非拒付追索待清偿； 非拒付同意清偿待签收； 非拒付同意清偿已签收。

注：①上表中提示付款期末中，T 为到期日。

②商业承兑汇票提示付款回执期中，T 为提示付款发起日。

第二章　电子商业汇票的主体

第一节　参与主体的分类

根据参与电子商业汇票的形式来划分，电子商业汇票的参与主体可以划分为直接参与主体与间接参与主体。《电子商业汇票业务管理办法》第六条规定，电子商业汇票业务主体的类别分为直接接入电子商业汇票系统的金融机构（以下简称接入机构）、通过接入机构办理电子商业汇票业务的金融机构（以下简称被代理机构）和金融机构以外的法人及其他组织。

一、直接参与主体

电子商业汇票的直接参与主体，即直接办理电子商业汇票业务的主体，根据其接入电子商业汇票系统的方式不同，又分为如下几类：

（一）直接接入电子商业汇票系统的金融机构

1. 相关概念。直接接入电子商业汇票系统的金融机构，又被称为接入机构，分别为金融机构、金融机构的分支机构以及财务公司。

根据《上海票据交易所系统接入指引（2019年版）》及《电子商业汇票系统管理办法》的规定，上海票据交易所系统包括中国票据交易系统和电子商业汇票系统，即交易系统及电票系统。

金融机构及其分支机构、财务公司、非法人产品在接入交易系统或电票系统后，便成为相应的系统参与者。交易系统参与者是指根据有关法律法规及票交所规章制度，依托交易系统从事相关业务的金融机构总部及其分支机构和非法人产品等主体。电票系统参与者是指具有大额支付系统行号，直接接入并通过电票系统处理电子商业汇票业务的银行业金融机构、财务公司。

电票系统参与者通过接入点以直连方式接入系统。接入点是指金融机构接入票交所系统的接入系统，系统参与者通过接入点发送和接收相关业务。换言之系统参与者通过这一接入系统进行相关业务。

直连方式是指系统参与者通过票交所系统数据接口办理的接入方式。直连方式分

第二章　电子商业汇票的主体

为自主直连和集中接入直连。系统参与者可选择直连接入方式,但只能以一种方式接入票交所系统。

自主直连是指金融机构通过自有系统直连接入票交所系统的接入方式。

集中接入直连是指金融机构通过集中接入技术服务机构直连接入票交所系统的接入方式。集中接入技术服务机构的管理按《上海票据交易所集中接入技术服务机构管理办法(暂行)》执行。

2. 接入条件。《电子商业汇票系统管理办法》第十六条规定,加入电子商业汇票系统的金融机构应具备下列条件:

(1) 拥有大额支付系统行号;

(2) 满足加入电子商业汇票系统的相关技术及安全性要求;

(3) 具有健全的电子商业汇票系统相关内部管理制度;

(4) 中国人民银行以及上海票据交易所规定的其他条件。

其中,第四款要求加入电子商业汇票系统的金融机构具备中国人民银行以及上海票据交易所规定的其他条件。另有《上海票据交易所系统接入指引(2019年版)》第十条规定加入电票系统的金融机构应具备下列条件:

(1) 拥有大额支付系统行号;

(2) 满足加入电票系统的相关技术及安全性要求;

(3) 具有健全的电票系统相关内部管理制度;

(4) 已接入交易系统;

(5) 人民银行及票交所规定的其他条件。

由此可见,金融机构想要加入电票系统,应满足《上海票据交易所系统接入指引(2019年版)》(以下简称《接入指引》)第十条所规定的条件,必须已接入票据交易系统,而根据《接入指引》的规定,加入交易系统的金融机构法人,应当具备下列条件:

(1) 具有明确且唯一的清算途径;

(2) 开通至票交所数据中心的两条有效通信专线;

(3) 签署并备案《票据交易主协议(2016年版)》签署页;

(4) 人民银行及票交所规定的其他条件。

截至2019年7月31日,上海票据交易所发布的"电子商业汇票系统参与者汇总表",共计95489名电票系统参与者,其中包含商业银行198家及其全国各地分支机构、农村信用社联合社8家和财务公司180家。

(二)通过接入机构办理电子商业汇票业务的金融机构

此类金融机构不直接接入电子商业汇票系统,但其通过与接入机构签订代理协议,通过接入机构代理接入电票系统。

1. 相关概念。《电子商业汇票系统管理办法》第二十九条规定，业务代理是指未直连接入电子商业汇票系统的银行业金融机构、财务公司或作为银行间债券市场交易主体的其他金融机构采取通过电子商业汇票系统的系统参与者办理电子商业汇票业务的业务办理方式。提供电子商业汇票业务代理服务的系统参与者称为代理机构。通过代理机构办理电子商业汇票业务的金融机构称为被代理机构。

被代理机构具体包括政策性银行、外资银行、城市商业银行、农村商业银行、农村信用社、村镇银行、财务公司以及作为银行间债券市场交易主体的其他金融机构等。

2. 接入要求。接入机构和被代理机构需签订代理接入服务协议，被代理机构在服务协议中应承诺其提供的开户和业务申请信息真实完整，其通过代理接入渠道办理的电票业务合法合规。

被代理机构按照中国人民银行《关于加强银行业金融机构人民币同业银行结算账户管理的通知》要求在接入机构开立人民币同业银行结算账户是办理电票代理业务的基础和先决条件。

被代理机构应严格管理和使用同业银行结算账户以及代理接入渠道，不得出租、出借同业银行结算账户或代理渠道给其他第三方使用。

提供电票代理业务服务的机构仅限于已直接接入电票系统的银行业金融机构。申请办理电票代理接入业务的机构必须为尚未直接接入电票系统的金融机构。直接接入电票系统的金融机构应禁止其分支机构通过其他银行业金融机构以代理方式接入电票系统。

接入机构提供电票代理接入服务时，应对被代理机构的基本信息、身份及被代理意愿的真实性进行严格审核，且须通过大额支付系统向被代理机构进行核实确认（查询报文内容至少包括申请人全称、法定代表人姓名、营业执照编号、金融许可证编号和查询事项等），对于未接入大额支付系统的非银行业金融机构需采用现场核实方式。被代理机构应对是否同意接入给予明确答复。

接入机构在提供代理接入服务时发现被代理机构电票业务存在重大风险隐患，如频繁发生大额、可疑交易，或交易与其自身规模严重不匹配等情况，经调查核实仍认定可疑的，接入机构应按照双方协议暂停为其提供代理接入服务并以书面形式告知被代理机构。对于被代理机构尚未办结的票据业务，接入机构应协助其完成后续业务处理。

已通过接入机构办理电子商业汇票业务的金融机构欲改变接入方式，直连接入电子商业汇票系统的，除因提交申请表、登记表、承接申请等材料之外，还需提交《终止新增业务代理承诺函》，承诺函如下：

第二章　电子商业汇票的主体

表 2-1　　　　　　　　　　**终止新增业务代理承诺函**

终止新增业务代理承诺函

上海票据交易所：

我单位承诺，自以直连方式接入由上海票据交易所运营管理的电子商业汇票系统之日起，总部和所有分支机构终止新增以业务代理方式办理电子商业汇票业务，存续业务以业务代理方式结清。

如违反承诺事项，我单位承担一切法律后果。

承诺人：

（加盖公章）
　　　年　月　日

附3：

电子商业汇票系统系统参与者证书申请表

申请日期		年　月　日	
系统参与者信息	所属法人名称		
	系统参与者名称		
	系统参与者行号		
	系统参与者英文简称		
	主管领导（签名）		
	地址		
	邮政编码		（法人单位盖章）
	电话		
	传真		
联系人信息	姓名（签名）		
	证件类型	□身份证　□军官证　□港澳通行证 □护照　□其他，请注明：	
	证件号码		
	电子邮件		
	电话		
以下由上海票据交易所填写			
业务主管部门意见	审核意见：□通过　□拒绝		
	拒绝原因：		
	经办人签字：日期：		
	部门负责人签字：日期：		
RA主管部门意见	审核意见：□通过　□拒绝		
	拒绝原因：		
	RA录入操作员签字：日期：		
	RA审核操作员签字：日期：		

注：①如果企业无英文简称，则填写其拼音简称；

②申请单位必须遵守CFCA的CPS（电子认证业务规则）、相关证书政策和管理规定，并在办理证书申请的同时缴纳CFCA证书服务年费；

③CFCA只负责本表信息的有效性，对于证书在应用中所涉及的其他信息需另行审查或签订协议。

除银行业金融机构和财务公司以外的、作为银行间债券市场交易主体的其他金融机构可以通过银行业金融机构代理加入电票系统，开展电票转贴现（含买断式和回购式）和提示付款等规定业务。此类被代理机构在电票系统中的主体识别码采用"RC03"，代理机构应通过系统控制，限制被代理非银行金融机构的承兑、贴现和再贴现等业务权限。

综上所述，被代理机构可以分为三类，分别是银行业金融机构、财务公司以及作为银行间债券市场交易主体的其他金融机构。

被代理机构具体包括政策性银行、外资银行、城市商业银行、农村商业银行、农村信用社、村镇银行、财务公司以及作为银行间债券市场交易主体的其他金融机构等。但作为银行间债券市场交易主体的其他金融机构在通过接入机构代理接入电子商业汇票系统后，接入机构将会限制其办理承兑、贴现和再贴现业务，其只能办理除承兑、贴现和再贴现以外的其他业务。

（三）金融机构以外的法人及其他组织

金融机构以外的法人是指除银行业金融机构、财务公司以外具有民事权利能力和民事行为能力，依法独立享有民事权利和承担民事义务的组织。其他组织是指合法成立、有一定的组织机构和财产，但又不具备法人资格的组织，包括：

1. 依法登记领取营业执照的私营独资企业、合伙组织；
2. 依法登记领取营业执照的合伙型联营企业；
3. 依法登记领取我国营业执照的中外合作经营企业、外资企业；
4. 经民政部门核准登记领取社会团体登记证的社会团体；
5. 法人依法设立并领取营业执照的分支机构；
6. 中国人民银行、各专业银行设在各地的分支机构；
7. 中国人民保险公司设在各地的分支机构；
8. 经核准登记领取营业执照的乡镇、街道、村办企业；
9. 符合本条规定条件的其他组织。

票据当事人办理电子商业汇票业务应具备中华人民共和国组织机构代码。被代理机构、金融机构以外的法人及其他组织办理电子商业汇票业务，应在接入机构开立账户。

接入机构提供电子商业汇票业务服务，应对客户基本信息的真实性负审核责任，并依据本办法及相关规定，与客户签订电子商业汇票业务服务协议，明确双方的权利和义务。客户基本信息包括客户名称、账号、组织机构代码和业务主体类别等信息。

电子商业汇票的出票人必须为银行业金融机构以外的法人或其他组织。电子银行承兑汇票的出票人应在承兑金融机构开立账户。电子商业承兑汇票由金融机构以外的

第二章　电子商业汇票的主体

法人或其他组织承兑。电子商业汇票的付款人为承兑人。

票据当事人在电子商业汇票上的签章，为该当事人可靠的电子签名。电子签名所需的认证服务应由合法的电子认证服务提供者提供。可靠的电子签名必须符合《中华人民共和国电子签名法》第十三条第一款的规定。电子商业汇票业务活动中，票据当事人所使用的数据电文和电子签名应符合《中华人民共和国电子签名法》的有关规定。

用户开展电子商业汇票活动时，其签章所依赖的电子签名制作数据和电子签名认证证书，应向接入机构指定的电子认证服务提供者的注册审批机构申请。

接入机构为客户提供电子商业汇票业务服务或作为电子商业汇票当事人时，其签章所依赖的电子签名制作数据和电子签名认证证书，应向电子商业汇票系统运营者指定的电子认证服务提供者的注册审批机构申请。

接入机构、电子商业汇票系统运营者指定的电子认证服务机构提供者，应对电子签名认证证书申请者的身份真实性负审核责任。电子认证服务提供者依据《中华人民共和国电子签名法》承担相应责任。

接入机构应对通过其办理电子商业汇票业务客户的电子签名真实性负审核责任。电子商业汇票系统运营者应对接入机构的身份真实性和电子签名真实性负审核责任。

金融机构以外的法人及其他组织在电子商业汇票系统中可以成为：电子商业汇票的出票人；电子商业承兑汇票的承兑人；电子商业汇票的付款人；电子商业汇票的背书人；电子商业汇票的持票人；电子商业汇票的质权人；电子商业汇票的保证人。

金融机构以外的法人及其他组织在电子商业汇票系统中可以办理如下业务：电子商业汇票的出票；电子银行承兑汇票的承兑；电子商业汇票的背书；电子商业汇票的保证；电子商业汇票的提示付款；电子商业汇票的追索。

二、间接参与主体

电子商业汇票的间接参与主体，即不直接参与电子商业汇票业务办理，但通过间接方式参与电子商业汇票的业务的主体，根据其间接参与的方式不同，又分为如下几类：

（一）监管主体

监管主体是指通过对电子商业汇票乃至整体票据行业规范进行宏观调控或微观修正履行监管职能的主体，最为典型的电子商业汇票监管主体就是中国人民银行与中国银行保险监督管理委员会。

1. 中国人民银行。中国人民银行（The People's Bank of China，PBC），简称央行，是中华人民共和国的中央银行、中华人民共和国国务院组成部门，在国务院领导下，制定和执行货币政策，防范和化解金融风险，维护金融稳定。

监督管理银行间票据市场及有关场外衍生产品是其主要职责之一，其内设机构金融市场司负责拟订金融市场改革、开放和发展规划；监督管理银行间债券市场、货币市场、外汇市场、票据市场、黄金市场及上述市场有关场外衍生产品；拟定公司信用类债券市场及其衍生产品市场基本规则；承担重要金融基础设施建设规划并统筹实施监管的具体工作；统筹互联网金融监管，评估金融科技创新业务。拟订并组织实施宏观信贷指导政策，承担国务院交办的小微、"三农"、科技创新等结构性金融政策协调具体工作。

中国人民银行支付结算司负责拟订全国支付体系发展规划；会同有关方面研究拟定支付结算政策和规则，制定支付清算、票据交换和银行账户管理的规章制度并组织实施；维护支付清算系统的正常运行；组织建设和管理中国现代化支付系统；拟定银行卡结算业务及其他电子支付业务管理制度；推进支付工具的创新；组织中国人民银行会计核算。

截至 2019 年 8 月 14 日，中国人民银行发布的文件中，标题包含"汇票"的文件 57 份，现行有效文件 44 份；标题包含"电子商业汇票"的文件 9 份，现行有效文件 8 份。

2. 中国银行保险监督管理委员会。中国银行保险监督管理委员会（China Banking and Insurance Regulatory Commission，简称中国银保监会或银保监会）成立于 2018 年，是国务院直属事业单位，其主要职责是依照法律法规统一监督管理银行业和保险业，维护银行业和保险业合法、稳健运行，防范和化解金融风险，保护金融消费者合法权益，维护金融稳定。中国银行保险监督管理委员会是国务院直属事业单位，为正部级。

截至 2019 年 8 月 14 日，于中国银保监会官网上查询得到结果，银保监会发布正文含有"票据"的文章共 17636 篇，正文含有"电子商业汇票"的文章 22 篇，标题含有"票据"的文章共 145 篇，标题含有"电子商业汇票"的文章 2 篇。银保监会于 2018 年 5 月 2 日发布《中国银行保险监督管理委员会办公厅关于规范银行业金融机构跨省票据业务的通知》（银保监办发〔2018〕21 号），要求规范银行业金融机构跨省票据业务，有效防范风险，提升服务实体经济质效。

（二）服务主体

服务主体是指为电子商业汇票各业务主体提供各类服务的主体，根据不同主体之间所需的不同服务，有如下几种服务类型：接入机构向企业提供的电子商业汇票业务服务、接入机构向被代理机构提供的电票系统代理接入服务、上海票据交易所向会员提供的会员服务、电子认证服务提供者向接入机构与客户提供的服务。

1. 接入机构向企业提供的电子商业汇票业务服务。接入机构提供电子商业汇票业务服务，应对客户基本信息的真实性负审核责任，并依据本办法及相关规定，与客户

第二章　电子商业汇票的主体

签订电子商业汇票业务服务协议，明确双方的权利和义务。客户基本信息包括客户名称、账号、组织机构代码和业务主体类别等信息。

2012年12月20日，中国人民银行支付结算司在中国人民银行官方网站发布了《电子商业汇票业务服务协议指引》，向接入机构提供了电子商业汇票业务服务协议的通用指引模板，此模板也成为各接入机构与客户签订电子商业汇票业务服务协议的常用模板，接入机构与客户共同履行协议约定的权利与义务，接入机构向客户提供电子商业汇票业务服务，模板具体内容如下：

附件

××银行（财务公司）电子商业汇票业务服务协议指引

> **重要提示**
> 请甲方认真阅读本协议全文，如有疑义，请及时提请乙方予以说明。

甲方：_____
法定代表人（负责人）：_____
法定地址：_____
通讯地址：_____
乙方：××银行股份有限公司（××财务公司）_____分支机构
负责人：_____
通讯地址：_____

鉴于乙方作为电子商业汇票系统的接入行（接入财务公司），利用电子商业汇票系统及乙方内部系统为客户提供电子商业汇票业务服务；甲方为实现便捷、高效的支付结算目的，向乙方申请通过乙方办理电子商业汇票业务。为明确双方权利义务，依据《票据法》《中华人民共和国电子签名法》《票据管理实施办法》《电子商业汇票业务管理办法》（中国人民银行令〔2009〕2号发布）以及中国人民银行发布的关于电子商业汇票的规范性文件（以上法律、法规、规章和规范性文件统称"电子商业汇票制度"），甲乙双方本着平等互利的原则，经协商，达成如下协议：

第一章 总 则

第一条 甲乙双方均遵循电子商业汇票制度。

第二条 定义：

（一）电子商业汇票、电子商业汇票系统、系统参与者、业务参与者、签章和各类业务的定义依照电子商业汇票制度的规定。

（二）内部系统的定义（由金融机构自行填写）。

（三）电子商业汇票业务是指甲方根据国家有关法律法规和甲方相关业务规定，通过乙方内部系统处理电子商业汇票相关业务。

第三条 甲方开展电子商业汇票业务应遵循如下基本原则：

（一）电子商业汇票的签发、取得和转让，应当遵循诚实信用的原则；

（二）电子商业汇票的签发、取得和转让，应当具有真实的交易关系或债权债务关系；

（三）电子商业汇票的取得，必须给付对价。但因税收、继承、赠与可以依法无偿取得票据的，不受给付对价的限制。

第四条 电子商业汇票业务信息存放于电子商业汇票系统中，并以电子商业汇票系统中的记录为准。

第二章 基本规定

第五条 甲方应在乙方开立人民币银行结算账户（账户），并向乙方提交《××银行（财务公司）电子商业汇票业务申请表》（以下称《申请表》），并提交真实、合法、有效的"营业执照"（或"事业法人登记证"）"组织机构代码证"等材料，申请开办本协议项下的电子商业汇票业务。甲方应在《申请表》中指定其在电子商业汇票业务中的收付款账户。

乙方应按照甲方在《申请表》中填写的内容，经审查后在内部系统中设置相关信息，自_____年___月___日起为甲方开通电子商业汇票业务功能。

第六条 乙方为甲方开通电子商业汇票业务功能后，甲方需变更《申请表》中相关内容的，应重新提交《申请表》。乙方在收到甲方提交的变更申请材料后，审核同意的，乙方按变更后的内容为甲方提供电子商业汇票业务服务；审核不同意的，乙方应书面通知甲方。

第七条 电子商业汇票上的签章：

甲方在电子商业汇票上的签章，为甲方的电子签名。

甲方开展电子商业汇票活动，其签章所依赖的电子签名制作数据和电子签名认证

第二章　电子商业汇票的主体

证书，应向乙方指定的电子认证服务提供者的注册审批机构申请。

甲乙双方同意在电子商业汇票业务中使用该数字证书作为甲方的电子签名。

甲方应对其电子签名的真实性负责。甲方应妥善保管电子签名制作数据，严防泄密。因保管不善造成损失的，由甲方承担责任。

第八条　乙方对甲方电子商业汇票业务操作的认定：

（一）电子商业汇票的出票、承兑、背书、保证、付款和追索等业务必须通过乙方内部系统接入电子商业汇票系统办理。

（二）甲方向乙方申请开通电子商业汇票业务前，须明确甲方的操作人员和操作权限。该操作权限须在乙方内部系统中设置。甲方可向乙方书面申请由乙方代其设置或在乙方内部系统中自行设置。

（三）甲方操作人员按上述设置的处理权限在乙方内部系统中完成电子商业汇票业务操作后，乙方视同甲方已完成相关操作。该操作为甲方的真实意思表示。

（四）甲方通过乙方内部系统发送关键的电子商业汇票操作指令，必须两人或两人以上确认并使用电子签名。

电子签名是乙方判断电子商业汇票操作指令由甲方发送的唯一依据，也是甲方办理电子商业汇票业务的唯一身份确认标识。

（五）乙方对甲方操作时间的认定以乙方收到甲方的操作指令为准。甲方操作完成时间不属于电子商业汇票系统开放时间的，乙方应于下一个电子商业汇票系统开放时间将甲方信息转发至电子商业汇票系统。

（六）乙方负责及时将甲方操作指令转发到电子商业汇票系统，并将从电子商业汇票系统接收到的相关信息及时转发给甲方。

（七）甲方若为电子商业承兑汇票承兑人

1. 乙方应及时将持票人的提示付款请求和逾期提示付款请求通知甲方。通知方式为_____。

2. 持票人在票据到期日前提示付款的，甲方可付款或拒绝付款，或于到期日付款。

3. 持票人在提示付款期内提示付款的，甲方应在收到提示付款请求的当日至迟次日（遇法定休假日、大额支付系统非营业日、电子商业汇票系统非营业日顺延）付款或拒绝付款。

持票人超过提示付款期提示付款的，在作出合理说明后，仍可向甲方提示付款，甲方应在收到提示付款请求的当日至迟次日（遇法定休假日、大额支付系统非营业日、电子商业汇票系统非营业日顺延）付款或拒绝付款。

4. 甲方在票据到期后收到提示付款请求和逾期提示付款请求，且在收到该请求次日起第3日（遇法定休假日、大额支付系统非营业日、电子商业汇票系统非营业日顺延）仍未应答的，乙方应进行如下处理：

（1）甲方账户余额在该日电子商业汇票系统营业截止时足够支付票款的，则视同甲方同意付款，乙方应扣划甲方账户资金支付票款，并在下一日（遇法定休假日、大额支付系统非营业日、电子商业汇票系统非营业日顺延）电子商业汇票系统营业开始时代甲方作出付款应答并代理签章；

（2）甲方账户余额在该日电子商业汇票系统营业截止时不足以支付票款的，则视同甲方拒绝付款，乙方应在下一日（遇法定休假日、大额支付系统非营业日、电子商业汇票系统非营业日顺延）电子商业汇票系统营业开始时代甲方作出拒付应答并代理签章。

第九条 甲方作为电子商业汇票承兑人的，在电子商业汇票责任解除前，不得撤销办理电子商业汇票业务的账户。甲方申请撤销的，乙方应拒绝受理。

第十条 甲方授权乙方代为处理以下业务并代理签章（由甲乙双方自行约定，可选其中的一项、两项、三项或不选）：

（一）提示收票申请的回复；

（二）转让背书申请的回复；

（三）提示付款、逾期提示付款的申请。

第十一条 票据信息查询：

甲方可通过乙方查询与其相关的电子商业汇票信息。

甲方对票据信息有异议的，应通过乙方向电子商业汇票系统运营者提出书面申请，电子商业汇票系统运营者按照查询权限办理相关查询业务。

乙方仅负责转发电子商业汇票系统提供的信息，转发信息应与电子商业汇票系统的记录相符。

第十二条 支付信用信息查询：

电子商业汇票所有票据行为中，处于待签收状态的接收方可向电子商业汇票系统查询该票据承兑人和行为发起方的电子商业汇票支付信用信息。

甲方同意符合上述规定的电子商业汇票相关当事人查询甲方的支付信用信息。

第十三条 费用：

甲方应向乙方支付电子商业汇票业务服务管理费，费率为：人民币（大写）____元/年，收取时间和收取方式为_____。

第三章 权利和义务

第十四条 甲方的权利和义务：

（一）甲方有权依照本协议的约定，使用电子商业汇票业务服务，并保证遵守电子

第二章 电子商业汇票的主体

商业汇票制度、本协议和乙方电子商业汇票业务规则；

（二）甲方为承兑人的，应在电子商业汇票到期前一日在其指定付款账户中备足款项，否则引起的一切损失由甲方承担；

（三）甲方为出票人、承兑人、背书人或保证人的，应对持票人承担票据责任，不得无合法依据拒绝持票人的付款与清偿请求；

（四）甲方应对本协议的内容予以保密，未经乙方书面同意，甲方不得向第三方披露或在本协议目的之外使用。

第十五条 乙方的权利和义务：

（一）乙方应执行甲方按乙方规定程序发送的操作指令；

（二）乙方应及时、准确、真实和完整地转发电子商业汇票信息；

（三）乙方发现甲方有异常操作现象、违约行为及乙方认为有必要暂时中止甲方使用电子商业汇票业务服务的其他事项时，乙方有权中止或终止向甲方提供该项服务；

（四）因不可抗力、电子商业汇票系统系统故障或非乙方所能控制的事件致使甲方遭受损失或其所受服务有阻碍、妨碍或延误，乙方均不承担责任，但乙方应在知悉相关事件后及时通知甲方，并采取相应的措施防止损失扩大；

（五）非乙方所承兑的电子商业汇票未获付款的，乙方不承担付款责任；

（六）乙方有权自行决定暂停、中止或终止提供电子商业汇票业务服务或其某项业务功能，但应至少提前____个工作日在相关营业场所进行公告；乙方暂停、中止或终止提供相关业务功能的，不影响各方在已办理业务下的权利和义务；

（七）乙方应对甲方的电子商业汇票业务信息予以保密，非经甲方书面同意，不得向第三方披露或在本协议目的之外使用。

第十六条 违约责任：

甲方或乙方违反本协议约定的，另一方有权采取以下一种或几种措施：

（一）中止或终止本协议；

（二）要求损害赔偿；

（三）采取法律、法规规定的其他救济措施。

第十七条 争议解决及法律使用：

（一）本协议项下争议应向有管辖权的法院提起诉讼或向仲裁机构申请仲裁。争议期间，各方仍应继续履行未涉争议的条款；

（二）无论甲方操作指令的发送地是否在中国境内、通过何种网络路径传递到乙方，本协议及履行本协议的任何行为均适用中华人民共和国法律和电子商业汇票制度。

第四章 其 他

第十八条 甲方提交的《申请表》及双方确认的其他资料均为本协议不可分割的组成部分。

第十九条 本协议自甲乙双方法定代表人或负责人签字并盖章之日起生效，至双方同意终止或按法律规定或本协议约定解除后失效。该协议的失效并不影响甲乙双方作为电子商业汇票业务参与者对相关电子商业汇票所享有的票据权利和应承担的票据责任。

第二十条 免责事由：

（一）因不可抗力造成乙方内部系统服务无法正常开展，乙方不承担违约责任，但应及时排除故障和采取补救措施；

（二）因电子商业汇票系统发生重大故障在可容忍时间内无法排除，由中国人民银行宣告电子商业汇票系统暂停运行，造成乙方内部系统服务无法正常开展的，乙方不承担违约责任。

第二十一条 出现下列任一情形，本协议解除：

（一）双方均有权随时要求解除本协议，但须提前5个工作日以书面形式通知对方，协议自书面通知中确定的日期起解除；

（二）一方在另一方违反本协议规定时可解除本协议，本协议自一方书面通知另一方时起解除。

第二十二条 本协议解除，乙方暂停、中止或终止提供电子商业汇票业务服务的，甲方之前发送的操作指令仍为有效操作指令，甲方应承担相应的法律责任。

第二十三条 网上银行服务中发生的电子交易记录是证明该项交易的真实、有效凭据。

第二十四条 本协议一式____份，双方各执____份。

2. 接入机构向被代理机构提供的电票系统代理接入服务。接入机构和被代理机构需签订代理接入服务协议，被代理机构在服务协议中应承诺其提供的开户和业务申请信息真实完整，其通过代理接入渠道办理的电票业务合法、合规。

拟提供电子商业汇票业务代理服务的金融机构，应当以法人为单位报经上海票据交易所同意。直连接入电票系统的金融机构提供电票代理接入服务时，应对被代理机构基本信息及身份的真实性进行审核，且须通过大额支付系统向被代理机构进行核实确认（查询报文内容至少包括申请人全称、法定代表人姓名、营业执照编号、金融许可证编号和查询事项等），被代理机构应给予同意接入或不同意接入的明确答复。

第二章 电子商业汇票的主体

3. 上海票据交易所向会员提供的会员服务。2018年11月26日，上海票据交易所股份有限公司发布《关于发布及签署〈上海票据交易所客户服务协议〉有关事宜的公告》（票交所公告〔2018〕1号），称"根据业务需要，上海票据交易所（以下简称票交所）对现行与接入机构签署的《上海票据交易所会员服务协议》（以下简称《会员服务协议》）进行了修订，形成了《上海票据交易所客户服务协议（2018年版）》（详见附件，以下简称《客户服务协议》），现予发布，并就有关事项公告如下：

一、即日起，金融机构法人在向票交所提交中国票据交易系统接入申请时，需签署《客户服务协议》（一式两份，其他签署要求不变）。

二、原已签署《会员服务协议》的金融机构法人（含已提交《会员服务协议》的待接入机构）应仔细阅读修订后的《客户服务协议》，如有异议，应以书面方式提出。在本公告发布之日起10个工作日内未对《客户服务协议》提出异议或提出终止协议的，即视为接受该协议。"

该通知的附件为上海票据交易所客户服务协议（2018年版），该协议分为十一个部分，分别是总则、资格及授权、账户、指令管理、票据交易、非交易业务、清算结算、票交所系统安全维护、双方责任及免责、费用、其他。

具体协议文本如下：

附件

上海票据交易所客户服务协议
（2018年版）

甲方：
法定代表人：
地址：
邮编：

乙方：上海票据交易所股份有限公司
法定代表人：
地址：上海市黄浦区半淞园路377号A区
邮编：200011

双方同意由乙方向甲方提供票据集中登记托管、报价交易、清算结算以及相应的信息资讯服务，并且双方一致同意遵守本协议。

一、总则

1.1 双方承认，乙方依法制定发布的业务规则是本协议的当然组成部分，甲乙双方负有遵守的义务，但乙方制定业务规则时事先应采用适当方式听取甲方意见并公告实施。

1.2 甲方应当在使用乙方服务之前认真阅读全部协议内容，但无论甲方事实上是否在使用乙方服务之前认真阅读了本协议内容，只要甲方使用乙方服务，则本协议对甲乙双方产生约束，届时甲方不得以未阅读本协议的内容或者未获得乙方对甲方关于本协议问询的解答等任何理由，主张本协议无效，或要求撤销本协议。

二、资格及授权

2.1 甲方签署本协议，表明甲方选择直接或通过集中接入与乙方运营的相关系统（以下简称票交所系统）联网的方式接受乙方提供的服务。票交所系统目前包括中国票据交易系统、电子商业汇票系统，如有增、减，解释权归乙方所有。

2.2 乙方为甲方提供服务所使用的用户前端包括通用客户端和以接口方式连接的内部系统。甲方可以按照乙方提供的应用程序接口（API）以直连方式与内部系统对接，通过票交所系统的接入点发送和接收相关业务。同时，甲方也可以按照乙方的技术要求搭建客户端硬件、软件环境以及配套通讯设施，通过乙方的通用客户端办理相关业务，必要情况下乙方可提供协助。

2.3 乙方根据甲方提交的真实有效的证明文件和入市申请，通过票交所系统为甲方创建生成机构信息，并设置机构权限。甲方根据所具有的相关业务权限，通过内部系统或通用客户端办理相关业务。甲方如需修改相关机构信息和机构权限，应向乙方提出书面证明材料，乙方凭以在票交所系统内进行相关信息修改。

2.4 甲方申请入市时，乙方应为甲方参与本协议项下的业务创建两名机构管理员用户并进行管理赋权，乙方通过数字证书绑定甲方的机构管理员。甲方如变更或取消机构管理员用户的资格，应向乙方提出书面要求，乙方凭以在票交所系统内办理变更或禁用手续。

2.5 甲方其他参与本协议项下业务的操作人员及其下属系统参与者的机构管理员用户的赋权、修改和禁用等管理由甲方机构管理员依据乙方相关业务规则通过票交所系统自行完成。

2.6 乙方根据甲方提交的开户资料及入市申请，通过票交所系统为甲方创建生成交易账户、托管账户和资金账户。

2.7 乙方向甲方提供甲方票据业务及市场行情等相关信息服务。甲方有权通过系统直连或客户端查询、打印与其票据业务相关的单据、凭证、数据、报表等各类账户

第二章　电子商业汇票的主体

和业务信息。

2.8　乙方通过在票交所系统中为甲方设置票据业务相关信息查询权限和主动推送的方式，实现票据业务相关信息通知功能。除因乙方系统原因甲方无法获取信息通知外，视同已将票据业务相关信息送达甲方。

2.9　因乙方系统原因造成甲方无法获取信息通知的，乙方应当及时补救；非因乙方系统原因造成甲方无法获取信息通知的，乙方应当协助甲方及时获取。

2.10　甲方承诺，在本协议存续期间，向乙方提供的所有证件、资料均真实、准确、完整、合法。由于甲方提供的证件、资料有误或发生变更时未及时通知乙方，由此发生的风险和损失由甲方自行承担。

2.11　甲方相关操作人员应经乙方培训并认定合格后方可进行本协议项下票据交易业务的操作。

三、账户

3.1　甲方的账户包括其内部各系统参与者的交易账户、托管账户和资金账户。

3.2　甲方不得利用在乙方开立的账户进行洗钱及其他违法犯罪活动；不得出租、出借在乙方开立的账户。

3.3　甲方应通过交易账户参与票据交易。

3.4　甲方有权支配其托管账户中的可用票据。甲方在乙方开立的托管账户中持有的票据不得在非乙方提供的平台或线下进行交易。

3.5　乙方依据甲方发出的指令及其他有效证明文件，通过票交所系统对甲方托管账户中持有票据的变更情况如实进行记载。

双方承认，票交所系统内托管账户中的记录结果表明该账户持有人所拥有的票据。双方约定，票交所系统的上述记载结果即为符合法律、法规规定的书面要求和文件保存要求的票据表现形式或票据行为背书。同时，票交所系统的上述票据记载结果视为满足法律、法规规定的原件形式要求。双方不得因票交所系统的上述票据记载结果是以电子、光学、磁或者类似手段生成、发送、接收或者储存而被拒绝作为证据使用。

3.6　未经甲方书面许可，乙方无权支配或处分甲方托管账户中持有的票据，法律法规、票交所业务规则或双方协议有特别规定或约定的情形除外。

3.7　乙方对甲方托管账户中的票据负有妥善托管及保密的义务，未经甲方许可不得擅自对外提供甲方托管账户的相关资料。但在有权机构依据法律法规提出查询、冻结、扣划等要求时，乙方应予配合，无须征得甲方许可。

3.8　甲方应指定票据业务资金账户专门用于甲方票据业务的清算交收和相关资金收付。

3.9　甲方在人民银行支付系统开立清算账户的，其票据业务资金账户为甲方清算账户。

3.10 甲方未在人民银行支付系统开立清算账户的,乙方为其开立非银资金账户,其票据业务资金账户为非银资金账户。

3.10.1 甲方为非银资金账户的实际持有人,非银资金账户中的资金归甲方所有和支配。甲方享有非银资金账户中的资金孳息(主管部门另有规定的除外),并承担和履行相关责任和义务。

3.10.2 甲方享有非银资金账户查询权限,可查询其非银资金账户的资金变动情况。

3.10.3 甲方根据自身结算需要,可按照乙方公布的规则转出其相应非银资金账户中的资金,但该资金只能自其在乙方开立的非银资金账户划转至该账户同名的银行结算账户。对于甲方不按乙方公布的规则或甲方超出其对应非银资金账户余额的资金汇出申请,乙方不予办理。

3.10.4 乙方不得挪用或擅自动用甲方非银资金账户中的资金,但法律法规、业务规则及双方另有约定的除外。乙方不为甲方非银资金账户提供垫资、透支或现金存取服务。

3.11 甲方有权自行修改系统参与者的内部系统账户名称和账号,但应施行相关内部审批流程。因内部系统账户名称和账号信息错误造成的损失,由甲方承担相应责任。

3.12 乙方有权使用票交所系统数据用于统计、分析及综合管理。

3.13 乙方对与甲方票据业务相关的资金结算情况及甲方非银资金账户资金的变动情况、资金账户资料等内容保密,法律法规另有规定的除外。

3.14 乙方为甲方的非银资金账户提供应急服务。甲方需办理应急业务时,应按照乙方公布的应急业务相关规则执行。

3.15 甲方因任何原因办理账户注销,乙方应将甲方非银资金账户中的应付利息以及甲方应向乙方支付的各项费用进行结清,并将资金余额划至甲方指定账户。

四、指令管理

4.1 甲方系统为甲方内部系统或票交所系统客户端,乙方系统为票交所系统,电子指令到达对方系统视为已有效送达对方。

4.2 双方发出的电子指令,应附有符合《电子签名法》等法律法规规定的可靠电子签名或采取密码验证等安全有效的验证方式。双方应对电子签名或密码等进行形式验证,经形式验证为有效的,即视为该电子指令由对方发出并授权确认。

4.3 甲方应对发出指令的真实性、准确性和完整性负责。如甲方的指令不真实、不准确或不完整,因此而导致的任何损失由甲方承担。

第二章 电子商业汇票的主体

4.4 当乙方认为一项来自甲方的指令可能使票交所系统有关安全防卫措施遭受破坏时，乙方享有保留不执行或延迟执行该指令的权利。若乙方决定不执行或延迟执行的，乙方应当及时将此等决定通知甲方。

4.5 乙方可根据甲方合法有效的书面委托办理税收、继承、赠与、债务清偿等非交易过户。乙方对根据甲方委托办理上述业务的后果不承担任何责任。

4.6 如乙方因按本协议执行甲方的指令而造成甲方或第三方的损失，乙方不承担任何责任；如造成第三方索赔和/或乙方损失的，甲方应承担全部赔偿责任。

4.7 乙方执行甲方指令存在过错而造成甲方或第三方损失的，乙方应承担赔偿责任。

五、票据交易

5.1 甲方应在乙方提供的票交所系统中开展票据交易活动，并遵守乙方制定的业务规则。

5.2 乙方应保障所提供的票交所系统在交易时间内顺畅运行，并提供交易便利。出现交易障碍的特殊情况下，乙方应根据《票据交易所应急服务规则》提供特殊申请路径协助甲方完成票据交易。

5.3 乙方向甲方提供票据交易服务的时间安排如下：

5.3.1 提供交易服务的交易日为法定工作日。

5.3.2 每个交易日的交易时段为：9:00-12:00及13:30-16:30，交易时段提供全部交易服务功能。在特殊情况或接到中国人民银行通知情况下，乙方可应急延长交易时段。交易时段变更的，乙方需提前发布市场公告。

5.3.3 每个交易日的8:30-9:00和12:00-13:30时段内，乙方提供意向询价等交易服务功能，不提供对话报价发送、点击成交报价发送、匿名报价发送、确认成交等交易服务功能。

5.3.4 每个交易日8:30-16:30以外的其他时段内，乙方暂不提供询价、报价、确认成交的交易服务功能。

六、非交易业务

6.1 甲方开展承兑、贴现、保证、质押、提示付款和追偿业务等非交易票据业务，均应根据人民银行有关规定和乙方制定的业务规则，在乙方提供的票交所系统中开展或登记。

6.2 甲方应保障在乙方票交所系统登记的纸质商业汇票信息真实无误。甲方承认，登记信息与纸质商业汇票实物记载不一致的，以纸质商业汇票实物记载的信息为准。由于甲方登记的信息有误，由此发生的风险和损失由甲方承担。

6.3 甲方办理纸质商业汇票贴现业务前，应向乙方票交所系统查询票据承兑信息。甲方应认真核对票据承兑信息与票据实物的一致性，贴现后因承兑信息与票据实物不一致发生的风险和损失，由甲方承担。

6.4 甲方作为票据贴现人或保证增信行可向承兑人请求付款确认。甲方委托乙方在其未发起付款确认的情况下，自动向承兑人或承兑人开户行以影像确认方式发起付款确认。

6.5 甲方作为票据承兑人或承兑人开户行在收到挂失止付通知及公示催告、协助票据司法冻结等司法文书并确认相关票据确未付款的，应于当日在乙方票交所系统进行相关登记；乙方应及时将相关信息通知持票人以及其他相关方。

6.6 甲方作为持票人委托乙方办理提示付款的，在票据到期日通过乙方票交所系统自动发出提示付款申请，付款人同意付款的，票款划付至甲方资金账户。

6.7 已质押票据在票据到期日办理提示付款，票款划付至质权人资金账户。

6.8 甲方作为持票人在提示付款被拒绝后，可通过乙方票交所系统办理追偿业务。追偿按保证增信行（若有）、贴现人、贴现人的保证人顺序进行。

公示催告期间，乙方不接受甲方提出的追偿业务申请。

6.9 甲方作为承兑人在乙方票交所系统中已经作出付款确认或对提示付款申请作出同意应答的，除挂失止付、公示催告等合法抗辩情形外，应在票据到期日当日足额付款并委托乙方票交所系统自动将款项由甲方资金账户划至持票人资金账户。

甲方同意付款但因资金账户资金不足导致提示付款日结算失败的，应承担被追偿的付款责任并无条件委托乙方票交所系统根据持票人的追偿申请自动将款项由甲方资金账户划至持票人资金账户。

甲方存在合法抗辩事由拒绝付款的，应在提示付款当日作出拒绝付款证明，并通过乙方通知持票人。

6.10 甲方作为在乙方票交所系统中登记的贴现人、保证增信行或贴现人的保证人的，在票据被承兑人拒付的情况下应按保证增信行、贴现人、贴现人的保证人的付款顺序承担被追偿的责任，并无条件委托乙方根据持票人的追偿申请自动将款项由甲方资金账户划至持票人资金账户。

6.11 甲方在承担被追偿责任后，如该票据为已经付款确认的银行承兑汇票，乙方票交所系统提供其向承兑人进行再追偿的服务。

6.12 甲方作为在乙方票交所系统中登记的承兑人的保证人，承担票据承兑保证责任，并无条件委托乙方在承兑人作出付款确认或对提示付款申请作出同意应答但资金不足以支付票据款项的情况下自动将款项由甲方资金账户划至持票人资金账户。

6.13 甲方作为在乙方票交所系统登记的票据保管人，应妥善保管票据实物，因甲方保管不善造成保管票据遗失、损毁等情况，所造成的损失由甲方承担。

第二章　电子商业汇票的主体

七、清算结算

7.1　甲方委托乙方办理票据业务相关清算结算的，可采用票款对付（DvP）、纯票过户（FoP）方式办理结算业务。

7.2　甲方与已签署本协议的机构之间应采用 DvP 方式办理结算业务；甲方内部系统参与者之间可采用 FoP 方式办理结算业务，但其内部非法人类的系统参与者之间仍应采用 DvP 方式办理结算。

7.3　DvP 结算是指结算双方同步办理票据过户和资金支付并互为条件的结算方式。

7.4　FoP 结算是指结算双方的票据过户与资金支付相互独立的结算方式。

7.5　甲方指定 DvP 结算方式，则表示委托乙方依据清算结果办理票据资产和资金的同步结算，包括：授权乙方委托支付系统办理指定的清算账户的借记、贷记转账；授权乙方办理指定资金账户的借记、贷记转账；授权乙方办理指定资金账户中结算资金退回的借记、贷记转账。甲方承认，在执行该指令中的借、贷记转账时基于甲方的委托，并非是乙方的自主行为，也非支付系统或乙方票交所系统的自主行为。

7.6　甲方采用 DvP 结算方式，应向乙方提供其开立在人民银行支付系统的清算账户，或指定其开立在乙方票交所系统的非银资金账户，作为指定的 DvP 资金账户。

7.7　甲方应将真实完整的 DvP 资金账户信息事先书面提交乙方。如 DvP 资金账户信息发生变更，甲方亦应及时书面通知乙方。如因甲方提供的 DvP 资金账户信息有误，或 DvP 资金账户信息变更未及时通知乙方，由此导致的损失和责任，由甲方承担。

7.8　乙方通过甲方的资金账户为甲方提供与甲方票据业务相关的资金清算业务，包括交易结算、托收结算、追偿结算、费用扣收及其他资金相关服务。乙方分别根据甲方的交易、非交易数据进行支付交收义务的清算，清算结果作为甲方完成票据资产、资金交收义务的依据，甲方应当及时获取。

7.9　甲方对乙方提供的清算结果存有异议的，应当及时反馈乙方，但甲方不得因此拒绝履行或延迟履行交收日的交收义务。经双方核实，确属乙方清算差错的，乙方将予以更正并承担差错范围内实际造成甲方的直接损失。

7.10　乙方依据清算结果，按照相关业务规则在交收日为甲方完成最终不可撤销的票据资产与资金交收处理。

7.11　甲方在结算时应保证履行结算义务所需的票据资产或款项足额，业务一旦处理完成即不可撤销。由于票据资产不足或款项不足导致结算失败的，由违约方承担相应责任。

八、票交所系统安全维护

8.1　乙方有义务维护票交所系统的平稳顺畅运行，安全保管甲方在票交所系统内的数据和资料。

8.2 乙方应采取合理的安全防护措施,尽最大努力避免票交所系统中心端遭受外来侵害和攻击。

8.3 乙方保证票交所系统所应用的软件为合法软件,不会侵害任何第三方的知识产权。

8.4 乙方要尽合理的努力使票交所系统所应用的软件最大程度实现功能和性能上的要求,并使之不断改进和完善。

8.5 甲方接受乙方为票交所系统安全问题而采取的管理控制措施和其他合理要求。甲方同意并保证票交所系统客户端软件仅在受甲方控制的地点和计算机上使用。甲方同意维护和定期检查客户端安全措施,并对其负责。

8.6 甲方应根据自身业务管理要求和电子签名制作数据介质的特性制定相应的安全管理制度,以防止其专有和控制的电子签名制作数据或密码遗失或被非法盗用。如甲方将电子签名制作数据丢失或密码遗忘、泄密,应及时提出正式书面挂失申请,并须重新获得新的电子签名制作数据或密码。

8.7 甲方如因管理不善,其使用的用户前端遭受计算机病毒感染或电子签名制作数据、密码被盗用而影响票据业务的正常运作,应对此承担全部责任。

九、双方责任及免责

9.1 因乙方过错致使甲方遭受损失的,乙方对甲方及第三方因此而遭受的直接损失承担相应赔偿责任。

9.2 若票交所系统出现处理失误,乙方应积极采取措施尽快纠正失误并承担相应责任。在此期间,如因乙方票交所系统失误而重新办理的属于收费范围的业务,甲方无须再承担该项费用,但甲方利用系统故障或错误进行非法或违约操作的除外。

9.3 甲方可根据乙方票交所系统输出的成交单、结算交割单、缴费通知、账簿及回单等电子单证进行登记、核对账务,确认票据承兑、保管以及持有情况。若甲方发现并怀疑对账单有未经甲方授权的交易记录,应及时告知乙方。

9.4 甲方如认为乙方业务处理及账务记录有差错,应在知道或应当知道差错发生之日起 5 个工作日内以书面方式通知乙方。在通知中应说明怀疑错误发生的原因、有关的账号、票据号码、金额和到期日等详细情况。乙方应在自接到通知之日起 5 个工作日内告知甲方调查结果。如乙方查明错误确已发生并系乙方原因,应在告知甲方调查结果后 3 个工作日内对错误加以纠正并承担相应责任。如乙方查明错误并未发生或错误虽发生但并非系乙方原因,应在调查结束后 3 个工作日内以书面方式告知甲方并做出解释。

9.5 上海票据交易所门户网站是票据业务主管部门和乙方发布文件、公告、通知的重要信息载体,甲方应经常主动上网查看。除非特别必要,乙方在上海票据交易所

第二章　电子商业汇票的主体

门户网站发布的上述信息不再以纸质邮寄方式传递甲方。

9.6 如果乙方中断或部分中断提供服务是由于网络通讯传输障碍、电力供应障碍、与票交所系统相连接的其他第三方机构业务系统的故障和地震、火灾、洪水、战争等不可控灾害，或其他在合理范围内无法控制的、预见也不能避免的或不可预见的意外事件等原因造成，由此引起的损失或损害，甲乙双方均有及时排除障碍和采取补救措施的义务，但不承担赔偿责任。发生上述情况后，发生情况的一方应就有关情况及损失程度向另一方及时通告并提供书面说明。

9.7 对以下情况乙方不承担任何责任：

9.7.1 甲方或交易对手方因票据托管账户或资金账户余额不足不能履行结算义务，致使结算失败；

9.7.2 如甲方发送的指令缺乏必要的要素，或未对指令进行确认，或指令所附的电子签名不符合规定，或未对某些有特殊要求的交易行为进行确认，致使指令执行延误或失败；

9.7.3 因托管账户中的票据被法定有权机构冻结造成结算失败的；

9.7.4 甲方不遵守乙方依法制定的业务规则，或未能正确依据乙方业务规则的说明办理业务；

9.7.5 甲方或交易对手方的行为出于欺诈或其他非法目的。

9.8 在任何情况下，乙方对甲方因使用或无法使用乙方提供的服务所导致的间接损失都不承担赔偿责任。

9.9 乙方在必要的情况下可采取如下措施，但应通过上海票据交易所门户网站或其他有效方式及时通知甲方：

9.9.1 因超出乙方力所能及控制的任何情况（包括但不限于不可抗力使票交所系统或与之相连接的支付系统发生功能障碍或通信故障或其他紧急情况）而采取全部或局部暂时中止系统服务措施或更改运营时间，必要时启动异地灾备系统。在采取以上措施时，甲方应积极配合。

9.9.2 乙方在主管部门特殊要求或市场整体利益需要的情况下，可更改或持续性更改运营时间，或暂时中止票交所系统，或停止提供部分服务，对中止期限乙方应依据实际情况作出必要及恰当的解释。

十、费用

10.1 甲方使用乙方提供的服务，应按照乙方规定的收费标准及方式支付相关服务费用。费用标准及支付方式依据为乙方另行发布生效的收费规则。甲方不得将相关费用直接转嫁至企业客户。

10.2 乙方根据实际情况需要可调整费用标准、收费项目及费用支付方式。如涉及调高收费标准或进行结构性调整时，乙方应事先采用适当方式听取甲方意见并公告实施。

10.3 甲方应按时向乙方支付相关服务费用，或委托乙方扣划甲方指定账户并保证指定账户余额充足。如甲方逾期缴纳服务费用超过7个法定工作日且乙方催缴后在规定时限内仍未补齐的，则乙方有权暂停向甲方提供服务，并在乙方网站予以公示，同时每日按欠缴费用的万分之五加收违约金。

十一、其他

11.1 乙方有权根据有关法律、法规的变化、技术的发展以及公司经营状况和经营策略的调整等情况适时修订本服务协议，并以本协议11.5条款约定的方式通知甲方，同时作出修订说明。甲方如需继续使用乙方提供的服务，应对修订后的服务协议进行仔细阅读和重新确认。甲方在新的服务协议公布或收到后10个工作日内未提出异议或提出终止本协议，即视为同意接受该内容。

11.2 在下列情况下，乙方有权视情节暂停或终止向甲方提供服务：

11.2.1 当甲方违反本协议及与乙方签订的其他协议时；

11.2.2 当甲方违反乙方制定的业务规则时；

11.2.3 当甲方违反有关法律法规、规章制度，乙方执行政府有关部门的相关处罚时。

11.3 在甲方票据托管账户中没有任何持有的票据且没有任何已登记未到期票据债务的情况下，甲方和乙方均有权以书面形式通知对方终止本协议。

协议终止将不影响任何一方在终止日之前的权利，也不能消除因终止前的业务所带来的任何法律责任。

11.4 甲方申请账户注销的，乙方自甲方账户注销之日起终止为甲方提供服务，且没有义务为甲方保留原账户。但甲方可以通过乙方有关业务部门查询协议终止日之前合理年份的账务资料。此外，乙方不就终止提供服务而对甲方或任何第三方承担相关责任。

11.5 关于此协议的修改或终止通知，乙方应在上海票据交易所网站上发布；乙方还可通过中国票据交易系统场务公告方式发送通知，通知发送10个工作日后视为甲方已收到该通知。

11.6 未经乙方的事先书面同意，甲方不得转让本协议及本协议项下的任何权利或义务。未经乙方书面同意的转让行为无效。

11.7 本协议的任一条款如因任何原因而被确认无效，都不影响本协议其他条款的法律效力。

11.8 本协议适用中华人民共和国法律，应依法律、行政法规、部门规章和乙方

第二章 电子商业汇票的主体

依法制定的业务规则进行解释。对于本协议有关的某一特定事项，上述法律法规和业务规则没有明确规定，则参照商业惯例或行业通行做法。双方同意，因本协议引出任何争议，应尽可能协商解决；如协商不成，按照有关法律法规通过诉讼方式处理。

11.9 本协议的各章标题仅出于方便起见使用，双方具体的权利义务以本协议条款的内容为准。

本协议自双方盖章及其法定代表人（或授权代理人）签字（或盖章）之日起生效。

《上海票据交易所客户服务协议（2018年版)》签署页

甲方：

法定代表人或授权代理人姓名：

法定代表人或授权代理人签章：

签署机构单位公章：

签约日期： 年 月 日

乙方：上海票据交易所股份有限公司

法定代表人或授权代理人姓名：

法定代表人或授权代理人签章：

签署机构单位公章：

签约日期： 年 月 日

4. 电子认证服务提供者向接入机构与客户提供的服务。票据当事人在电子商业汇票上的签章，为该当事人可靠的电子签名。电子签名所需的认证服务应由合法的电子认证服务提供者提供。可靠的电子签名必须符合《中华人民共和国电子签名法》第十三条第一款的规定。

电子认证服务机构应当按照工业和信息化部公布的《电子认证业务规则规范》等要求，制定本机构的电子认证业务规则和相应的证书策略，在提供电子认证服务前予以公布，并向工业和信息化部备案。

电子认证业务规则和证书策略发生变更的，电子认证服务机构应当予以公布，并自公布之日起三十日内向工业和信息化部备案。

电子商业汇票业务活动中，票据当事人所使用的数据电文和电子签名应符合《中华人民共和国电子签名法》的有关规定。

客户开展电子商业汇票活动时，其签章所依赖的电子签名制作数据和电子签名认证证书，应向接入机构指定的电子认证服务提供者的注册审批机构申请。

接入机构为客户提供电子商业汇票业务服务或作为电子商业汇票当事人时，其签章所依赖的电子签名制作数据和电子签名认证证书，应向电子商业汇票系统运营者指定的电子认证服务提供者的注册审批机构申请。电子认证服务提供者依据《中华人民共和国电子签名法》承担相应责任。电子认证服务机构应当按照公布的电子认证业务规则提供电子认证服务。

电子认证服务机构应当保证提供下列服务：制作、签发、管理电子签名认证证书；确认签发的电子签名认证证书的真实性；提供电子签名认证证书目录信息查询服务；提供电子签名认证证书状态信息查询服务。

电子认证服务机构应当履行下列义务：保证电子签名认证证书内容在有效期内完整、准确；保证电子签名依赖方能够证实或者了解电子签名认证证书所载内容及其他有关事项；妥善保存与电子认证服务相关的信息。

电子认证服务机构应当建立完善的安全管理和内部审计制度。电子认证服务机构应当遵守国家的保密规定，建立完善的保密制度。

电子认证服务机构对电子签名人和电子签名依赖方的资料，负有保密的义务。

电子认证服务机构在受理电子签名认证证书申请前，应当向申请人告知下列事项：电子签名认证证书和电子签名的使用条件；服务收费的项目和标准；保存和使用证书持有人信息的权限和责任；电子认证服务机构的责任范围；证书持有人的责任范围；其他需要事先告知的事项。

电子认证服务机构受理电子签名认证申请后，应当与证书申请人签订合同，明确双方的权利义务。

（三）业务主体

间接参与主体中的业务主体，是指并未直接办理电子商业汇票业务，但通过各种不同的方式间接参与电子商业汇票业务的主体，根据不同的法律关系，主要表现为如下几种形式：

1. 票据收益权转让。票据收益权的转让，实际上是将票据权利作为与票据本身分离的一种财产性权益，个人自然人或企业与持票人企业签订票据收益权转让协议，支付一定对价从持票人企业处受让此财产性权益，从票据的文义性上分析，持票人企业依旧享有法律规定的票据权利，票据收益权属于持票人企业。但从合同关系上分析，持票人企业应在收到票据的相应对价后按合同约定的金额支付给先前签订票据收益权转让协议的自然人或企业。该模式存在诸如收益权不属于票据权利，在票据发生转让后面临风险损失等风险隐患。另外如收益权无法与票据做到一一对应，将会产生刑事风险，使得相关权利人遭受损失。

2. 成立合伙企业投资票据。意向投资票据的合伙人投资成立有限合伙企业，由有限合伙企业进行票据交易。但合伙人之外的自然人希望投资，需作为新合伙人加入，若不对合伙人入伙的条件设定某一标准或限制，可能涉嫌非法吸收公众存款罪。

3. 票据经纪服务。票据经纪服务公司利用行业地位、优势、资源或搭建平台等各方面有利条件为持票企业或欲持有票据的企业寻求资源，进行资源整合、协助双方交涉至最终完成交易，此类票据中介服务公司间接参与电子商业汇票业务，自身并不成为票据的背书人与被背书人。

4. 票据典当鉴定评估。《典当管理办法》第二十五条规定，经批准，典当行可以经营下列业务：动产质押典当业务；财产权利质押典当业务；房地产（外省、自治区、直辖市的房地产或者未取得商品房预售许可证的在建工程除外）抵押典当业务；限额内绝当物品的变卖；鉴定评估及咨询服务；商务部依法批准的其他典当业务。

鉴定评估服务是法律规定的典当行可以经营的业务之一，典当行在票据的质押借款业务中对各类电子商业汇票的业务主体鉴定评估进行一定的增信服务，以此间接参与电子商业汇票的业务。

第二节　监管主体

改革开放后很长一段时间，我国金融监管职能由中国人民银行统一行使。20 世纪 80 年代中期开始，出现数次经济全面过热的情况，信贷、通货双膨胀。1984 年 11 月，国务院下发《关于严格控制财政支出和大力组织货币回笼的紧急通知》，实行紧缩的经济政策。在上述背景下，1992 年，国务院证券委员会及其执行机构中国证监会相继成立。1993 年国务院发布《关于金融体制改革的决定》，明确金融体制改革的目标：建立在国务院领导下，独立执行货币政策的中央银行宏观调控体系；建立政策性金融与商业性金融分离，以国有商业银行为主体、多种金融机构并存的金融组织体系；建立统一开放、有序竞争、严格管理的金融市场体系。

经过多年的改革和发展，我国已基本形成中国人民银行、中国银保监会、中国证监会几大监管机构各司其职、相互协调的局面。

一、中国人民银行

（一）中国人民银行概况

1. 中国人民银行的性质。《中华人民共和国中国人民银行法》第二条明确指出中国人民银行是中华人民共和国的中央银行。中国人民银行在国务院的领导下，制定和执行货币政策，防范和化解金融风险，维护金融稳定。

所谓中央银行是指在异国金融体系中居于主导地位，负责制定和执行国家的金融政策，调节货币流通和信用活动，管理国内金融体系和金融活动，并在国外金融活动中代表国家的金融核心机构。

2. 中央银行的一般职能。传统意义上中央银行是发行的银行，接受国家授权发行货币；是银行的银行，通过"存、放、汇"业务对商业银行和其他金融机构的经营活动产生影响，从而实现其金融管理职能；是国家的银行，除了代表国家制定并执行有关金融法规，代表国家监督管理和干预各项有关经济和金融活动之外，还为国家提供代理国库、代理发行政府债券、给国家信贷支持、保管外汇和黄金储备、充当政府金融政策顾问和参谋的服务。

第二次世界大战后各国对中央银行的认识有了更加深入的理解，同时各国中央银行的金融合作不断加强，中央银行的职能也发生了一系列变化。从业务与职责角度来看，中央银行的职能主要有以下几点：

（1）调控职能。中央银行作为国家货币政策制定者和执行者，通过政策的制定与执行，运用金融手段，对全国的货币、信用活动进行有目的、有目标的调节和控制，进而影响和干预国家宏观经济，促进整个国民经济健康发展，实现其预期的货币政策目标。

（2）监管职能。中央银行作为全国金融行政管理机关，为了维护全国金融体系的稳定，防止金融混乱造成的不良影响，对商业银行和其他金融机构以及全国金融市场的设置、业务活动进行监督管理，加以指导和控制，具体包括：

①制定有关的金融政策、法规，作为金融活动的准则和中央银行进行监管的依据和手段；

②依据上述法规、政策对商业银行和其他金融机构的业务活动进行监督，对违规、违法行为进行评估、仲裁和处罚；

③依法对银行和其他金融机构实施行政管理，审查批准金融机构的设立、变更、终止、业务范围的批准，主要负责人任职条件的审查，以及业务网点的设置和撤销等；

第二章 电子商业汇票的主体

④管理信贷、资金、外汇、黄金和证券等金融市场，包括利率、汇率；

⑤监督检查商业银行和其他金融机构的业务数据，监控其清偿能力，资产负债结构准备金情况。

（二）中国人民银行与票据相关的机构设置及相关职能

1. 内设机构及相关职能。中国人民银行设下列内设机构：

（1）条法司。拟订相关法律法规草案，拟订、审核规章。拟订银行业、保险业重要法律法规草案和审慎监管基本制度。承担合法性审查和中央银行法律事务。承担行政复议和行政应诉工作。

（2）货币政策司。拟订货币政策，参与健全货币政策和宏观审慎政策双支柱调控框架工作。推进利率和汇率市场化改革。拟订并组织实施公开市场操作、存款准备金、再贷款、再贴现等货币政策工具调控方案，调控利率和流动性水平。创新货币政策工具。牵头宏观审慎评估，拟订并实施外汇市场调控方案。拟订并实施货币政策委员会工作制度。

（3）宏观审慎管理局。牵头建立宏观审慎政策框架和基本制度，以及系统重要性金融机构评估、识别和处置机制。牵头金融控股公司等金融集团和系统重要性金融机构基本规则拟订、监测分析、并表监管。

（4）金融市场司。拟订金融市场改革、开放和发展规划。监督管理银行间债券市场、货币市场、外汇市场、票据市场、黄金市场及上述市场有关场外衍生产品。拟订公司信用类债券市场及其衍生产品市场基本规则。承担重要金融基础设施建设规划并统筹实施监管的具体工作。统筹互联网金融监管，评估金融科技创新业务。拟订并组织实施宏观信贷指导政策，承担国务院交办的小微、"三农"、科技创新等结构性金融政策协调具体工作。

（5）金融稳定局。监测和评估系统性金融风险，牵头提出防范和化解风险的政策建议、处置方案并组织实施。牵头跨市场跨业态跨区域金融风险识别、预警和处置，以及资产管理业务等交叉性金融业务的基本规则拟订、监测分析和评估。推动实施国家金融安全审查工作。承担运用中央银行资金的金融机构重组方案的论证审查工作，参与有关机构市场退出或重组等工作。按规定管理中国人民银行在金融风险处置中形成的资产，对因化解金融风险而使用中央银行资金机构的行为进行检查监督。组织实施存款保险制度，根据授权管理存款保险基金。

（6）支付结算司。组织国家支付体系建设并实施监督管理。拟订支付结算业务规则及银行账户和支付账户管理规章制度，组织落实银行账户和支付账户实名制。拟订电子支付、数字支付及其他支付工具业务规则。组织建设和监督管理中国境内及跨境支付、清算、结算系统。组织开展金融市场基础设施评估，推动基础设施互联互通并拟订相关业务规则。监督管理非银行支付机构、清算机构及其他支付服务组织。开展支付信息运用和监管。组织中国人民银行会计核算。

（7）征信管理局。组织拟订征信业和信用评级业发展规划、法律法规制度及行业标准，推进社会信用体系建设。推动建立覆盖全社会的征信系统，承担征信市场准入及对外开放管理工作。监督管理征信系统及其接入机构相关征信行为，维护征信信息主体合法权益并加强个人征信信息保护。

（8）反洗钱局。组织协调反洗钱和反恐怖融资工作。牵头拟订反洗钱和反恐怖融资政策规章。监督检查金融机构及非金融高风险行业履行反洗钱和反恐怖融资义务情况。收集分析监测相关部门提供的大额和可疑交易信息并开展反洗钱和反恐怖融资调查，协助相关部门调查涉嫌洗钱、恐怖融资及相关犯罪案件。承担反洗钱和反恐怖融资国际合作工作。

（9）金融消费权益保护局。综合研究金融消费者保护重大问题，拟订发展规划和业务标准，建立健全金融消费者保护基本制度。牵头建立金融消费者保护协调机制，统筹开展金融消费者教育，牵头构建监管执法合作和非诉第三方解决机制。协调推进相关普惠金融工作。依法开展中国人民银行职责内的金融消费权益保护具体工作。

2. 直属机构及工作职责。中国人民银行设直属机构为：

（1）中国反洗钱监测分析中心。2006年，《中华人民共和国反洗钱法》第十条规定确立了反洗钱中心的法律地位："国务院反洗钱行政主管部门设立反洗钱信息中心，负责大额交易和可疑交易报告的接收、分析，并按照规定向国务院反洗钱行政主管部门报告分析结果，履行国务院反洗钱行政主管部门规定的其他职责。"

（2）中国人民银行征信中心。2006年3月，中国人民银行设立中国人民银行征信中心，作为直属事业单位专门负责企业和个人征信系统（即金融信用信息基础数据库，又称企业和个人信用信息基础数据库）的建设、运行和维护。同时为落实《物权法》关于应收账款质押登记职责规定，征信中心于2007年10月1日建成应收账款质押登记系统并对外提供服务。

（3）中国人民银行清算总中心。中国人民银行清算总中心是中国人民银行直属的、实行企业化管理的事业法人单位，是为中央银行、商业银行和全社会提供支付清算及相关服务的全国性金融服务组织。负责运行、维护、管理的支付清算系统包括：大额实时支付系统（HVPS）、小额批量支付系统（BEPS）、全国支票影像交换系统（CIS）、境内外币支付系统（CDFCPS）、电子商业汇票系统（ECDS）和网上支付跨行清算系统（IBPS）。

3. 上海总部。2005年8月10日，中国人民银行设立上海总部。旨在提高中央银行宏观调控的水平，发挥贴近金融市场一线的优势，提高中央银行金融市场服务的效率，

第二章　电子商业汇票的主体

同时巩固目前上海作为国内重要金融中心的地位。主要职能为：

（1）根据总行提出的操作目标，组织实施中央银行公开市场操作；承办在沪商业银行及票据专营机构再贴现业务等。

（2）管理银行间市场，跟踪金融市场发展，研究并引导金融产品的创新；分析市场工具对货币政策和金融稳定的影响；负责对区域金融稳定和涉外金融安全的评估。

（3）承担上海地区的人民银行有关业务。

（三）与票据有关的部分监管文件

1.《票据管理实施办法》。该办法经国务院批准颁布，明确指出：

（1）中国人民银行是票据的管理部门。票据管理应当遵守票据法和本办法以及有关法律、行政法规的规定，不得损害票据当事人的合法权益。

（2）票据当事人主体要求的条件。

（3）票据的格式、联次、颜色、规格及防伪技术要求和印制，由中国人民银行规定。

（4）拒绝证明、退票理由书的内容要求。

2.《支付结算办法》。由中国人民银行发文，以《票据法》《票据管理实施办法》为准绳，管辖票据操作、支付结算和投融资的具体办法。并对银行等金融机构与工作人员业务操作不规范行为的相关责任加以说明。

3.《支付结算会计核算办法》。由中国人民银行发文，与《支付结算办法》相配套。从操作层面对《支付结算办法》进行了细化和具体规范。就银行汇票、商业汇票等在持票人开户行受理汇票、付款人开户行收到汇票、持票人开户行收到划回票款或退回凭证情况下的会计核算处理手续进行了规定，并规定了支付结算的业务收费和罚款、查询查复的基本要求和处理手续。

4.《中国人民银行关于印发〈银行贷款损失准备计提指引〉的通知》。配合《贷款风险分类指导原则》实施，经财政部同意，中国人民银行制定了《贷款损失准备计提指引》（以下简称《指引》），旨在增强银行抵御风险的能力，逐步与国际通行标准接轨。

各银行应根据《指引》规定，及时足额提取各类贷款损失准备。贷款损失准备的计提范围为承担风险和损失的资产，具体包括贷款（含抵押、质押、保证等贷款）、银行卡透支、贴现、银行承兑汇票垫款、信用证垫款、担保垫款、进出口押汇和拆出资金等。中国人民银行通过现场检查和非现场检查对银行贷款风险分类及相应的损失准备提取情况进行监督，对贷款损失准备的充分性进行评估。

5.《中国人民银行关于商业银行跨行银行承兑汇票查询、查复业务处理问题的通知》。由中国人民银行颁发，规定了商业银行跨行银行承兑汇票查询和查复业务处理的方法。从查询的路径、业务的处理和业务的要求三个方面进行了规范。文件规定代理查询行、查复行收到查询书或查询信息，应于当日或至迟次日上午进行处理。代理查询行收到查复信息后，应及时通知查询行。查询行、代理查询行、查复行要认真办理查询、查复工作，做到"有疑必查，有查必复，查必即时，复必详尽"。

6.《中国人民银行关于完善票据业务制度有关问题的通知》（银发〔2005〕235号）。由中国人民银行颁发，进一步明确票据业务的相关制度。对商业汇票真实交易关系的审查、质押的相关处理、银行承兑汇票的查询查复等问题作出规范。

出票人/持票人向银行申请办理承兑或贴现时，承兑行和贴现行按照支付结算制度的相关规定，对商业汇票的真实交易关系和债权债务关系进行审核的对象进行了规范。对票据质押业务质押时、解除质押以及质押票据所担保的债务到期后的业务操作加以明确。另外对于银行承兑汇票的查询查复提供了除《中国人民银行关于商业银行跨行银行承兑汇票查询、查复业务处理问题的通知》中的方法外，提供了其他四种方式。

7.《金融违法行为处罚办法》（国务院令第260号）。由国务院颁发，就金融机构违反国家有关金融管理规定的处罚机构与处罚方法加以明确。

该办法明确指出行政处罚由中国人民银行决定。与票据有关的违法行为主要包括：金融机构出具与事实不符的信用证、保函、票据、存单、资信证明等金融票证；金融机构对违反票据法规定的票据，承兑、贴现、付款或者保证。

8.《非法金融机构和非法金融业务活动取缔办法》（国务院令第247号）。该办法由国务院制定，旨在取缔非法金融机构和非法金融业务，维护金融秩序。办法将未经中国人民银行批准，擅自设立从事或者主要从事吸收存款、发放贷款、办理结算、票据贴现、资金拆借、信托投资、金融租赁、融资担保和外汇买卖等金融业务活动的机构定义为非法金融机构。将未经中国人民银行批准擅自从事上述业务视为非法金融业务活动。

非法金融机构和非法金融业务活动由中国人民银行予以取缔。中国人民银行一经发现，应当立即调查、核实；经初步认定后，提请公安机关依法立案侦查。经中国人民银行调查认定后，作出取缔决定，宣布该金融机构和金融业务活动为非法，责令停止一切业务活动，并予公告。

9.《中国人民银行关于规范和促进电子商业汇票业务发展的通知》（银发〔2016〕224号）。发文机关为中国人民银行，旨在充分发挥电子商业汇票（以下简称电票）系统和电票业务优势，防范纸质商业汇票业务风险，加快票据市场电子化进程。

该通知就扩大电票系统覆盖率、简化业务操作、规范操作和强化业务监管四个方面作出规定。该通知指出自2017年1月1日起，单张出票金额在300万元以上的商业汇票应全部通过电票办理；自2018年1月1日起，原则上单张出票金额在100万元以

第二章 电子商业汇票的主体

上的商业汇票应全部通过电票办理。

人民银行总行和省级分支机构建立对金融机构电票业务推广情况的考核评价机制，按年度进行考核督促，对年度考核中未达标的金融机构，予以通报并督促整改。人民银行总行建立对各省级分支机构电票业务推广情况的考核评价机制，按年度进行考核督促，完成情况纳入支付结算工作年度考核。

人民银行省级分支机构应严肃电票结算和纸票业务登记纪律，公布咨询举报电话、畅通举报机制；在支付结算执法检查中，应重点检查金融机构电票业务开展和推广的情况。对接受举报和执法检查中，发现金融机构存在纸票登记不规范、内部电票系统功能不符合跨行业务要求等违规行为的，应依法严肃查处并督促其及时整改。

10.《票据交易管理办法》（中国人民银行公告〔2016〕29号）。由中国人民银行制定、颁布。旨在规范票据市场交易行为，维护交易各方合法权益。该办法就票据参与主体、市场基础设置进行了界定，指出票据交易的市场主体既包括金融机构法人类参与者、金融机构作为资产管理人的非法人参与者以及人民银行确定的其他市场参与者。该办法还对票据信息登记、托管、交易业务环节的操作进行了规范；并指出中国人民银行依法对票据市场进行监督管理，并根据宏观调控需要对票据市场进行宏观审慎管理。

二、中国银行保险监督管理委员会

（一）中国银行保险监督管理委员会概况

1. 中国银行保险监督管理委员会职责。2018年3月第十三届全国人民代表大会第一次会议表决通过了关于国务院机构改革方案的决定，决定组建中国银行保险监督管理委员会。将中国银行业监督管理委员会和中国保险监督管理委员会的职责整合，组建中国银行保险监督管理委员会，作为国务院直属事业单位，为正部级。其主要职责是依照法律法规统一监督管理银行业和保险业，维护银行业和保险业合法、稳健运行，防范和化解金融风险，保护金融消费者合法权益，维护金融稳定。

将中国银行业监督管理委员会和中国保险监督管理委员会拟订银行业、保险业重要法律法规草案和审慎监管基本制度的职责划入中国人民银行。不再保留中国银行业监督管理委员会、中国保险监督管理委员会。

2. 中国银行保险监督管理委员会一般职能。中国银行保险监督管理委员会贯彻落实党中央关于银行业和保险业监管工作的方针政策和决策部署，在履行职责过程中坚持和加强党对银行业和保险业监管工作的集中统一领导。主要职责是：

（1）依法依规对全国银行业和保险业实行统一监督管理，维护银行业和保险业合法、稳健运行，对派出机构实行垂直领导。

（2）对银行业和保险业改革开放和监管有效性开展系统性研究。参与拟订金融业改革发展战略规划，参与起草银行业和保险业重要法律法规草案以及审慎监管和金融消费者保护基本制度。起草银行业和保险业其他法律法规草案，提出制定和修改建议。

（3）依据审慎监管和金融消费者保护基本制度，制定银行业和保险业审慎监管与行为监管规则。制定小额贷款公司、融资性担保公司、典当行、融资租赁公司、商业保理公司、地方资产管理公司等其他类型机构的经营规则和监管规则。制定网络借贷信息中介机构业务活动的监管制度。

2018年6月7日，银保监会发布公告称：近日，银保监会致函各省、自治区、直辖市、计划单列市人民政府，请其督促相关部门认真履行监管职责，加强监督管理，及时妥善处置风险隐患，尽快与中国银行保险监督管理委员会建立并完善日常工作联系和重大事件信息通报机制，组织本地区典当行、融资租赁公司、商业保理公司（以下简称三类机构）登录"全国融资租赁企业管理信息系统""商业保理业务信息系统""全国典当行业监督管理信息系统"，真实、准确、完整填报信息，逐户审核确认企业填报信息，结合实际开展摸底工作。此次信息填报工作，标志着银保监会接过商务部的监管权限，正式开展对上述三类金融行业的监管。

（4）依法依规对银行业和保险业机构及其业务范围实行准入管理，审查高级管理人员任职资格。制定银行业和保险业从业人员行为管理规范。

（5）对银行业和保险业机构的公司治理、风险管理、内部控制、资本充足状况、偿付能力、经营行为和信息披露等实施监管。

（6）对银行业和保险业机构实行现场检查与非现场监管，开展风险与合规评估，保护金融消费者合法权益，依法查处违法违规行为。

（7）负责统一编制全国银行业和保险业监管数据报表，按照国家有关规定予以发布，履行金融业综合统计相关工作职责。

（8）建立银行业和保险业风险监控、评价和预警体系，跟踪分析、监测、预测银行业和保险业运行状况。

（9）会同有关部门提出存款类金融机构和保险业机构紧急风险处置的意见和建议并组织实施。

（10）依法依规打击非法金融活动，负责非法集资的认定、查处和取缔以及相关组织协调工作。

（11）根据职责分工，负责指导和监督地方金融监管部门相关业务工作。

（12）参加银行业和保险业国际组织与国际监管规则制定，开展银行业和保险业的对外交流与国际合作事务。

（13）负责国有重点银行业金融机构监事会的日常管理工作。

第二章　电子商业汇票的主体

（14）完成党中央、国务院交办的其他任务。

（15）职能转变。围绕国家金融工作的指导方针和任务，进一步明确职能定位，强化监管职责，加强微观审慎监管、行为监管与金融消费者保护，守住不发生系统性金融风险的底线。按照简政放权要求，逐步减少并依法规范事前审批，加强事中事后监管，优化金融服务，向派出机构适当转移监管和服务职能，推动银行业和保险业机构业务和服务下沉，更好地发挥金融服务实体经济功能。[①]

（二）与票据有关的机构设置及相关职能

银保监会下设27个内设机构与36个派出机构。有关内设机构包括：

（1）法规部。起草银行业和保险业其他法律法规草案。拟订相关监管规则。承担合法性审查和法律咨询服务工作。承担行政复议、行政应诉、行政处罚等工作。

（2）统计信息与风险监测部。承担银行业和保险业监管统计制度、监管报表的编制披露以及行业风险监测分析预警工作。承担信息化建设和信息安全以及银行业和保险业机构的信息科技风险监管工作。

（3）普惠金融部。协调推进银行业和保险业普惠金融工作，拟订相关政策和规章制度并组织实施。指导银行业和保险业机构对小微企业、"三农"和特殊群体的金融服务工作。

（4）银行机构检查局。拟订银行机构现场检查计划并组织实施。承担现场检查立项、实施和后评价。提出整改、采取监管措施和行政处罚的建议。

（5）非银行机构检查局。拟订保险、信托和其他非银行金融机构等现场检查计划并组织实施。承担现场检查立项、实施和后评价。提出整改、采取监管措施和行政处罚的建议。

（6）重大风险事件与案件处置局（银行业与保险业安全保卫局）。拟订银行业和保险业机构违法违规案件调查规则。组织协调银行业和保险业重大、跨区域风险事件和违法违规案件的调查处理。指导、检查银行业和保险业机构的安全保卫工作。

（7）消费者权益保护局。研究拟订银行业和保险业消费者权益保护的总体规划和实施办法。调查处理损害消费者权益案件，组织办理消费者投诉。开展宣传教育工作。

（8）打击非法金融活动局。承担打击取缔擅自设立相关非法金融机构或者变相从事相关法定金融业务的工作。承担非法集资的认定、查处和取缔以及相关组织协调工作。向有关部门移送非法集资案件。开展相关宣传教育、政策解释和业务指导工作。

（9）政策性银行监管部。承担政策性银行和开发性银行的准入管理。开展非现场监测、风险分析和监管评级，根据风险监管需要开展现场调查。提出个案风险监控处

---

① 来源于中国银行保险监督管理委员会官网。

置和市场退出措施并承担组织实施具体工作。

（10）国有控股大型商业银行监管部。承担国有控股大型商业银行的准入管理。开展非现场监测、风险分析和监管评级，根据风险监管需要开展现场调查。提出个案风险监控处置和市场退出措施并承担组织实施具体工作。

（11）全国性股份制商业银行监管部。承担全国股份制商业银行的准入管理。开展非现场监测、风险分析和监管评级，根据风险监管需要开展现场调查。提出个案风险监控处置和市场退出措施并承担组织实施具体工作。

（12）城市商业银行监管部。承担城市商业银行、民营银行的准入管理。开展非现场监测、风险分析和监管评级，根据风险监管需要开展现场调查。提出个案风险监控处置和市场退出措施并承担组织实施具体工作。

（13）农村中小银行机构监管部。承担农村中小银行机构的准入管理。开展非现场监测、风险分析和监管评级，根据风险监管需要开展现场调查。提出个案风险监控处置和市场退出措施并承担组织实施具体工作。

（14）国际合作与外资机构监管部（港澳台办公室）。承担外事管理、国际合作和涉港澳台地区相关事务。承担外资银行保险机构的准入管理。开展非现场监测、风险分析和监管评级，根据风险监管需要开展现场调查。提出个案风险监控处置和市场退出措施并承担组织实施具体工作。

（15）信托监管部。承担信托机构准入管理。开展非现场监测、风险分析和监管评级，根据风险监管需要开展现场调查。提出个案风险监控处置和市场退出措施并承担组织实施具体工作。指导信托业保障基金经营管理。

（16）其他非银行金融机构监管部。承担金融资产管理公司、企业集团财务公司、金融租赁公司、汽车金融公司、消费金融公司、货币经纪公司等机构准入管理。开展非现场监测、风险分析和监管评级，根据风险监管需要开展现场调查。提出个案风险监控处置和市场退出措施并承担组织实施具体工作。

（三）与票据有关的部分监管文件

1.《商业银行授信工作尽职指引》，由原中国银行业监督管理委员会颁发。该指引明确指出贴现属于表内授信；票据承兑属于表外授信，应遵守商业银行授信业务工作守则。在客户调查、业务受理、分析与评价、授信决策、授信后管理各环节进行核查。

其中，票据承兑核查：对是否真实贸易背景进行核实；是否取得或核实税收证明等相关文件；是否严格按要求履行了票据承兑的相关程序。贴现票据核查：是否符合《票据法》规定的形式和实质要件；是否对真实贸易背景及相关证明文件进行核实；是否对贴现票据信用状况进行评估；是否对客户有无背书及付款人的承兑予以查实。

2.《关于信托公司票据业务等有关事项的通知》（银监办发〔2012〕70号），由原

第二章 电子商业汇票的主体

中国银行业监督管理委员会发布。该通知明确指出信托公司不得与商业银行开展各种形式的票据资产转/受让业务。

同时强调各银监局应加强对信托公司票据业务和银信合作业务的监管，督促信托公司加强合规管理和风险管理，纠正违规行为。同时密切关注信托公司和商业银行之间的业务合作动向，防范监管套利，遇有新情况及时向银监会报告。

3.《关于规范金融机构同业业务的通知》（银监办发〔2014〕127号），由中国人民银行、原中国银行业监督管理委员会、中国证券监督管理委员会共同发布。该通知明确指出：买入返售（卖出回购）相关款项在买入返售（卖出回购）金融资产会计科目核算。三方或以上交易对手之间的类似交易不得纳入买入返售或卖出回购业务管理和核算。买入返售（卖出回购）业务项下的金融资产应当为银行承兑汇票，债券、央票等在银行间市场、证券交易所市场交易的具有合理公允价值和较高流动性的金融资产。卖出回购方不得将业务项下的金融资产从资产负债表转出。

集中上收同业业务经营权，分支机构开展同业业务的金融机构应当建立健全本机构统一的同业业务授信管理政策，并将同业业务纳入全机构统一授信体系，由总部自上而下实施授权管理，不得办理无授信额度或超授信额度的同业业务。

4.《中国银监会办公厅关于票据业务风险提示的通知》（银监办发〔2015〕203号），由原中国银行业监督管理委员会发布。就银行业金融机构在办理票据业务中存在不审慎行为进行风险提示并提出监管要求。如同业业务专营治理落实不到位；通过票据转贴现转规模削减资本占用；利用承兑贴现业务虚增存贷款规模；与票据中介联手违规交易、非法牟利等违规行为。

5.《关于加强票据业务监管 促进票据市场健康发展的通知》（银发〔2016〕126号），由中国人民银行、原中国银行业监督管理委员会发布。就金融机构票据业务不规范的行为加强票据业务监管。就票据业务内控、贸易背景真实性、规范票据交易行为作出说明。着重强调票据业务内控管理，按业务实质建立审慎性考核机制，合规经营类指标和风险管理类指标权重应当明显高于其他类指标。严格规范同业账户管理，严格规范异地同业账户的开立和使用管理，不得出租、出借账户，严禁将本银行同业账户委托他人代为管理。坚持贸易背景真实性要求、规范票据交易行为，通过对已承兑、贴现商业汇票所附发票、单据等凭证原件正面加注的方式，防范虚假交易或相关资料的重复使用。严禁为票据业务量与其实际经营情况明显不符的企业办理承兑和贴现业务。规范票据交易行为，禁止各类违规交易，严禁银行与非法"票据中介"、"资金掮客"开展业务合作，不得开展以"票据中介""资金掮客"为买方或卖方的票据交易。禁止跨行清单交易、一票多卖。

6.《关于规范金融机构资产管理业务的指导意见》（银发〔2018〕106号）。中国人民银行、中国银行保险监督管理委员会、中国证券监督管理委员会和国家外汇管理局联合发布，就金融机构资产管理业务活动进行规范。该意见指出，金融机构不得将资产管理产品资金直接投资于商业银行信贷资产。商业银行信贷资产受（收）益权的投资限制由金融管理部门另行制定。另外，该意见就标准化债权类资产给出五项标准：等分化，可交易；信息披露充分；集中登记，独立托管；公允定价，流动性机制完善；在银行间市场、证券交易所市场等经国务院同意设立的交易市场交易。资管产品直接或者间接投资非标债权类资产的，非标准化债权类资产终止日不得晚于封闭式资产管理产品的到期日或者开放式资产管理产品的最近一次开放日。

7.《中国银行保险监督管理委员会办公厅关于规范银行业金融机构跨省票据业务的通知》（银保监办发〔2018〕21号）。中国银保监会颁发，进一步规范银行业金融机构授信类票据业务。银行业金融机构应审慎开展跨省票据承兑、贴现业务，业务开展规模和发展速度应与其跨省授信管理能力相适应。拟开展或已开展相关业务的，应建立包括票据承兑、贴现等授信方式的异地授信内部管理制度；应实行严格的授权管理，银行业金融机构的法人总部根据本机构相关业务管理规定、分支机构风险管控能力、区域经济发展状况、目标客户类别等实施差异化授权；应建立分支机构之间的协同与控制机制，避免出现内部竞争，在客户所在地设有分支机构的，票据承兑、贴现原则上应由当地分支机构办理，依据《国务院办公厅关于积极推进供应链创新与应用的指导意见》（国办发〔2017〕84号）开展与供应链相关的上述业务除外。

第三节　业务参与主体

一、银行业金融机构

（一）主体介绍

银行业金融机构作为我国金融体系的重要组成部分，在我国国民经济体系中占有重要地位。在国家与地方政府的大力支持下，近年来银行业金融机构取得了长足发展。根据中国银保监会统计，截至2018年底，我国银行业金融机构法人数量达4588家，相比2016年末的4408家、2017年末的4549家，数量上持续两年增长。

1. 银行业金融机构的定义。根据《中华人民共和国银行业监督管理法》，银行业金融机构是指在中华人民共和国境内设立的商业银行、城市信用合作社、农村信用合作社等吸收公众存款的金融机构以及政策性银行。

所谓商业银行，根据《中华人民共和国商业银行法》规定，是指依照《中华人民共和国商业银行法》和《中华人民共和国公司法》设立的吸收公众存款、发放贷款、

第二章 电子商业汇票的主体

办理结算等业务的企业法人。

城市信用合作社，根据《城市信用合作社管理办法》规定，是指在城市市区内由城市居民、个体工商户和中小企业法人出资设立的，主要为社员提供服务，具有独立企业法人资格的合作金融组织。城市信用社的社员以其出资额为限对城市信用社承担责任。城市信用社以其全部资产对城市信用社的债务承担责任。

1995年9月7日，《国务院关于组建城市合作银行的通知》指出，为进一步深化金融体制改革，完善我国的金融体系，促进地区经济的发展，国务院决定自1995年起在大中城市分期分批组建城市合作银行。

城市合作银行是在城市信用合作社的基础上，由城市企业、居民和地方财政投资入股组成的股份制商业银行。其主要任务：融通资金，为本地区经济的发展，特别是城市中小企业的发展提供金融服务。城市合作银行要认真遵守国家的法律、行政法规，接受中国人民银行的监督管理。自此开启了城市合作银行逐步替代城市信用合作社以及城市信用合作社联合社的历程。

农村信用合作社，根据《农村信用合作社机构管理暂行办法》规定，农村信用合作社是指经中国人民银行批准设立的农村信用社、农村信用社联合社（以下简称联合社）、农村信用社分社（以下简称分社）和农村信用社储蓄所（以下简称储蓄所）。中国人民银行及其分支机构依法独立履行对农村信用社机构设立、变更和终止的审批和监管职责。

政策性银行是指由政府创立，以贯彻政府的经济政策为目标，在特定领域开展金融业务的不以营利为目的的专业性金融机构。实行政策性金融与商业性金融相分离，组建政策性银行，承担严格界定的政策性业务，同时实现专业银行商业化，发展商业银行，大力发展商业金融服务以适应市场经济的需要，是我国金融体制改革的一项重要内容。①

根据中国银保监会公布的统计资料显示，截至2018年12月底，我国共有政策性银行3家、国有大型商业银行6家、股份制商业银行12家、城市商业银行135家、民营银行17家、村镇银行1616家、农村商业银行1396家、农村信用社813家、农村资金互助社45家。

2. 商业银行的功能。这里以商业银行为代表，简要介绍其功能。

商业银行的职能是由它的性质所决定的，区别于投资银行，它是储蓄机构而不是投资机构，主要有五个基本职能：

信用中介：信用中介是商业银行最基本、最能反映其经营活动特征的职能。通过

---

① 胡志民. 经济法[M]. 上海：上海财经大学出版社，2006.

负债业务集中各种闲散资金；通过资产业务，把它投到社会经济各部门的资金需求者手中。通过货币资本的借入与贷出实现资本的融通，并从投资的利息收入与吸收资金的成本之间的差额获得利息收入，形成利润。

支付中介：商业银行利用活期存款账户，通过存款在账户上的转移，为客户办理各种货币结算、货币收付、货币兑换和存款转移等业务活动。成为工商企业、团体和个人的货币保管者、出纳者和支付代理人。

信用创造：商业银行在信用中介与支付中介职能的基础上，产生了信用创造职能。用吸收的存款发放贷款，在支票流通和转账结算的基础上，在整个银行体系内形成了数倍于原始存款的派生存款。

金融服务：商业银行根据客户的要求不断拓展自己的金融服务领域，如信托、租赁、咨询、经纪人业务及国际业务等，并在商业银行经营中占据越来越重要的地位。

调节经济：商业银行通过其信用中介活动，调节社会各部门的资金余缺，并配合央行货币政策和其他相关国家政策，引导资金流向，调整产业结构、经济结构和消费比例投资等。此外，商业银行通过其在国际市场上的融资还可以调节本国的国际收支状况。

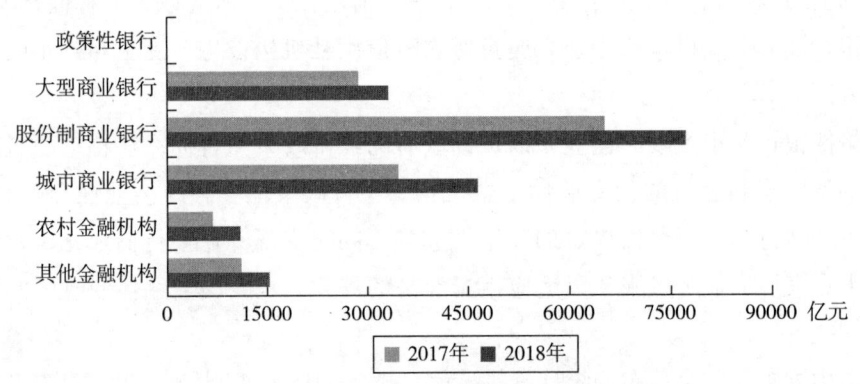

图 2-1　2017—2018 年各类型机构票据承兑发生额

根据票交所公布的 2018 年票据市场运行情况，票据承兑业务方面，2018 年股份制商业银行承兑 7.7 万亿元，占全市场的比重为 42.15%；城市商业银行承兑 4.66 万亿元，占比 25.5%；大型商业银行承兑 3.3 万亿元，占比 18.07%。累计占总承兑额的 85.72%。

票据贴现业务来看，股份制商业银行贴现 3.8 万亿元，市场占比 38.19%；大型商业银行贴现 2.31 万亿元，占比 23.21%；城市商业银行贴现 2.05 万亿元，占比 20.64%。三类机构票据贴现业务占总贴现额的 82.04%。

第二章 电子商业汇票的主体

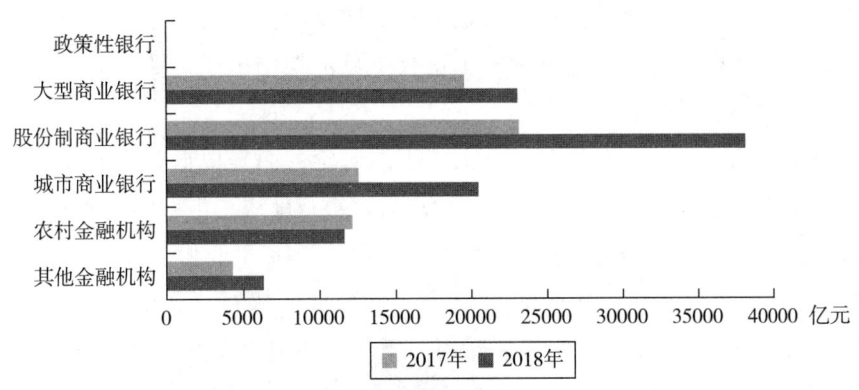

图 2-2　2017—2018 年各类型机构票据贴现发生额

大型商业银行、股份制商业银行、城市商业银行不管是票据承兑发生额还是贴现发生额都遥遥领先，占据票据市场主流。因此本部分着重就以上三类商业银行主体进行分析。

（二）商业银行业务范围

1. 业务范围概述。根据《中华人民共和国商业银行法》，商业银行经营范围由商业银行章程规定，报中国银行保险监督管理委员会批准。商业银行可以经营下列部分或全部业务：吸收公众存款；发放短期、中期和长期贷款；办理国内外结算；办理票据承兑与贴现；发行金融债券；代理发行、代理兑付和承销政府债券；买卖政府债券和金融债券；从事同业拆借；买卖、代理买卖外汇；从事银行卡业务；提供信用证服务及担保；代理收付款项及代理保险业务；提供保管箱服务；经国务院银行业监督管理机构批准的其他业务。商业银行经中国人民银行批准，可以经营结汇、售汇业务。

2. 商业银行票据业务。商业银行的票据业务涉及票据的签发、汇票的承兑、票据贴现以及票据的交易业务。

（1）票据的签发。政策性银行、国有独资商业银行、股份制商业银行、城市商业银行、外资银行、城市信用合作社和农村信用合作社及县（市）联社（以下简称银行）需要签发银行汇票的，须符合准入条件，并经中国人民银行批准可以签发银行汇票。银行汇票的签发对于商业银行来讲属于委托业务。签发银行接受客户委托受理银行汇票委托书，经过查验，并在办妥转账和收妥现金后，向汇款人签发转账或支取现金的银行汇票。

（2）票据承兑业务。根据《中华人民共和国商业银行法》第三条规定，商业银行可以经营票据承兑业务。经营范围由商业银行章程规定，报中国银行保险监督管理委员会批准。

承兑业务对商业银行来讲属于信用业务。根据《票据法》第三十八条，承兑是指汇票付款人承诺在汇票到期日支付汇票金额的票据行为。根据《电子商业汇票业务管理办法》第二条，电子商业汇票分为电子银行承兑汇票与电子商业承兑汇票，商业银行承兑的票据为电子银行承兑汇票。

银行在承兑汇票时一般不收取与票款相当的对价，而是根据客户的授信情况要求客户交纳一定的保证金及承兑手续费，但承兑后，银行就成了汇票的主债务人。

票交所公布的2018年票据业务统计数据显示，2018年股份制商业银行承兑票据7.7万亿元，城市商业银行承兑4.66万亿元，大型商业银行（工商银行、农业银行、中国银行、建设银行、交通银行和储蓄银行，下同）承兑3.3万亿元。三者合计15.66万亿元。占整个市场的85.72%。商业银行成为票据市场主要的承兑主体。

（3）票据贴现业务。根据《中华人民共和国商业银行法》第三条规定，商业银行可以经营票据贴现业务。票据贴现对于金融机构来说是贷款的一种特殊方式，它是指银行应客户的要求，以购买客户持有的未到期票据的方式发放的贷款。票据贴现采用预收利息的方式，票据到期后向承兑人提示付款收取票款。

票交所公布的2018年票据市场运行数据显示，2018年股份制商业银行票据贴现为3.8万亿元，较上年增长1.48万亿元，增长64.03%；大型商业银行贴现2.31万亿元，较上年增长3549.18亿元，增长18.17%；城市商业银行贴现2.05万亿元，较上年增长7937.15万亿元，增长63.1%。各类商业银行在票据贴现业务上都有了较大发展。

（4）票据交易业务。这里所说的票据交易业务包括转贴现、质押式回购和买断式回购。票交所成立后，银行业金融机构的上述业务进入上海票交所票据交易市场。根据《票据交易管理办法》第五条，票据市场参与者包括法人类参与者、非法人类参与者与中国人民银行确定的其他市场参与者。其中法人类参与者指的是金融机构法人，包括政策性银行、商业银行及其授权的分支机构等经金融监督管理部门许可的金融机构。非法人类参与者指金融机构等作为资产管理人，在依法合规的前提下，接受客户的委托或者授权，按照与客户约定的投资计划和方式开展资产管理业务所设立的各类投资产品，包括证券投资基金、资产管理计划、银行理财产品、信托计划、保险产品、住房公积金、社会保障基金、企业年金和养老基金等。由此可见，政策性银行以及商业银行及其授权的分支机构、商业银行作为资产管理人的证券投资产品均可以参与票据交易。

票交所成立后，票据交易采取全国统一的运营管理模式，通过票据市场基础设施即票交所进行。市场参与者完成票据登记后即可以开展交易，或者在付款确认、保证增信后开展交易。贴现人申请保证增信的，应当在首次交易前完成。

第二章　电子商业汇票的主体

（三）商业银行监管规则

1. 定性。根据《中国人民银行关于印发〈金融机构编码规范〉的通知》，金融机构的编码对象、编码结构和表示形式，使每个编码对象获得一个唯一的代码，以适应金融机构信息系统建设和数据交换的需求。根据编码规则，商业银行属于 C 类，银行业存款类金融机构。其中 C1 为银行、C2 为城市信用合作社含联社、C3 为农村信用合作社含联社、C4 为农村资金互助社。商业银行为依法设立的吸收公众存款、发放贷款、办理结算业务的企业法人。同时属于我国的存款类金融机构。

（1）企业法人。商业银行具有企业性质，拥有法人地位，具有现代企业的基本特征。企业是经济组织，以营利为目的；需要独立核算、自负盈亏，把追求最大限度的利润作为自己的经营目标。在这一方面，商业银行与工商企业没有区别。

（2）特许存款类金融机构。

①商业银行由国家特许成立，发放银行经营许可证的部门是中国银行保险监督管理委员会。

②申请商业银行法人机构、分支机构的筹备与开业均需向相关部门申报，报送相关材料，经审查通过后方可经营。

③商业银行以金融资产和负债为经营对象，经营的是特殊商品货币和货币资金，经营内容包括货币支付、借贷以及各种与货币有关的金融服务。

因此，中国商业银行的法律性质是特许成立的存款类金融机构。

2. 主要监管机构及相关法律法规适用。

（1）作为金融机构的宏观审慎监管。监管机构：中国人民银行。

根据《中国人民银行职能配置、内设机构和人员编制规定》，中国人民银行围绕党和国家金融工作的指导方针和任务，加强和优化金融管理职能，增强货币政策、宏观审慎政策、金融监管政策的协调性，强化宏观审慎管理和系统性金融风险防范职责，守住不发生系统性金融风险的底线。

相关法律、法规举例：《中华人民共和国银行业监督管理法》《中国人民银行关于印发〈金融机构编码规范〉的通知》《中国人民银行、中国银行保险监督管理委员会、中国证券监督管理委员会关于完善系统重要性金融机构监管的指导意见》等。

（2）机构监管。监管机构：中国银行保险监督管理委员会。

中国银行保险监督管理委员会对全国银行业和保险业实行统一监督管理，维护银行业和保险业合法、稳健运行，对派出机构实行垂直领导。负责国有重点银行业金融机构监事会的日常管理工作。

相关法律、法规举例：《中华人民共和国商业银行法》《中华人民共和国银行业监督管理法》《中国银保监会中资商业银行行政许可事项实施办法》《商业银行流动性风险管理办法》《商业银行大额风险暴露管理办法》等。

（3）业务监管。监管机构：中国人民银行、中国银保监会。

中国人民银行监督管理银行间债券市场、货币市场、外汇市场、票据市场、黄金市场及上述市场有关场外衍生产品；牵头负责跨市场跨业态跨区域金融风险识别、预警和处置，负责交叉性金融业务的监测评估，会同有关部门制定统一的资产管理产品和公司信用类债券市场及其衍生产品市场基本规则。

中国银保监会依照法律、行政法规制定并发布对银行业金融机构及其业务活动监督管理的规章、规则。

部分法律、法规举例：

①票据业务。《票据法》《支付结算办法》《商业汇票承兑、贴现与再贴现管理暂行办法》《电子商业汇票业务管理办法》《关于规范商业银行同业业务治理的通知》（银监办发〔2014〕140号）、《关于加强银行业金融机构人民币同业银行结算账户管理的通知》（银发〔2014〕178号）、《关于票据业务风险提示的通知》（银监办发〔2015〕203号）、《关于对城商行票据业务进行风险排查的通知》（中国银行业监督管理委员会城市银行部〔2016〕52号）、《关于加强票据业务监管促进票据市场健康发展的通知》（银发〔2016〕126号）、《关于开展银行业"监管套利、空转套利、关联套利"专项治理工作的通知》（银监办发〔2017〕46号）等。

②其他业务。《中华人民共和国商业银行法》《商业银行股权托管办法》《银行业金融机构反洗钱和反恐怖融资管理办法》《贷款通则》《中国银保监会、中国证监会关于商业银行发行优先股补充一级资本的指导意见》《商业银行理财业务监督管理办法》《中国银行保险监督管理委员会办公厅、中国人民银行办公厅关于完善商业银行存款偏离度管理有关事项的通知》等。

二、财务公司

（一）主体介绍

伴随着我国大型企业集团的快速发展，集团财务公司得到了长足进展。根据《中国企业集团财务公司行业发展报告（2019）》统计，截至2018年末，全行业财务公司法人机构数量为253家，较2017年末增加6家。其中，新设财务公司8家，重组合并减少财务公司2家。2018年重组合并的财务公司分别是三峡财务公司吸收合并湖北能源财务公司、中海财务公司和中远财务公司重组为中远海运集团财务有限公司。

1. 财务公司的定义。根据《企业集团财务公司管理办法》第二条，所谓财务公司是指以加强企业集团资金集中管理和提高企业集团资金使用效率为目的，为企业集团成员单位提供财务管理服务的非银行金融机构。作为非银行金融机构，其各项业务受

第二章 电子商业汇票的主体

到中国银行保险监督管理委员会的监督和管理。

财务公司的服务对象为企业集团成员单位。所谓企业集团是指中华人民共和国境内依法登记，以资本为联结纽带、以母子公司为主体、以集团章程为共同行为规范，由母公司、子公司、参股公司及其他成员或机构共同组成的企业法人联合体。这里的成员单位包括母公司及其控股51%以上的子公司；母公司、子公司单独或共同持股20%以上的公司，或者持股不足20%但处于最大股东地位的公司；母公司、子公司下属的事业单位法人或者社会团体法人。

另外，外资投资性公司为其在中国境内的投资企业提供财务管理服务而设立的财务公司也属于这一类别。这里所说的外资投资性公司是指外国投资者在中国境内独资设立的从事直接投资的公司。其财务公司服务对象包括该外资投资性公司以及在中国境内注册的，该外资投资性公司单独或者与其投资者共同持股超过25%，且该外资投资性公司持股比例超过10%的企业。

2. 财务公司与结算中心、商业银行的区别。

（1）财务公司与结算中心的区别。结算中心是由企业集团或母子公司体制的大型企业内部设立的，统一办理企业内部各成员或下属分、子公司资金收付及往来结算，它是一个企业独立运行的职能部门。结算账户统一归口管理，取消内部各单位违规开立的银行账户，从而实现杜绝资金账外循环的现象。

财务公司与结算中心的区别在于：

第一，法人地位不同。财务公司是集团的子公司，是独立运营并承担法律责任的法人机构。而结算中心通常设立于财务部门内部，是企业集团的一个职能部门，不具有独立的法人地位。

第二，批准及设立程序不同。申请设立财务公司应由符合条件的企业集团作出，并报经中国银行保险监督管理委员会审查批准。结算中心的设立则无须经过中国银行保险监督管理委员会等金融监管机构的审批。

第三，业务范围不同。二者均有结算业务，但财务公司经中国银行保险监督管理委员会审批通过后还可从事吸收成员单位的存款、贷款、保险代理、提供担保、发行债券、票据承兑与贴现、同业拆借等部分或全部业务。

第四，接受监管不同。财务公司其股东为集团或集团内成员单位，受到集团的指导和监督。同时财务公司又是非银金融机构，其经营接受中国银行保险监督管理委员会和人民银行的监督。结算中心则只受集团或财务部门的内部监督管理。相对财务公司而言，外部监督非常薄弱。

（2）财务公司与商业银行的区别。商业银行是指依照《中华人民共和国商业银行法》和《中华人民共和国公司法》设立的吸收公众存款、发放贷款和办理结算等业务的企业法人。

财务公司与商业银行相比有以下主要区别：

第一，申请设立的审批机构不同。设立商业银行，应当经国务院银行业监督管理机构审查批准。财务公司的申请设立由中国银行保险监督管理委员会审查批准。

第二，服务对象不同。财务公司服务的对象只限《企业集团管理办法》规定的成员单位，最大扩展到购买成员单位产品，消费信贷、买方信贷和融资租赁；而商业银行的金融服务面向公众，范围更广。随着《中国银监会办公厅关于稳步开展企业集团财务公司延伸产业链金融服务试点工作有关事项的通知》的发出，财务公司延伸产业链金融服务试点"一头在外"的票据贴现业务与应收账款保理业务服务范围覆盖到财务公司整个产业链的企业。

第三，业务范围不同。财务公司与商业银行相比，只能吸收成员单位的存款，不能开展吸收公众存款业务；代理发行、代理兑付、承销政府债券、发行银行卡外，其余业务与商业银行基本相同。同时，财务公司还可以从事证券投资与对金融机构的股权投资业务，可以认为财务公司属于混业经营的金融机构。

（二）财务公司的业务范围

1. 财务公司的业务范围。根据《企业集团财务公司管理办法》第三章规定，财务公司可以经营的基础业务包括11种，分别是：

对成员单位办理财务和融资顾问、信用鉴证及相关的咨询、代理业务；

协助成员单位实现交易款项的收付；

经批准的保险代理业务；

对成员单位提供担保；

办理成员单位之间的委托贷款及委托投资；

对成员单位办理票据承兑与贴现；

办理成员单位之间的内部转账结算及相应的结算、清算方案设计；

吸收成员单位的存款；

对成员单位办理贷款及融资租赁；

从事同业拆借；

中国银行业监督管理委员会批准的其他业务。

另外对符合《中国银保监会非银行金融机构行政许可事项实施办法（2018年修正）》第五章相关条件的财务公司，可以向地市级派出机构或所在地省级派出机构提交申请，由地市级派出机构或省级派出机构受理并初步审查，省级派出机构审查并决定。申请从事下列业务：

经批准发行财务公司债券；

第二章 电子商业汇票的主体

承销成员单位的企业债券；

对金融机构的股权投资；

有价证券投资；

成员单位产品的消费信贷、买方信贷及融资租赁。

2. 财务公司的票据业务。作为提升集团资金集中管理、增强成员单位资金流动性、降低财务成本以及作为财务公司新利润增长点的一项重要业务，票据业务可以说是财务公司的核心业务之一。目前，财务公司开展的票据业务主要有以下种类：

（1）票据承兑。根据《企业集团财务公司管理办法》第二十八条规定，财务公司可以对成员单位办理票据承兑业务。

《票据法》第三十八条，承兑是指汇票付款人承诺在汇票到期日支付汇票金额的票据行为。根据《电子商业汇票业务管理办法》第二条，电子商业汇票分为电子银行承兑汇票和电子商业承兑汇票，财务公司承兑的票据为电子银行承兑汇票。

票据承兑属于财务公司的中间业务，随着财务公司行业金融信用水平和市场认可度的不断提升，财务公司行业基于自身资信能力为实体经济发展提供多方面的金融支持，财务公司行业中间业务取得长足发展。

据《中国企业集团财务公司行业发展报告（2019）》统计，2018年财务公司行业票据承兑发生额8460.34亿元，较上年同期增长22%；其中电票承兑业务发生额8430.72亿元，较上年同期增长27.15%，电票承兑业务占比99.65%；纸票承兑业务发生额29.62亿元，较上年同期下降90.28%，纸票承兑业务占比0.35%，如图2-3所示。

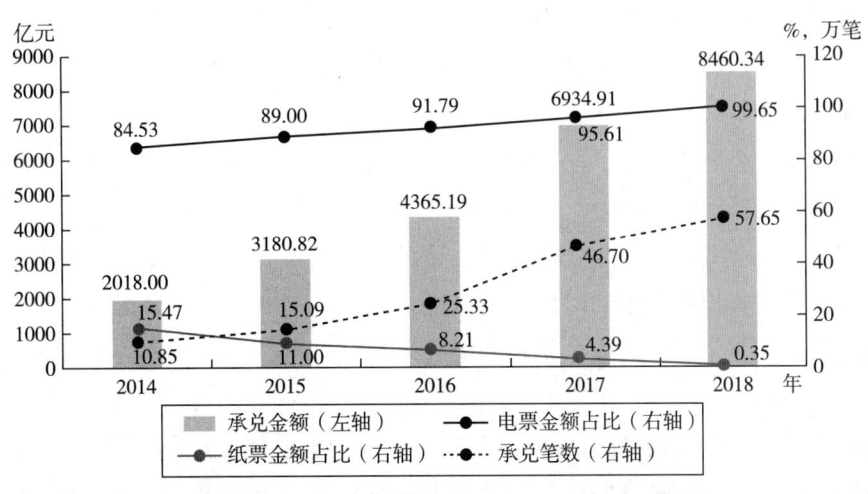

图2-3 2018年财务公司票据承兑发生额

随着电子银行承兑汇票基础设施及变现渠道的逐渐完善，财务公司市场信用在上游产业链客户的认可度持续得以提升，财务公司承兑汇票在支持成员单位支付结算、缓解资金压力和节约财务成本等方面将会发挥更大作用。

（2）票据贴现。根据《企业集团财务公司管理办法》第二十八条规定，财务公司可以对成员单位办理票据贴现业务。

贴现是指商业汇票的持票人在汇票到期日前，为了取得资金，贴付一定利息将票据权利转让给金融机构的票据行为，是金融机构向持票人融通资金的一种方式。

票据贴现属于财务公司的贷款业务，财务公司把票据贴现作为调整信贷结构、优化金融服务的重要工具。据《中国企业集团财务公司行业发展报告（2019）》统计，2018年，177家财务公司开展票据贴现，同比增加2家。累计发生额达4425.41亿元，同比增加843.38亿元，增幅23.54%。

2016年11月30日，中国银行业监督管理委员会发布167号文《中国银监会办公厅关于稳步开展企业集团财务公司延伸产业链金融服务试点工作有关事项的通知》，指出开展财务公司延伸产业链金融服务试点，应坚持以"服务核心成员单位，面向直接交易对手，促进企业集团主业发展"为原则。延伸产业链金融服务试点业务，包括"一头在外"的票据贴现业务与"一头在外"的应收账款保理业务。"一头在外"是指产业链交易双方中一方为集团成员单位，另一方为成员单位的集团外直接交易对手（出票人为集团成员且承兑人为集团成员单位或财务公司的"一头在外"的票据贴现业务，不受直接交易对手限制）。这一通知扩大了财务公司票据贴现业务的客户范围，不再局限于集团内部成员，范围覆盖到集团公司整个产业链的上下游客户。

（3）票据市场交易。根据《票据交易管理办法》第五条，票据市场参与者包括法人类参与者、非法人类参与者与中国人民银行确定的其他市场参与者。其中法人类参与者指的是金融机构法人，包括企业集团财务公司等金融机构。票据交易包括转贴现以及票据再贴现等。

转贴现是指金融机构为了取得资金，将未到期的已贴现商业汇票以贴现的方式向另一金融机构转让的票据行为，是金融机构间融通资金的一种方式。

票据转贴现业务属于财务公司的同业业务，是其重要的调节信贷规模和流动性管理的工具。在信贷规模紧张的时候，可以通过转贴现卖断业务，降低财务公司信贷规模；在信贷规模充裕、资金头寸紧张的情况下，可以通过卖出回购的方式来补充财务公司的资金流动性。

票据再贴现是指金融机构为了取得资金，将未到期的已贴现商业汇票再以贴现方式向中国人民银行转让的票据行为，是中央银行的一种货币政策工具。对于贴出的金融机构来说，可以起到资金融通的作用。

据《中国企业集团财务公司行业发展报告（2019）》统计，2018年财务公司票据转贴现业务累计发生额961.79亿元，同比增加50.48亿元，增幅5.54%。其中，票据转入203.94亿元，同比下降45.85亿元，降幅18.35%；票据转出757.85亿元，同比增加96.33亿元，增幅14.56%。

2018年末，财务公司行业买入返售业务交易对手以境内商业银行、境内证券业金融机构、境内其他金融机构为主。目前，买入返售业务财务公司行业仅在银行间和交易所市场开展债券逆回购业务，目前没有财务公司开展以票据资产为质押品的买入返售业务。2018年末，财务公司行业卖出回购资产主要以中央银行和境内商业银行为交易对手，两项余额占比合计为74.53%。质押品方面，2018年末，财务公司行业卖出回购资产质押品以票据为主，达到52.31%。

2018年，112家财务公司开展票据再贴现，同比增加27家，累计发生额682.30亿元，同比增加129.61亿元，增幅23.45%，通过票据再贴现融入资金逐渐成为财务公司外部融资的重要工具。

（4）代开银行承兑汇票。代开银行承兑汇票是指企业可以委托财务公司向银行申请开立银行承兑汇票，财务公司向银行上缴一定比例保证金。对于财务公司而言属于同业业务中的同业代付。根据《中国人民银行、中国银行业监督管理委员会、中国证券监督管理委员会等关于规范金融同业业务的通知》，同业代付是指商业银行（受托方）接受金融机构（委托方）的委托向客户付款，委托方在约定还款日偿还代付款项本息的资金融通行为。该业务受中国人民银行、中国银行保险监督管理委员会和中国证券监督管理委员会监管。

除了上述几类业务之外，票据业务也开始呈现出全面化、多样化和个性化的特点。伴随着企业集团规模的不断扩大，财务公司行业的票据业务也经历了从无到有、从小到大的过程。

为做好票据的"统一承兑、统一入库、统一支付、统一贴现、统一托收"管理，在很多财务公司"票据池"应运而生。借助平台优势，为成员单位提供验票、查询、保管、托收、提取、贴现和质押等一揽子增值服务。从模式来看，财务公司的"票据池"各不相同，有的借助银行票据池产品，有的则通过财务公司自己的票据管理系统帮助集团管理票据。

（三）监管规则

1. 财务公司的定性。根据《中国人民银行关于印发〈金融机构编码规范〉的通知》，金融机构的编码对象、编码结构和表示形式，使每个编码对象获得一个唯一的代码，以适应金融机构信息系统建设和数据交换的需求。财务公司属于C类银行业存款类金融机构中的第5种，其他四种分别是1-银行；2-城市信用合作社（含联社）；3-农村信用合作社（含联社）；4-农村资金互助社。

根据《中国银保监会非银行金融机构行政许可事项实施办法（2018年修正）》第二条本办法所称非银行金融机构，包括经银保监会批准设立的金融资产管理公司、企业集团财务公司、金融租赁公司、汽车金融公司、货币经纪公司、消费金融公司和境外非银行金融机构驻华代表处等机构。财务公司类属于"非银行金融机构"。

2. 主要监管机构及相关法规适用。

（1）作为金融机构的宏观审慎监管。监管机构：中国人民银行。完善宏观调控体系，构建发展规划、财政、金融等政策协调和工作协同机制，强化经济监测预测预警能力，建立健全重大问题研究和政策储备工作机制。围绕党和国家金融工作的指导方针和任务，加强和优化金融管理职能、宏观审慎政策、金融监管政策的协调性，强化宏观审慎管理和系统性金融风险防范职责，继续完善金融法律制度体系，做好"放管服"改革的制度保障。

相关法律、法规举例：《中华人民共和国银行业监督管理法》《中国人民银行关于印发〈金融机构编码规范〉的通知》。

（2）机构监管。监管机构：中国银行保险监督管理委员会。

相关法律、法规举例：《企业集团财务公司管理办法》《中国银保监会非银行金融机构行政许可事项实施办法（2018年修正）》《申请设立企业集团财务公司操作规程》《企业集团财务公司风险监管指标考核暂行办法》等。

（3）业务监管。财务公司的业务包括资产业务、负债业务、同业业务、中间业务、国际业务和投资业务。具体包括以下业务内容：资产业务主要为贷款业务，具体包括票据贴现（含"一头在外"延伸产业链金融的票据贴现业务）、买方信贷、消费信贷、集团产品融资租赁。负债业务主要是存款业务。同业业务包括同业存放、同业拆入、拆放同业、买入返售和卖出回购。中间业务包括结算业务、承诺类、担保业务、票据承兑、委托贷款、委托投资和保险代理。国际业务包括外汇交易、外汇资金池、跨境人民币资金集中运营管理、自贸区、外汇投资和外币同业等业务。投资业务包括有价证券投资与金融机构股权投资。

监管机构：资产业务、负债业务、中间业务和同业业务由中国人民银行及中国银行保险监督管理委员会等机构监管。外汇业务由外汇管理局监管。投资业务受中国证券监督管理委员会等机构监管。同时具体业务还受到各交易所、交易商协会与行业自律组织相关监管。

部分相关法律、法规举例：

①票据业务。《票据法》《电子商业汇票管理办法》《电子商业汇票业务管理办法》《电子商业汇票系统管理办法》《商业汇票转贴现业务管理办法》《票据管理实施办法》《最高人民法院关于审理票据纠纷案件若干问题的规定》《商业汇票承兑、贴现暂行办

法》《支付结算办法》《中国人民银行关于财务公司申请机构代码和刻制汇票专用章有关问题的通知》等。

②同业业务。《中国人民银行关于印发〈财务公司进入全国银行间同业拆借市场和债券市场管理规定〉的通知》《中国人民银行、中国银行业监督管理委员会、中国证券监督管理委员会等关于规范金融机构同业业务的通知》《商业银行、政策性银行、企业集团财务公司、基金管理公司、证券公司、信托公司、城乡信用联社、金融租赁公司进入全国银行间同业拆借市场审批》等。

③其他。《中国银监会办公厅关于进一步规范企业集团财务公司委托业务的通知》《中国银监会关于企业集团财务公司发行金融债券有关问题的通知》《中华人民共和国外汇管理条例》《国家外汇管理局关于印发〈跨国公司外汇资金集中运营管理规定（试行）〉的通知》《境内企业内部成员外汇资金集中运营管理规定》《中国银行业监督管理委员会办公厅关于财务公司证券投资业务风险提示的通知》等。

（4）集团监管。监管机构：财务公司受到集团公司主管单位的监管，如集团为国资，则还需受到国资委的监管。如集团为上市公司，则受上市公司所在地证券监管机构和交易所监管。

部分相关法律、法规举例：《公司法》《担保法》等相关法律、法规及公司内部监管规则。

三、非金融机构的法人

《电子商业汇票业务管理办法》规定，电子商业汇票的业务主体分为三类：直接接入电子商业汇票系统的金融机构；通过接入机构办理电子商业汇票业务的金融机构；以及金融机构以外的法人及其他组织。除金融机构之外，金融机构以外的法人是电子商业汇票业务的重要参与者，是电子商业汇票的出票源头。

（一）主体介绍

1. 法人的定义与分类。

（1）法人的定义。《中华人民共和国民法总则》明确定义，所谓"法人"是具有民事权利能力和民事行为能力，依法独立享有民事权利和承担民事义务的组织。法人依法成立，其成立的具体条件和程序，依照法律、行政法规的规定。

（2）法人的分类。法人根据成立的目的分为营利法人、非营利法人与特别法人。

所谓营利法人是以取得利润并分配给股东等出资人为目的成立的法人，为营利法人，即企业法人。营利法人包括有限责任公司、股份有限公司和其他企业法人等。

非营利法人是为公益目的或者其他非营利目的成立，不向出资人、设立人或者会员分配所取得利润的法人，为非营利法人。非营利法人包括事业单位、社会团体、基金会和社会服务机构等。即机关、事业单位和社会团体法人。

特别法人是指机关法人、农村集体经济组织法人、城镇农村的合作经济组织法人和基层群众性自治组织法人。

2. 法人的解散与清算。根据《中华人民共和国民法总则》，有下列情形之一的，法人解散：法人章程规定的存续期间届满或者法人章程规定的其他解散事由出现；法人的权力机构决议解散；因法人合并或者分立需要解散；法人依法被吊销营业执照、登记证书，被责令关闭或者被撤销；法律规定的其他情形。法人解散的，除合并或者分立的情形外，清算义务人应当及时组成清算组进行清算。法人的董事、理事等执行机构或者决策机构的成员为清算义务人。清算义务人未及时履行清算义务，造成损害的，应当承担民事责任；主管机关或者利害关系人可以申请人民法院指定有关人员组成清算组进行清算。

（二）金融机构以外的法人的经营活动

如前所述，金融机构以外的法人包括营利法人、非营利法人与特别法人。本部分就我国主要的市场主体——营利法人即企业法人开展的经营活动加以分析。

作为营利法人，企业经营活动中最重要的两项工作即业务经营活动以及企业的融资活动。

1. 业务经营活动产生收支。《中华人民共和国民法通则》第四十二条规定，企业法人应当在核准登记的经营范围内从事经营。经营活动会产生相应的销售收入一般以现金、票据和应收账款的形式呈现；产生原料采购等相关支出，一般以现金、票据或应付账款形式呈现。

（1）收入。在收入中，与票据息息相关的是应收账款。

应收账款业务包括应收票据、应收账款、预付账款、其他应收款等类别收入。应收票据是指企业持有的、尚未到期兑现的商业票据，既包括银行承兑汇票也包括商业承兑汇票。

当企业因销售商品、产品、提供劳务等收到商业汇票时，分两种情况处理：一是按照票据的面值，借记"应收票据"账户，按实现的销售收入，贷记"主营业务收入"等账户，按专用发票上注明的增值税税额，贷记"应交税费——应交增值税（销项税额）"账户；二是企业收到应收票据抵偿应收账款时，按票据面值，借记"应收票据"账户，贷记"应收账款"账户。

当票据到期，根据是否收到票据的款项作出不同操作：一是按票据面值借记"银行存款"账户，贷记"应收票据"账户；到期不能收回则按账面金额转入"应收账款"账户。如企业收到商业汇票在未到期前急需资金进行贴现，按实际收到的金额（即减去贴息后的净额），借记"银行存款"等账户，贴息部分，根据《中国人民银行

第二章 电子商业汇票的主体

关于印发〈支付结算会计核算手续〉的通知》，凭"贴息凭证"借记"财务费用"等账户，按商业汇票的票面金额贷记"短期借款"账户。

（2）支出。企业在购买原材料、商品和接受劳务供应后，可采用现金、票据或赊销的方式完成支付。采用现金支付的比例很小。一般以应付账款或应付票据的形式为主，构成企业的流动负债。

应付票据，是指企业在商品购销活动和对工程价款进行结算因采用商业汇票结算方式而发生的，由出票人出票，委托付款人在指定日期无条件支付确定的金额给收款人或者票据的持票人。[①] 当商业汇票经过出票承兑后，企业会计借方记"库存商品"、"应付账款"等账户，贷方记"应付票据"账户。票据到期进行兑付的，根据付款凭证具体金额情况在借方登记应付票据，贷方登记银行存款。如到期不能兑付，应在票据到期并未签发新的票据时，将"应付票据"的账面余额转入"应付账款"账户。

如开具的票据为银行承兑汇票，则需到银行办理承兑业务，在信贷部门审批通过后，对敞口部分上交保证金或抵押物。手续费计入财务费用。

应付账款在销售中具体表现为赊销，通常是因购买材料、商品或接受劳务供应等而发生的债务，这是买卖双方在购销活动中由于取得物资与支付货款在时间上不一致而产生的负债。

2. 融资活动。企业的成长与发展需要必备的资金支持，企业融资是以企业资产、权益和预期收益为基础，筹集资金完成项目建设、营运及业务拓展所需特定资金的行为过程。它是企业实现战略布局或转型、产品结构调整的重要推动力，也是企业从初创到成长，再到发展壮大的重要支撑。

不同融资模式的选择是企业在一定的融资环境下，基于自身的特点与属性作出的理性选择的结果。目前我国企业主要的融资模式为银行融资模式、股票融资、企业债券融资模式和商业融资模式等。一般来讲，企业会根据自身的实际情况，综合运用各种融资模式实现资金的融通。

（1）银行融资模式。银行融资模式是间接融资，企业向商业银行或非银行金融机构以借贷的形式获取资金的模式。企业为了满足生产经营的资金需要，通过提供抵押物等形式向银行申请借款，签订借款协议，借入资金，约定在指定期限偿还本金、支付利息的融资方式。银行贷款分为信用贷款与担保贷款，目前商业银行基于业务风险考量，信用贷款主要投向国有企业及大型企业。中小企业因规模小、缺少抵押物，获得银行融资非常困难。

因此，总的来说银行融资模式存在以下不足，如条件苛刻，一是限制性条款太多，

---

① 戴德明，林钢，赵西卜. 财务会计学 [M]. 第六版，北京：中国人民大学出版社，2013.

手续过于复杂，费时费力；二是借款期限相对较短，长期投资很少能贷到款；三是借款额度相对也小，很难通过银行解决企业发展所需要的全部资金。

（2）企业股票与债券融资。股票融资与债券融资，同属于直接融资。这两类融资模式对企业都具有较高的要求。股票融资，企业须符合相应的上市条件，大多数中小企业很难符合上市要求。债券融资成本相对较低，但对发行债券的企业具有较高要求，根据《企业债券管理条例》第十二条，在我国发行企业债券必须符合以下条件：企业规模达到国家规定的要求；企业财务、会计制度符合国家规定；具有偿债能力；企业经济效益良好，发行企业债券前连续3年盈利；所筹资金用途符合国家产业政策。同时在实践中，只有资信等级较高的债券才能得到市场参与主体的信任，资信等级低的债券不仅要以较高的利率发行，通常也很难得到市场认可被购买。

（3）商业融资模式。商业融资是资金短缺企业向关联企业通过交易合同或者商业信用获得资金融通的方式。其本质是企业利用自己的商业信用，在商品交易过程中，通过延期支付货款或者延期交货所形成的借贷关系。

此种模式目前主要见于商品交易中的核心企业。对于核心企业来说，一般在其商品交易中处于强势地位，议价能力强，可以选择货款的支付方式。但现代企业的竞争，不再是传统的产品价格、品牌的竞争，更核心的是供应链整体竞争。合作稳定、协同发展的上下游供销体系会给核心企业在未来的竞争中带来巨大的竞争优势。因此，给自己供应链中上下游企业降低成本、协同发展就是给自己降低成本，损害上下游利益即损害自身利益。在此种情况下，核心企业使用商业承兑汇票作为商品交易往来的支付工具是一个很好的选择。

第一，这种方式是响应国家支持《关于金融支持制造强国建设的指导意见》《及时支付中小企业款项管理办法（征求意见稿）》等相关引导文件的号召。

中国人民银行、工业和信息化部、银监会、证监会和保监会《关于金融支持制造强国建设的指导意见》（银发〔2017〕58号），鼓励金融机构围绕制造业新型产业链和创新链，积极改进授信评价机制，创新金融产品和服务。大力发展产业链金融产品和服务。鼓励金融机构依托制造业产业链核心企业，积极开展仓单质押贷款、应收账款质押贷款、票据贴现、保理和国际国内信用证等各种形式的产业链金融业务，有效满足产业链上下游企业的融资需求。

中华人民共和国工业和信息化部《及时支付中小企业款项管理办法（征求意见稿）》指出国家机关、事业单位和大型企业采购货物、工程、服务，支付中小企业款项应当依照法律规定和合同约定及时、足额支付款项。并从付款期限、政府监管和联合惩戒等多方面为该支付保驾护航。在付款期限上，国家机关、事业单位和大型企业从中小企业采购货物、工程、服务的，应当在30日内付款；合同另有约定的，付款期限

第二章 电子商业汇票的主体

最长不得超过60日。合同约定将检验或者验收作为付款条件的，上述期限最长可以延长30日。政府监管方面，国务院负责中小企业促进工作综合管理的部门应当建立迟延支付中小企业款项投诉平台（以下简称投诉平台），受理中央管理的事业单位、国有大型企业迟延支付中小企业款项相关的投诉。省级地方人民政府应当确定专门机构（以下简称投诉受理机构）负责统一受理本行政区域内国家机关、事业单位和大型企业迟延支付中小企业款项相关的投诉，并公布联系方式。在处罚方面，采用了联合惩戒与多元化处罚相结合的全面处理方式。具体来说，该办法明确国家机关、事业单位和大型企业因不履行对中小企业付款义务被人民法院列入失信被执行人名单的；被市场监督管理部门认定为滥用市场优势地位恶意迟延支付中小企业款项。其失信信息纳入全国信用信息共享平台，受到来自各界的联合惩戒。除此以外，大型企业滥用市场优势地位强迫中小企业接受不合理的付款期限或者迟延支付中小企业款项的，由市场监督管理部门责令改正，并处10万元以上50万元以下罚款。而直接负责的主管人员和其他直接责任人员也将依法给予处分。《及时支付中小企业款项管理办法（征求意见稿）》明确票据支付的方式，并指出国家机关、事业单位和大型企业使用远期票据向中小企业付款的，应当在合同中作出明确、合理约定，不得损害中小企业合法权益。合同未约定的，国家机关、事业单位和大型企业使用远期票据付款应当征得中小企业的同意，并应当支付适当的贴现利息。

第二，核心企业控制自己供应链的重要途径。核心企业通过向上游中小企业支付自己承兑的电子商业汇票，激活了上游中小企业利用该核心企业信用解决自身融资的难题，可以获得更为便利的融资条件与更低的融资成本。中小企业持有核心企业电子商票既可以用来在后续的交易中进行支付，也可以凭借核心企业的信用向银行申请贴现，以更低的贴息获得贴现款项。不仅促进了自身的销售，支持了自己供应链上游中小企业的发展，也使这类企业与核心企业的依赖关系更加稳定，从而实现对整个供应链的控制。

第三，开发自身商业信用，增强自身直接融资能力。以自身商业信用开出电子商业汇票在不同的市场主体间流转，按期兑付，不断积累与扩大自身商业信用的影响。不但可以获得更为广泛的直接融资市场空间，还可以不断降低自身融资的市场价格，增强企业主体依靠企业信用的直接融资能力。

（三）企业法人监管规则

1. 定性。企业法人是从事生产、经营，以创造社会财富、扩大社会积累为目的，实行经济核算制的法人。追求利润是企业法人参与市场经济活动的目标与动力源泉。

2. 主要监管机构及相关法律法规适用。

（1）作为市场参与主体受到的从业监管。

监管机构：工商行政管理部门、市场监督管理总局。

相关法律、法规举例：作为公司主体运营与进行一般业务需遵守《公司法》《非法金融机构和非法金融业务活动取缔办法》《合同法》《物权法》《中华人民共和国企业法人登记管理条例》《企业法人法定代表人登记管理规定》《中华人民共和国企业法人登记管理条例施行细则》《商标法》《专利法》《反不正当竞争法》《担保法》《劳动法》等。

（2）作为经济主体受到的财税监管。

监管机构：税务部门等。

相关法律、法规举例：《中华人民共和国会计法》《中华人民共和国企业所得税法》《中华人民共和国个人所得税法》《中华人民共和国税收征管法》等。

（3）作为市场融资主体受到的监管。

监管机构：中国证券监督管理委员会等。

相关法律、法规举例：《中华人民共和国证券法》《贷款通则》《票据法》等。

（4）票据工作相关法律、法规。

《票据法》《最高人民法院关于审理票据纠纷案件若干问题的规定》《商业汇票承兑、贴现暂行办法》《中国人民银行、中国银行业监督管理委员会关于加强票据业务监管促进票据市场健康发展的通知》《中国人民银行关于规范和促进电子商业汇票业务发展的通知》《及时支付中小企业款项管理办法》《中国人民银行　发展改革委　工业和信息化部　财政部　商务部　银监会　证监会　保监会关于金融支持工业稳增长调结构增效益的若干意见》等。

四、中央银行

（一）主体介绍

中央银行是国家中居主导地位的金融中心机构，是国家干预和调控国民经济发展的重要工具。它代表国家制定和执行国家的金融政策，控制国家货币供给、信贷条件，监管金融体系。

1. 中央银行的性质。中央银行的性质是指中央银行自身所具有的特有属性，集中表现在国家赋予其制定和执行货币政策，代表国家管理金融的特殊金融机构。

（1）特殊的金融机构。中央银行不同于商业银行、投资银行、保险公司等金融企业，它是特殊的金融机构。

①业务对象特殊。中央银行作为特殊的金融机构，它的业务对象限于政府和金融机构，一般不经营商业银行和其他金融机构的普通金融业务。而商业银行和其他金融机构的业务对象是农、工、商企业以及居民和个人。

②经营目的不同。商业银行等一般金融企业以利润最大化为经营目标，而中央银

行不以营利为目的,它是从国家宏观经济需要出发,以稳定货币币值和促进经济发展为目的。它是国家政府机关,所需经费由国家财政拨付。

③中央银行是货币发行机关。中央银行不同于商业银行和其他金融机构,它属于法定的货币发行单位。中央银行虽然也吸收存款,但其目的不同于商业银行的吸收存款业务,并不是为了扩大信贷规模,而是为了在全国范围内有效地调控信贷规模。

(2)代表国家管理金融的机关,是特殊的国家行政机构。中央银行是一国金融领域的最高管理机构,代表国家制定和执行各种金融法规和政策,代表国家管理金融市场,代表国家参与金融活动,从这一角度来说,中央银行是特殊的国家行政机构。

(3)货币政策的制定与执行者,是国家信用制度的中枢。中央银行是一国信用制度的中枢,根据经济情况制定与执行货币政策,调节一国信用结构。通过直接参与和管理金融市场,对商业银行的业务行为加以引导与监管。同时,作为商业银行最后的贷款人,引导信用活动按照货币政策的意向进行。

2. 我国的中央银行——中国人民银行。《中华人民共和国中国人民银行法》第二条明确指出中国人民银行是中华人民共和国的中央银行。中国人民银行在国务院领导下,制定和执行货币政策,防范和化解金融风险,维护金融稳定。

(二)中央银行与货币政策

1. 货币政策概念和目标。货币政策是指中央银行为实现宏观经济特定的经济目标而采取的用来影响货币供应量的各种政策和措施的总称。《中华人民共和国中国人民银行法》指出,货币政策目标是保持货币币值的稳定,并以此促进经济增长。中国人民银行就年度货币供应量、利率、汇率和国务院规定的其他重要事项作出的决定,报国务院批准后执行。货币政策的目标包括稳定物价、充分就业、经济增长、国际收支平衡等。

2. 货币政策组织机构。根据《中国人民银行货币政策委员会条例》规定,中国人民银行设立货币政策委员会,制定货币政策及相应工作的咨询议事。货币政策委员会的职责是,在综合分析宏观经济形势的基础上,依据国家的宏观经济调控目标,讨论下列货币政策事项,并提出建议:货币政策的制定、调整;一定时期内的货币政策控制目标;货币政策工具的运用;有关货币政策的重要措施;货币政策与其他宏观经济政策的协调。

3. 货币政策的工具。为了实现上述货币政策的目标,货币管理当局需要通过一定的货币政策工具进行操作,经过各种中间环节相互之间的有机联系与互相作用,最终实现货币政策目标。

根据《中华人民共和国中国人民银行法》第二十三条规定,中国人民银行为执行货币政策,可以运用下列货币政策工具:要求银行业金融机构按照规定的比例交存存款准备金；确定中央银行基准利率；为在中国人民银行开立账户的银行业金融机构办理再贴现；向商业银行提供贷款；在公开市场上买卖国债、其他政府债券和金融债券及外汇；国务院确定的其他货币政策工具。

（1）利率政策。利率政策是我国货币政策的重要组成部分，也是货币政策实施的主要手段之一。中国人民银行根据货币政策实施的需要，适时地运用利率工具，对利率水平和利率结构进行调整，进而影响社会资金供求状况，实现货币政策的既定目标。

与票据相关的再贴现利率，指金融机构将所持有的已贴现票据向中国人民银行办理再贴现所采用的利率。

（2）中央银行贷款。中央银行贷款包括再贷款与再贴现，与票据业务相关的是再贴现业务。再贴现是中央银行对金融机构持有的未到期已贴现商业汇票予以贴现的行为。在我国，中央银行通过适时调整再贴现总量及利率，明确再贴现票据选择，达到吞吐基础货币和实施金融宏观调控的目的，同时发挥调整信贷结构的功能。

（三）中国人民银行监管规则

1. 定性。根据《中国人民银行关于印发〈金融机构编码规范〉的通知》，金融机构的编码对象、编码结构和表示形式，使每个编码对象获得一个唯一的代码，以适应金融机构信息系统建设和数据交换的需求。根据编码规则，中国人民银行属于 A 类货币当局，其中 A1 为中国人民银行。

《中国人民银行关于印发〈金融机构编码规范〉的通知》指出，货币当局是指代表国家制定并执行货币政策、金融运行规则，管理国家储备，从事货币发行与管理，与国际货币基金组织交易及向其他存款性公司提供信贷，以及承担其他相关职能的金融机构或政府部门。

2. 监管部门与监管规则。

（1）国务院的领导与监督。作为货币当局，中国人民银行在国务院的领导下，制定和实施货币政策，防范和化解金融风险，维护金融稳定。

根据《中华人民共和国中国人民银行法》，中国人民银行就年度货币供应量、利率、汇率和国务院规定的其他重要事项作出的决定，报国务院批准后执行。中国人民银行就前款规定以外的其他有关货币政策事项作出决定后，即予执行，并报国务院备案。

中国人民银行在国务院领导下依法独立执行货币政策，履行职责，开展业务，不受地方政府、各级政府部门、社会团体和个人的干涉。

中国人民银行实行独立的财务预算管理制度。但应当执行法律、行政法规和国家统一的财务会计制度，并接受国务院审计机关和财政部门依法分别进行的审计和监督。

国务院建立金融监督管理协调机制，具体办法由国务院规定。

（2）全国人民代表大会及常务委员会的领导。作为货币当局，《中华人民共和国中国人民银行法》规定，中国人民银行向全国人民代表大会常务委员会报告有关货币政策执行情况和金融业运行情况。

（3）相关法律、法规。《中华人民共和国中国人民银行法》《中华人民共和国立法法》《中华人民共和国中小企业促进法》《商业汇票承兑、贴现与再贴现管理暂行办法》《中国人民银行关于切实加强商业汇票承兑贴现和再贴现业务管理的通知》等。

五、证券公司

（一）主体介绍

证券作为我国金融行业的支柱产业，是我国资本市场的重要组成部分，也是我国企业直接融资的重要渠道。证券公司作为证券发行与交易的主要部分，是从事证券业务的最主要金融中介机构，在证券市场发挥重要作用。

根据《中华人民共和国证券法》的规定，证券公司是指依照《公司法》和《中华人民共和国证券法》的规定设立并经国务院证券监督管理机构审查批准而成立的经营证券业务的有限责任公司或者股份有限公司。

1. 证券公司的功能。证券公司作为金融体系的重要组成部分之一，是连接证券市场上资金供给方与需求方的桥梁和纽带，并为之提供恰当的金融工具。具体来说，证券公司具有以下功能：

（1）资金供求的媒介。证券公司是资金盈余者与资金短缺者沟通的桥梁，一方面使资金盈余者充分利用多余资金博取收益，另一方面促成资金短缺者获得所需资金。与商业银行不同，证券公司在担任资金供求媒介这一职能时，所采用的是直接融资方式。在时间期限上为长期融资。

（2）促成资源的优化配置。证券公司通过自身的经营活动融通、调节资金，从而实现资源的有效配置。证券公司通过发行股票、发行债券等方式引导社会资金流向收益率更高的行业和领域，不仅促进该行业和领域生产规模的扩大，助力产业向更高层次发展，另一方面也促成了资源的优化配置，加速落后产能与产业的淘汰。同时，资金流向企业，一方面满足了企业壮大和发展所需的资金，另一方面将企业的经营状况与财务情况放置于广大股东和债权人的共同监督之下，有利于社会大众对企业的监督和约束，提高企业资金利用效率，进一步提高资源的优化配置。

（3）维系证券市场的有序发展。证券市场由证券发起人、证券投资者、证券交易所、管理组织者、证券公司和服务机构共同组成。证券公司在其中起着联系不同主体、搭建共同市场的重要作用。作为证券市场重要的组成部分，证券公司担任上市公司的保荐人，把高质量上市公司推荐给广大投资者，对相关企业的经营信息进行合法合规的披露，从而保持证券市场的交易秩序。同时，证券公司以自营商、经纪商、做市商等身份参与交易市场，对证券市场提高交易效率发挥重要作用。

2. 证券公司的设立。证券公司的设立在我国采取特许制。公司发起人应当具备《公司法》《证券法》和《证券公司监督管理条例》规定的条件，并向国务院证券监督管理机构提出申请，经审查批准，并凭核发的业务许可证到工商行政管理机关办理企业法人营业执照，在其名称中必须标明证券有限责任公司或者证券股份有限公司字样。其后，方可经营证券业务。

根据《中华人民共和国证券法》第一百二十九条、《证券公司监督管理条例》规定，证券公司设立、收购或者撤销分支机构，变更业务范围，增加注册资本且股权结构发生重大调整，减少注册资本，变更持有百分之五以上股权的股东、实际控制人，变更公司章程中的重要条款，合并、分立、停业、解散、破产，必须经国务院证券监督管理机构批准。证券公司在境外设立、收购或者参股证券经营机构，必须经国务院证券监督管理机构批准。

（二）证券公司业务范围

1. 业务范围概述。《中华人民共和国证券法》第一百二十五条规定，经国务院证券监督管理机构批准，证券公司可以经营下列部分或者全部业务：证券经纪；证券投资咨询；与证券交易、证券投资活动有关的财务顾问；证券承销与保荐；证券自营；证券资产管理；其他证券业务。

（1）证券经纪业务。证券经纪业务是指证券公司通过其设立的证券营业部，接受客户委托，按照客户要求，代理客户买卖证券的业务。在证券代理买卖业务中，证券公司作为证券经纪商，发挥着重要作用。证券经纪业务是一种代理活动，证券经纪商不以自己的资金进行证券买卖，也不承担交易中证券价格涨跌的风险，而是充当证券买方和卖方的代理人，发挥着沟通买卖双方及按一定的要求和规则迅速准确地执行指令并代办手续，同时尽量使买卖双方按自己意愿成交的媒介作用。

（2）证券投资咨询业务。证券投资咨询业务是指从事证券投资咨询业务的机构及其投资咨询人员以下列形式为证券投资人或者客户提供证券投资分析、预测或者建议等直接或者间接有偿咨询服务的活动：接受投资人或者客户委托，提供证券投资咨询服务；举办有关证券投资咨询的讲座、报告会、分析会等；在报刊上发表证券投资咨询的文章、评论、报告，以及通过电台、电视台等公众传播媒体提供证券投资咨询服务；通过电话、传真、电脑网络等电信设备系统，提供证券投资咨询服务；中国证券监督管理委员会（以下简称中国证监会）认定的其他形式。

从事该业务需遵守《证券投资咨询机构执业规范》相关规定。

第二章　电子商业汇票的主体

（3）与证券交易、证券投资活动有关的财务顾问。这一业务主要是指接受客户委托，为客户提供证券交易、证券投资活动有关的咨询、建议、策划业务。具体包括为企业申请证券发行和上市提供改制改组、资产重组、前期辅导等方面的咨询服务；为上市公司重大投资、收购兼并、关联交易等业务提供咨询服务；为法人、自然人及其他组织收购上市公司及相关的资产重组、债务重组等提供咨询服务；为上市公司完善法人治理结构、设计经理层股票期权、职工持股计划、投资者关系管理等提供咨询服务；为上市公司再融资、资产重组、债务重组等资本营运提供融资策划、方案设计、推介路演等方面的咨询服务；为上市公司的债权人、债务人对上市公司进行债务重组、资产重组、相关的股权重组等提供咨询服务以及中国证监会认定的其他业务形式。

财务顾问业务的法律责任包括：专业意见存在虚假记载、误导性陈述或者重大遗漏，证监会责令改正并给予处罚；并购重组信息未公开前，泄露信息、操纵证券市场或进行证券欺诈活动的，证监会予以处罚，涉嫌犯罪的移送司法机关；违反自律规范的行为由证券业协会进行调查并给予纪律处分。

（4）证券承销与保荐。证券承销是指证券公司作为承销商根据与发行人签订的承销协议，向证券投资者销售或者代为销售证券，并因此收取一定比例承销费用的行为。发行人向不特定对象公开发行的证券，法律、行政法规规定应当由证券公司承销的，发行人应当同证券公司签订承销协议。证券承销业务可以采取代销或者包销方式。证券包销是指证券公司将发行人的证券按照协议全部购入或者在承销期结束时将售后剩余证券全部自行购入的承销方式，前者为全额包销，后者为余额包销。证券代销是指证券公司代发行人发售证券，在承销期结束时，将未售出的证券全部退还给发行人的承销方式。

承销业务需遵守《证券发行与承销管理办法》的规定。

《证券法》第四十九条"申请股票、可转换为股票的公司债券或者法律、行政法规规定实行保荐制度的其他证券上市交易，应当聘请具有保荐资格的机构担任保荐人。"证券保荐业务是指保荐人接受发行人委托，对发行人进行推荐和上市辅导，保荐人核实公司发行文件中所载资料是否真实、准确、完整，协助发行人建立严格的信息披露制度，承担风险防范责任，并在公司上市后的规定时间内继续协助发行人建立规范的法人治理结构，督促公司遵守上市规定，完成招股计划书中的承诺，同时对上市公司的信息披露负有连带责任。

（5）证券自营。证券自营业务是指证券公司以自己的名义，以自有资金或者依法筹集的资金，为本公司买卖依法公开发行的股票、债券、权证、证券投资基金或者国务院证券监督管理机构认可的其他证券，以获取盈利的行为。

（6）证券资产管理。证券资产管理业务是指证券公司接受客户的委托、使用客户资产进行投资的业务。投资所产生的收益由客户享有,损失由客户承担,证券公司可以按照约定收取管理费用。证券公司从事证券资产管理业务,应当与客户签订证券资产管理合同,约定投资范围、投资比例、管理期限及管理费用等事项。

证券资产管理业务需遵守《证券公司客户资产管理业务管理办法》等相关规定。

2. 票据相关业务。目前证券公司参与的票据相关业务产品主要是票据资产证券化的发行与承销以及标准化票据的存托。

(1) 票据资产证券化。截至 2019 年 9 月,我国市场上共发行票据资产证券化产品 40 单,总金额 329.01 亿元,均以票据收益权作为底层资产。除建信 ABN2017 - 1 外,其余 36 单票据资产证券化都是以证券或基金资管子公司成立资管计划的形式设立 SPV。尽管票据一般期限都小于 1 年,但所有票据资产证券化过程都没有涉及循环购买。①

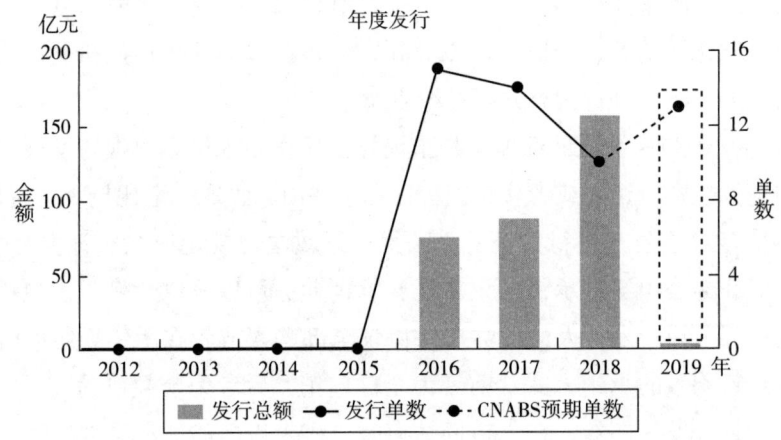

图 2 - 4 2012—2019 年票据资产证券化产品发行情况

我国《票据法》规定:"票据的签发、取得和转让,应当遵循诚实信用的原则,具有真实的交易关系和债权债务关系。"因此,票据资产证券化过程中票据不能作为基础资产,其本身不能直接转让。从目前已发行的产品来看,实际上作为票据支持证券化的基础资产被包装成票据收益权,加以转让。因此实际上现实中所说的票据资产证券化,基本上呈现的形态是票据收益权资产证券化。

截至 2019 年 9 月,票据资产证券化产品的前十大承销商分别是:华泰证券,承销 4 只,总金额 133.68 亿元;华泰资管,承销 13 只,总金额 93.63 亿元;华信证券,承销 6 只,总金额 22.33 亿元;德邦证券,承销 5 只,总金额 19.56 亿元;中信证券,承销 4 只,总金额 18.35 亿元;华福证券,承销 5 只,总金额 13.43 亿元;博时资管,承销 2 只,总金额 6.06 亿元;山西证券,承销 1 只,总金额 3.97 亿元;海通证券,承销

---

① 数据来源:www.cn-abs.com。

第二章 电子商业汇票的主体

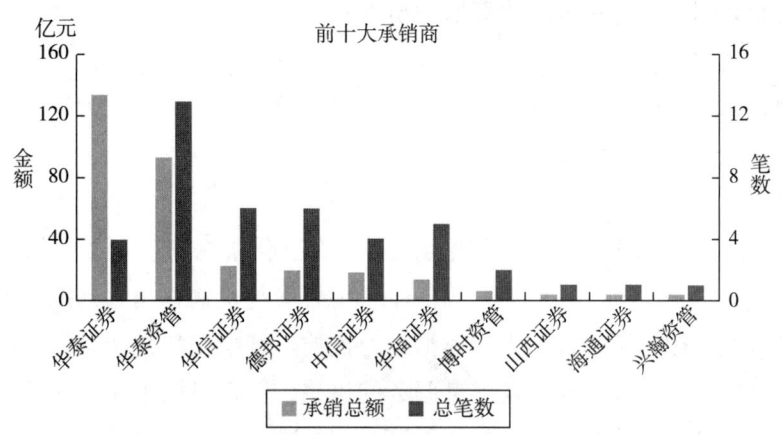

图 2-5 票据资产证券化产品前十大承销商承销情况

1 只,总金额 3.94 亿元;兴瀚资管,承销 1 只,总金额 3.80 亿元。①

(2) 标准化票据的存托。根据《标准化票据管理办法(征求意见稿)》,所谓标准化票据,是指存托机构归集商业汇票组建基础资产池,以基础资产产生的现金流为偿付支持而创设的受益证券。

表 2-2 首只标准化票据具体信息

创设要素			
名称	2019 年第 1 期标准化票据	简称	19 标准化票据 001
代码	151900001	期限	92 天
起息日期	2019 年 8 月 20 日	到期(兑付)日期	2019 年 11 月 20 日
计划创设总额	5 亿元人民币	实际创设总额	5 亿元人民币
申购情况			
合规申购家数	9	合规申购金额	9.6 亿元人民币
最高申购利率	5.0%	最低申购利率	4.5%
有效申购利率	5.0%	最低申购利率	4.5%
有效申购家数	8	有效申购金额	8.6 亿元人民币
簿记管理人	国泰君安证券股份有限公司		

2019 年 8 月 20 日,经中国人民银行同意,2019 年第 1 期标准化票据在上海票据交易所成功创设。截至 2019 年 9 月 22 日,已成功发行 4 期。存托机构由上海票据交易所

---

① 数据来源:www.cn-abs.com。

担任，标准化票据在银行间市场清算所股份有限公司登记托管，在票据市场或银行间债券市场交易流通。

在首单标准化票据中，证券公司作为标准化票据的财务顾问，为项目提供财务顾问、簿记建档管理等发行服务；证券公司作为标准化票据的承销商，提供标准化票据的承销服务。

但 2020 年 2 月 14 日，中国人民银行发布《标准化票据管理办法（征求意见稿）》的通知（下简称《意见》）。《意见》第二章，主要参与机构指出，标准化票据主要参与机构包括存托机构、原始持票人、票据经纪机构。其中存托机构是指为标准化票据提供基础资产归集、管理、创设及信息服务的机构，存托机构由熟悉票据和债券市场业务的商业银行和证券公司担任。相较于第一期标准化票据，意见中证券公司的参与范围明显增加。

另根据《意见》，第十八条，标准化票据的交易流通适用《全国银行间债券市场债券交易管理办法》的有关规定，在银行间债券市场和票据市场交易流通。根据《全国银行间债券市场债券交易管理办法》第八条规定，下列机构可成为全国银行间债券市场参与者，从事债券交易业务：在中国境内具有法人资格的商业银行及其授权分支机构；在中国境内具有法人资格的非银行金融机构和非金融机构；经中国人民银行批准经营人民币业务的外国银行分行。

证券公司作为非银行金融机构法人，可以参与标准化票据的申购。

证券公司从事票据资产证券化与标准化票据业务主要受以下法律、法规的规范：《资产支持专项计划备案管理办法》《证券公司及基金管理公司子公司资产证券化业务管理规定》《全国银行间债券市场债券交易管理办法》《票据法》等。

（三）证券公司监管规则

1. 定性。《中国人民银行关于印发〈金融机构编码规范〉的通知》对金融机构进行编码，使每个编码对象获得一个唯一的代码，以适应金融机构信息系统建设和数据交换的需求。该通知指出，证券公司是依照《中华人民共和国公司法》规定设立的并经国务院证券监督管理机构审查批准而成立的专门经营证券业务，具有独立法人地位的金融机构。根据编码规则，证券公司属于 E 类——证券业金融机构。

2. 主要监管机构及相关法律法规适用。

（1）作为金融机构的宏观审慎监管。

监管机构：中国人民银行。

相关法律、法规举例：《中华人民共和国证券法》《证券公司监督管理条例》《中国人民银行关于证券期货业和保险业金融机构严格执行反洗钱规定防范洗钱风险的通知》等。

第二章 电子商业汇票的主体

（2）机构监管。

监管机构：中国证券监督管理委员会。

相关法律、法规举例：《证券公司监督管理条例》《证券公司股权管理规定》《中国人民银行 中国银行保险监督管理委员会 中国证券监督管理委员会关于加强非金融企业投资金融机构监管的指导意见》《证券公司行政许可审核工作指引第10号——证券公司增资扩股和股权变更》《外商投资证券公司管理办法》《内地与香港关于建立更紧密经贸关系的安排》《证券公司设立子公司试行规定》等。

（3）业务监管。

监管机构：国务院证券监督管理机构——中国证券监督管理委员会。

相关法律、法规举例：《证券公司监督管理条例》《证券公司业务范围审批暂行规定》《证券公司代销金融产品管理规定》《中国证券监督管理委员会关于加强证券经纪业务管理的规定》《证券投资顾问业务暂行规定》《证券投资咨询机构执业规范》《证券、期货投资咨询管理暂行办法》《证券发行与承销管理办法》《证券发行上市保荐业务管理办法》《证券公司客户资产管理业务管理办法》等。

六、基金管理公司

基金管理公司作为依法设立的对基金募集、基金份额的申购和赎回、基金财产的投资、收益分配等基金运作活动进行管理的主体。在我国，狭义上来讲基金管理公司就是证券投资基金管理公司，广义上基金公司分为公募基金公司与私募基金公司，是我国金融体系中的重要组成部分。

（一）主体介绍

1. 证券投资基金管理公司。

（1）证券投资基金管理公司的定义。根据《证券投资基金管理公司管理办法》规定，在我国，证券投资基金管理公司（以下简称基金管理公司）是指经中国证券监督管理委员会（以下简称中国证监会）批准，在中华人民共和国境内设立，从事证券投资基金管理业务和中国证监会许可的其他业务的企业法人。公司董事会是基金公司的最高权力机构。

基金财产的债务由基金财产本身承担，基金份额持有人以其出资为限对基金财产的债务承担责任。基金财产独立于基金管理人、基金托管人的固有财产。基金管理人、基金托管人不得将基金财产归入其固有财产。基金管理人、基金托管人因基金财产的管理、运用或者其他情形而取得的财产和收益，归入基金财产。

（2）证券投资基金管理公司的功能。证券投资基金管理公司通过对投资基金的管理从而实现投资基金的作用，具体来说包括以下几方面：

①集合投资发挥直接融资功能。证券投资基金管理公司可以将欲投资于证券市场的社会闲散资金集中起来投资于基金用于购买各种有价证券,从而实现储备资金直接向产业资金的转化。

②证券投资基金管理公司接受客户委托,履行委托职责。管理公司与一般金融信托类似,主要有委托人、受托人和受益人三类关系,其中受托人与委托人之间有契约关系。但与信托不同的是,从事有价证券投资主要当事人中还有一个不可缺少的托管机构,它不能与受托人(基金管理公司)由同一机构担任,而且基金托管人一般是法人;基金管理人并不对每个投资者的资金都分别加以运用,而是将其集合起来,形成一笔巨额资金再加以运作。

③证券投资基金管理公司发挥中介功能。管理公司存在于投资者与被投资的基金之间,起到了将投资者的资金转换为其他类型的金融资产,通过专门的管理人进行投资,起到保值增值的作用。证券投资基金的管理者对投资者所投入的资金负有经营、管理的职责,而且必须按照合同(或契约)的要求确定资金投向,保证投资者的资金安全和收益最大化。

(3)证券投资基金管理公司的设立。根据《证券投资基金管理公司管理办法》第六条规定,设立基金管理公司,应当具备下列条件:

①股东符合《证券投资基金法》和本办法的规定。

申请设立基金管理公司,出资或者持有股份占基金管理公司注册资本的比例(以下简称持股比例)在5%以上的股东,应当具备下列条件:

- 注册资本、净资产不低于1亿元人民币,资产质量良好;
- 持续经营3个以上完整的会计年度,公司治理健全,内部监控制度完善;
- 最近3年没有因违法违规行为受到行政处罚或者刑事处罚;
- 没有挪用客户资产等损害客户利益的行为;
- 没有因违法违规行为正在被监管机构调查,或者正处于整改期间;
- 具有良好的社会信誉,最近3年在金融监管、税务、工商等行政机关,以及自律管理、商业银行等机构无不良记录。

基金管理公司的主要股东是指持有基金管理公司股权比例最高且不低于25%的股东。主要股东除应当符合上述规定的条件外,还应当具备下列条件:

- 从事证券经营、证券投资咨询、信托资产管理或者其他金融资产管理业务;
- 注册资本不低于3亿元人民币;
- 具有较好的经营业绩,资产质量良好。

②有符合《证券投资基金法》《公司法》以及中国证监会规定的章程。

③注册资本不低于1亿元人民币,且股东必须以货币资金实缴,境外股东应当以

第二章　电子商业汇票的主体

可自由兑换货币出资。

④有符合法律、行政法规和中国证监会规定的拟任高级管理人员以及从事研究、投资、估值和营销等业务的人员，拟任高级管理人员、业务人员不少于15人，并应当取得基金从业资格。

根据《证券投资基金行业高级管理人员任职管理办法》，高级管理人员的选任或者改任，应当报经中国证监会审核。未经中国证监会核准，基金管理公司、基金托管银行不得选任或者改任高级管理人员，不得违反规定决定代为履行高级管理人员职务的人员。

申请高级管理人员任职资格，应当具备下列条件：取得基金从业资格；通过中国证监会或者其授权机构组织的高级管理人员证券投资法律知识考试；具有3年以上基金、证券、银行等金融相关领域的工作经历及与拟任职务相适应的管理经历，督察长还应当具有法律、会计、监察、稽核等工作经历；没有《公司法》《证券投资基金法》等法律、行政法规规定的不得担任公司董事、监事、经理和基金从业人员的情形；最近3年没有受到证券、银行、工商和税务等行政管理部门的行政处罚。

⑤有符合要求的营业场所、安全防范设施和与业务有关的其他设施。

⑥设置了分工合理、职责清晰的组织机构和工作岗位。

公司的组织结构应当体现职责明确、相互制约的原则，各部门有明确的授权分工，操作相互独立。公司应当建立决策科学、运营规范、管理高效的运行机制，包括民主、透明的决策程序和管理议事规则，高效、严谨的业务执行系统，以及健全、有效的内部监督和反馈系统。公司应当明确职责划分，在岗位分工的基础上明确各会计岗位职责，严禁需要相互监督的岗位由一人独自操作全过程。

⑦有符合中国证监会规定的监察稽核、风险控制等内部监控制度。

公司应当建立有效的内部监控制度，设置督察员和独立的监察稽核部门，对公司内部控制制度的执行情况进行持续的监督，保证内部控制制度落实。公司应当定期评价内部控制的有效性，根据市场环境、新的金融工具、新的技术应用和新的法律法规等情况，适时改进。内部控制的主要内容包括投资管理业务控制、信息披露控制、信息技术系统控制、会计系统控制和监察稽核控制等。

⑧经国务院批准的中国证监会规定的其他条件。

如基金管理人、基金托管人因依法解散、被依法撤销或者被依法宣告破产等原因进行清算的，基金财产不属于其清算财产。

基金财产的债权，不得与基金管理人、基金托管人固有财产的债务相抵销；不同基金财产的债权债务，不得相互抵销。非因基金财产本身承担的债务，不得对基金财产强制执行。基金财产投资的相关税收，由基金份额持有人承担，基金管理人或者其他扣缴义务人按照国家有关税收征收的规定代扣代缴。

国务院证券监督管理机构依法对证券投资基金活动实施监督管理；其派出机构依照授权履行职责。

(4) 基金管理公司子公司的设立。基金管理公司可以根据专业化经营管理的需要，设立子公司、分公司或者中国证监会规定的其他形式的分支机构，专门从事特定客户资产管理、基金品种开发、基金销售、客户服务等与基金管理公司经营范围相关的业务。基金管理公司应当全资设立子公司，法律、行政法规或中国证监会另有规定的，基金管理公司可以与符合条件的其他投资人共同出资设立子公司，但持有子公司的股权比例应当持续不低于51%。

设立子公司，应当向中国证监会提交申请材料，中国证监会依照法律、行政法规、中国证监会的规定和审慎监管原则对申请人的申请进行审查，并自受理申请之日起60日内作出批准或者不予批准的决定。未经中国证监会批准，基金管理公司不得设立或者变相设立子公司。

2. 私募基金管理人。

(1) 私募基金管理人定义。《私募投资基金管理人登记和基金备案办法》指出私募投资基金（以下简称私募基金），是指在中华人民共和国境内，以非公开方式向合格投资者募集资金设立的投资基金，包括资产由基金管理人或者普通合伙人管理的以投资活动为目的设立的公司或者合伙企业。中国证券投资基金业协会（以下简称基金业协会）办理私募基金管理人登记及私募基金备案，对私募基金业务活动进行自律管理。

(2) 私募投资基金的设立。私募基金管理人由依法设立的公司或者合伙企业担任。

设立私募基金管理机构和发行私募基金不设行政审批，各类私募基金管理人根据基金业协会的规定，向基金业协会申请登记。基金业协会应当在私募基金管理人登记材料齐备后的20个工作日内，通过网站公告私募基金管理人名单及其基本情况的方式，为私募基金管理人办结登记手续。管理人登记后在依法合规的基础上，向累计不超过法律规定数量的投资者发行私募基金。未经登记，任何单位或者个人不得使用"基金""基金管理"等字样或者近似名称进行投资活动；但是，法律、行政法规另有规定的除外。

私募基金管理人应当有满足业务运营需要的营业场所、从业人员、安全防范设施和与基金管理业务相关的其他设施，有完善的风控合规、内部稽核监控和信息安全等制度。

有下列情形之一的，不得担任私募基金管理人，不得成为私募基金管理人的主要股东或者合伙人：

第二章　电子商业汇票的主体

因故意犯罪被判处刑罚，刑罚执行完毕未逾3年的；

近3年因重大违法违规行为被金融监管、税收、海关等行政机关处以行政处罚的；

净资产低于实收资本的50%，或者或有负债达到净资产的50%的；

不能清偿到期债务的；

法律、行政法规和国务院证券监督管理机构规定的其他情形。

有下列情形之一的，不得担任私募基金管理人的董事、监事、高级管理人员、执行事务合伙人及其委派代表：

因犯有贪污贿赂、渎职、侵犯财产罪或者破坏社会主义市场经济秩序罪，被判处刑罚的；

对所任职的公司、企业因经营不善破产清算或者因违法被吊销营业执照负有个人责任的董事、监事、厂长、高级管理人员、执行事务合伙人委派代表，自该公司、企业破产清算终结或者被吊销营业执照之日起未逾5年的；

个人所负债务数额较大，到期未清偿的；

因违法行为被开除的基金管理人、基金托管人、证券交易所、证券公司、证券登记结算机构、期货交易所、期货公司及其他机构的从业人员和国家机关工作人员；

因违法行为被吊销执业证书或者被取消资格的律师、注册会计师和资产评估机构、验证机构的从业人员、投资咨询从业人员；

法律、行政法规和国务院证券监督管理机构规定的其他情形。

（二）业务范围

1. 业务范围概述。基金管理公司向特定客户募集资金或者接受特定客户财产委托担任资产管理人，由托管机构担任资产托管人，为资产委托人的利益，运用委托财产进行投资与管理的活动。主要业务范围包括证券投资基金服务、受托资产管理业务、投资咨询服务。

（1）基金的募集可以通过公开或非公开的形式。公开募集基金，应当经国务院证券监督管理机构注册。未经注册，不得公开或者变相公开募集基金。公开募集基金，包括向不特定对象募集资金、向特定对象募集资金累计超过二百人，以及法律、行政法规规定的其他情形。

注册公开募集基金，由拟任基金管理人向国务院证券监督管理机构提交申请报告、基金合同草案、基金托管协议草案、招募说明书草案、律师事务所出具的法律意见书、国务院证券监督管理机构规定提交的其他文件。国务院证券监督管理机构应当自受理公开募集基金的募集注册申请之日起六个月内依照法律、行政法规及国务院证券监督管理机构的规定进行审查，作出注册或者不予注册的决定，并通知申请人。

基金管理人应当自收到准予注册文件之日起六个月内进行基金募集。超过六个月开始募集，原注册的事项未发生实质性变化的，应当报国务院证券监督管理机构备案；发生实质性变化的，应当向国务院证券监督管理机构重新提交注册申请。

基金募集不得超过国务院证券监督管理机构准予注册的基金募集期限。基金募集期限自基金份额发售之日起计算。基金募集期限届满，封闭式基金募集的基金份额总额达到准予注册规模的百分之八十以上，开放式基金募集的基金份额总额超过准予注册的最低募集份额总额，并且基金份额持有人人数符合国务院证券监督管理机构规定的，基金管理人应当自募集期限届满之日起十日内聘请法定验资机构验资，自收到验资报告之日起十日内，向国务院证券监督管理机构提交验资报告，办理基金备案手续，并予以公告。

私募基金管理人应当自行募集资金，或者委托符合《证券投资基金法》和国务院证券监督管理机构规定的基金销售机构代为募集资金。

私募基金应当向特定的合格投资者募集或者转让，单只私募基金的投资者人数累计不得超过法律规定的人数。不得采取将私募基金份额或者其收益权进行拆分转让等方式变相突破合格投资者标准。合格投资者的具体标准由国务院证券监督管理机构规定。私募基金管理人、私募基金销售机构应当履行投资者适当性管理义务，向投资者充分揭示投资风险，根据投资者的风险承担能力销售不同风险等级的私募基金产品。投资者应当确保投资资金来源合法，不得非法汇集他人资金进行投资。

私募基金管理人应当自私募基金募集完毕之日起20个工作日内，向基金行业协会报送相关信息，办理备案。

非公开募集基金，应当制定并采用书面形式签订基金合同，明确约定各方当事人的权利义务。

私募基金管理人、私募基金销售机构不得向合格投资者之外的单位和个人募集资金；不得通过报刊、电台、电视台和互联网等公众传播媒体或者讲座、报告会、分析会等方式向不特定对象宣传推介；不得以虚假、片面、夸大等方式宣传推介；不得向投资者承诺资本金不受损失或者承诺最低收益。

（2）特定客户资产管理业务。特定客户资产管理业务是指基金管理公司向特定客户募集资金或者接受特定客户财产委托担任资产管理人，由托管机构担任资产托管人，为资产委托人的利益，运用委托财产进行投资的业务。

基金管理公司通过设立资产管理计划从事特定资产管理业务，可以采取以下形式：为单一客户办理特定资产管理业务；为特定的多个客户办理特定资产管理业务。

为单一客户办理特定资产管理业务的，资产管理人应当在5个工作日内将签订的资产管理合同报中国证监会备案。对资产管理合同任何形式的变更、补充，资产管理人应当在变更或补充发生之日起5个工作日内报中国证监会备案。

第二章 电子商业汇票的主体

为多个客户办理特定资产管理业务的，资产管理人应当在销售某一资产管理计划前将资产管理合同草案、投资说明书草案、销售计划及中国证监会要求的其他材料报中国证监会备案。中国证监会自收到完整的备案材料之日起10个工作日内予以备案登记。备案登记完毕，基金管理公司可以开始销售该资产管理计划。

基金管理公司的子公司符合下列条件的，经中国证监会批准，可以开展特定资产管理业务：

（一）注册资本或实缴资本不少于2000万元人民币；
（二）具有相关从业经验的高级管理人员以及业务人员不少于5人；
（三）有符合开展业务要求的营业场所、安全防范设施和其他设施；
（四）具有良好的社会信誉，最近3年没有因违法违规行为受到重大行政处罚或刑事处罚，没有因违法违规行为正在被监管机构调查，或者正处于整改期间；
（五）具有完善的治理架构、内部控制制度和风险防范制度；
（六）中国证监会规定的其他条件。

中国证监会依照法律、行政法规和本办法的规定，对特定资产管理业务实施监督管理。

（3）基金的投资。《中华人民共和国证券投资基金法》第七章规定，基金管理人运用基金财产进行证券投资，除国务院证券监督管理机构另有规定外，应当采用资产组合的方式。基金财产应当用于下列投资：

上市交易的股票、债券；

国务院证券监督管理机构规定的其他证券及其衍生品种。

《基金管理公司特定客户资产管理业务试点办法（征求意见稿）》指出基金管理公司通过设立资产管理计划从事特定资产管理业务，资管计划资产应当用于下列投资：

（一）股票、债券、证券投资基金、央行票据、短期融资券、资产支持证券、金融衍生品、商品期货；
（二）非上市的股权、债权、收益权；
（三）中国证监会认可的其他资产。

投资于前款第（二）项和第（三）项规定资产的特定资产管理计划称为专项资产管理计划。基金管理公司通过设立专项资产管理计划开展专项资产管理业务，应当设立专门的子公司。

私募基金财产的投资包括证券及其衍生品种、有限责任公司股权、基金份额，以及国务院证券监督管理机构规定的其他投资品种。

2. 票据相关业务。基金管理公司从事票据业务主要涉及三种类型，分别是票据资产证券化业务、标准化票据的投资。

（1）担任票据资产证券化管理人。资产证券化业务，是指以基础资产所产生的现金流为偿付支持，通过结构化等方式进行信用增级，在此基础上发行资产支持证券的业务活动。基金管理公司子公司开展资产证券化业务需要通过设立特殊目的载体，该载体即为资产支持专项计划或者中国证监会认可的其他特殊目的载体。

专项计划应由具备客户资产管理业务资格的证券公司、证券投资基金管理公司设立的具备特定客户资产管理业务资格的子公司担任管理人。管理人设立专项计划应依据《资产支持专项计划备案管理办法》进行备案，由基金业协会审核批准和自律管理。

专项计划投资的基础资产，是指符合法律法规，权属明确，可以产生独立、可预测的现金流且可特定化的财产权利或者财产。可以是单项财产权利或者财产，也可以是多项财产权利或者财产构成的资产组合。可以是企业应收款、信贷资产、信托受益权等财产权利，基础设施、商业物业等不动产财产或不动产收益权，以及中国证监会认可的其他财产或财产权利。涉及的财产权利或者财产，其交易基础应当真实，交易对价应当公允，现金流应当持续、稳定。

根据《基金管理公司子公司管理规定》，私募股权基金管理子公司可以为特定的私募股权投资基金，设立专门履行管理人职责的特殊目的机构，但应当符合以下规定：

（一）特殊目的机构的设立目的和业务范围应当清晰明确，不得交叉重复；

（二）私募股权基金管理子公司对特殊目的机构的出资比例不得低于35%，且为该机构的第一大出资人并拥有基金的实际控制权；

（三）特殊目的机构仅能管理与本机构设立目的一致的私募股权投资基金，除必要的基金管理事务外，不得对外独立开展经营活动；

（四）特殊目的机构不得再下设其他机构。

私募股权基金管理子公司设立特殊目的机构，应当在办理工商登记之日起5个工作日内向基金管理公司所在地中国证监会派出机构备案，详细说明设立目的、拟管理基金和出资人构成等基本信息。

目前我国实践中有四类资产证券化产品，分别由不同的主管机构主导，分别是：由央行和银保监会（原银监会）主管的信贷支持证券化、由证监会主管的企业资产证券化、由银行间市场交易商协会主管资产支持票据、由银保监会（原保监会）主管的资产支持计划。与票据有关的基本上是由证监会主导的资产支持专项计划。截至2019年9月，我国市场上共发行票据资产证券化产品40单，总金额329.01亿元，均以票据收益权作为底层资产。除建信ABN2017-1外，其余36单票据资产证券化都是以证券或基金资管子公司成立资管计划的形式设立SPV。

（2）标准化票据的投资。2019年8月20日，经中国人民银行同意，2019年第1期标准化票据在上海票据交易所成功创设。标准化票据是指由存托机构归集承兑人等

第二章 电子商业汇票的主体

核心信用要素相似、期限相近的票据组建基础资产池，进行现金流重组后，以入池票据的兑付现金流为偿付支持而创设的面向银行间市场的等分化、可交易的受益凭证。截至 2019 年 9 月 22 日，已成功发行 4 期。存托机构由上海票据交易所担任，标准化票据在银行间市场清算所股份有限公司登记托管，在票据市场或银行间债券市场交易流通。投资人为银行间债券市场参与者。

根据《全国银行间债券市场债券交易管理办法》第八条，下列机构可以成为全国银行间债券市场参与者，从事债券交易业务：在中国境内具有法人资格的商业银行及其授权分支机构；在中国境内具有法人资格的非银行金融机构和非金融机构；经中国人民银行批准经营人民币业务的外国银行分行。金融机构可直接进行债券交易和结算，也可委托结算代理人进行债券交易和结算；非金融机构应委托结算代理人进行债券交易和结算。证券投资基金管理公司符合这一要求，可以参与标准化票据的申购。

（三）基金管理公司监管规则

1. 定性。《中国人民银行关于印发〈金融机构编码规范〉的通知》对金融机构进行编码，使每个编码对象获得一个唯一的代码，以适应金融机构信息系统建设和数据交换的需求。该通知指出，证券投资基金管理公司是经中国证券监督管理委员会批准，在中华人民共和国境内设立，从事证券投资基金管理业务的企业法人。证券投资基金管理人属于金融机构中的 E 类证券业金融机构中的 E–2。

2. 主要监管机构及相关法律法规适用。

（1）作为金融机构的宏观审慎监管。

监管机构：中国人民银行。

相关法律、法规举例：《中华人民共和国证券法》《中国人民银行关于证券期货业和保险业金融机构严格执行反洗钱规定防范洗钱风险的通知》等。

（2）机构监管。

监管机构：中国证券监督管理委员会。

国务院证券监督管理机构依法履行下列职责：制定有关证券投资基金活动监督管理的规章、规则，并行使审批、核准或者注册权；办理基金备案；指导和监督基金行业协会的活动；法律、行政法规规定的其他职责。

相关法律、法规举例：《中华人民共和国证券投资基金法》《证券投资基金管理公司管理办法》《证券公司和证券投资基金管理公司合规管理办法》《公司法》《合伙企业法》《基金管理公司子公司管理规定》《基金管理公司特定客户资产管理子公司风险控制指标管理暂行规定》《私募投资基金监督管理暂行办法》《证券公司和证券投资基金管理公司合规管理办法》等。

(3) 业务监管。

监管机构：国务院证券监督管理机构——中国证券监督管理委员会、基金行业协会。

国务院证券监督管理机构依法履行对基金管理人、基金托管人及其他机构从事证券投资基金活动进行监督管理，对违法行为进行查处，并予以公告；制定基金从业人员的资格标准和行为准则，并监督实施；监督检查基金信息的披露情况。

中国证监会及其派出机构依照《证券投资基金法》《私募投资基金监督管理暂行办法》和中国证监会的其他有关规定，对私募基金业务活动实施监督管理。

基金行业协会依照法律、行政法规以及国务院证券监督管理机构的规定，对私募基金业务活动进行自律管理。

相关法律、法规举例：《中华人民共和国证券投资基金法》《私募投资基金监督管理暂行办法》《资产支持专项计划备案管理办法》《证券公司及基金管理公司子公司资产证券化业务管理规定》《证券公司及基金管理公司子公司资产证券化业务信息披露指引》《证券公司及基金管理公司子公司资产证券化业务尽职调查工作指引》《电子商业汇票业务管理办法》等。

第四节　电子商业汇票市场基础设施

《票据交易管理办法》第十条规定：票据市场基础设施是指提供票据交易、登记托管、清算结算、信息服务的机构。

第十五条规定：上海票据交易所是中国人民银行指定的提供票据交易、登记托管、清算结算和信息服务的机构。

一、上海票据交易所概况

上海票据交易所（以下简称上海票交所）是按照国务院决策部署，由中国人民银行批准设立的全国统一的票据交易平台，于2016年12月8日开业运营。

上海票交所是我国金融市场的重要基础设施，具备票据报价交易、登记托管、清算结算、信息服务等功能，承担中央银行货币政策再贴现操作等政策职能，是我国票据领域的登记托管中心、业务交易中心、创新发展中心、风险防控中心和数据信息中心。

上海票交所的作用。上海票交所的成立，被业界誉为中国票据市场一件里程碑事件，它标志着中国票据市场的发展进入了统一规范、透明高效的电子交易时代。在功能和特点上,上海票交所有着清晰的定位。作为票据市场基础设施,上海票交所是人民银行指定的提供票据交易、登记托管、清算结算和信息服务的机构,同时承担着中央银行货币政策再贴现操作等政策职能,它的建设和发展对于我国票据市场意义深远。不仅如此,上海票交所的成立,对于完善中央银行宏观调控、优化货币政策传导、增强金融服务实体经济的能力也有着十分重要的意义。

首先,上海票交所在一定程度上完善了票据市场制度体系的顶层设计。《票据交易管理办法》《票据交易主协议》《上海票据交易所票据交易规则》等制度规则的陆续出台,不仅规范了票据市场业务行为,也有效弥补了我国票据市场融资性、交易性制度缺位的现状。其次,票据市场的稳定直接影响金融市场的稳定。目前全国统一的票据交易平台已初步形成,随着对纸质票据、电子票据的统一管理和系统融合,原来分割的、不透明、风险案件频发的票据市场正被改造为统一、安全、高效的市场,基本杜绝了票据造假及操作等方面的重大风险。最后,有助于拓宽央行再贴现政策工具的操作空间。上海票交所可通过电子化手段掌握票据业务和再贴现业务情况,为中央银行开展再贴现操作提供数据参考,提高中央银行货币政策的灵活性,同时为探索对经济社会发展的重点区域、重点领域、薄弱环节实施"精准滴灌"奠定了基础。

中国票据交易系统还可以为再贴现业务提供高效便捷精准的平台,为货币政策传导渠道和机制建设提供帮助。在人民银行货币政策司的指导支持下,2017年9月,再贴现业务系统正式上线运行,所有具备再贴现业务权限的319家人民银行分支机构均可通过上海票交所开展再贴现业务操作。与此同时,上海票交所还积极结合区块链技术和票据业务实际情况,对前期数字票据交易平台原型系统进行了全方位的改造和完善。2018年1月,数字票据交易平台实验性生产系统成功上线试运行,工商银行、中国银行、浦发银行和杭州银行在实验性生产系统顺利完成数字票据签发、承兑、贴现和转贴现业务。实验性生产系统的成功上线试运行实现了数字票据的突破性进展,对于票据市场发展具有里程碑意义。

二、上海票据交易所服务内容

上海票交所提供信息登记、托管登记、票据交易、再贴现、质押与保证、票据到期处理、清算结算业务。

(一)信息登记

1. 承兑信息登记。纸质银票的承兑行应在不晚于办理承兑后的下一工作日办理承兑信息登记,完成承兑信息登记前不得向出票人交付已承兑票据。纸质商票的付款人应委托其开户行办理承兑信息登记。

登记内容：票据关键信息、其他登记信息、票据影像。

2. 未贴现票据的质押信息登记。系统参与者作为质权人办理未贴现票据质押业务时，应严格审验票据，在票据实物记载"质押"字样，并不晚于业务办理的下一工作日完整、准确地将质押信息登记至票交所系统。质押解除当日在票交所系统查询登记的票据质押信息，完成质押解除登记，并将票据实物交付出质人。

登记内容：票据标识信息、出质日期、出质人名称、出质人账号、质权人名称及质权人行号。

3. 未贴现票据的保证信息登记。系统参与者作为承兑保证人办理未贴现票据保证业务时，应严格审验票据，在票据实物记载保证事项，并不晚于业务办理的下一工作日完整、准确地将保证信息登记至票交所系统。

登记内容：票据标识信息、保证日期、保证人名称、被保证人名称。

4. 贴现信息登记。贴现机构办理票据贴现，应在被背书人栏中注明贴现机构名称，并在票据背书栏加盖电子登记权属章。票据不敷记载需粘单时，贴现机构在骑缝处加盖汇票专用章、法定代表人或其授权的代理人名章后，在粘单背书人栏加盖电子登记权属章。已加盖电子登记权属章的票据不得再以纸质形式进行背书转让、设立质押或者其他交易行为。贴现信息登记机构应不晚于办理票据贴现后下一工作日在票交所系统办理贴现信息登记。

登记内容：贴现业务相关信息和贴现影像。

5. 保证增信。保证增信是指银行类系统参与者接受纸质票据的权属初始登记机构即票据权利人委托，保管票据实物并先于贴现机构承担偿付责任的增信行为。权属初始登记机构通过票交所系统登记权属后，在发起票据首次交易前，可向票交所其他银行类会员申请保证增信。

保证增信办理流程：

（1）保证增信申请。

权属初始登记机构自行保管票据时办理流程：

发送申请。权属初始登记机构经办人员在票交所系统查询并选择符合条件的票据，选定保证增信机构后，向保证增信机构发送库存移库申请。

移送实物。权属初始登记机构库房管理人员根据票交所系统中的库存待移出票据清单，挑选票据实物出库，移送保证增信机构。

权属初始登记机构未自行保管票据实物时办理流程：

发起库存移出申请。权属初始登记机构经办人员在票交所系统查询并选择符合条件的票据，选定保证增信机构后，向贴现保管机构发起库存移出申请。

办理库存移出。贴现保管机构经办人员确认票交所系统中的库存移出申请，向保

第二章 电子商业汇票的主体

证增信机构发起库存移出，并由库房管理人员根据票交所系统中的库存待移出票据清单，挑选票据实物出库，移送保证增信机构。

（2）保证增信应答。

票据审验。保证增信机构应在收妥移送的票据实物后，对票据真伪和背书情况进行双人审验，并与票交所系统中登记的票据信息和影像信息进行核对，确保每张票据审验核对无误后进行后续处理。

确认保证增信。保证增信机构经办人员在票交所系统对库存待移入票据清单进行逐笔核对，票据实物与票交所系统中待移入票据票号核对一致的，确认入库由保证增信机构保管。

6. 库存移库。贴现保管机构根据库存管理需要，可在同一法人的机构间进行库存移库。

库存移出：

（1）发送申请。库存移出机构经办人员在票交所系统内查询并选择需库存移出的票据，选择库存移入机构，将库存移库申请发送至库存移入机构。

（2）移送实物。库存移出机构库房管理人员根据票交所系统中的库存待移出票据清单，挑选票据实物出库，移送至库存移入机构。

库存移入：

（1）移库确认。库存移入机构经办人员收妥移送的票据实物后，在票交所系统对库存待移入票据进行逐笔核对，票据实物与票交所系统中待移入票据票号核对一致的，确认库存移入。

（2）移库退票。核对未通过的票据，库存移入机构经办人员应在票交所系统作移库退回处理。需退回的票据实物，由库存移入机构与库存移出机构确认退票原因并办理交接。

7. 付款确认。纸质票据贴现后，票据保管机构可向付款行或付款人开户行发起付款确认。付款确认包括影像确认和实物确认。影像确认是指票据保管机构通过票交所系统内登记的票据信息和影像信息请求付款行或付款人开户行进行付款确认；实物确认是指票据保管机构通过票据实物请求付款行或付款人开户行进行付款确认。影像确认与实物确认具有同等效力，付款行或付款人开户行进行付款确认后，除挂失止付、公示催告等合法抗辩情形外，应当在票据权利人提示付款后付款。

8. 止付信息登记。付款行或付款人开户行于票据到期前收到止付通知，应于当日在票交所系统进行止付信息登记；在收到解除止付的相应通知后，应当日在票交所系统进行解除止付登记。止付信息登记内容：票据标识信息、止付日期、止付类型、止付原因，挂失止付通知书和协助司法冻结票据的相关法律文书等影像。

止付信息登记的止付类型：

（1）付款行或付款人开户行收到失票人的挂失止付通知书，应登记止付类型为挂失止付；

（2）付款行或付款人开户行收到人民法院停止支付通知书，应登记止付类型为公示催告；

（3）付款行或付款人开户行收到司法冻结的相关法律文书，应登记止付类型为司法冻结票据。

解除止付信息登记内容：解除止付日期、解除止付类型、解除止付原因，解除司法冻结、终止公示催告、除权判决的相关法律文书等影像。

解除止付信息登记的解除止付类型：

（1）原登记的止付类型为挂失止付的，挂失止付到期应登记解除止付类型为挂失止付到期，登记后的票据可在票交所系统正常开展后续业务。

（2）原登记的止付类型为公示催告，收到人民法院除权判决公告的，应登记解除止付类型为除权判决，登记后的票据，票交所系统自动作作废处理。

（3）原登记的止付类型为公示催告，收到人民法院公示催告终止裁定书的，应登记解除止付类型为公示催告解除，登记后的票据可在票交所系统正常开展后续业务。

（4）原登记的止付类型为司法冻结，收到解除司法冻结的相关法律文书的，应登记解除止付类型为解除司法冻结，登记后的票据可在票交所系统正常开展后续业务。

9. 结清信息登记。未在票交所系统进行贴现信息登记的票据，付款行或付款人收到提示付款并支付票款后，付款行或付款人开户行应在票交所系统进行结清信息登记。

登记内容：票据标识信息、付款日期、持票人名称和账号、托收行行号、托收行名称。

（二）托管登记

上海票交所为系统参与者提供票据托管登记服务，通过票据托管账户记载其持有票据的余额及变动等情况。

1. 权属初始登记。系统参与者将票据权属在票交所电子簿记系统予以记载，增加其票据托管账户余额。

系统参与者应当不晚于票据贴现信息登记的下一工作日完成权属初始登记。权属初始登记应当包括以下内容：票据类别、票据号码、票据金额、票据到期日、承兑行或付款人开户行行号、承兑行或付款人开户行名称、持票行行号及持票行名称。

系统参与者在票交所系统进行票据权属初始登记，应当确保登记信息真实、有效，并承担因登记信息错误造成损失的赔偿责任。

票据权属初始登记后，系统参与者方可通过票交所系统开展交易、质押、保证等

第二章　电子商业汇票的主体

业务。

2. 变更登记。因交易、非交易等原因导致系统参与者票据权益变动的，票交所在其票据托管账户中办理变更。

系统参与者因办理转贴现、质押式回购、买断式回购等交易业务导致票据权益变动的，票交所为其办理交易变更登记。系统参与者因办理质押、追偿、非交易过户等业务导致票据权益变动的，票交所为其办理非交易变更登记。

3. 注销登记。因提示付款、追偿、除权判决等情况导致票据结清或作废的，票交所对所涉票据进行注销并相应减少票据托管账户余额。

票据经提示付款或追偿，由承兑人或出票人清偿票据债务的，票交所对所涉票据进行注销登记。

票据经除权判决被人民法院宣告无效的，票交所依据承兑人或承兑人开户行提交的已生效除权判决书，对所涉票据进行注销登记。

票据因虚假登记、关键信息登记错误或被鉴定为伪假票据的，票交所依据系统参与者提交的申请文件，对所涉票据进行注销登记。

（三）票据交易服务

1. 质押式回购。

（1）业务介绍。质押式回购是指正回购方在将票据出质给逆回购方融入资金的同时，双方约定在未来某一日期由正回购方按约定金额向逆回购方返还资金、逆回购方向正回购方返还原出质票据的交易行为。

质押式回购的回购金额不得超过质押票据的票面总额。

质押式回购最短期限为1天，并应当小于票据剩余期限。

（2）交易主体。可以从事票据质押式回购交易的市场主体包括：

法人类参与者，指金融机构法人，包括政策性银行、商业银行及其授权的分支机构，农村信用社、企业集团财务公司、信托公司、证券公司、基金管理公司、期货公司、保险公司等经金融监督管理部门许可的金融机构。

非法人类参与者，指金融机构等作为资产管理人，在依法合规的前提下，接受客户的委托或授权，按照与客户约定的投资计划和方式开展资产管理业务所设立的各类投资产品，包括证券投资基金、资产管理计划、银行理财产品、信托计划、保险产品、住房公积金、社会保障基金、企业年金、养老基金等。

中国人民银行确定的其他市场参与者。

（3）交易方式。质押式回购采用询价交易和匿名点击交易方式。

询价交易方式是指交易双方自行协商确定交易价格以及其他交易要素的交易方式，包括报价/询价、格式化交谈和确认成交三个步骤。询价交易包括意向询价和对话报价。

意向询价是指交易成员向全市场、特定群组或单个交易员发出的、表明其交易意向的询价。受价方可以将该询价转化成与询价方的对话报价,进行格式化交谈。交易系统提供不同方向意向询价的模糊匹配和推送功能。

对话报价是指交易成员向特定单一交易员发出的、交易要素完整、明确的报价,受价方确认即可成交。对话报价只能由正回购方发起。对话报价一经发出,不得撤回。

匿名点击是指交易双方提交包含关键交易要素的匿名报价,交易系统在双边授信范围内按照"价格优先、时间优先"的原则自动匹配,达成交易,未匹配的报价可供直接点击。

(4) 结算方式。票据市场参与者开展质押式回购交易应当采用票款对付 (DvP),同一法人分支机构间的质押式回购交易可以采用纯票过户 (FoP)。

票款对付 (DvP) 是指结算双方同步办理票据过户和资金支付并互为条件的结算方式。纯票过户 (FoP) 是指结算双方的票据过户与资金支付相互独立的结算方式。

(5) 交易时间。交易日为每周一至周五,遇法定节假日调整除外。

外部交易时段为北京时间 9:00 – 12:00,13:00 – 16:45;内部交易时段为北京时间 9:00 – 17:30。

清算时段为北京时间 9:00 – 17:15,其中 16:45 之后办理的内部交易必须选择纯票过户结算方式,避免由于结算方式选择不当造成已达成的交易无法正常清算。

特殊情况下,票交所可以应急延长质押式回购交易时段。如遇变更,票交所将提前发布公告。

2. 买断式回购。

(1) 业务介绍。买断式回购是指正回购方将票据卖给逆回购方的同时,双方约定在未来某一日期,正回购方再以约定价格从逆回购方买回票据的交易行为。

买断式回购最短期限为 1 天,并应当小于票据剩余期限。

买断式回购形成的待返售票据包,在回购期间可以再用于办理质押式回购,办理质押式回购的到期结算日应当早于原买断式回购到期结算日。

(2) 交易主体。交易主体同质押式回购。

(3) 交易方式。买断式回购交易采用询价交易方式。

询价交易方式是指交易双方自行协商确定交易价格以及其他交易要素的交易方式,包括报价/询价、格式化交谈和确认成交三个步骤。

(4) 结算方式。票据市场参与者开展买断式回购交易应当采用票款对付,同一法人分支机构间的买断式回购交易可以采用纯票过户。

(5) 交易时间。交易日为每周一至周五,遇法定节假日调整除外。

第二章 电子商业汇票的主体

外部交易时段为北京时间 9:00 – 12:00，13:00 – 16:45；内部交易时段为北京时间 9:00 – 17:30。

清算时段为北京时间 9:00 – 17:15，其中 16:45 之后办理的内部交易必须选择纯票过户（FoP）结算方式，避免由于结算方式选择不当造成已达成的交易无法正常清算。

特殊情况下，票交所可以应急延长买断式回购交易时段。如遇变更，票交所将提前发布公告。

3. 转贴现业务。

（1）服务介绍。转贴现是指卖出方将未到期的已贴现票据向买入方转让的交易行为。

（2）交易主体。同质押式回购。

（3）交易方式。转贴现交易采用询价交易和点击成交交易方式。

询价交易方式是指交易双方自行协商确定交易价格以及其他交易要素的交易方式，包括报价/询价、格式化交谈和确认成交三个步骤。询价交易同质押式回购。

（4）结算方式。票据市场参与者开展转贴现交易应当采用票款对付（DvP），同一法人分支机构间的转贴现交易可以采用纯票过户（FoP）。

（5）交易时间。交易日为每周一至周五，遇法定节假日调整除外。

外部交易时段为北京时间 9:00 – 12:00，13:00 – 16:45；内部交易时段为北京时间 9:00 – 17:30。

清算时段为北京时间 9:00 – 17:15，其中 16:45 之后办理的内部交易必须选择纯票过户（FoP）结算方式，避免由于结算方式选择不当造成已达成的交易无法正常清算。

特殊情况下，票交所可以应急延长转贴现交易时段。如遇变更，票交所将提前发布公告。

4. 再贴现业务。

（1）产品描述。再贴现质押式回购是指再贴现申请机构将商业汇票出质给人民银行融入资金的同时，双方约定在未来某一日期由再贴现申请机构按约定金额向人民银行返还资金、人民银行向再贴现申请机构返还原出质商业汇票的行为。

再贴现质押式回购的回购金额不得超过质押票据的票面总额。

再贴现质押式回购最短期限为 1 天，最长期限为半年。

（2）参与主体。参与主体同质押式回购。

（3）业务办理方式。目前，再贴现质押式回购采用金融机构提出申请，人民银行再贴现窗口审批的方式。

符合条件的金融机构需向人民银行再贴现窗口申请建立业务对应关系；建立对应

关系后,人民银行再贴现窗口需对申请机构进行授信,授信分为余额授信和发生额授信两种类型。

再贴现申请提交后,申请机构不能主动撤回,只能由人民银行再贴现窗口予以退回。

人民银行再贴现窗口审批通过后,即达成再贴现业务并完成票据质押登记。

(4)结算方式。目前,再贴现质押式回购交易采用纯票过户结算方式。

(5)业务办理时间。交易日为每周一至周五,遇法定节假日调整除外。

业务办理时段为北京时间每交易日 9:00 – 16:30。

清算时段为北京时间每交易日 9:00 – 16:30。

特殊情况下,票交所根据人民银行要求可以应急延长再贴现质押式回购交易时段。如遇变更,票交所将提前发布公告。

5. 质押与保证。

(1)质押业务。已完成权属初始登记的票据办理质押,由出质机构通过票交所系统向其他系统参与者发起质押业务申请。质押到期时,由质权机构向出质机构发起质押解除申请,办理质押解除。质押到期且未解除质押的票据,票交所系统在票据到期日自动向付款行或付款人开户行发出提示付款申请,并将付款行或付款人开户行支付的票据金额划转至质权机构资金账户。质权机构未获得付款行或付款人开户行付款的,可通过票交所系统按追偿流程向保证增信行(若有)、贴现机构、贴现保证人(若有)发起追偿。

(2)保证业务。已完成权属初始登记的票据办理票据保证,权属初始登记机构应在发起交易前,通过票交所系统向其他系统参与者发起保证业务申请。在票交所系统中操作的保证业务仅限贴现保证,保证机构在贴现机构未能清偿到期票据债务时,承担偿付责任,在清偿票据债务后,可向贴现机构及其前手进行追偿。票据保证外的民事保证不需通过票交所系统办理。

6. 票据到期处理。

(1)提示付款。提示付款办理流程:

提示付款申请。

• 系统自动发起提示付款:

票据到期日,票交所系统自动向付款行或付款人开户行发起提示付款申请。

付款行或付款人开户行资金账户余额不足导致票交所系统扣划失败的,票交所自票据到期日的下一工作日起,每日继续扣划付款行或付款人开户行资金账户。

• 手动发起提示付款:

票据权利人可在票据到期日前手动向付款行或付款人开户行发起提示付款。被拒

第二章 电子商业汇票的主体

绝付款的，票据权利人可在票据到期日前再次手动发起提示付款申请。

票据到期当日付款行或付款人开户行对票交所系统自动发起的提示付款申请作出拒绝应答的，票据权利人可于当日手动再次向付款行或付款人开户行发起提示付款。

付款行或付款人开户行资金账户余额不足导致票交所系统扣划失败，且自票据到期日的下一工作日起继续扣划但仍扣划失败的，票据权利人可自到期日的下一工作日起于扣划失败当日手动发起提示付款。

提示付款应答。

● 需付款行或付款人开户行主动应答：付款行或付款人开户行收到提前提示付款；纸质商票到期提示付款；未经付款确认的纸质银票到期提示付款；已由付款行进行付款确认的纸质银票，但登记了挂失止付、公示催告等止付信息。

注：收到提示付款当日需付款行或付款人开户行主动应答而未应答的票据，系统视为拒绝付款。

● 无须应答：已由付款行进行付款确认的纸质银票，且没有登记挂失止付、公示催告等止付信息，付款行无须对票交所系统自动发送的提示付款申请进行应答，由票交所系统自动将票据金额由付款行资金账户划付至票据权利人资金账户。

（2）追偿。

①线上追偿。票据权利人发起追偿后，被追偿机构无须在票交所系统进行应答，票交所系统自动将票据金额由被追偿机构的资金账户划付至追偿发起机构的资金账户。

● 提示付款拒付情况下的追偿：票据到期后被拒绝付款的，票据权利人可自票据到期日后的下一工作日起手动发起追偿。票据权利人手动发起追偿后，票交所系统自动按照保证增信行（若有）、贴现机构、贴现保证人（若有）的顺序逐个进行追偿。保证增信行、贴现保证人被追偿并清偿债务后，可手动向贴现机构发起再追偿。

● 提示付款余额不足情况下的追偿：付款行或付款人开户行资金账户余额不足导致票交所系统扣划失败，自票据到期日的下一工作日起票据权利人可在票交所系统手动发起追偿。

票据权利人手动发起追偿后，票交所系统自动按照保证增信行（若有）、贴现机构、贴现保证人（若有）的顺序逐个进行追偿。保证增信行、贴现保证人被追偿并清偿债务后，可手动发起再追偿，票交所系统自动按照付款行或付款人开户行、承兑保证人（若有）、贴现机构的顺序逐个进行追偿。贴现机构被追偿并清偿债务后，可通过票交所系统向付款行或付款人开户行进行再追偿。

②线下追偿。贴现机构为票据权利人时，可在线下向其前手进行再追偿。

● 线下追偿信息登记：贴现机构因票据到期未偿付而被追偿的，在履行债务后，于票交所系统外向其前手进行线下再追偿并获得付款后，应在票交所系统登记线下追偿信息。

登记内容：登记日期、票据号码、票据种类、票据金额、票据到期日、付款日期、追偿人名称、被追偿人名称。

● 追偿结清信息登记：纸质银票的付款行因票据到期未偿付而被追偿的，在其履行债务后，付款行应在票交所系统登记追偿结清信息。纸质商票的付款人应委托其开户行在其履行债务后办理追偿结清登记。

登记内容：登记日期、票据号码、票据种类、票据金额、票据到期日、付款日期、追偿人名称、被追偿人名称。

7. 清算结算。

（1）业务介绍。票交所为会员提供票据业务清算结算及票交所资金账户服务。会员机构使用人民银行清算账户或者票交所资金账户办理票据业务结算及资金收付。

（2）具体内容。

①结算方式。系统参与者委托票交所办理票据业务清算结算，可以采用票款对付、纯票过户方式。

对于票据交易业务，会员之间应当采用 DvP 方式结算；会员内部系统参与者之间可以采用 FoP 方式结算，但同一会员不同非法人产品之间仍应当采用 DvP 方式结算。

对于票据托收、追偿业务，应当采用 DvP 方式结算。

②清算类型。票据交易清算类型包括全额清算和净额清算。

全额清算：交易双方达成交易后，票交所系统实时逐笔办理资金清算和结算。票交所系统（一期）只支持全额清算。

净额清算：交易双方达成交易后，票交所系统实时办理资金轧差清算，并在指定时点以轧差后的应收或应付资金办理资金结算。

③清算速度。票据交易的清算速度包括 T+0 和 T+1。

T+0：成交达成当日进行清算结算。

T+1：成交达成后的下一工作日进行清算结算。

（3）票交所资金账户服务。

①账户开立。法人系统参与者和非法人产品系统参与者可以申请开立票交所资金账户。

系统参与者申请开立票交所资金账户的，应当由其所属法人或产品管理人在申请票交所会员或系统参与者资格时一并提交开户申请。

②账户使用。系统参与者开立票交所资金账户后，通过该账户办理票据业务清算结算。系统参与者办理票交所资金账户出入金业务，应当符合票交所相关规定。票交所根据资金账户余额向资金账户持有人支付利息。

三、上海票据交易所的影响

票交所的成立,带来了一系列的票据业务制度、规则的变革,票据市场参与者的利益格局也随之发生变化,对票据市场的业务生态产生深刻影响。

一是票据市场生态环境总体变化:

第一,摆脱对票据基础信息掌握的困境,实现票据市场全量信息集中。票交所通过管理票据全生命周期,采集掌握每张票据在各个阶段流转的核心信息,彻底改变过去票据市场信息不透明、缺乏宏观微观层面准确数据的情况,为票据市场风险防控、金融更准确服务实体经济、票据业务大数据分析、票据收益率曲线研究、商业信用推动以及票据市场的发展创新等打下扎实基础。

第二,彻底改变原票据交易全国分散、线上线下并存、纸票电票分割的市场交易模式,实现票据交易的统一线上化集中模式。所有参与者都通过票交所系统开展交易,有效解决市场分割问题,交易效率、风险防控、社会成本和数据分析等方面均发生了质的优化。同时,票交所对开展交易的票据资产进行了标准化改造,显著增强票据市场的价格发现功能,促进融资端成本进一步降低。

第三,多环节简化了票据业务流程。无论是贴现业务不审核合同发票、票据交易不提供跟单资料,还是票据托收的线上无纸化、资金扣划的自动化等多个方面,都提升了业务办理效率,提高了票据市场流动性,同时有效控制了各环节的风险,降低了实体企业融资的时间成本和财务成本。

第四,票交所机制全面推进了我国票据业务的电子化水平,对贴现后的纸质商业汇票进行电子化处理,有效规避了纸质商业汇票在交易过程中存在的风险。票据流转的各个环节均有迹可循,显著提高了交易的透明度。票款对付的结算安排也极大地降低了结算风险,提高了交易效率。

第五,扩充了票据市场参与主体,票交所时代的参与主体从商业银行、财务公司等银行类机构扩容至信托公司、证券公司、基金公司、保险公司等非银机构以及非法人产品类主体。市场参与者的丰富为票据市场注入了新的活力,未来票据市场在参与者多元化、交易需求多样化、交易模式复杂化的背景下,充满了生命力,也为票据业务的深化和发展创新奠定了基础。

二是票交所模式对票据市场参与主体的影响:

第一,票交所模式深刻影响银行机构的传统业务模式。票交所时代,更为丰富新颖的票据交易品种、更加安全高效的交易平台、更为灵活的交易方式等为商业银行票据业务发展迎来了新的发展机遇;同时,信息更加透明、市场参与者多元化,也促使商业银行面临商业模式重塑、组织架构重整、从业人员转岗、流程制度再造和战略定位重构等挑战。票交所模式对票据业务各个环节的影响，包括开票环节，以及短期内，电子商业汇票承兑量在政策和机构自身意愿的影响下，将有所提升。根据《票据交易管理办法》规定，纸质商业汇票的承兑人或其开户行在办理承兑业务后须完成信息登记。这一规定对于尚未实现直连模式的银行来讲，在客户端的登记工作增加了人员配备压力和一定的操作风险。随着票交所直连模式的逐步推广，这一影响会逐渐减弱直至消失；在交易环节，票交所模式使交易效率提高、规范性增强。纸质商业汇票电子化权属登记解决了传统交易中票据实物交接的问题，大大提高了交易效率。同时，随着非银机构和非法人产品类的加入，市场参与者增多，交易的活跃度和交易效率也大幅提升。交易规则的统一和场内化交易的安排，提升了交易规范程度，降低了风险。票交所的成立使票据交易更加便利化，交易成本降低，交易利率较传统交易模式有所降低，业务合规性大大增强；在托收解付环节，票据支付结算纪律的执行有了系统规则和刚性保障，使托收解付的效率显著提高。在票交所模式下，在票据解付阶段，由承兑行或贴现行委托票交所代为扣划其大额支付系统账户的安排，大大提升了清算效率，有效解决了以往某些机构拥有付款能力缺乏付款意愿的问题，极大地保障了票据权利人的合法权益。同时，对解付银行在资金头寸管理方面调整优化的要求则明显提高。票交所模式对银行机构经营管理的影响包括在票交所模式下，银行传统的票据前中后台经营管理架构将再造：随着交易场内化和线上化，传统的前台营销人员会大幅缩减；对中台风控人员和交易策略研究人员的风险量化及投研能力方面的要求会更高；随着电子化程度的推进，后台运营操作人员将缩减。同时，在票交所模式下，银行办理票据业务的各个环节如授信管理、头寸管理、风险管理、运营管理等都需要改变和调整。

第二，在票交所模式下，扩展了票据市场参与者，更有利于市场发展。依照《票据交易管理办法》和票据所系统技术保障，非银机构和非法人产品能直接参与票据市场的交易环节，既丰富了票据市场资金供给和参与主体，又进一步激发了票据市场的潜在活力。增加了市场参与者的数量，交易的广度进一步扩展，促使票据二级市场交易活跃。同时，票据市场交易对手层次和类别的丰富，使票据交易的动机和诉求更为多样化。对于基金、券商和保险等非银机构而言，通过票交所的票据交易增加了一种高流动性资产的投资渠道，有利于优化其投资结构。

第三，通过票交所可以提高央行货币政策再贴现业务的便利性和精准性。在票交所模式下，再贴现业务在申请、审批、交割等流程上的耗时均将大幅缩短。而在票交所进行交易的纸质商业汇票不再需要实物托收，为央行使用买断式再贴现品种提供了便利。同时，在票交所模式下，票据出票企业和贴现企业的信息采集将更为完整，管理也更加精细，央行可以方便地在线上直接挑选符合调控目标的企业签发的票据进行

第二章　电子商业汇票的主体

再贴现操作，从而提高了再贴现政策的有效性。

三是票交所模式对票据组织架构的影响：

第一，纸票交易的组织形式由线下互相寻找交易对象的分散式模式，转向线上以票交所为信息集散地的中心化模式。参与机构作为会员直接接入票交所系统，采用客户端模式在票交所平台上进行转贴现、质押式回购等交易。

第二，在票交所尚未成立前，电票市场以电子商业汇票系统为中心。商业银行等金融机构连接电子商业汇票系统，通过网银在线上为企业提供开票、企业间背书转让、质押、保证、托收等票据基础服务。电子商业汇票系统是按照票据的支付功能和支付流程来设计的，系统本身没有市场报价交易功能。因此，银行之间的票据交易依然通过线下报价的方式来实现。金融机构接入电子商业汇票系统的连接方式主要包括两种模式：一种是规模较大，技术力量强，通过自主开发改造行内票据系统可实现直连的机构，采用直接与电子商业汇票系统连接的模式；另一种是大部分农信社、村镇银行等规模相对较小的机构，由于技术力量达不到电子商业汇票系统的要求，往往通过大机构或第三方代理机构实现代理接入，通过第三方机构提供的业务系统参与业务。在票交所模式下，随着电子商业汇票系统与票交所系统的融合，电子商业汇票业务的组织形态也发生了改变。

第三章 票据行为

票据行为，即票据的法律行为，是产生票据法律关系的基础，基于票据产生的权利与义务都是由票据行为所引发的。

根据我国《票据法》的规定，汇票的票据行为包括出票、背书、承兑、保证、付款、追索。

第一节 出 票

一、行为简介

（一）出票的概念及要求

1. 出票的概念。根据《票据法》第二十条规定，出票是指出票人签发票据并将其交付给收款人的票据行为。

根据《电子商业汇票业务管理办法》第二十七条规定，电子商业汇票的出票，是指出票人签发电子商业汇票并交付收款人的票据行为。出票人在电子商业汇票交付收款人前，可办理票据的未用退回。出票人不得在提示付款期后将票据交付收款人。

根据《电子商业汇票业务管理办法》第二十八条规定，电子商业汇票的出票人必须为银行业金融机构以外的法人或其他组织。电子银行承兑汇票的出票人应在承兑金融机构开立账户。

2. 票据类型。根据承兑人不同，电子商业汇票可分为电子银行承兑汇票和电子商业承兑汇票。

电子银行承兑汇票由银行业金融机构、财务公司（以下统称金融机构）承兑；电子商业承兑汇票由金融机构以外的法人或其他组织承兑。电子商业汇票的付款人为承兑人。

3. 电子商业汇票出票记载事项。根据票据要式性的要求，出票人必须按照规定在票据上完整记载各项事项并签章，使票据产生效力。根据票据记载事项对票据的重要程度进行划分，记载事项可以分为必须记载事项、非必须记载事项。

（1）必须记载事项。必须记载事项即必须按照《票据法》的规定完整记载，否则

第三章 票据行为

票据无效的事项。具体包括以下内容：

表明"电子银行承兑汇票"或"电子商业承兑汇票"的字样（此内容由出票人在出票申请时进行选择，选择后由电票系统在票据正面生成，如图3-1所示）；

无条件支付的委托；

确定的金额（电票系统中填写小写票据金额后，电票系统自动生成大写金额）；

出票人名称；

付款人名称；

收款人名称；

出票日期；

票据到期日；

出票人签章。

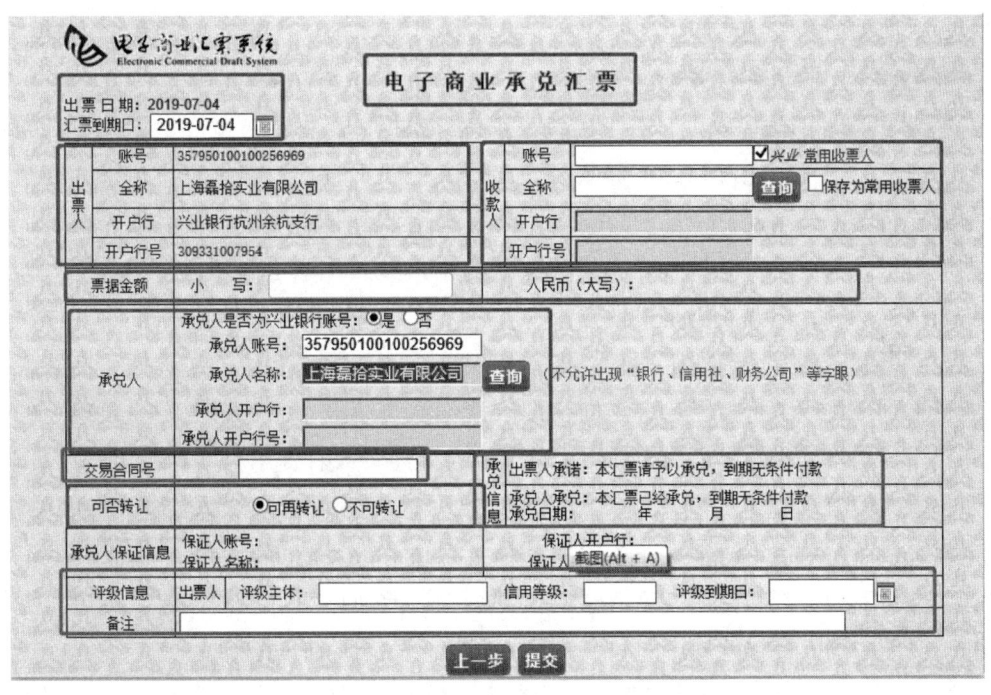

图3-1 电子商业汇票记载事项

与《票据法》第二十二条规定的汇票必须记载事项相比，《电子商业汇票业务管理办法》要求的必须记载事项增加了出票人名称。

与《票据法》第二十二条、第二十三条规定相比，《电子商业汇票业务管理办法》将票据到期日作为必须记载事项。

（2）非必须记载事项。非必须记载事项即除了《票据法》规定的必须记载事项外，其他在票据上记载的事项；可以记载，也可以不记载。记载的，按相关规章制度履行权利和义务；未记载的，按照法律统一规定。出票人对记载信息的真实性负责，但该记载事项不具有票据上的效力。

具体来说包括以下事项：

交易合同号；

出票人在电子商业汇票上记载自身的评级信息，评级信息包括评级机构、信用等级和评级到期日。

（3）导致票据无效的记载事项。《票据法》除了规定绝对必须记载事项之外，还规定了其他导致票据无效的记载事项。如《票据法》第八条规定，票据金额以中文大写和数码同时记载，二者必须一致，二者不一致的，票据无效。

（二）出票的效力

出票人根据《票据法》《电子商业汇票业务管理办法》相关规定签发票据完成出票后，对票据的相关主体产生法律效力。具体表现为对三方当事人即出票人、付款人、收款人形成不同的权利、义务。

1. 对出票人的法律效力。对于出票人来说，票据一经做成，就产生了一定的票据债务。就汇票这种委托付款的证券来说，出票人一般不直接对票据进行付款，而是委托他人支付票款，因此，一旦行为成立，出票人就必须保证该款项被付款人支付。在票据被付款人承兑后，付款人才会成为票据的主债务人，承担到期付款的责任。如果付款人拒绝承兑，出票人仍是主债务人，收款人只能向出票人行使追索权。《票据法》第二十六条规定出票人签发汇票后，即承担保证该汇票承兑和付款的责任。出票人在汇票得不到承兑或者付款时，应当向持票人清偿本法第七十条、第七十一条规定的金额和费用：被拒绝付款的汇票金额；汇票金额自到期日或者提示付款日起至清偿日止，按照中国人民银行规定的利率计算的利息；取得有关拒绝证明和发出通知书的费用。被追索人依照前条规定清偿后，可以向其他汇票债务人行使再追索权，请求其他汇票债务人支付下列金额和费用：已清偿的全部金额；前项金额自清偿日起至再追索清偿日止，按照中国人民银行规定的利率计算的利息；发出通知书的费用。

2. 对付款人的法律效力。付款人在出票人完成出票行为后成为出票人的付款委托人，但出票人对付款人的委托仅仅是出票人与付款人在原因关系或资金关系上的委托，是出票人的单方行为，对付款人并未产生任何法律效力。只有在票据被付款人承兑后，付款人才真正成为票据的主债务人，承担到期付款的责任。如果付款人拒绝承兑，则他无须承担票据义务，持票人只能要求出票人履行担保承兑的义务，由出票人支付票据金额。

3. 对收款人的效力。出票人做成票据并将其交付收款人后，收款人就取得了该张票据的一切票据权利，具体包括：

（1）付款请求权。票据到期后，如票据仍在收款人手中，则收款人有权请求承兑人支付票据金额，付款请求权至到期日起两年。

（2）追索权。票据到期后，如票据仍在收款人手中，则收款人有权获得了票据被拒付的追索权，《票据法》规定：票据权利在下列期限内不行使而消灭：

持票人对前手的追索权，自被拒绝承兑或者被拒绝付款之日起六个月；

持票人对前手的再追索权，自清偿日或者被提起诉讼之日起三个月。

《票据法》第六十五条规定：持票人不能出示拒绝证明、退票理由书或者未按照规定期限提供其他合法证明的，丧失对前手的追索权。但是承兑人或者付款人仍应当对持票人承担责任。

（3）票据背书转让的权利。收款人在取得相应对价的情况下，有权通过背书转让的形式将票据进行转让，既可以通过贴现的形式转让给金融机构，也可以在贸易背景下将票据作为支付工具进行支付。

二、电子商业汇票系统中的操作流程

一般情况下，电子商业汇票的出票（签发票据）业务处理有出票信息登记、出票人提示承兑、出票人提示收票三个步骤，此外，还可以根据实际情况增加"出票人提示保证""承兑人提示保证"。

信息登记：登记票据各要素信息，包括票据种类、出票日、到期日、票据金额、出票人信息、收款人信息、承兑人信息、合同发票信息、评级信息等。向电子商业汇票系统发送此登记信息后，电子商业汇票系统将返回票据号码，电子票据生成。出票人在电子商业汇票交付收款人前，可办理票据的未用退回。

出票人可在电子商业汇票上记载自身的评级信息，并对记载信息的真实性负责，但该记载事项不具有票据上的效力。

提示承兑：信息登记完成后，需进行提示承兑。出票人向承兑人发起提示承兑申请，承兑人进行签收后，此票据才能交给收款人。

提示收票：票据经承兑后，由出票人发出提示收票申请，将票据交给收款人，收款人进行签收后，出票完成。

出票人提示保证：承兑人针对出票人的到期付款义务，要求其在发起承兑前，先行发起保证业务，增加保证人，保证在出票人无法支付票款给承兑人时，由保证人承担付款义务。

承兑人提示保证：收款人针对承兑人的到期付款义务，要求其在承兑后，再行发起保证业务，增加保证人，保证在承兑人到期无法付款给收款人时，由保证人承担付款义务。

撤票申请：当票据已完成信息登记或提示承兑，而并未发起提示收票时，出票人可发起撤票申请,撤销此张票据,使票据作废。

本书选取兴业银行系统默认的"经办+授权"二级操作流程为例,简要介绍兴业银行票据操作流程。

(一)出票

兴业银行提供了两种出票(签发票据)方式:一种是使用"出票申请"功能进行出票;另一种是按照"信息登记→提示承兑→提示收票"顺序完成出票、提示承兑与收票整个过程。为保障该操作流程完整的介绍,将提示承兑与提示收票放在本节介绍,但提示承兑与提示收票属于承兑等业务行为。

1. 使用"出票申请"功能出票。使用"出票申请"功能时,出票人输入完票据信息后,兴业银行系统自动帮助出票人发起票据的"信息登记→提示承兑→提示收票"申请。即在信息登记完成后,系统自动向承兑人发起提示承兑申请,承兑人签收成功后,系统自动向收款人发起提示收票申请,收款人签收成功后,出票完成。出票人进行一次操作,即可完成整个出票流程。以下为详细操作步骤:

(1)如图3-2所示,打开"出票"菜单,选择"出票申请"功能。

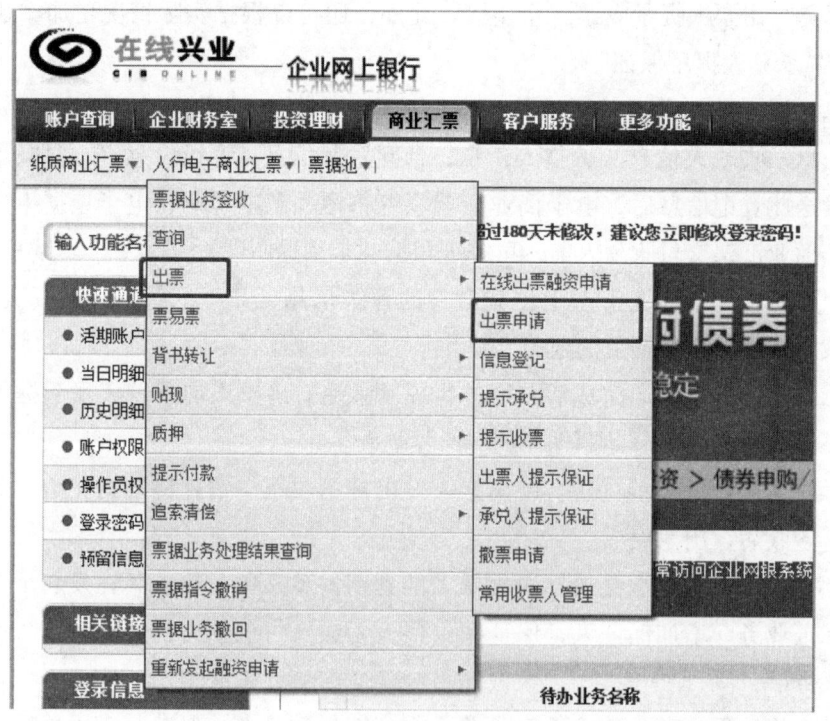

图3-2 出票菜单

(2)完成步骤1后进入以下页面,选定出票申请账号、出票类型选择"单笔或批量"、票据种类选择"商票或银票",一键多功能中勾选出票信息登记、出票人提示保

第三章 票据行为

证、出票人提示承兑、出票人提示收票中的一个或几个后兴业银行系统将按照业务顺序，自动向接收人（保证人/承兑人/收款人）发起指令，选择完成后，点击"下一步"，进入出票信息登记页面。

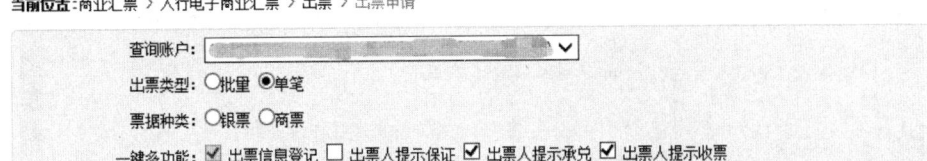

图3-3 出票申请菜单

（3）如在步骤2中选择出票类型为单笔，勾选出票信息登记、出票人提示承兑、出票人提示收票，则进入图3-4信息登记页面。

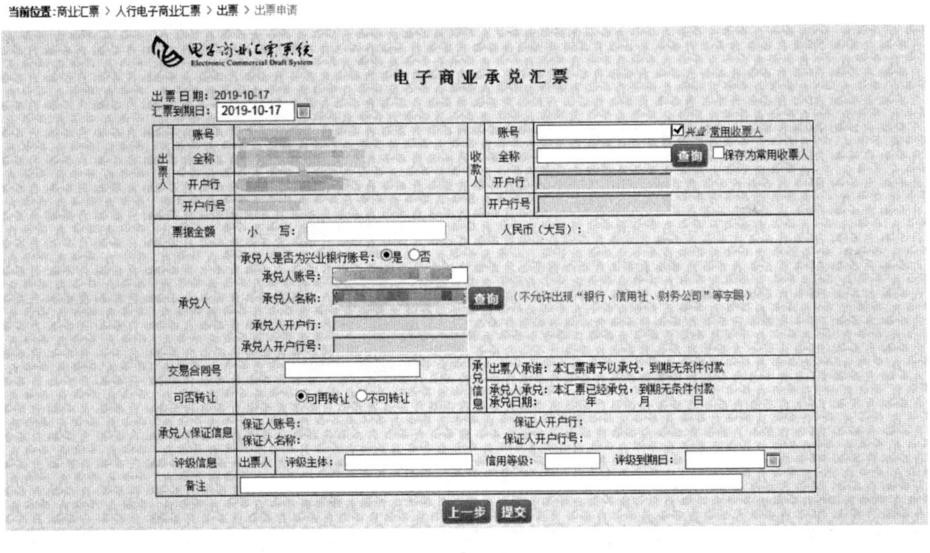

图3-4 出票信息登记界面

①票据信息填写时，汇票到期日、收款人信息（账号、全称、开户行、开户行号）、票据金额、承兑人信息（账号、全称、开户行、开户行号）、可否转让为必填信息，交易合同号、评级信息（评级主体、信用等级、评级到期日）、备注为选填内容。

注：根据《电子商业汇票业务管理办法》第十三条第二款规定，电子商业汇票的付款期限自出票日起至到期日止，最长不得超过1年。

②填写收款人信息时，可点击"常用收款人"进入以下页面，选择收款人，避免重复录入信息。

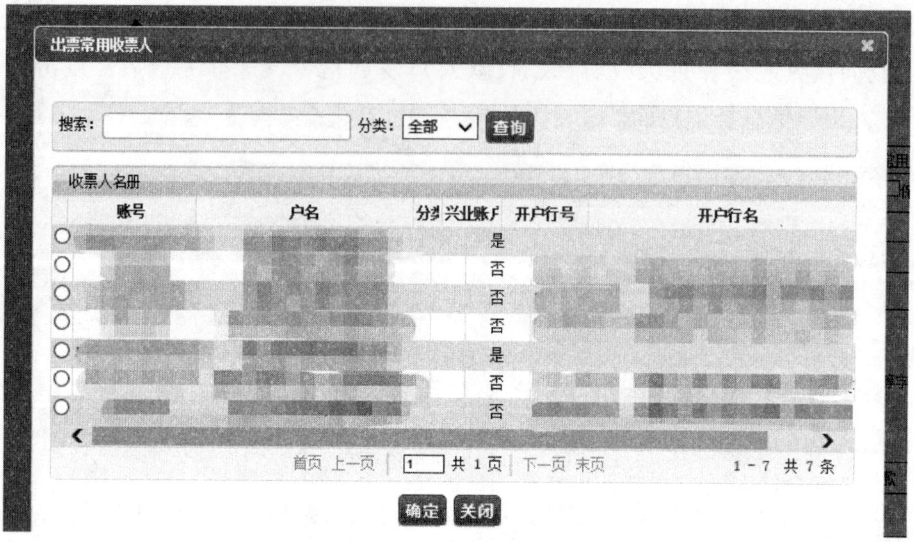

图3-5 常用收票人

③在兴业银行系统中进行出票登记时，如收款人或承兑人开户行为兴业银行，则无须填写开户行及开户行行号。如不确定收款人或承兑人开户行、行号时，可通过图3-6中"查询"功能进行查询。

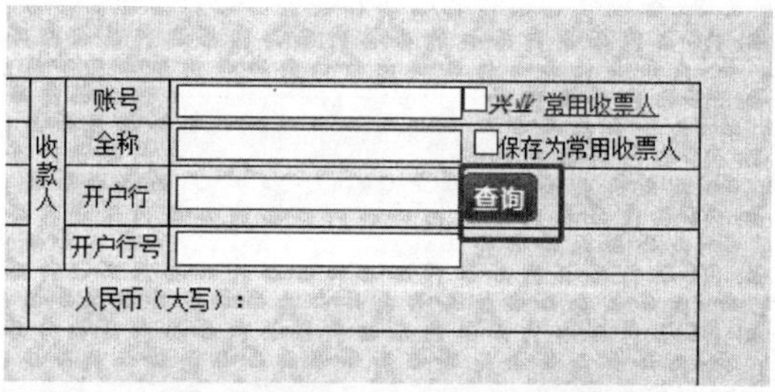

图3-6 查询功能进入界面

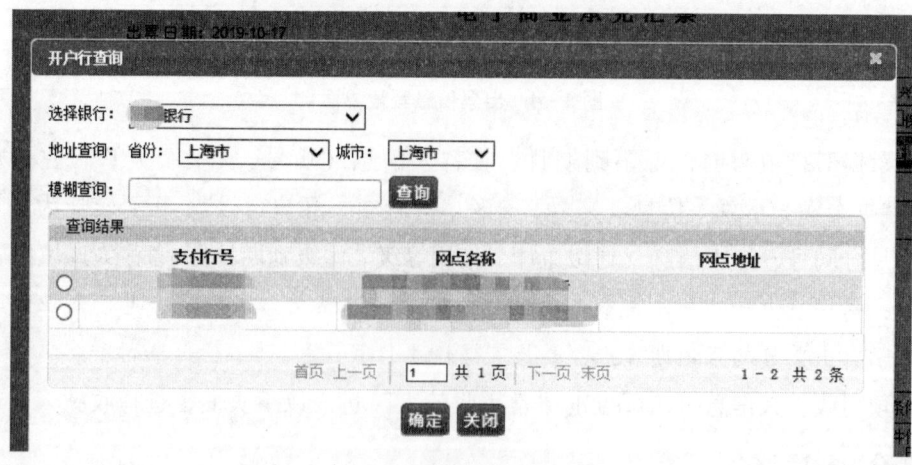

图3-7 查询开户行

(4) 以上指令完成后,需复核/授权人员对指令进行复核/授权。

(5) 票据指令状态为提交银行成功,说明发出的票据指令已被兴业银行成功接收,兴业银行会将指令提交人行进行处理,可通过"票据业务处理结果查询"查询票据指令,操作流程详见本节票据业务处理结果查询操作流程。

2. 按照"信息登记→提示承兑→提示收票"顺序完成出票、承兑、收票业务。

(1) 提示承兑。信息登记操作流程:

①如图 3-8 所示,打开"出票"菜单,选择"信息登记"功能。

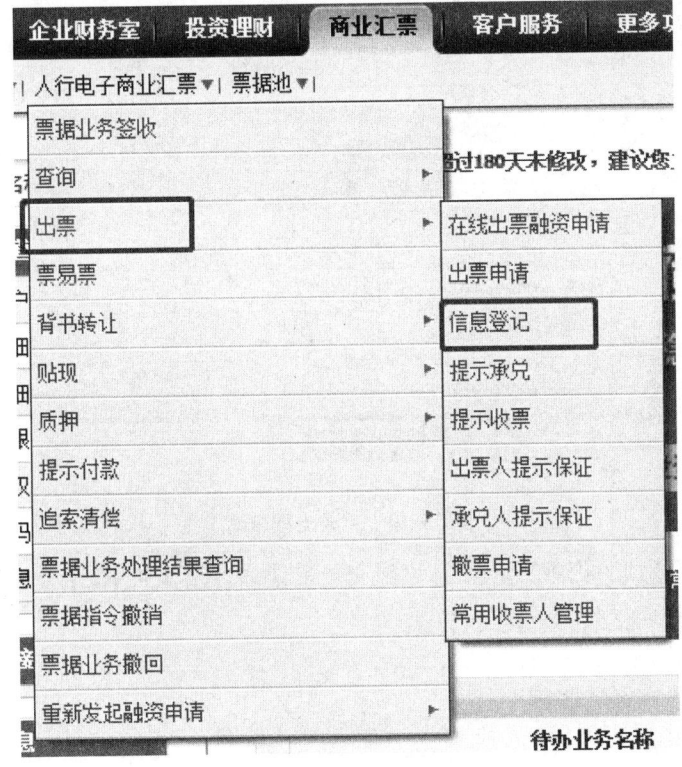

图 3-8 出票环节信息登记

②完成步骤①后进入以下页面,选定账户、选择出票类型(单笔或批量)和票据种类(商票或银票)后点击"下一步"。

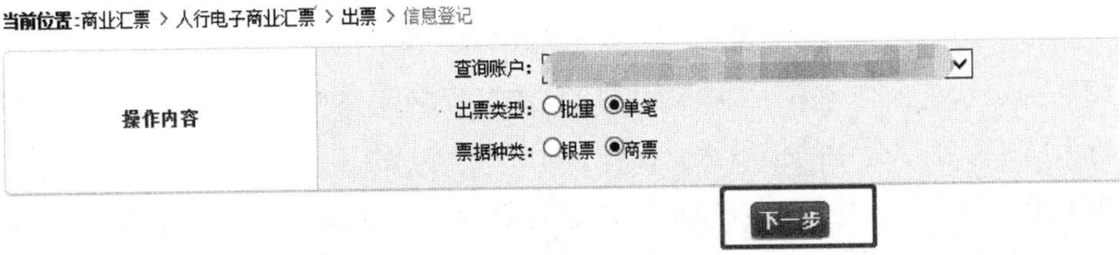

图 3-9 出票类型选择

③完成步骤②后进入以下页面，信息填写参照本节使用"出票申请"功能出票步骤3。

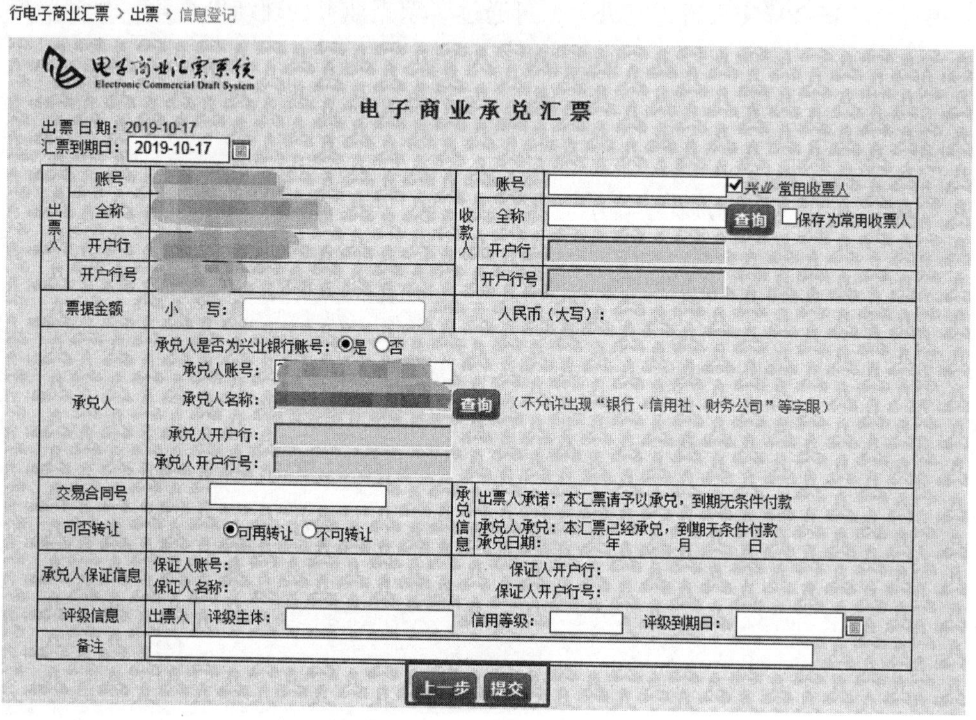

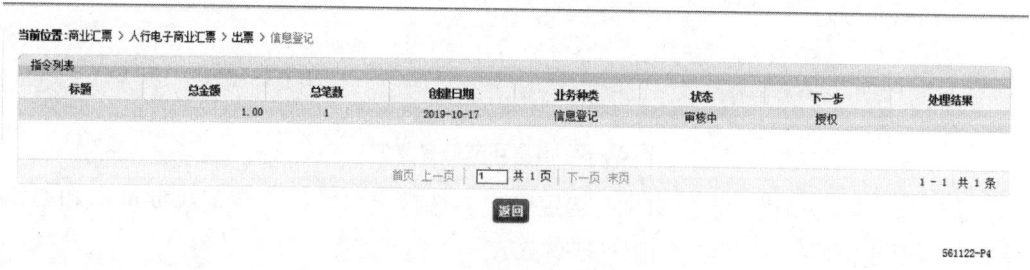

图3-10 完成出票申请

④完成步骤③填写内容后，点击"提交"后进入以下页面，出票登记经复核/授权人员的复核/授权后生效。

图3-11 等待复核的出票登记

（2）提示承兑操作流程。本节为保持操作流程的完整性，将该内容放在本部分，但该行为属于承兑部分中的提示承兑操作。

提示承兑完成后，应及时告知承兑人进行签收，具体操作流程详见本章第二节承兑第二部分操作流程。

第三章 票据行为

（3）提示收票操作流程。

①如图3－12所示，打开"出票"菜单，选择"提示收票"功能。

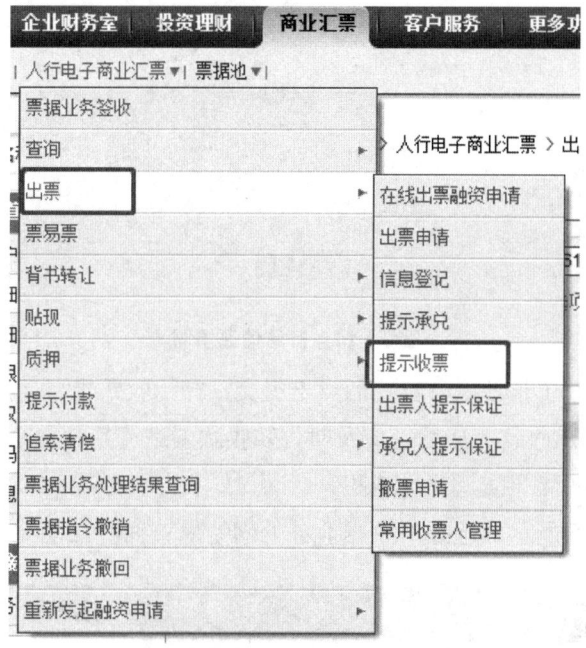

图3－12 提示收票菜单

②完成步骤①后进入以下页面，选定账户、选择票据种类或通过"更多高级选项"查询需提示收票的票据。

图3－13 查询需提示收票的票据

③在通过步骤②查询得到的票据列表中，选择需要提示收票的票据，并点击"下一步"进入以下页面。

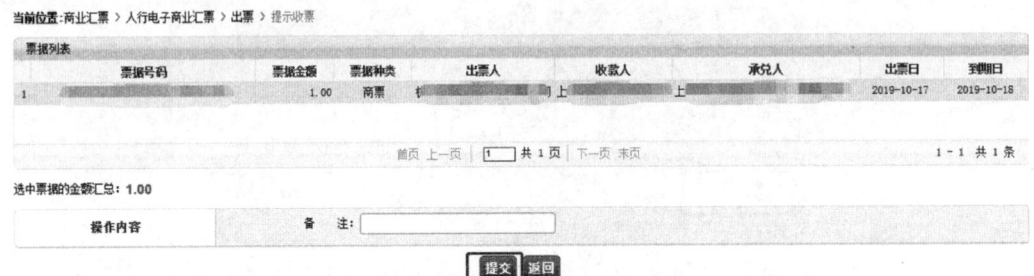

图 3-14 备注信息填写

④填写备注信息（非必填内容）后点击提交，提示收票指令经复核/授权人员的复核/授权后生效。提示收款完成后，应及时告知收款人进行签收。

3. 票据业务处理结果查询操作流程。

（1）如图 3-15 所示，选择"票据业务处理结果查询"功能。

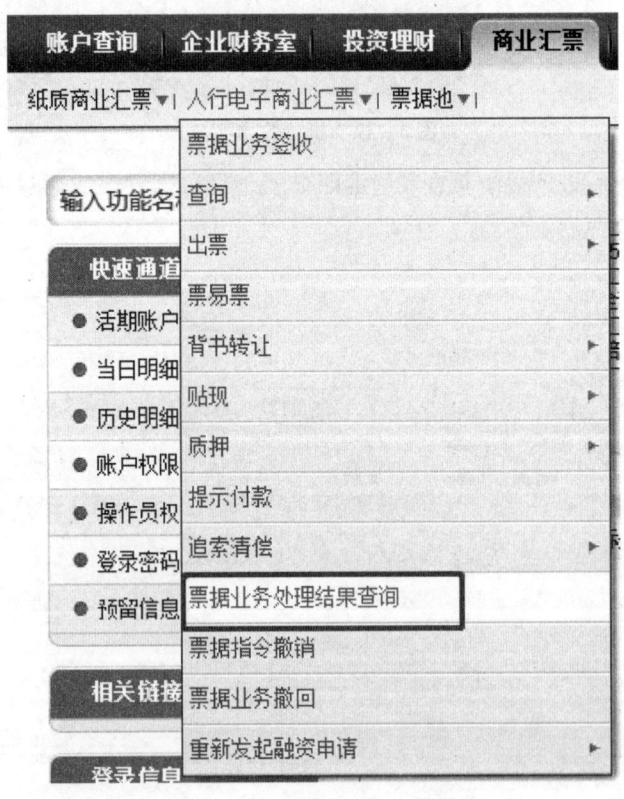

图 3-15 票据业务处理结果查询菜单

第三章 票据行为

（2）完成步骤（1）后进入以下页面，选定查询账户、业务种类"出票申请、信息登记、出票保证、提示承兑、承兑保证、提示收票、撤票申请、背书转让、票易票、贴现申请、质押申请、质押解除、提示付款、追索通知、同意清偿、票据签收、票据撤回"，选择完成后，点击"查询"。

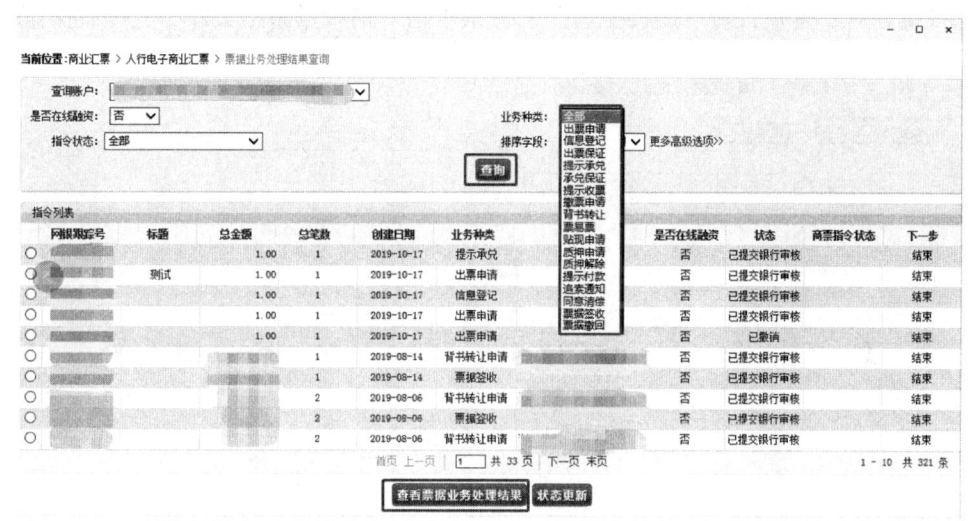

图3－16 查询业务处理结果

（3）在通过步骤（2）查询所得的票据列表中，选择需要查看的票据业务种类后，点击"查看票据业务处理结果"后进入以下页面查看详情。

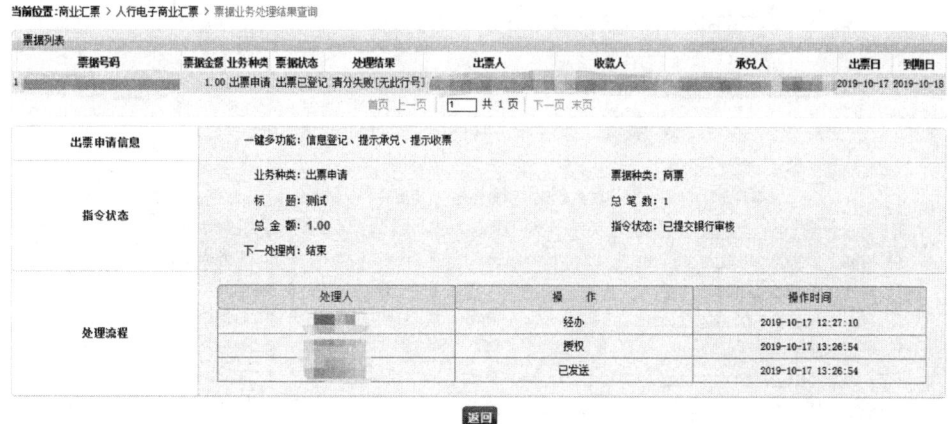

图3－17 查询处理结果

（二）撤票

当票据已完成信息登记或提示承兑，而并未发起提示收票时，出票人可发起撤票申请，撤销此张票据，使票据作废。

163

此功能实现对未发起“提示收票”的票据进行撤销，使票据作废。提供“查询选择票据”和“批量导入”两种撤票申请方式。

查询选择票据：根据所选择的账号，查询此账号下可进行“撤票申请”的票据，并全部列出，客户自行选择后操作。

批量导入：客户自行生成将要进行“撤票申请”的批量票据文件，上传后操作。

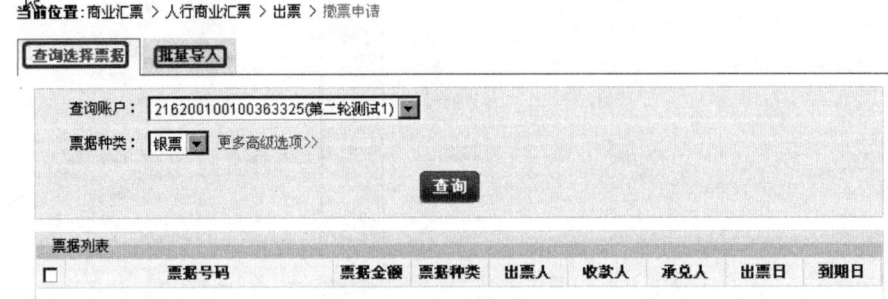

图 3－18　撤票申请菜单

1. 打开“出票”菜单，点击“撤票申请”功能项。

2. 按照默认的“查询选择票据”功能，选定查询范围或选择“高级查询”，查询一定范围内的票据。

	票据号码	票据金额	票据种类	出票人	收款人	承兑人	出票日	到期日
☑	10029384750000002012052214464 0	1,000,000.00	商票	第二轮测试1	测试客户	第二轮测试1	2012-05-22	2012-05-28
☑	100293847500000020120530163429	200,000.00	商票	第二轮测试1	测试客户	第二轮测试1	2012-05-30	2012-06-28
☐	100293847500000020120530163945	200.00	商票	第二轮测试1	测试客户	第二轮测试1	2012-05-30	2012-06-28
☐	100293847500000020120530163949	200.00	商票	第二轮测试1	测试客户	第二轮测试1	2012-05-30	2012-06-28
☐	100293847500000020120530163950	200.00	商票	第二轮测试1	测试客户	第二轮测试1	2012-05-30	2012-06-28
☐	100293847500000020120521094104	11,111.00	商票	第二轮测试1	测试客户	第二轮测试1	2012-05-21	2012-05-22
☐	100293847500000020120521113146	555,555.00	商票	第二轮测试1	测试客户	第二轮测试1	2012-05-21	2012-05-24
☐	100293847500000020120521150801	77,777.00	商票	第二轮测试1	测试客户	第二轮测试1	2012-05-21	2012-05-23
☐	100293847500000020120605143957	130,000.00	商票	第二轮测试1	测试客户	第二轮测试1	2012-06-05	2012-06-29
☐	100293847500000020120605143959	120,000.00	商票	第二轮测试1	测试客户	第二轮测试1	2012-06-05	2012-06-29

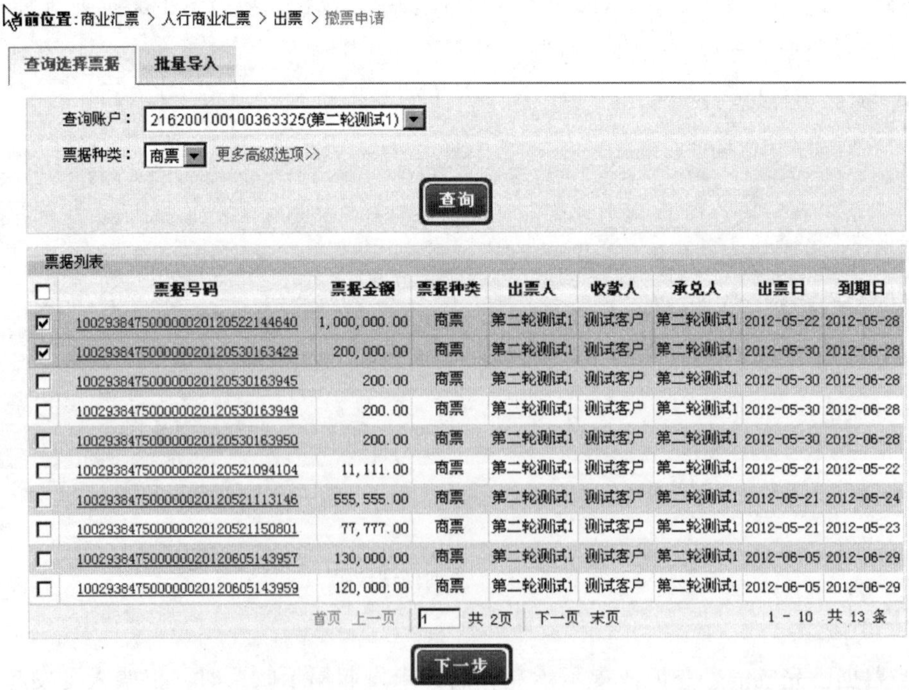

图 3－19　查询需撤票的票据

3. 在票据列表中选择需提交撤票申请的票据,点击"下一步"。

图3-20 提示撤票申请

4. 填写备注信息后,点击"撤销"。撤票指令生成,经复核/授权人员复核/授权后生效。

注:票据指令状态为提交银行成功,说明从网银发起的票据指令已被兴业银行成功接收,兴业银行将提交人行进行处理,此过程需要一定时间(非实时)。如要查看人行对此票据的处理结果,稍后重复同样操作即可。

5. 可以点击菜单中的票据业务处理结果查询。

图3-21 出票菜单

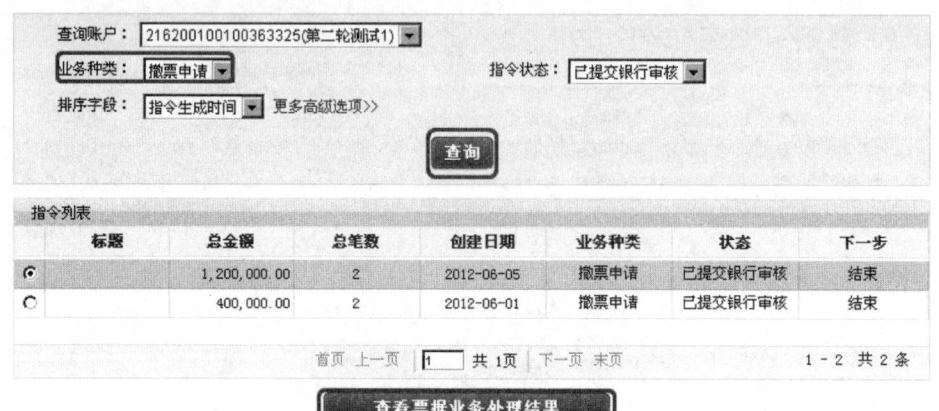

图 3 – 22 撤票申请查询

6. 选择票据指令,并点击指令明细,查看"票据状态"及"处理结果"。如图 3 – 23 所示。

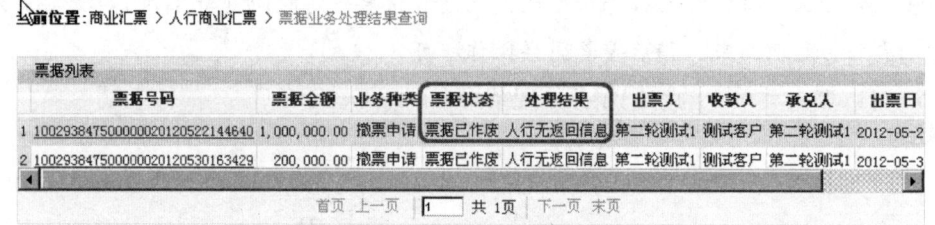

图 3 – 23 撤票申请查询结果

7. 上图页面中,也可以点击票据号码,查看票据详细信息,包括正面信息(含最新票据状态)和背面信息。

撤票申请发起成功后,人行会将票据状态变为"票据已作废",此票据生命周期结束。

三、相关风险与案例

出票行为是票据权利的创设过程,属于基本票据行为,其他票据行为均因它才得以发生。在这一过程中,出票环节伪造票据主体的法律风险需要关注。

《票据法》第十四条规定,票据上的记载事项应当真实,不得伪造、变造。伪造、变造票据上的签章和其他记载事项的,应当承担法律责任。

票据上有伪造、变造的签章的,不影响票据上其他真实签章的效力。

第三章 票据行为

票据上其他记载事项被变造的，在变造之前签章的人，对原记载事项负责；在变造之后签章的人，对变造之后的记载事项负责；不能辨别是在票据被变造之前或者之后签章的，视同在变造之前签章。

本部分仅就已公布审判结果的该类风险事件进行探讨。

1. 伪造公司印章，开设银行账户并对外开具票据，被伪造者承担票据责任。

【案件概述】

江西某公司在2014年6月3日成立，负责人为漆某。2015年8月18日，江西某公司作为出票人，开具了一张金额为50万元的商业承兑汇票，收款人为上海××有限公司，汇票到期日2016年2月17日，付款行为J银行股份有限公司上海桃浦支行（以下简称J行桃浦支行）。此后，该承兑汇票加盖上海××有限公司财务专用章及法定代表人的印章，背书转让给承某公司。承某公司将该票据背书转让给Z银行浦电路支行，委托该行收款。2016年3月8日，J行桃浦支行以逾期为由退票。一审法院认为，承某公司在本案中出示的商业承兑汇票，符合票据的形式要件，应为有效票据。该商业承兑汇票背书连续，承某公司是持票人，能证明其系票据权利人。江西某公司作为付款人出具票据，负有到期无条件兑付票据款的义务。承某公司委托相关银行收款，但遭银行退票，承某公司据此向出票人即江某公司行使追索权，符合法律规定。江西某公司虽辩称涉案票据并非其出具且票据上的印章并非其公司印章，但未提供证据予以佐证，且在一审法院指定的期限内未申请司法鉴定，故一审法院对其抗辩意见不予采纳。因江西某公司系由江西某集团设立的分公司，不具有独立法人资格，由其行为所引发的民事责任，应由江西某集团承担。后江西某集团提起上诉，并提交《报案材料》以及江西省南昌市公安局青山湖分局出具的《受案回执》《立案决定书》《立案告知书》，旨在证明本案一审开庭后，江西某集团向公安机关报案，称漆某在担任江西某公司负责人期间，伪造江西某公司公章、财务专用章、负责人印签各一枚，并利用上述伪造的印章（签）在J行桃浦支行开设虚假银行账户，该虚假账户的户名为江西某公司，账号为31001××××××××××××，该虚假账户正是本案系争票据载明的付款人账号。

【争议焦点】

漆某涉嫌伪造江西某公司公章、财务专用章、负责人印签，并利用上述伪造的印章（签）开设系争票据付款人账户的行为，是否导致系争票据无效？

【法律分析】

根据江西某公司、江西某集团的报案材料，漆某系在其担任江西某公司负责人期间，涉嫌伪造该公司印章（签），在J行桃浦支行开设系争银行账户，漆某的上述行为涉嫌职务犯罪。《最高人民法院关于在审理经济纠纷案件中涉及经济犯罪嫌疑若干问题的规定》第三条明确规定："单位直接负责的主管人员和其他直接责任人员，以该单位的名义对外签订经济合同，将取得的财物部分或全部占为己有构成犯罪的，除依法追究行为人的刑事责任外，该单位对行为人因签订、履行该经济合同造成的后果，依法应当承担民事责任。"根据上述规定，漆某作为江西某公司负责人，以该公司名义，在J行桃浦支行开立银行账户并开具系争票据的行为，对江西某公司、江西某集团具有法律约束力。江西某公司、江西某集团如果认为上述行为涉嫌伪造公司印章，损害了其合法权益，可以向公安机关报案，依法追究漆某的刑事责任，但不能因此免除其就系争票据向合法持票人承某公司履行出票人义务的责任。

【判决结果】

驳回上诉，维持原判。江西某集团应于判决生效之日起十日内支付承某公司票据款50万元；江西某集团应于判决生效之日起十日内支付承某公司自2016年9月17日起至判决生效之日止，以50万元为基数，按中国人民银行规定的企业同期流动资金贷款利率计算的利息；驳回承某公司的其余诉讼请求。

2. 私刻伪造签章，印文不一致的，被伪造者不承担票据责任。

【案件概述】

2016年1月20日，武汉G物资有限公司因与原告存在买卖合同关系，将一张票面金额260万元，出票日期2015年11月3日，到期日2016年5月2日，付款人Z土木工程有限公司，开户银行L银行同信支行的商业承兑汇票一张交付原告用于支付材料款。后原告委托G银行钢城支行托收，2017年12月11日，L银行同信支行退票，理由为无款退回。

另外，2016年10月17日，Z土木公司向铁岭市公安局经济犯罪侦查支队举报×××合同诈骗一案。2017年4月21日，铁岭市公安局经侦支队委托铁岭市公安局213研究所物证鉴定中心对辽阳银行验印系统预留的Z土木公司公章、财务专用章、法人章进行鉴定，结论为辽阳银行验印系统预留的Z土木公司公章、财务专用章、法人章印文与Z土木公司公章、财务章、法人章印文为非同一枚印章盖印形成。2017年6月，铁岭市公安局决定对×××合同诈骗案立案侦查。2017年11月21日，经公安部门讯问，×××陈述：2003年至2017年3月，在Z土木公司任项目经理，Z土木公司在铁岭做过铁岭北方金融后台服务基地生活服务区金融会馆土建工程、铁岭B金融后台服务基地生活服务区芭蕾舞学校工程和铁岭水木花园二期工程，×××是这三个项目的负责人。同时，黑龙江红兴隆农垦L建材有限公司的法人也是×××。Z土木公司与黑龙江红兴隆农垦L建材有限公司签订工程项目合作施工协议书，等同是Z土木公司把这三个项目内部承包给×××。在L银行同信支行开立的Z土木公司账户这件事中Z土木公司的相关人员不知情。Z土木公司的公章和法人章是×××自己刻的，财务专用

第三章　票据行为

章是 Z 土木公司发给×××的。

2016 年 3 月 30 日，Z 总公司纪检监察部工作人员向×××调查了解有关×××在 L 银行同信支行以 Z 土木公司名义开立账户事宜，×××答复："开户用了一个财务章、一个黄局名章、一个公章，印章是我自己私自刻的，财务专用章是我自行刻的，在 L 银行同信支行以 Z 土木公司名义开立账户是个人行为，和 Z 土木公司没有关系，我个人承担由此带来的经济法律责任并负责解决商票引发的一切后果。"

【争议焦点】

公司员工伪造印章与其他公司签订合同并以被告名义开具汇票结款，公司是否应当承担票据责任？

【法律分析】

我国《票据法》第十四条和《最高人民法院关于审理票据纠纷案件若干问题的规定》第六十七条规定，票据上的记载事项应当真实，不得伪造、变造。伪造、变造票据上的签章和其他记载事项的，应当承担法律责任。被伪造签章者不承担票据责任。本案中，诉争票据加盖的印章为 L 银行验印系统预留的 Z 土木公司财务专用章、法人章，该法人章印文不仅与 Z 土木公司使用的法人章印文不一致，且×××也陈述系自己私自刻制。"财务专用章"也与 Z 土木公司使用的财务章印文不一致，虽×××在公安部门讯问中陈述"财务专用章"为 Z 土木公司所发，但并未指出该"财务专用章"是 Z 土木公司谁交给他的，况且在 Z 总公司纪检监察部门向其调查了解情况时，×××明确承认"财务专用章"系其私自刻制，前后陈述矛盾。鉴于现并无其他证据证明 Z 土木公司刻制过该"财务专用章"，也无证据证明 Z 土木公司曾使用过该"财务专用章"，结合×××私自以 Z 土木公司名义在 L 银行同信支行开立账户的事实，故应认定该"财务专用章"并非 Z 土木公司印章，Z 土木公司不承担票据责任。

【判决结果】

驳回原告武汉钢铁 GT 集团金属制品有限公司的诉讼请求。案件受理费减半收取为 14754 元，由原告负担。

【法条链接】

(1)《票据法》第十四条第一款：票据上的记载事项应当真实，不得伪造、变造。伪造、变造票据上的签章和其他记载事项的，应当承担法律责任。

(2)《最高人民法院关于审理票据纠纷案件若干问题的规定》第六十七条：依照《票据法》第十四条、第一百零三条、第一百零四条的规定，伪造、变造票据者除应当依法承担刑事、行政责任外，给他人造成损失的，还应当承担民事赔偿责任。被伪造签章者不承担票据责任。

（3）《中华人民共和国民事诉讼法》第六十四条第一款：当事人对自己提出的主张，有责任提供证据。

从上述判例可以得出，同样是涉嫌伪造公司印章开具商业承兑汇票，被伪造者是否承担责任与伪造者的身份以及其相应案件的刑事责任认定结果息息相关。

第二节 承 兑

一、行为简介

承兑是汇票特有的制度，是汇票权利实现的保障。基于汇票出票人的出票行为，产生了收款人的付款请求权，收款人可以凭借票据主张票据权利。但出票只是出票人的单方法律行为，只对出票人自身有约束，对于付款人来说，其仅仅收到了出票人请求代为支付汇票金额的一个委托，并不会直接产生付款人的付款义务。即便出票人和付款人存在资金关系上的支付义务，但并不构成票据法上的义务，仅是民法上的一般义务，这使得持票人的付款请求权处于不确定状态。为了使持票人的付款请求权得以确认，就必须经过付款人对汇票的承兑。

（一）电子商业汇票承兑的概念与方式

1. 电子商业汇票承兑的概念。《电子商业汇票业务管理办法》第三十一条、第三十二条规定，电子商业汇票的承兑，是指付款人承诺在票据到期日支付电子商业汇票金额的票据行为。需要注意的是，付款人承兑汇票后，应当承担到期付款的责任。

电子商业汇票因承兑机构是否为金融机构而分为电子商业承兑汇票及电子银行承兑汇票。《电子商业汇票业务管理办法》第三十三条规定，电子银行承兑汇票由真实交易关系或债权债务关系中的债务人签发，并交由金融机构承兑。

电子银行承兑汇票的出票人与收款人不得为同一人。

2. 承兑方式。

（1）电子银行承兑汇票的承兑。电子银行承兑汇票由真实交易关系或债权债务关系中的债务人签发，并交由金融机构承兑。《电子商业汇票业务管理办法》第三十五条规定，电子银行承兑汇票的出票人应向承兑金融机构提交真实、有效、用以证实真实交易关系或债权债务关系的交易合同或其他证明材料，并在电子商业汇票上作相应记录，承兑金融机构应负责审核。

（2）电子商业承兑汇票的承兑。《电子商业汇票业务管理办法》第三十四条规定，电子商业承兑汇票的承兑有以下几种方式：

真实交易关系或债权债务关系中的债务人签发并承兑；

真实交易关系或债权债务关系中的债务人签发，交由第三人承兑；

第三人签发，交由真实交易关系或债权债务关系中的债务人承兑；

收款人签发，交由真实交易关系或债权债务关系中的债务人承兑。

(二) 承兑的程序

承兑作为一种票据行为，由下述一系列行为构成，包括出票人的提示承兑、承兑人回复提示承兑（承兑或者拒绝）、出票人收到回复的过程。

1. 提示承兑。出票人在出票登记信息后，将电子商业汇票交付收款人前，提示付款人承兑，请求其承诺到期付款的行为。

提示承兑的行为人为提示人，在电子商业汇票中为出票人，相对人为被提示人，即付款人。提示时间为电子商业汇票出票人登记票据信息后，交付收款人之前。

2. 承兑人回复。电子商业汇票的出票人向付款人提示承兑后，付款人应在票据到期日前作出承兑或者拒绝承兑的决定。《票据法》第四十一条规定，付款人对向其提示承兑的汇票，应当自收到提示承兑的汇票之日起三日内承兑或者拒绝承兑。

承兑人承兑电子商业汇票，在票面上进行信息登记，根据登记信息是否必填，分为两类：

(1) 必须记载事项。根据《电子商业汇票业务管理办法》第三十七条：承兑人承兑电子商业汇票，必须记载下列事项：

①表明"承兑"的字样；

②承兑日期；

③承兑人签章。

(2) 非必要记载事项。承兑人可在电子商业汇票上记载自身的评级信息，并对记载信息的真实性负责，但该记载事项不具有票据上的效力。评级信息包括评级机构、信用等级和评级到期日。

另外，根据《票据法》第四十三条规定，付款人承兑汇票，不得附有条件；承兑附有条件的，视为拒绝承兑。因此，如果付款人附条件承兑，则为无效承兑。

(三) 银行承兑汇票的承兑

我国《电子商业汇票业务管理办法》第二条规定，电子银行承兑汇票由银行业金融机构、财务公司承兑，银行业金融机构与财务公司的承兑是以出票人的申请为前提，经过相关业务部门的审核，通过审批后方可开展此类业务。银行承兑汇票是承兑人的担保行为，对于银行业金融机构而言，属于承兑行的表外业务。无论是敞口银行承兑汇票还是全额保证金银行承兑汇票，到期承兑行都必须承担无条件付款责任。所以该类业务的审核必须非常谨慎。

1. 出票人申请承兑的条件。

（1）主体资格。

出票人的资格：根据《商业汇票承兑、贴现与再贴现管理暂行办法》第十条，商业汇票的出票人应首先向其主办银行申请承兑。向银行申请承兑的商业汇票出票人，必须具备下列条件：

①为企业法人和其他经济组织，并依法从事经营活动；

②资信状况良好，具有支付汇票金额的资金来源；

③在承兑银行开立存款账户。

经中国人民银行核准经营有关商业汇票业务的财务公司，适用本规定。

承兑行的资格：《商业汇票承兑、贴现与再贴现管理暂行办法》第十二条，承兑商业汇票的银行，必须具备下列条件：

①具有承兑商业汇票的资格；

②与出票人建立委托付款关系；

③有支付汇票金额的资金来源。

（2）授信管理。《商业汇票承兑、贴现与再贴现管理暂行办法》第十三条，银行承兑商业汇票时，应考核承兑申请人的资信情况，必要时可依法要求承兑申请人提供担保。经中国人民银行核准经营有关商业汇票业务的财务公司，同样适用。银行承兑汇票的承兑对于银行与财务公司来说都属于授信业务。即商业银行向客户直接提供资金支持，或者对客户在有关经济活动中可能产生的赔偿、支付责任作出保证，包括但不限于贷款、贸易融资、票据承兑和贴现、透支、保理、担保、贷款承诺、开立信用证等表内外业务。票据的承兑包含在银行或财务公司对被授信对象的总额度内，并按照人民银行的规定，向承兑申请人收取承兑手续费。另外，商业银行总行对银行承兑汇票业务实行总量控制，并分别核定各一级（直属）分行承兑总量。各一级（直属）分行相应核定辖内分支机构的承兑总量。各分支机构应在上级行核定的承兑总量内办理银行承兑汇票业务，未经批准不得突破。

2. 办理银行承兑汇票的程序。以《中国工商银行银行承兑汇票业务管理办法》为例，办理银行承兑汇票需经过以下步骤与程序：

（1）承兑申请。申请办理银行承兑汇票，承兑申请人除符合主体资格外，需向开户行提交下列资料：

①银行承兑汇票申请书，主要包括汇票金额、期限和用途以及承兑申请人承诺汇票到期无条件兑付票款等内容；

②营业执照或法人执照复印件、法定代表人身份证明；

③上年度和当期的资产负债表、损益表和现金流量表；

第三章 票据行为

④商品交易合同或增值税发票原件及复印件；

⑤按规定需要提供担保的，提交保证人有关资料（包括营业执照或法人执照复印件，当期资产负债表、损益表和现金流量表）或抵（质）押物的有关资料（包括权属证明、评估报告等）；

⑥银行要求提供的其他资料。

《电子商业汇票业务管理办法》第三十五条，电子银行承兑汇票的出票人应向承兑金融机构提交真实、有效、用以证实真实交易关系或债权债务关系的交易合同或其他证明材料，并在电子商业汇票上作相应记录，承兑金融机构应负责审核。在电子商业汇票的承兑上，上述操作步骤可在网上银行系统完成，具体步骤见操作流程部分。

（2）承兑业务的审查、审批与承兑。承兑行信贷部门负责受理客户申请，并对承兑申请人的有关情况进行审查。审查内容包括：

承兑申请人的合法资格；

该笔业务是否具有真实的贸易背景；

该笔业务是否控制在授信额度内；

承兑申请人经营情况、财务状况及现金流量；

承兑申请人的信誉状况，近两年是否有不良记录；

对按规定需要提供担保的，审查承兑申请人能否提供足值、有效的担保；

其他需要审查的事项。

经审查同意后，信贷部门将"银行承兑汇票申请审批书"、申请人提交的材料以及审查报告等按审批权限报有权人审批。承兑审批权集中于二级分行（含）以上机构。一级（直属）分行的单笔审批权限按照法人授权规定执行，二级分行的审批权限由一级分行在转授权时确定。

经审批同意后，信贷部门根据审批意见与承兑申请人及保证人签订《银行承兑协议》和相关的担保合同，对需要办理登记、转移占有或设质背书转让的，应及时办妥有关手续，同时书面通知会计结算部门，并转交相关材料及其清单。

会计结算部门收到信贷部门书面通知和相关材料后，对《银行承兑协议》、商品交易合同复印件、保证金进账单和汇票中记载的事项是否齐全、出票人的签章是否符合规定以及出票人是否在本行开立存款账户等进行复核，复核无误后向承兑申请人收取保证金和承兑手续费，按照《支付结算办法》规定办理有关承兑手续。会计结算部门办理承兑后，应于当日将承兑情况准确记入有关科目。客户提供抵（质）押的，应及时登记有关登记簿和表外科目。已实现信贷综合管理系统与综合业务系统相连接的分行，应通过系统中的审批流程完成有关操作。

3. 保证金的管理。办理银行承兑汇票业务，按照客户信用等级收取保证金。信用等级越高保证金上交的比例就越低，直至免收。保证金可按规定比例一次性收取，也可逐笔收取。对经常办理银行承兑汇票的客户，银行可根据需要核定其在一定期限内的最高承兑限额，并办理最高额担保。在限额内办理银行承兑汇票可不再逐笔办理担保。

银行会计结算部门可以以汇票为单位逐笔开立子账户（不需要交存保证金的除外）。对在最高承兑限额内一次性交存保证金的，可以按户设立一个账户。

根据《中国银监会办公厅关于加强银行承兑汇票业务监管的通知》，银行业金融机构要加强银行承兑汇票业务保证金统一管理。保证金账户原则上应开立在总行或经授权的分行；对于在票据承兑申请人开户行开立保证金账户的，应通过系统控制、定期对账等措施防范保证金挪用风险。

仍以工商银行规定为例：

（1）各行可根据具体情况确定保证金存放行与承兑行相分离的适当方式，可以采取将保证金由二级分行会计核算中心集中存放和管理的方式；也可由二级分行指定一家管理规范的通汇机构作为保证金集中存放和管理行，但该机构不得办理银行承兑汇票业务。

（2）承兑行在向二级分行会计核算中心或指定的通汇机构划转保证金时，应同时提供对应的审批书、承兑协议及保证金进账单。

（3）保证金移存、银行承兑汇票到期前3日保证金及利息转回承兑行等资金往来，一律通过辖内往来的方式进行划转，不得交由客户办理。

（4）会计核算中心应按承兑行分别设置台账，缴存会计核算中心的保证金仍作为承兑行存款指标进行考核。

4. 承兑业务的后期管理。银行承兑汇票的后期管理包括检查、到期及逾期垫款处理三个环节。

（1）检查。银行承兑汇票签发后，承兑行应加强跟踪检查，实行管户信贷员责任制，主要检查可能影响客户到期兑付能力的事项：

①是否按申请用途使用银行承兑汇票；

②生产经营和财务状况是否正常；

③到期前是否按照承兑协议要求存足兑付款项；

④资金流向和销货款归行情况是否正常；

⑤保证人保证资格和保证能力、抵（质）押物权属和价值等有无重大变化；

⑥其他可能影响承兑申请人到期兑付能力的事项。

（2）到期。在银行承兑汇票到期前10日，信贷部门应通知客户将票款足额存入其账户用于付款。银行承兑汇票到期，客户未足额交存票款的，承兑行收到持票人

第三章 票据行为

开户行寄来的委托收款凭证和汇票,经审核无误后,应无条件向持票人付款,并根据承兑协议的约定,从承兑申请人保证金专户和其他存款账户扣款,不足部分由银行垫付。

(3) 逾期垫款。承兑行在垫付汇票款项后,同时采取以下措施:

①将垫付款项转入"159001——银行承兑汇票垫款"科目,按照有关规定计收利息;

②就垫付款项向承兑申请人进行催收;

③及时处理抵押物、质物或要求保证人履行担保义务,尽量减少垫款损失;

④经催收和追偿仍无法收回垫款的,应根据具体情况,及时采取包括诉讼在内的多种手段进行转化处理。

发生银行承兑汇票垫款后,信贷部门必须将其纳入不良贷款考核范围,根据《银行贷款损失准备计提指引》由总行统一计提贷款损失准备,并应及时制订清收计划,落实清收责任。

(四) 票据承兑的效力

付款人在汇票上登记了承兑要素完成签章后,电票系统将该信息进行登记并转发出票人,承兑就发生了法律效力。对具体当事人的影响如下:

1. 对出票人与背书人的效力。在汇票未经承兑前,出票人是票据的主债务人,承担着主票据义务,而票据一经承兑,出票人就由主债务人变成从债务人,对汇票承担的责任由担保承兑变为担保付款的责任。

2. 对付款人的效力。付款人在汇票承兑后成为票据的主债务人,承担着到期付款的义务。在票据权利因时效而消灭之前,承兑人负有绝对的付款责任,而出票人和背书人处于次债务人的地位。

3. 对持票人的效力。汇票经过承兑,持票人的付款请求权得以变为现实的权利。对于持票人来说无须考虑承兑人与出票人之间的因果关系,在票据到期时,可以向承兑人请求票据金额,如承兑人到期拒绝付款,持票人享有向包括出票人在内的所有前手背书人请求票据金额、利息以及取得拒付证明和发出通知书费用的权利。

二、电子商业汇票系统中的操作流程

在电子商业汇票系统中,票据的承兑环节发生在出票环节的信息登记后。出票人向承兑人发起提示承兑申请,承兑人进行签收后,此票据才能交给收款人。承兑行为包括提示承兑与承兑的签收两个环节:

(一) 提示承兑

1. 如图3-24所示,打开"出票"菜单,选择"提示承兑"功能。

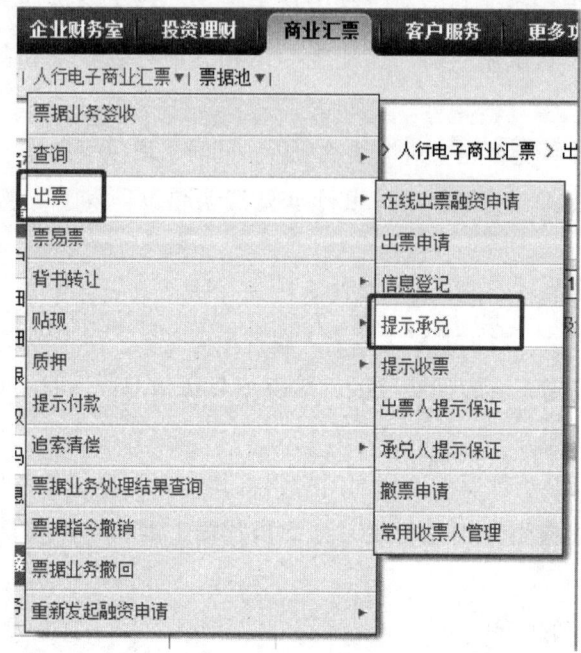

图3-24 出票菜单

2. 完成步骤1后进入以下页面，选定账户、选择票据种类或通过"更多高级选项"查询需提示承兑的票据。

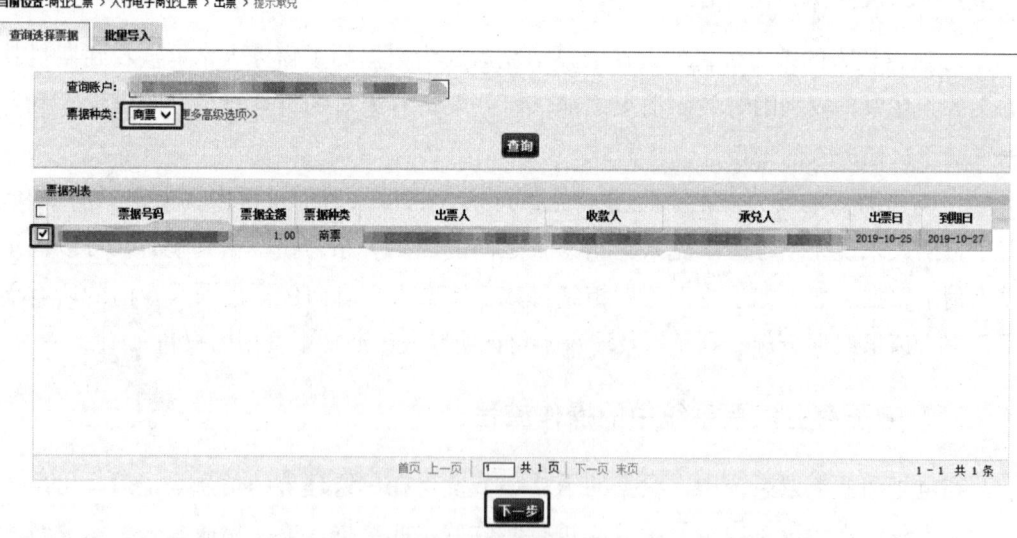

图3-25 查询列表

3. 在步骤2查询到的票据列表中选择需要提示承兑的票据，并点击"下一步"进

第三章 票据行为

入以下页面。

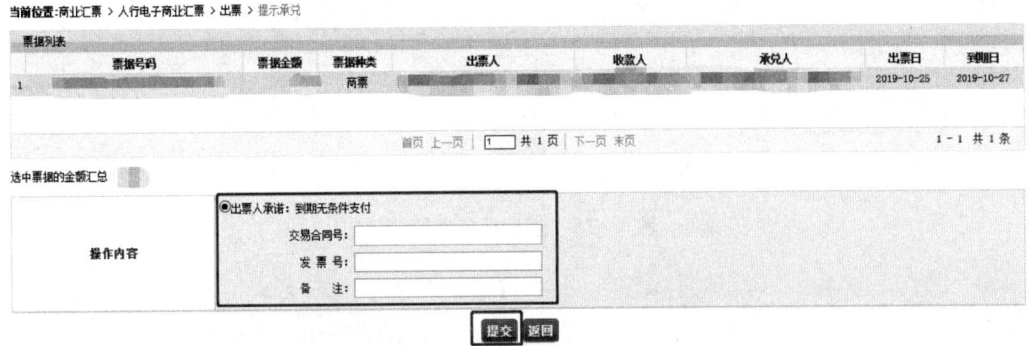

图 3-26 操作内容的填写

4. 填写操作内容部分，点击"提交"，提示承兑指令经复核/授权人员的复核/授权后生效。

提示承兑申请指令发出后，需等待承兑人进行签收。承兑人完成签收后，才能发起提示收票申请。

（二）承兑的签收

1. 如图 3-27 所示，选择"票据业务签收"功能。

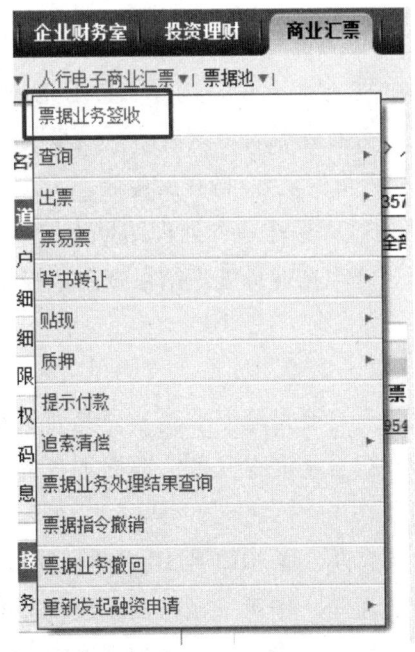

图 3-27 票据业务签收菜单

177

2. 完成步骤 1 后进入以下页面，选择票据种类、业务种类、票据号码或通过"更多高级选项"，查询待签收的票据。

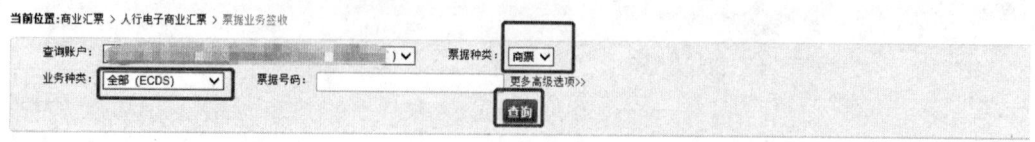

图 3-28　查询待签收票据

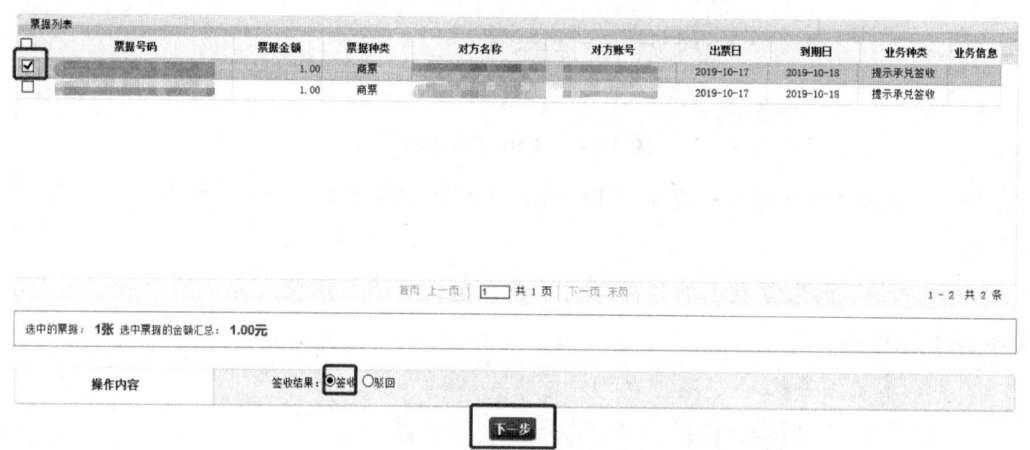

图 3-29　签收票据

3. 在通过步骤 2 查询到的票据列表中，选择需要承兑的票据，点击票据号码，可以查看票据正面及背面信息，查看完成后，点击"下一步"。

4. 承兑指令经复核/授权人员的复核/授权后生效。

5. 完成以上操作后，可通过"票据业务处理结果查询"查询票据指令状态。该操作流程可参考第一节第二部分"票据业务处理结果查询"操作流程。

三、相关风险与案例

常见的票据承兑业务风险点主要是基于非真实贸易背景承兑而产生的一系列法律问题，包括承兑汇票，银行履行承兑审查义务、票据本身的权利，以及因非真实贸易背景承兑汇票引发的刑事问题。

中国银行业监督管理委员会办公厅 2012 年 10 月 8 日发布《中国银监会办公厅关于加强银行承兑汇票业务监管的通知》中第一条指出，银行业金融机构要高度重视银行承兑汇票业务风险，认真落实有关监管要求。要加强客户授信调查，严格审查票据申请人资格、贸易背景真实性及背书流转过程合理性。

2011 年 6 月 24 日发布的《中国银行业监督管理委员会办公厅关于银行承兑汇票业

务案件风险提示的通知》第二条指出：加强对承兑申请人和贴现申请人的资信调查，实现风险关口前移。银行业金融机构要坚决按照"了解你的客户""了解你客户的业务"的原则，加强客户授信调查工作，严格审核票据申请人资格、贸易背景的真实性及背书流转过程合理性，严防持票人恶意串通套取银行信用。

（一）银行承兑的审查义务

银行在承兑汇票时，应对出票人的资信、汇票所对应的贸易背景关系进行审查，这种审查在实际审判中倾向于形式审查，银行不承担对贸易背景真实性实质审查的义务。

案 例

【案件概述】

贵州 G 房地产开发有限公司与袁某、化州市 Z 实业有限公司、广西 B 银行股份有限公司南宁票据纠纷申请再审民事裁定书。

在关于案涉《银行承兑协议》和《最高额抵押合同》效力问题的讨论中，法院提出以下观点：

第一，《银行承兑协议》是 B 银行与 Z 公司之间为出具银行承兑汇票而建立的资金关系，属于票据基础关系的一种。

票据的基础关系是民法上的法律关系，其内容为民法上的权利义务，应适用民法上的一般债权制度。从本案的事实看，《银行承兑协议》是当事人的真实意思表示，协议主体资格适格，内容不违反国家法律、行政法规的强制性规定，应认定为有效。《最高额抵押合同》是 G 公司为 Z 公司在《银行承兑协议》中的主合同义务提供抵押担保而建立的抵押担保关系，该协议主体适格，内容不违反国家法律、行政法规的强制性规定，也应认定为有效。G 公司以《票据法》的相关规定来判断分析和否认《银行承兑协议》的效力，缺乏相应的法律依据。况且，《票据法》第十条第一款"票据的签发、取得和转让，应当遵循诚实信用原则，具有真实的交易关系和债权债务关系"、第二十一条第二款"不得签发无对价的汇票用以骗取银行或者其他票据当事人的资金"的规定，并非是对汇票效力的规定。票据的基础关系独立于票据关系，票据基础关系的效力不影响票据关系的效力。即使汇票项下没有真实交易背景，也不能认定汇票行为无效，更不能影响到汇票的资金关系即案涉《银行承兑协议》的效力。

第二，中国人民银行《关于切实加强商业汇票承兑贴现和再贴现业务管理的通知》《商业汇票承兑、贴现与再贴现管理暂行办法》《支付结算办法》等关于办理汇票承兑的规定，均是从商业银行风险控制角度加以规范，属于管理性规定，即使违反相关规定也不影响《银行承兑协议》的效力。况且，根据《支付结算办法》第七十六条"银行承兑汇票的出票人必须具备下列条件：（一）在承兑银行开立存款账户的法人以及其他组织；（二）与承兑银行具有真实的委托付款关系；（三）资信状况良好，具有支付汇票金额的可靠资金来源"、第八十三条"银行承兑汇票的出票人或持票人向银行提示承兑时，银行的信贷部门负责按照有关规定和审批程序，对出票人的资格、资信、购销合同和汇票记载的内容进行认真审查，必要时可由出票人提供担保。符合规定和承兑条件的，与出票人签订承兑协议"的规定，Z公司申请办理承兑汇票提供了《工矿产品购销合同》、增值税发票等材料，也按约定提供了汇票票面金额50%的保证金1000万元，敞口金额1000万元，由G公司提供房产作抵押并由袁某提供保证担保，说明B银行办理银行承兑汇票业务符合上述关于银行办理银行承兑汇票的规定，已尽到真实贸易关系的审查义务，不存在过错。

第三，增值税专用发票有证明双方当事人存在真实贸易关系的作用，但并非证明存在真实贸易关系的唯一证据。

Z公司向B银行提供的由贵州D石业有限公司开具的增值税专用发票中记载的金额、税额与贵州省税务部门留存发票记载的不一致，但不意味着Z公司与贵州D石业有限公司之间没有真实的贸易关系。在Z公司提供了《工矿产品购销合同》、增值税发票，《工矿产品购销合同》的相对方贵州D石业有限公司未作为当事人参加诉讼的情况下，不能认定Z公司与贵州D石业有限公司之间不存在真实的贸易关系。因此，B银行办理银行承兑汇票业务时已尽到真实贸易关系的审查义务。即使Z公司与贵州D石业有限公司之间没有实际发生真实贸易关系，或者Z公司与贵州D石业有限公司之间的贸易关系是否真实有效，均不影响《银行承兑协议》的效力。G公司主张Z公司与B银行签订《银行承兑协议》的目的不是购买货物，而是融资，套取银行资金，协议属于以合法形式掩盖非法目的而无效的理由不能成立。G公司在申请再审时提供的《融资及担保框架协议书》等证明材料不符合《中华人民共和国民事诉讼法》及相关司法解释关于再审"新证据"的规定，也不足以推翻二审判决关于案涉《银行承兑协议》和《最高额抵押合同》有效的认定，本院不予采信。

（二）非真实交易背景下，票据关系本身仍有效

2019年11月8日，《全国法院民商事审判工作会议纪要》发布，其中第九章关于票据纠纷案件的审理，101条【民间贴现行为的效力】指出：票据贴现属于国家特许经营业务，合法持票人向不具有法定贴现资质的当事人进行"贴现"的，该行为应当认定无效，贴现款和票据应当相互返还。当事人不能返还票据的，原合法持票人可以拒绝返还贴现款。人民法院在民商事案件审理过程中，发现不具有法定资质的当事人以"贴现"为业的，因该行为涉嫌犯罪，应当将有关材料移送公安机关。民商事案件的审理必须以相关刑事案件的审理结果为依据的，应当中止诉讼，待刑事案件审结后，再恢复案件的审理。案件的基本事实无须以相关刑事案件的审理结果为依据的，人民

第三章 票据行为

法院应当继续审理。

根据票据行为无因性原理，在合法持票人向不具有贴现资质的主体进行"贴现"，该"贴现"人给付贴现款后直接将票据交付其后手，其后手支付对价并记载自己为被背书人后，又基于真实的交易关系和债权债务关系将票据进行背书转让的情形下，应当认定最后持票人为合法持票人。

因此，民间贴现行为在民间贴现直接当事人之间无效，在此后的票据转让行为，基于真实的交易关系和债权债务关系的转让有效。相较于过去关于民间贴现效力的争议，《纪要》发布后，的确对法院起到了指导作用。

【案件概述】

湖北帕某贸易有限公司与广东劲某集团股份有限公司、黄石市港某有限公司票据追索权纠纷一审。

劲某公司开出一张100000元的电子商业承兑汇票，收款人为安徽绿某公司，票据号码230×××620190129342886502，出票日期为2019年1月29日，到期日为2019年7月26日。出票人承诺，到期无条件付款。

该份电子商业承兑汇票经过多次背书转让，分别为：2019年1月29日背书转让给湖北绿某电子公司；2019年1月30日背书转让给港某公司；2019年2月3日背书转让给帕某公司。

帕某公司取得票据之后于2019年7月24日提示付款，但汇票到期后被拒绝付款。帕某公司向其前手港某公司追索债权，2019年8月9日，港某公司及其法定代表人瞿某共同向原告出具《同意追索清偿协议书承诺函》，承诺于2019年8月13日前付清票据全款100000元，如违约则承担后期追偿所发生的费用，包括诉讼费、律师费。

帕某公司追索无果，向本院提起诉讼，并因此次诉讼向湖北某律师事务所支付律师费7000元。

另法院查明，帕某公司与港某公司没有真实交易关系。帕某公司向港某公司支付97700元，以民间贴现方式取得涉案电子商业承兑汇票。

法院认为，一、根据《中华人民共和国票据法》第十条第一款的规定：票据的签发、取得和转让，应当遵循诚实信用的原则，具有真实的交易关系和债权债务关系。本案中，原告帕某公司向被告港某公司支付了97700元，以民间贴现方式取得涉案电子商业承兑汇票，双方没有真实的交易关系和债权债务关系。票据贴现属于国家特许经营业务，原告帕某公司不具有从事贴现业务的法定资质，原告以"贴现"方式取得涉案票据的行为无效，贴现款和票据应当相互返还。

二、《中华人民共和国票据法》第六十一条第一款规定：汇票到期被拒绝付款的，持票人可以对背书人、出票人以及汇票的其他债务人行使追索权。上述法条规定的

"持票人"是指合法占有票据的"持票人",而本案原告取得票据所依据的基础法律关系无效,不属合法"持票人",故不享有票据追索权。

三、被告瞿某及港某公司共同出具承诺书,承诺在2019年8月13日前向原告清偿票据款,如违约则承担后期追偿所发生的律师费。故原告有权主张被告瞿某对97700元贴现款承担连带返还责任。同时,有权主张被告瞿某及港某公司共同负担原告支出的律师费7000元。

综上所述,原告对于涉案票据不享有追索权。被告港某公司应当向原告返还贴现款97700元,原告应当向被告港某公司返还票据。相互返还后,票据追索权由被告港某公司依照法律规定行使。被告瞿某对97700元贴现款应当承担连带返还责任。原告因本案诉讼支出的律师费7000元应由被告瞿某及港某废旧物资公司共同负担。当事人不能在违法行为中获益,本院对于原告主张的利息损失不予支持。

(三)骗取票据承兑罪

对于通过虚构贸易背景手段取得银行票据承兑的,涉嫌骗取票据承兑罪。

1. 骗取票据承兑罪的概念。《中华人民共和国刑法》第一百七十五条之一:骗取贷款、票据承兑、金融罪论罪——以欺骗手段取得银行或者其他金融机构贷款、票据承兑、信用证、保函等,给银行或者其他金融机构造成重大损失或者有其他严重情节的,处三年以下有期徒刑或者拘役,并处或者单处罚金;给银行或者其他金融机构造成特别重大损失或者有其他特别严重情节的,处三年以上七年以下有期徒刑,并处罚金。

单位犯前款罪的,对单位判处罚金,并对其直接负责的主管人员和其他直接责任人员,依照前款的规定处罚。

本罪属于《刑法修正案(六)》新增加的罪名。

本罪为选择性罪名,包含骗取贷款、票据承兑、金融票证三种行为。当行为人实施其中一种行为时,即可构成犯罪;当行为人实施其中两种以上的行为时,仍成立本罪一罪,不实行数罪并罚。

2. 骗取票据承兑罪的构成要件。(1)主体要件:本罪的犯罪主体是一般主体,自然人和单位都可成为犯罪主体。其中自然人主体又分为一般主体和特殊主体,一般主体是申请贷款、票据承兑、信用证、保函的自然人,特殊主体主要指银行或其他金融机构的工作人员。

(2)主观要件:从申请主体角度来看,本罪主观方面表现为直接故意,即申请人在没有达到法定申请条件时,为达到目的,采取欺骗手段,虚构事实并隐瞒真相,使银行或其他金融机构作出错误判断,从而实施票据承兑、发放贷款等行为。从审批主体的角度来看,本罪的主观方面也可以由间接故意或过失构成。行为人明知申请人在未提供任何担保或者提供虚假担保等情形下发放贷款、对票据承兑、开具信用证和保函。

第三章 票据行为

（3）客观要件：表现为以欺骗手段取得银行或者其他金融机构贷款、票据承兑、信用证、保函等。

所谓"欺骗手段"，指行为人在取得银行或者其他金融机构的贷款、票据承兑、信用证、保函等信贷资金、信用时，采用的是虚构事实、隐瞒真相等手段，掩盖了客观事实，骗取了银行或其他金融机构的信任。只要申请人在申请信贷资金或信用过程中有虚构事实、隐瞒真相的情节，或者只要提供假证明、假材料，或者信贷资金没有按照申请时所承诺的用途去使用，均可认为是欺骗。

（4）客体要件：一方面侵犯了国家的金融管理秩序，另一方面侵犯了银行或其他金融机构贷款、票据承兑、信用证、保函等的安全性。

这里的"银行"，包括中国人民银行和商业银行。"其他金融机构"，是指除银行以外的各种开展金融业务的机构，如证券、保险、期货、外汇、融资租赁、信托投资公司等。这里的"安全"，是指骗贷行为使银行或其他金融机构的这些资产与正常贷款相比处于相对不安全状态，不利于银行的风险防范。

当然，本罪的成立，要求必须是给银行或其他金融机构造成重大损失或者有其他严重情节，如果行为人的欺骗行为并未造成重大损失，也不具有其他严重情节的，则不构成犯罪。

3. 案件举例。

【案件概述】

山东省博兴县人民法院（2018）鲁1625刑初114号。

2016年5月26日，在被告人公××安排下，被告人董××、李×、巩×，伪造山东J佳胆碱有限公司与山东L华谷物产业有限公司玉米芯购销合同，在山东H义玉米科技有限公司、公××、张×的担保及山东Y佳食品有限公司土地担保下，缴纳2000万元保证金从Z银行邹平支行办理银行承兑汇票两张，每张金额2000万元，合计4000万元。其中，1200万元偿还山东H创贸易有限公司借款，600万元用于山东J佳生物科技有限公司生产经营，2000万元转入山东J佳生物科技有限公司，用于偿还该公司贷款。

被告人公××等人行为造成Z银行邹平支行损失1958万元（Z银行邹平支行将其保证金2000万元及利息42万元用于偿还上述票据承兑）。

【法律分析】

被告单位山东J佳集团有限公司、山东J佳胆碱有限公司以欺骗手段取得票据承兑，到期不能归还，给银行造成特别重大损失，被告人公××作为以上两被告单位的实际控制人，系直接负责的主管人员，被告人董××、李×、梁××、巩×系其他直接责任人员，其行为均已构成票据承兑罪。被告人李×伪造公司印章，其行为构成伪造公司印章罪。被告单位山东J佳集团有限公司构成票据承兑罪。

4. 骗取票据承兑罪的认定。

（1）立案追诉标准。《最高人民检察院 公安部关于公安机关管辖的刑事案件立案追诉标准的规定（二）》（公通字〔2010〕23号）第二十七条：骗取贷款、票据承兑、金融票证案（刑法第一百七十五条之一）以欺骗手段取得银行或者其他金融机构贷款、票据承兑、信用证、保函等，涉嫌下列情形之一的，应予立案追诉：（一）以欺骗手段取得贷款、票据承兑、信用证、保函等，数额在一百万元以上的；（二）以欺骗手段取得贷款、票据承兑、信用证、保函等，给银行或者其他金融机构造成直接经济损失数额在二十万元以上的；（三）虽未达到上述数额标准，但多次以欺骗手段取得贷款、票据承兑、信用证、保函等的；（四）其他给银行或者其他金融机构造成重大损失或者有其他严重情节的情形。

地方标准参考《浙江省关于办理骗取贷款、票据承兑、金融证罪有关法律适用问题的会议纪要》（2015年6月28日）第二条第二款规定：

行为人以欺骗手段取得银行或者其他金融机构贷款、票据承兑、金融票证，数额超过人民币一百万元不满五百万元，但在侦查机关立案前已偿还信贷资金，未给银行或者其他金融机构造成直接经济损失的，或者行为人以自有财产提供担保且担保物足以偿还贷款本息的，可认定为刑法第十三条的"情节显著轻微危害不大"，不作为犯罪处理。

重大损失：第四款第五款行为人以欺骗手段取得贷款、票据承兑、金融票证，给银行或者其他金融机构造成直接经济损失数额二十万元以上的，认定为刑法第一百七十五条之一规定的"重大损失"。

直接经济损失应限定为侦查机关立案时逾期未偿还银行或者其他金融机构的信贷资金。

（2）欺骗手段。《公安部立案追诉标准及浙江省关于办理骗取贷款、票据承兑、金融证罪有关法律适用问题的会议纪要》——是指行为人在取得银行或其他金融机构的贷款、票据承兑、金融票证时，采用虚构事实、隐瞒真相等手段，掩盖客观事实，骗取银行或其他金融机构信任的行为。

（四）违法发放贷款罪

金融机构工作人员以虚构事实签发银行承兑汇票的形式发放贷款，涉嫌违法发放贷款罪。

1. 违法发放贷款罪的概念。《中华人民共和国刑法》第一百八十六条规定，银行或者其他金融机构的工作人员违反国家规定发放贷款，数额巨大或者造成重大损失的，处五年以下有期徒刑或者拘役，并处一万元以上十万元以下罚金；数额特别巨大或者造成特别重大损失的，处五年以上有期徒刑，并处二万元以上二十万元以下罚金。

银行或者其他金融机构的工作人员违反国家规定，向关系人发放贷款的，依照前款的规定从重处罚。

单位犯前两款罪的，对单位判处罚金，并对其直接负责的主管人员和其他直接责任人员，依照前两款的规定处罚。

关系人的范围，依照《中华人民共和国商业银行法》和有关金融法规确定。

2. 违法发放贷款罪构成要件。

（1）主体要件。本罪的主体，是特殊主体，只能由银行或者其他金融机构以及上述金融机构的工作人员构成，其他任何单位和个人均不能成为本罪主体。《中国人民银行法》第四十九条规定，地方政府、各级政府部门、社会团体的相关人员强令中国人民银行及其工作人员违反规定提供贷款，与银行或其他金融机构的人员构成共犯，也满足违法发放贷款罪的主体要件。

（2）主观要件。违法发放贷款罪在主观方面表现是故意，即行为人明知违反国家规定及贷款管理制度而发放贷款的行为，尤其滥用职权，更是故意而为。但行为人对于其非法发放贷款行为可能造成的重大损失是出于过失，这种过失一般是过于自信的过失。因此也有观点认为，违法发放贷款主观系过失。笔者认为行为人对造成重大损失结果的过失不能否认违法发放贷款行为的主观故意，此罪属于结果犯，行为人对行为的故意并不影响其对结果的过失，因而违法发放贷款罪仍属于故意犯罪。

（3）客体要件。违法发放贷款罪侵犯的客体，是国家金融管理秩序中的贷款管理制度。违法发放贷款罪的对象是贷款，即贷款人对借款人提供的并按约定的利率和期限还本付息的货币资金。贷款既可以是人民币，也可以是外币。发放的如果不是贷款，不能构成违法发放贷款罪。

（4）客观要件。本罪在客观上表现为行为人实施了违反法律、行政法规的规定，玩忽职守或者滥用职权发放贷款，造成重大损失的行为。

第一，违反法律、法规的规定，是指违反《商业银行法》《担保法》《贷款通则》《贷款证管理办法》《信贷资金管理办法》《合同法》等一切法律或行政法规有关信贷管理的规定。

第二，"关系人"不是泛指与银行或者其他金融机构的工作人员有关系的人员，它是一个法定的概念。依《商业银行法》第四十条规定，商业银行的关系人是指："（一）商业银行的董事、监事、管理人员、信贷业务人员及其近亲属；（二）前项所列人员投资或者担任高级管理职务的公司、企业和其他经济组织。"

上述关系人大体上可划分为两类：

①商业银行的内部人员，包括董事（部分除外）、监事、各级管理人员和信贷业务人员。

②与商业银行存在着某种内部关系的外部人员或组织，包括内部人员的近亲属、与内部人员及其近亲属有着投资或兼职关系的公司、企业和其他经济组织。

最后，有违法发放贷款造成国家重大损失的后果发生。非法发放贷款，必须造成了重大损失，才能构成违法发放贷款罪，这是违法发放贷款罪行为在量的方面一个重要的限制。

3. 案件举例。

【案件概述】

李某系 N 行北京某支行行长，其朋友林某系 A 有限公司法定代表人，请求李某帮忙。由于林某不满足直接在开户行贷款的条件，李某答应利用假购销合同以承兑汇票的方式给林某办理贷款。李某找到 B 公司法定代表人赵某，要求赵某以公司名义签发银行承兑汇票给林某使用，赵某表示同意。2017 年 1 月到 7 月，李某分三次指使赵某以公司名义利用虚假买卖合同与银行签订银行承兑协议，签发汇票金额 500 万元、收款人为 A 公司的银行承兑汇票交给林某，后林某将该汇票背书转让。按照 B 公司与银行签订的承兑协议，500 万元如不能按期偿还，将转为该公司的逾期贷款。后因 A 公司不能偿还全部的汇票款项，至 N 行北京某支行垫付 150 万元。该行向出票人 B 公司追偿，B 公司以并未实际使用汇票为由，拒绝履行承兑协议约定的还款义务，后案发。

【法律分析】

李某身为银行行长，违反《金融违法行为处罚办法》第十六条第一款第三项规定，明知李某的 A 公司不具备贷款条件却积极想办法促成，明知 B 公司不具备办理银行承兑汇票的条件，却故意以签发银行承兑汇票方式，违反规定发放 500 万元贷款，系违反规定采用其他不正当手段发放贷款，其行为已破坏了金融管理秩序，给银行造成 150 万元的特别重大损失，数额特别巨大，具有严重的社会危害性和刑事违法性。根据《刑法》第一百八十六条规定，应当以违法发放贷款罪追究李某的刑事责任。

4. **违法发放贷款罪的立案标准及处罚标准。**

(1)《公安部经侦局关于骗取贷款罪和违法发放贷款罪立案追诉标准问题的批复》(2009 年 11 月 30 日)。

对违法发放贷款案（刑法第一百八十六条）立案追诉标准规定为：银行或者其他金融机构及其工作人员违反国家规定发放贷款，涉嫌下列情形之一的，应予立案追诉：(一)违反国家规定发放贷款，数额在一百万元以上的；(二)违反国家规定发放贷款，造成直接经济损失数额在二十万元以上的。

关于骗取贷款、违法发放贷款"数额巨大"的问题。最高人民法院刑事审判第二庭同意《立案追诉标准（二）》确定的数额标准。因此，骗取贷款、违法发放贷款，数额在一百万元以上的，可以认定为"数额巨大"。

(2)《最高人民检察院、公安部关于公安机关管辖的刑事案件立案追诉标准的规定（二）》(2010)。

第三章 票据行为

第四十二条 ［违法发放贷款案（刑法第一百八十六条）］银行或者其他金融机构及其工作人员违反国家规定发放贷款，涉嫌下列情形之一的，应予立案追诉：（一）违法发放贷款，数额在一百万元以上的；（二）违法发放贷款，造成直接经济损失数额在二十万元以上的。

(3)《全国法院审理金融犯罪案件工作座谈会纪要》（法〔2001〕8号）。

关于违法发放贷款罪。银行或者其他金融机构工作人员违反法律、行政法规规定，向关系人以外的其他人发放贷款，造成50万~100万元损失的，可以认定为"造成重大损失"；造成300万~500万元损失的，可以认定为"造成特别重大损失"。

由于各地经济发展不平衡，各省、自治区、直辖市高级人民法院可参照上述数额标准或幅度，根据本地的具体情况，确定在本地区掌握的具体标准。

(4)《中华人民共和国刑法》。

第一百八十六条 银行或者其他金融机构的工作人员违反国家规定发放贷款，数额巨大或者造成重大损失的，处五年以下有期徒刑或者拘役，并处一万元以上十万元以下罚金；数额特别巨大或者造成特别重大损失的，处五年以上有期徒刑，并处二万元以上二十万元以下罚金。银行或者其他金融机构的工作人员违反国家规定，向关系人发放贷款的，依照前款的规定从重处罚。单位犯前两款罪的，对单位判处罚金，并对其直接负责的主管人员和其他直接责任人员，依照前两款的规定处罚。

关系人的范围，依照《中华人民共和国商业银行法》和有关金融法规确定。

（五）违规出具金融票证罪

金融机构工作人员违反规定办理银行承兑汇票的行为涉嫌违规出具金融票证罪。

1. 违规出具金融票证罪的概念。是指银行或者其他金融机构的工作人员违反规定，为他人出具信用证或者其他保函、票据、存单、资信证明，情节严重的行为。《刑法修正案（六）》第十五条 确认违规出具金融票证罪，取消非法出具金融票证罪罪名。

2. 违规出具金融票证罪的构成。

(1) 主体要件。本罪犯罪主体是特殊主体，由银行或者其他金融机构及其工作人员构成。单位犯本罪的，对单位和个人实行双罚。宝塔石化财务公司属于其他金融机构，因此，其工作人员的此类违规行为纳入这一罪责。

(2) 主观要件。本罪主观上是明知的和故意的，对被他人骗取、丢失、其他需要而取走的金融票证，应根据具体情节具体分析，不能一概定本罪。行为人在出具票证时应以明知为特征。

(3) 客体要件。本罪侵犯的客体是国家的金融管理秩序。

本罪的犯罪对象为信用证、保函、票据、存单、资信证明。"信用证"是金融机构开具的有条件向受益人付款的书面凭证；"保函"是金融机构以其自身的信用为他人承担责任的担保文件;"票据"是汇票、本票、支票;"存单"是银行凭以办理储蓄业务的一种信用凭证。"资信证明"是证明个人或单位金融实力的文件。

(4) 客观要件。客观方面表现为银行或者其他金融机构的工作人员违反规定,为他人出具信用证或者其他保函、票据、存单、资信证明,情节严重的行为。

所谓违反规定,是指违反有关金融法律、行政法规、规章以及银行业金融机构内部规定的一些重要业务规则和规章制度,包括《中国人民银行法》《商业银行法》《票据法》《国内信用证结算办法》等。

所谓非法出具,是指违反金融法律、法规有关信用证、票据、保函、存单、资信证明规定的出具的条件和程序,玩忽职守或者滥用职权,开出上述代表着银行信用的特定凭据与证明的行为。

所谓"为他人出具"中的他人,是指除出具人以外的其他人,包括单位与个人。只要违反规定,无论是为单位还是为个人非法出具了信用证、保函、票据、存单、资信证明的,均可构成本罪。

对于"情节严重",参照最高法和公安部的立案标准。而对于情节特别严重,司法解释没有规定,可参照地方量刑标准。

3. 案件举例。

【案件概述】

2008年10月至2009年3月,黄某甲在任职J银行广州小北支行对公客户经理期间,经手办理广州Z汽车贸易有限公司(以下简称Z公司)开立额度金额为2000万元的银行承兑汇票业务,其中Z公司提供保证金1000万元,东某担保有限公司(以下简称东某公司)为敞口部分1000万元提供连带责任担保。黄某甲在仅对出票人Z公司提供的与收款人D汽车有限公司购车合同复印件进行审查的情况下,于2009年1月在《J银行广州分行授信额度使用审查/审批表》(共4份,每份开立银行承兑汇票500万元)上填写同意开立银行承兑汇票的意见,并逐级呈同案人甄某(另案处理)等人审批,后J银行为出票人Z公司成功开立4份金额各500万元的银行承兑汇票。在银行开出承兑汇票后,黄某甲根据Z公司提供的增值税专用发票复印件签名确认签收并归档,后J银行对承兑汇票作出兑付。后因Z公司无力支付银行垫付的款项,J银行扣除Z公司缴存的保证金及保证人的保证金后,尚有余款4865500.08元未能追回。经查,Z公司提供的购车合同及增值税专用发票复印件均属伪造。2013年6月25日,黄某甲被公安机关抓获归案。

【法律分析】

被告人黄某甲身为银行工作人员,违反银行的相关规定,没有核对购销合同、增值税发票的原件,也没有向D汽车有限公司核对是否存在真实的贸易,即为他人出具银行承兑汇票,情节严重,其行为已构成违规出具金融票证罪,判处有期徒刑二年。

4. 立案标准与处罚。最高人民检察院、公安部《关于公安机关管辖的刑事案件立案追诉标准的规定（二）》（2010年5月7日公通字〔2010〕23号）。

第四十四条　［违规出具金融票证案（刑法第一百八十八条）］银行或者其他金融机构及其工作人员违反规定，为他人出具信用证或者其他保函、票据、存单、资信证明，涉嫌下列情形之一的，应予立案追诉：（一）违反规定为他人出具信用证或者其他保函、票据、存单、资信证明，数额在一百万元以上的；（二）违反规定为他人出具信用证或者其他保函、票据、存单、资信证明，造成直接经济损失数额在二十万元以上的；（三）多次违规出具信用证或者其他保函、票据、存单、资信证明的；（四）接受贿赂违规出具信用证或者其他保函、票据、存单、资信证明的；（五）其他情节严重的情形。

《浙江省高级人民法院关于部分罪名定罪量刑情节及数额标准的意见》（浙高法〔2012〕325号）第38条，刑法第188条【违规出具金融票证罪】

具有下列情形之一的，属于"情节严重"，处五年以下有期徒刑或者拘役：（1）违反规定为他人出具信用证或者其他保函、票据、存单、资信证明，数额在100万元以上不满500万元的；（2）造成直接经济损失20万元以上不满100万元的；（3）多次违规出具信用证或者其他保函、票据、存单、资信证明的；（4）收受贿赂违规出具信用证或者其他保函、票据、存单、资信证明的；（5）情节严重的其他情形。

具有下列情形之一的，属于"情节特别严重"，处五年以上有期徒刑：（1）违反规定为他人出具信用证或者其他保函、票据、存单、资信证明，数额在500万元以上的；（2）造成直接经济损失100万元以上的；（3）情节特别严重的其他情形。

第三节　背　书

一、业务简介

（一）背书的概念与特点

1. 背书的概念。《票据法》第二十七条规定，持票人可以将汇票权利转让给他人或者将一定的汇票权利授予他人行使……背书是指在票据背面或者粘单上记载有关事项并签章的票据行为。可见，背书是以转让票据权利为目的，是票据权利合法转移的票据行为。

2. 背书的特点。

（1）背书是持票人作出的票据行为。背书的目的是将票据权利转让给他人，或者将一定的票据权利授予他人行使，因此只有票据的权利人才可以作出背书行为。通常情况下，票据的权利是一种依托于持有票据的证券性权利，权利和票据书面不可分离。

在电子商业汇票时代，票据存放于电子商业汇票系统或中国票据交易系统，只有持票人所在账户才可以进行票据的背书转让。

（2）背书是转让票据权利的唯一合法方式。《票据法》第二十七条："持票人可以将汇票权利转让给他人或者将一定的汇票权利授予他人行使。出票人在汇票上记载'不得转让'字样的，汇票不得转让。持票人行使第一款规定的权利时，应当背书并交付汇票。"在我国，背书是转让票据权利的唯一合法方式。

（3）票据背书是一种要式行为。《票据法》第二十七条："背书是指在票据背面或者粘单上记载有关事项并签章的票据行为。"第三十条："汇票以背书转让或者以背书将一定的汇票权利授予他人行使时，必须记载被背书人名称。"

《电子商业汇票业务管理办法》第五条："电子商业汇票的出票、承兑、背书、保证、提示付款和追索等业务，必须通过电子商业汇票系统办理。"第四十一条："转让背书必须记载下列事项：（一）背书人名称；（二）被背书人名称；（三）背书日期；（四）背书人签章。"

由此可见，票据背书是一种要式行为，必须以符合法律规定的形式完成该行为。

（二）背书的记载与连续性

1. 背书的记载事项。电子商业汇票背书有必须记载事项、不得记载事项。

（1）必须记载事项。《电子商业汇票业务管理办法》规定，电子商业汇票必须记载下列事项：①背书人名称；②被背书人名称；③背书日期；④背书人签章。

（2）不得记载事项。根据《票据法》第三十三条："背书不得附有条件。背书时附有条件的，所附条件不具有汇票上的效力。将汇票金额的一部分转让的背书或者将汇票金额分别转让给二人以上的背书无效"的规定，票据背书所记载的内容必须符合规定才能生效，不得记载法律禁止的内容。其中，背书中禁止记载的事项可以分为部分背书记载（将票据金额拆分，背书转让给多个背书人）和背书时附加条件的记载两类事项。

2. 背书的连续性。

（1）背书连续性的概念。背书连续是指在票据转让中，转让汇票的背书人与受让汇票的被背书人在汇票上的签章依次前后衔接。如果背书不连续，付款人应自行承担责任。付款人可以拒绝向持票人付款，背书连续主要是指背书在形式上连续，如果背书在实质上不连续，如有伪造签章等，付款人仍应对持票人付款。但是，如果付款人明知持票人不是真正票据权利人，则不得向持票人付款，否则应自行承担责任。

（2）背书连续的判定。

①各次背书应该都是形式上有效的背书，实质上的无效，如伪造的背书不影响背书的连续性；

②连续的背书应为同一性质的背书，即同一汇票的背书中，转让背书和非转让背

书并存时,仅以转让背书的连续来认定背书的连续;

③背书的记载顺序应该有连续性。

(三) 回头背书

回头背书,又称还原背书或逆背书,是以票据上已有的债务人为背书人的被背书人。《票据法》对此虽没有明确规定,但第六十九条的规定实际上是承认回头背书的:"持票人为出票人的,对其前手无追索权。持票人为背书人的,对其后手无追索权。"由上述法律条文可以看出,法律虽然承认回头背书,但对持票人能够追索的对象依据持票人的身份作出了两类限制:

1. 如果接受回头背书的持票人为出票人的,则持票人(该票据的出票人)对其所有前手均无追索权。

2. 如果持票人为该票据的任一背书人的,则持票人对其后手无追索权。

(四) 背书的效力

背书的效力是指票据经过交易双方进行背书后所产生的法律后果,具体来说,可以分为三类。

1. 权利转移的效力。背书人以票据背书的方式将其持有的票据上的一切权利转让给被背书人之后,被背书人因此成为该票据新的持票人(债权人),而背书人成为票据的义务人之一(债务人)。背书人所转让的票据效力最主要的就是票据的付款请求权,以及在票据被拒绝付款时的追索权。但原来附着于票据之上的、背书人对于前手享有的原因关系上的权利,如违约金请求权等,并不会随着票据权利的转移而转移。

2. 担保的效力。票据的背书人应该按照汇票的文义担保承兑和担保付款。当背书人持有的票据无法承兑或者不能获取付款时,在持票人行使追索权的情况下,背书人对被背书人以及全部交易后手均负有到期清偿票据款项的担保责任。《票据法》第三十七条规定,"背书人以背书转让汇票后,即承担保证其后手所持汇票承兑和付款的责任。背书人在汇票得不到承兑或者付款时,应当向持票人清偿本法第七十条、第七十一条规定的金额和费用。"可见,背书人的担保责任是无法通过约定免除的。虽然背书人不能通过约定免除他的担保责任,但却可以通过票面上的记载对这种担保责任加以限制,即在票据上记载"不得转让"字样,这样就可以对背书的担保加以限制,除直接后手外,对其他后手持票人均不承担担保责任。

3. 权利证明的效力。权利证明的效力又称资格授予的效力,这种效力表现为形式上的资格证明力。根据《票据法》第三十一条:"以背书转让的汇票,背书应当连续。持票人以背书的连续,证明其汇票权利;非经背书转让,而以其他合法方式取得汇票的,依法举证,证明其汇票权利。"的规定,每个持票人只需以背书行为发生的连续性,就可以证明其对票据的权利。当然,这还是形式上的效力,如果持票人是因恶意或重大过失取得票据，则不能享受票据权利。对于持票人并非真正权利人的举证责任应该是票据债务人承担。

二、电子商业汇票系统中的操作流程

（一）背书转让申请

1. 如图3-30所示，打开"背书转让"菜单，选择"背书转让申请"功能。

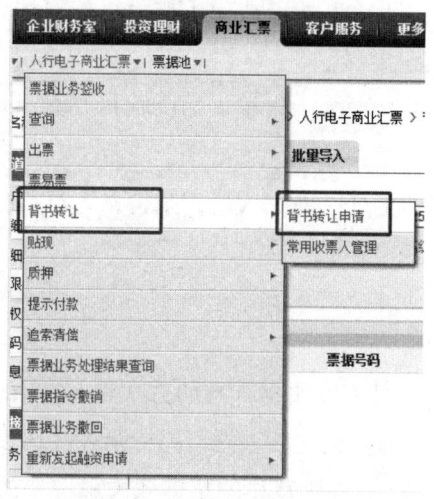

图3-30 背书转让菜单

2. 完成步骤1后进入以下页面，选择查询账户和票据种类，或选择"更多高级选项"，查询需进行背书转让的票据。

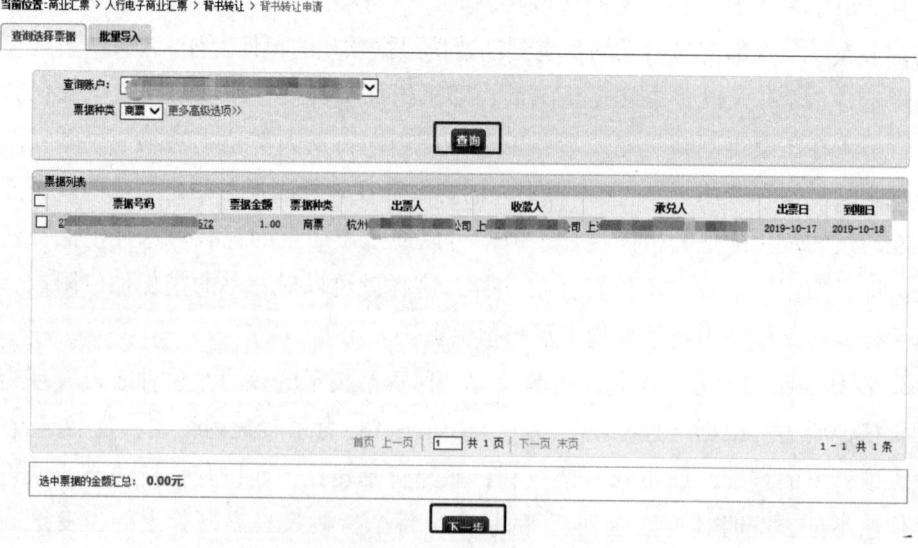

图3-31 查询需背书票据

3. 在通过步骤 2 查询到的票据列表中，选择需要背书转让的票据，点击票据号码，可以查看票据正面及背面信息，查看完成后，点击"下一步"进入以下页面。

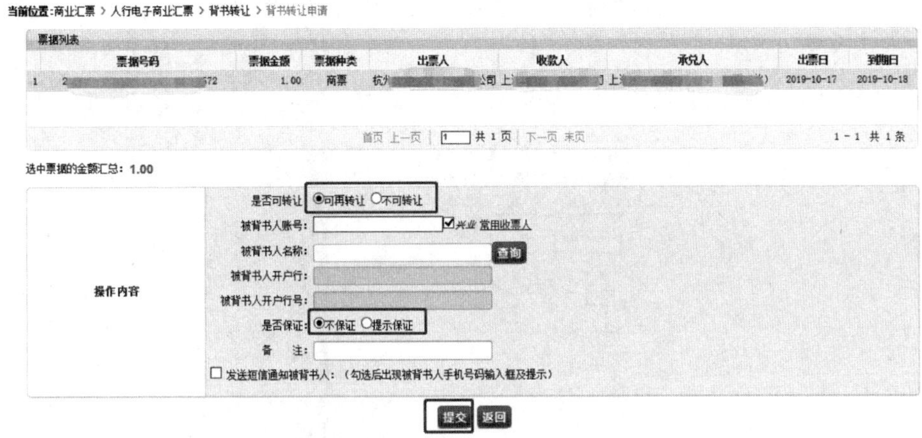

图 3-32　不保证下背书转让信息填写

（1）选择是否允许转让、填写被背书人账户信息（账号、名称、开户行、开户行行号）。如果被背书人为兴业银行、可在背书人账号后选择兴业，则无须填写被背书人的开户行与行号。

（2）选择是否提示保证。如选择提示保证，如图 3-33 所示操作内容中会增加保证人信息。系统会先向保证人发起保证申请，保证人签收完成后，再向被背书人发起背书申请。

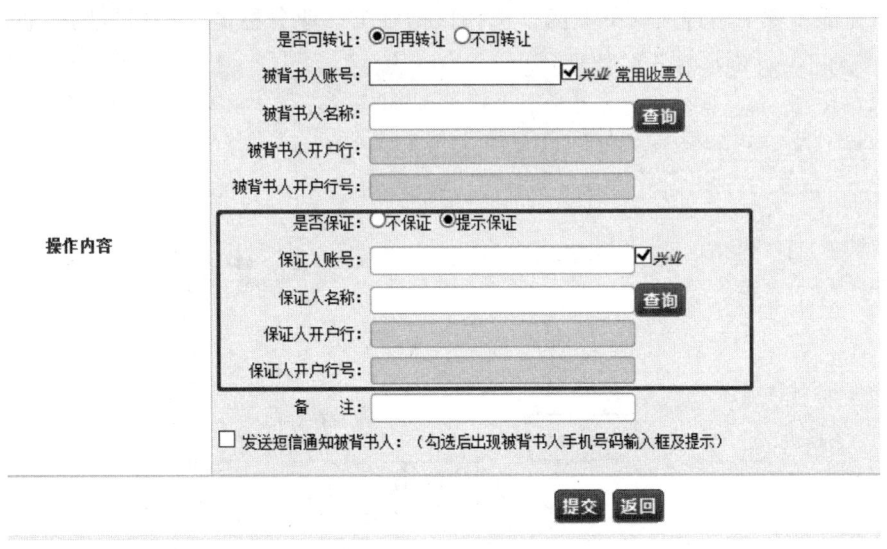

图 3-33　提示保证信息的填写

（3）填写备注信息（非必填内容），点击"提交"。

4. 完成以上操作后，可通过"票据业务处理结果查询"查询票据指令状态。该操作流程可参考第一节第二部分（三）票据业务处理结果查询操作流程。

以上指令需复核/授权人员进行复核/授权后生效。背书转让申请完成后，背书人应及时通知被背书人进行票据的签收，被背书人签收完成后，此票据背书转让完成。

（二）背书签收

1. 如图 3-34 所示，选择"票据业务签收"功能。

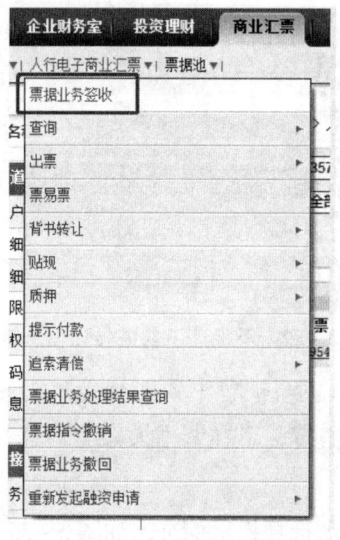

图 3-34 签收票据菜单

2. 完成步骤 1 后进入以下页面，选择票据种类、业务种类、票据号码或通过"更多高级选项"，查询待签收的票据。

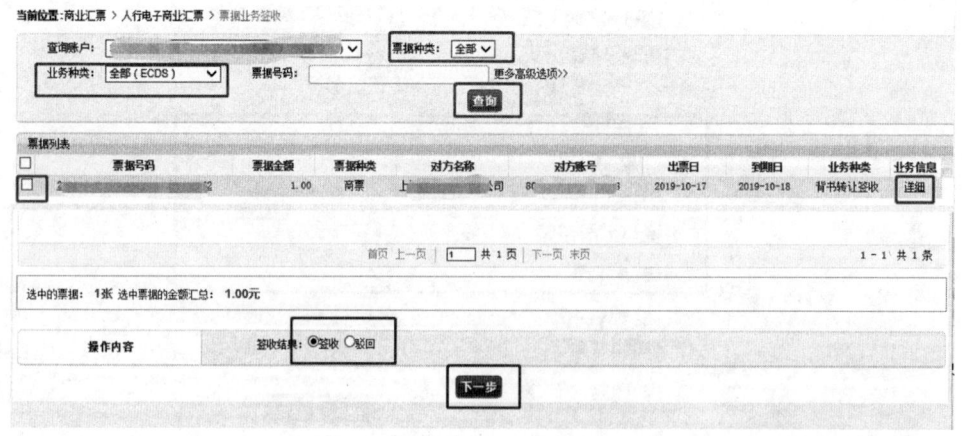

图 3-35 查询待签收票据

3. 在通过步骤 2 查询所得的票据列表中，点击票据号码，可以查看票据正面及背面信息。

4. 点击业务信息中"详细"可查看背书人申请转让日期、转让标记及备注。

图 3-36 背书转让签收详情

5. 查看完票据详细后,可选择"签收"并点击下一步。以上指令完成后,需复核/授权人员进行复核/授权后生效。

背书转让申请成功发起后,请及时通知被背书人进行票据的签收,签收完成后,此票据流转成功。

三、相关风险与案例

(一)票据"背飞"的相关风险

很多持票人在票据融资过程中会因为手续便捷、价格等方面的原因选择一些民间票据中介机构完成票据的融资,在融资效率与价格方面的确比一般的金融机构具有优势,但同时也引发了是"先背书"还是"先打款"的问题。这其中就有"先背书"却没有收到融资款的法律风险。

案 例
(2015)遂中刑初字第 23 号

【案件概况】

被告人唐某伙同陈某某、吴某甲、丁某某、徐某甲(均另案处理)、杨某丁(在逃)等共谋,设立嘉兴市 TW 贸易有限公司(以下简称 TW 公司),对外称公司可以运作汇票贴现业务,伺机以侵吞他人票据贴现资金的方式进行诈骗,并由唐某担任该公司的法定代表人;另还商议,诈骗成功后,唐某将分得诈骗金额的 20% 作为酬劳。

2014 年 9 月 17 日,遂宁市 Z 物资公司与遂宁市 H 农机公司进行钢材购销交易,由 Z 物资公司经 C 银行宜宾分行签发了一张票面金额为人民币 9000000 元的电子承兑汇票给 H 农机公司作为支付钢材的货款。H 农机公司收到汇票后,为了将汇票贴现,在上海某大酒店经票据中介"老王"(在逃,具体情况不详)等人的介绍,将汇票背书转让给了由唐某担任法定代表人的TW公司。TW公司收到电子汇票后,并未将协议的转让款汇至H农机公司,而是由吴某甲安排薛某某在网上操作,又将电子汇票背书转让给江阴Z机电设备有限公司,获款8504740元。TW公司获款后,因尚欠1200000元贴现款未付,当日在唐某的要求下,由薛某某通过网上银行将该款中的1200000元转账给天津B商贸有限公司,余款7304740元转入了徐某甲经谢某某、巫某某、黄某某等人介绍的郑州Y物资公司的对公账户内。按照黄某某等人要求,Y物资公司法人代表崔某甲于当日安排公司会计平某将该款项流转后,将其中6700000余元转回至徐某甲父亲徐某丙的银行卡账户内,将其中500000元转回至王某某的银行账户内。当月18日、19日,由徐某丙将转入其银行卡内款项取出交由徐某甲。诈骗实施成功后,唐某分得赃款1800000余元,其让杨某丁帮其偿还赌债500000余元,剩余款项唐某在逃往福建省泉州市水头镇躲避侦查期间,用于购买车辆、彩票和挥霍。

2015年2月6日,唐某在湖南怀化市溆浦县溆水南路被公安机关抓获到案。

另外,Y物资公司获利74307元;徐某丙获利23700元。

【法律分析】

被告人唐某伙同他人采取虚构事实、隐瞒真相的手段,以票据贴现为诱饵,骗取他人财物人民币9000000元,数额特别巨大,其行为已构成诈骗罪,应依法追究其罪行相适应的刑事责任。公诉机关指控唐某犯诈骗罪事实清楚,建议适用罪名正确,本院予以采纳。唐某归案后能如实供述,当庭认罪,依法可对其从轻处罚。唐某及其辩护人提出唐某属从犯的意见。经查,唐某虽然供述是受他人安排参与诈骗,但无相关证据佐证,而现有证据只能证实其系伙同他人共同实施诈骗并分得部分诈骗款项,但对其与其他同案犯在共同犯罪中的地位、作用难以区分,不宜划分主、从犯。该辩解辩护意见不能成立,本院不予支持。其辩护人提出涉案金额应以贴现转让金额认定,系初犯,主观恶性不深,能积极检举同案犯线索,有悔罪表现,获取赃款较少,量刑时应予以考虑等意见。经查,涉案贴现票据票面金额为人民币9000000元,根据现行法律规定,应认定为被骗金额为9000000元;唐某归案后虽能如实供述犯罪事实,但其参与诈骗金额特别巨大,获取赃款已用于归还赌债及购买彩票、汽车等,已全部耗用,且案发后无力退还赃款,无悔罪表现。该辩护意见不能成立,本院不予支持。

【判决结果】

1. 被告人唐某犯诈骗罪,判处有期徒刑十五年,并处罚金人民币600000元。

2. 扣押在案的郑州Y物资公司违法所得人民币74307元、徐某丙违法所得人民币23700元以及被告人唐某人民币300元、用赃款所购买的车辆一辆、手表一只、戒指一枚予以追缴退赔给遂宁市H农机有限公司;不足部分,责令被告人唐某继续退赔。

第三章 票据行为

【法条链接】

1.《中华人民共和国刑法》第二百六十六条规定,诈骗公私财物,数额较大的,处三年以下有期徒刑、拘役或者管制,并处或者单处罚金;数额巨大或者有其他严重情节的,处三年以上十年以下有期徒刑,并处罚金;数额特别巨大或者有其他特别严重情节的,处十年以上有期徒刑或者无期徒刑,并处罚金或者没收财产。本法另有规定的,依照规定。

2.《中华人民共和国刑法》第二十五条规定,共同犯罪是指二人以上共同故意犯罪。

二人以上共同过失犯罪,不以共同犯罪论处;应当负刑事责任的,按照他们所犯的罪分别处罚。

3.《中华人民共和国刑法》第六十七条第三款规定,犯罪嫌疑人虽不具有前两款规定的自首情节,但是如实供述自己罪行的,可以从轻处罚;因其如实供述自己罪行,避免特别严重后果发生的,可以减轻处罚。

4.《中华人民共和国刑法》第六十四条规定,犯罪分子违法所得的一切财物,应当予以追缴或者责令退赔;对被害人的合法财产,应当及时返还;违禁品和供犯罪所用的本人财物,应当予以没收。没收的财物和罚金,一律上缴国库,不得挪用和自行处理。

【相关链接】 票据诈骗罪

1. 何为票据诈骗罪?根据《中华人民共和国刑法》第一百九十四条第一款"【票据诈骗罪】有下列情形之一……(一)明知是伪造、变造的汇票、本票、支票而使用的;(二)明知是作废的汇票、本票、支票而使用的;(三)冒用他人的汇票、本票、支票的;(四)签发空头支票或者与其预留印鉴不符的支票,骗取财物的;(五)汇票、本票的出票人签发无资金保证的汇票、本票或者在出票时作虚假记载,骗取财物的",票据诈骗罪即是指以非法占有为目的,采取虚构事实或隐瞒真相的方法取得财物的行为。该罪在涉票据犯罪中较为常见,是《刑法》第一百九十四条规定的罪名,归属于金融诈骗罪的范畴。金融诈骗罪是《刑法》分则第三章"破坏社会主义市场经济秩序罪"中第五节规定的一个犯罪类别。金融诈骗罪是从普通诈骗罪中分离出来的,但金融诈骗犯罪又与传统意义上的诈骗犯罪不同。刑法将其从普通诈骗罪中分离出来,除了要分解诈骗罪这个口袋罪之外,更主要是为了更好地打击金融领域的诈骗犯罪,维护金融管理秩序。

2. 该罪的犯罪构成。

(1) 犯罪客体。本罪侵犯的是双重客体,既侵犯了国家金融管理制度,又侵犯了他人对公私财产的所有权。

(2) 客观方面。本罪在客观方面表现为利用金融票据进行诈骗活动,骗取财物数额较大的行为。根据《刑法》第一百九十四条第一款之规定,票据诈骗罪在客观方面通常表现为以下五种情形:

①明知是伪造、变造的汇票、本票、支票而使用。

②明知是作废的汇票、本票、支票而使用。"作废"的票据应是一个广义上的概念，是指根据法律和相关规定不能使用的票据，如《票据法》中提到的过期票据、无效票据、被除权判决宣告无效的票据、银行根据国家有关规定予以作废的票据。

③冒用他人的汇票、本票、支票。"冒用"就是拿着不属于自己所有的东西，冒充别人而使用。刑法意义上的"冒用"，通常是指以下几种情况：一是指行为人以欺诈、偷盗或胁迫等非法手段取得票据，为了非法占有而使用票据进行诈骗活动；二是指行为人明知是以非法手段取得的票据，仍然为了非法占有而使用票据进行诈骗活动；三是指为了实现非法占有的目的，行为人没有代理权却以代理人的名义实施，或者虽有代理权但超越代理权实施的票据背书转让、申请贴现、票据保证、提示付款等行为，从而进行诈骗活动；四是指为了实现非法占有的目的，行为人擅自使用他人委托代为保管的票据，或者捡到他人遗失的票据后使用，骗取财物的行为。

④签发空头支票或者与其预留印鉴不符的支票，骗取财物。我国《票据法》第八十九条规定，支票的出票人不得签发与其预留本名的签名式样或印鉴不符的支票。

根据《支付结算办法》第一百二十二条："支票的出票人签发支票的金额不得超过付款时在付款人处实有的存款金额。禁止签发空头支票"、第一百二十三条："支票的出票人预留银行签章是银行审核支票付款的依据。银行也可以与出票人约定使用支付密码，作为银行审核支付支票金额的条件"、第一百二十四条："出票人不得签发与其预留银行签章不符的支票；使用支付密码的，出票人不得签发支付密码错误的支票"的规定，"空头支票"出票人所签发的支票金额超过其付款时在付款人处实有的存款金额的支票。"签发与其预留印鉴不符的支票"是指票据签发人在其签发的支票上加盖的与其预留于银行或者其他金融机构处的印鉴不一致的财务公章或者支票签发人的名章。"与其预留印鉴不符"，可以是与其预留的某一个印鉴不符，也可以是与所有预留印鉴不符。据此，行为人签发的与其预留印鉴不符的支票系无效支票。

⑤汇票、本票的出票人签发无资金保证的汇票、本票或者在出票时作虚假记载，骗取财物汇票、本票的出票人是票据的当事人之一，是依法定方式制作汇票、本票并在这些票据上签章，将汇票、本票交付给收款人的人。出票人签发汇票、本票时，必须具有可靠的资金保证。这里的"资金保证"，是指票据的出票人在承兑票据时，具有按票据支付的能力，它既包括有可靠的资金来源，又包括出票人从出票时起就具有支付能力。

（3）犯罪主体。自然人和单位都可构成本罪主体。银行或其他金融机构的工作人员与票据诈骗的犯罪分子串通，即在实施票据诈骗的前后过程中，内勾外联、共同预谋策划、共同商量对策，为诈骗犯罪分子提供诈骗帮助的，应以票据诈骗罪共犯论处。

3. 立案标准。根据《最高人民检察院、公安部关于公安机关管辖的刑事案件立案

第三章 票据行为

追诉标准的规定（二）》第五十一条："【票据诈骗案（刑法第一百九十四条第一款）】进行金融票据诈骗活动，涉嫌下列情形之一的，应予立案追诉：（一）个人进行金融票据诈骗，数额在一万元以上的；（二）单位进行金融票据诈骗，数额在十万元以上的"，票据诈骗罪的犯罪主体可以是单位也可以是个人，个人犯该罪的立案金额标准为一万元，单位犯该罪的立案金额标准是十万元。

4. 刑事责任。《中华人民共和国刑法》第一百九十四条第一款规定，【票据诈骗罪】有下列情形之一，进行金融票据诈骗活动，数额较大的，处五年以下有期徒刑或者拘役，并处二万元以上二十万元以下罚金；数额巨大或者有其他严重情节的，处五年以上十年以下有期徒刑，并处五万元以上五十万元以下罚金；数额特别巨大或者有其他特别严重情节的，处十年以上有期徒刑或者无期徒刑，并处五万元以上五十万元以下罚金或者没收财产……"，票据诈骗罪的量刑标准为：数额较大的，处五年以下有期徒刑或者拘役，并处二万元以上二十万元以下罚金；数额巨大或者有其他严重情节的，处五年以上十年以下有期徒刑，并处五万元以上五十万元以下罚金；数额特别巨大或者有其他特别严重情节的，处十年以上有期徒刑或者无期徒刑，并处五万元以上五十万元以下罚金或者没收财产。在这个量刑幅度，票据诈骗罪没有单处罚金，量刑较重。另外对于该法条中"数额较大""数额巨大""数额特别巨大"的理解分个人和单位两个标准，具体为：个人进行票据诈骗数额在5000元以上的，属于"数额较大"；个人进行票据诈骗数额在5万元以上的，属于"数额巨大"；个人进行票据诈骗数额在10万元以上的，属于"数额特别巨大"。单位进行票据诈骗数额在10万元以上的，属于"数额较大"；单位进行票据诈骗数额在30万元以上的，属于"数额巨大"；单位进行票据诈骗数额在100万元以上的，属于"数额特别巨大"。

（二）电子商业汇票的挂失止付

《票据法》第十五条规定，票据丧失，失票人可以及时通知票据的付款人挂失止付。但是，未记载付款人或者无法确定付款人及其代理付款人的票据除外。失票人应当在通知挂失止付后三日内，也可以在票据丧失后，依法向人民法院申请公示催告，或者向人民法院提起诉讼。在纸票时代，持票人因票据被盗、遗失或者灭失可以申请公示催告，通过法院的除权判决宣告案涉票据失效，申请人依据判决有权向承兑人请求支付。挂失止付及除权判决是失票人维护权益的重要措施。

那么，何为挂失止付？挂失止付就是指失票人向付款人告知票据丧失的情形，指示付款人对已经丧失的票据停止止付。现行的挂失止付制度具有以下特点：

（1）发出挂失止付的主体只能是真正票据权利人，即只限于那些能够依靠背书的连续性证明其权利的存在，并且是以合法手段取得票据的人。

（2）必须是权利人已经丧失票据，而且丧失的票据是可以挂失止付的票据。中国人民银行1997年9月19日颁布的《支付结算办法》第四十八条规定："已承兑的商业汇票、支票，填明'现金'字样和代理付款人的银行汇票以及填明'现金'字样的银行本票丧失，可以由失票人通知付款人或代理付款人挂失止付。未填明'现金'字样和代理付款人的银行汇票以及未填明'现金'字样的银行本票丧失，不得挂失止付。"

（3）失票人应当在通知挂失止付后3日内向人民法院申请公示催告或者向人民法院提起诉讼。《票据法》第十五条第三款规定："失票人应当在通知挂失止付后3日内，也可以在票据丧失后，依法向人民法院申请公示催告，或者向人民法院提起诉讼。"这说明挂失止付只是一种临时性的措施，付款人在得到挂失通知之后并没有对通知事实进行审查的义务，只不过为了防止失票人到法院采取措施之前发生票款被他人冒领的危险，付款人协助采取的救济方法，权利人要想确定其对票据权利的拥有，必须有人民法院依公示催告程序予以除权判决或通过诉讼解决。

挂失止付的基础是票据的丧失。那么对于电子商业汇票这种以数据电文形式签发、流转，并以电子签名取代实体签章的无实质形式的票据来说，是否存在丧失的可能呢？另外，电子商业汇票是否会存在挂失止付的情形？

第一，笔者认为电子商业汇票不符合公示催告程序的前置条件。《中华人民共和国民事诉讼法》第二百一十八条："按照规定可以背书转让的票据持有人，因票据被盗、遗失或者灭失，可以向票据支付地的基层人民法院申请公示催告。"

电子商业汇票电票不会灭失。电子承兑汇票以电子数据的形式在人民银行的ECDS里统一集中保管，这个系统是国家级的金融系统，具有防御灾害级风险的能力，不可能出现纸质票据那样灭失的可能。

电票不会下落不明。电子票据可以通过电子商业汇票系统清楚查询流转情况，精准确定当前持票人的信息，不存在下落不明的可能。公示催告程序的目的实际上是寻找票据的过程。如果能够确定票据的占有人，确定票据的下落，不论是盗窃、捡拾，或者有其他诈骗、威胁情节，直接提起票据权利诉讼即可。

网银U盾丢失不会导致电票丢失。票据的流传，需要持票人通过网银U盾在计算机上输入密码后，在ECDS才可实现票据的背书、贴现等转出操作。因此，丢失网银U盾并不必然导致票据电子汇票丢失。

第二，电子商业汇票系统运营者有义务查询案涉电子汇票相关记录。《电子商业汇票业务管理办法》第七十七条，电子商业汇票发生法律纠纷时，电子商业汇票系统运营者负有出具电子商业汇票系统相关记录的义务。避免公示催告及不适当的除权判决造成票据权利人的各种损失。

电子商业汇票不存在纸质票据的遗失、挂失的问题，但2016年2月浙江省就出现了一起一家公司（浙江康和机械科技有限公司）向天台县人民法院申请电票挂失并且

第三章 票据行为

申请成功,该法院依法对此进行公示催告的事件。

图 3-37 天台县人民法院电票公示催告

其实,这并不是先例。在此之前的判例(〔2014〕温苍商初字第 455 号)中苍南县人民法院也认可了其本院对该案中涉案电子银行商业汇票的挂失止付及除权判决。另外,2018 年 7 月海口市龙华区人民法院也支持了深圳市宏颖建筑工程有限公司对其丧失的汇票号码为 2104641005303 20180726229373660 挂失止付的申请,并于 2018 年 10 月对该涉案票据作出了除权判决。

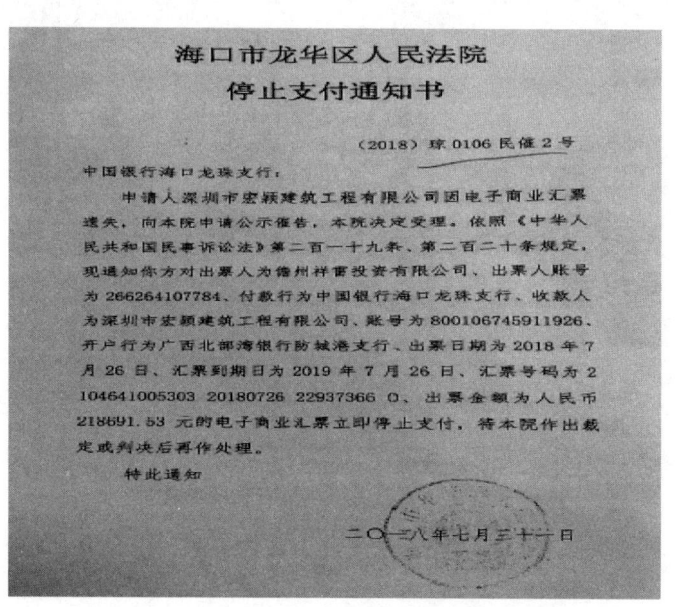

图 3-38 海口市龙华区人民法院电票止付通知书

海口市龙华区人民法院
民事判决书

（2018）琼0106民催2号

申请人：深圳市宏颖建筑工程有限公司，住所地广东省深圳市桃园路田厦金牛广场A座2201-2202号。

法定代表人：凃能杜，总经理。

委托代理人：许家军，男，该司员工。

申请人深圳市宏颖建筑工程有限公司申请公示催告一案，本院于2018年7月31日立案后，依法于2018年8月4日发出公告，催促利害关系人在六十日内申报权利。现公示催告期间已满，无人向本院提出申报。

依照《中华人民共和国民事诉讼法》第二百二十二条、《最高人民法院关于适用<中华人民共和国民事诉讼法>的解释》第四百五十二条的规定，判决如下：

一、宣告申请人深圳市宏颖建筑工程有限公司持有的汇票号码为210464100530320180726229373660、出票金额为人民币218691.53元的电子商业承兑汇票无效；

二、自本判决公告之日起，申请人深圳市宏颖建筑工程有限公司有权向支付人请求支付。

申请费100元、公告费1800元，由申请人负担。

审判长 郑忠东
审判员 王国娟
审判员 张萍

wcj5dm3tangwtvhq73
案件唯一码

图3-39 海口市龙华区人民法院认可电票挂失止付

由此可见，在法院的实际审理中，有部分法院认可了电子商业汇票可以挂失止付。

第三章　票据行为

第四节　保　证

一、业务简介

（一）保证的概念与主体

1. 保证的概念。所谓票据的保证是指票据债务人以外的第三人为担保票据债务的履行，从而提高票据信用程度，保证其流通的一种附属票据行为。

根据《电子商业汇票业务管理办法》第五十五条，电子商业汇票的保证，是指电子商业汇票上记载的债务人以外的第三人保证该票据获得付款的票据行为。

电子商业汇票保证，必须记载下列事项：

(1) 表明"保证"的字样；

(2) 保证人名称；

(3) 保证人住所；

(4) 被保证人名称；

(5) 保证日期；

(6) 保证人签章。

根据这一概念票据的保证有如下含义：

(1) 票据的保证是一种附属票据行为。票据的保证必须以有效的出票行为为前提，是在已生效的票据上作出的票据行为。

(2) 票据保证的作出是由票据债务人以外的人作出。票据保证行为的目的是提高票据的信用程度，增强它的流通性，而票据上所载明的原有债务人本身就承担着票据债务，以上述人作为保证人对于提高票据信用没有意义。因此，保证人应为票据债务人以外的人来担任。

(3) 票据保证以担保票据债务履行为目的。票据保证所担保的债务可以是承兑人的付款债务即第一次债务，也可以是出票人和背书人所承担的偿还债务即第二次债务。

(4) 票据保证具有严格的形式要求。票据保证属于票据行为的一种，具有严格的形式性要求，票据债务人仅依靠其文义承担票据责任，所以票据保证必须在票据上进行。

（二）保证的主体

保证行为的主体主要涉及两个：保证人和被保证人。

1. 保证人：根据《票据法》第四十五条第二款的规定，保证人由汇票债务人以外的他人担当，即保证人不能是票面信息上目前已有的主体，需要是其他第三方公司或单位。

根据《电子商业汇票业务处理手续》的相关规定，除中国人民银行不能作为保证人外，保证人和被保证人可为各类业务主体。另外，根据《票据管理实施办法》相关规定，《票据法》所称"保证人"，是指具有代为清偿票据债务能力的法人、其他组织或者个人。

国家机关、以公益为目的的事业单位、社会团体、企业法人的分支机构和职能部门不得为保证人；但是，法律另有规定的除外。

2. 被保证人：根据《电子商业汇票业务管理办法》第五十六条，电子商业汇票获得承兑前，保证人作出保证行为的，被保证人为出票人。电子商业汇票获得承兑后、出票人将电子商业汇票交付收款人前，保证人作出保证行为的，被保证人为承兑人。出票人将电子商业汇票交付收款人后，保证人作出保证行为的，被保证人为背书人。

同一被保证人可有多个保证人，但被保证人不能通过电子商业汇票系统同时向多个保证人发起保证申请。同一被保证人只有在收到保证申请回复或撤销保证申请后，才能向其他保证人发起保证申请。

（三）保证的效力

票据保证一经成立即对票据当事人发生法律效力，表现在保证人、票据权利人、被保证人之间的权利义务关系上。[1]

1. 保证人的责任。根据《票据法》第四十九条规定，"保证人对合法取得汇票的持票人所享有的票据权利，承担保证责任。但是，被保证人的债务因汇票记载事项欠缺而无效的除外"。第五十条规定，"被保证的汇票，保证人应当与被保证人对持票人承担连带责任。汇票到期后得不到付款的，持票人有权向保证人请求付款，保证人应当足额付款"。票据的保证责任具有从属性、独立性和连带性。

从属性指的是：首先，保证必须依赖担保主债务的履行而存在，在被保证的债务归于消灭时，保证责任也归于消灭。其次，如果被保证人承担的是追索义务，则持票人对被保证人的保全行为对保证人也发生效力；反之，如果持票人对被保证人的票据权利因保全手续欠缺而消灭或终止时，保证人的责任也同时免除。最后，保证责任的时效期间与被保证责任的时效期间相同，被保证人责任因时效完成而消灭时，保证人的责任也归于消灭。

保证责任的独立性是指保证人对被保证人的债务保证在不存在绝对必要记载事项欠缺的情况下，独立于债务的基础关系，即使被保证人的债务因原因关系无效而无效，

---

[1] 于莹. 票据法 [M]. 第二版. 北京：高等教育出版社，2008.

票据保证依然有效,保证人依然要履行保证责任。但保证人仅对合法取得汇票的持票人负保证责任,以欺诈、偷盗、胁迫等手段或者出于恶意或者重大过失取得汇票的,保证人不负保证责任。

保证责任的连带性指保证人与被保证人之间、共同保证人之间承担连带责任。对于票据保证人来说,不享有一般民事保证中保证人的先诉抗辩权。保证人与被保证人处于同一地位。

2. 保证人的权利。保证人的权利包括对票据权利人的抗辩权以及履行保证义务后对被保证人及其前手的追索权。

保证人的抗辩权包括其自身享有的抗辩权以及对被保证人抗辩权的援用。

所谓自有的抗辩权与一般票据的抗辩权一样,既包括对物的抗辩,如欠缺票据绝对记载事项等;还包括对人的抗辩,即以票据保证人与票据权利人之间存在的基础关系瑕疵等理由进行抗辩。

对被保证人抗辩权的援用是指票据保证人依赖票据的从属性,援用被保证人的抗辩事由对抗票据权利人的主张。

除了上述抗辩权外,保证人在履行了自己的保证责任后,解除了自己以及被保证人及其后手的票据债务,并由此产生了票据保证人的追索权。根据《票据法》第五十二条规定,保证人清偿汇票债务后,可以行使持票人对被保证人及其前手的追索权。追索的对象为被保证人及其前手。

二、电子商业汇票系统中的操作流程

出票、承兑、背书三个阶段均可以增加保证人,背书保证详见第三节背书第二部分背书转让申请步骤3,本节为出票保证与承兑保证的操作流程。

(一) 出票保证

使用"出票申请"功能出票时,增加保证人操作步骤详见第一节出票第二部分使用出票申请出票步骤3,以下为出票保证操作流程。

1. 如图3-40所示,打开"出票"菜单,选择"出票人提示保证"功能。

2. 完成步骤1后进入以下页面,选择票据种类或者通过"更多高级选项"功能,查询需要进行提示保证的票据。

3. 在通过步骤2查询所得的票据列表中,选择需要进行提示保证的票据,点击"下一步"进入以下页面。

4. 填写保证人账号、名称、开户行、开户行号、备注等信息,点击"提交"。保证人是兴业银行账户时,如不确定账号户名,可以点击查询按钮查询账号对应的户名。

以上指令完成后,需复核/授权人员进行复核/授权后生效。提示保证指令完成后,

商业汇票操作实务与风控手册

图 3-40　出票人提示保证菜单

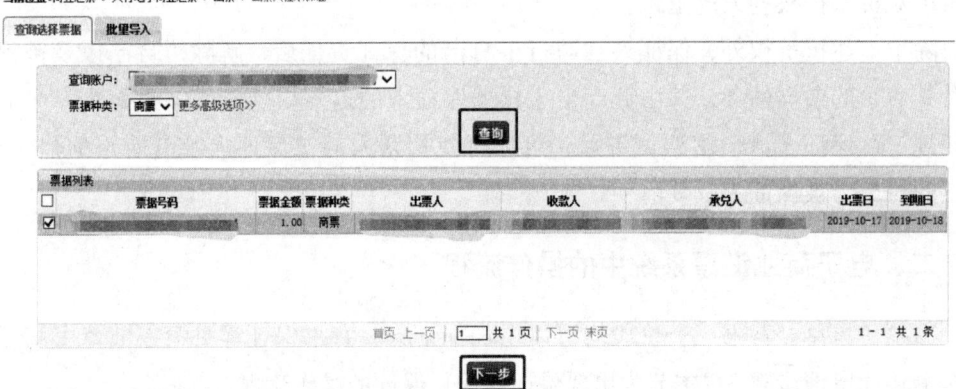

图 3-41　查询需保证票据

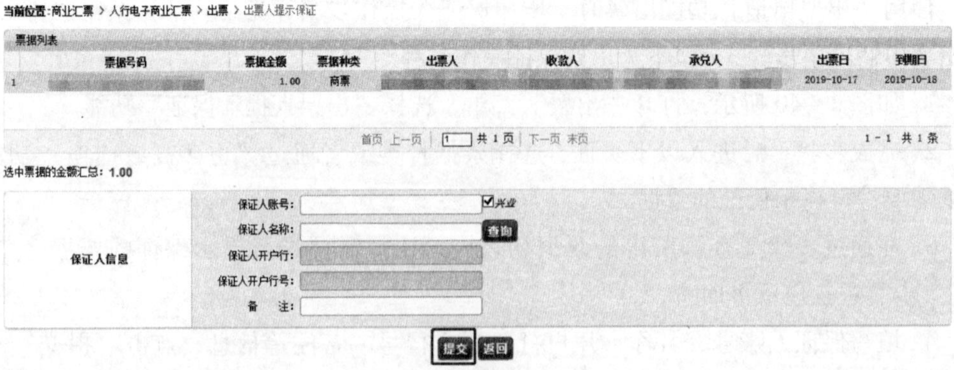

图 3-42　保证人信息填写

第三章 票据行为

出票人应及时通知保证人进行票据的签收，保证人签收完成后，此票据出票保证完成。

保证人签收流程可参考本章第二节第二部分承兑的操作流程或参考本章第三节第二部分（二）背书签收的操作流程。

（二）承兑保证

1. 如图4-43所示，打开"出票"菜单，选择"承兑人提示保证"功能。

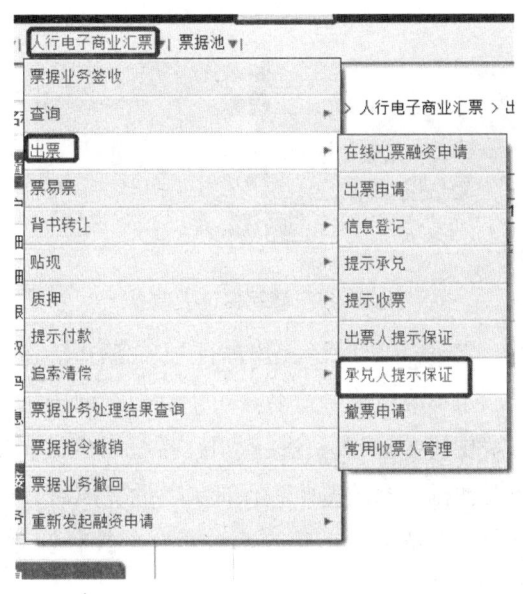

图3-43 承兑人提示保证菜单

2. 完成步骤1后进入以下页面，选择票据种类或者通过"更多高级选项"功能，查询需要进行提示保证的票据。

图3-44 查询需提示保证的票据

3. 在通过步骤 2 查询所得的票据列表中，选择需要进行提示保证的票据，点击"下一步"进入以下页面。

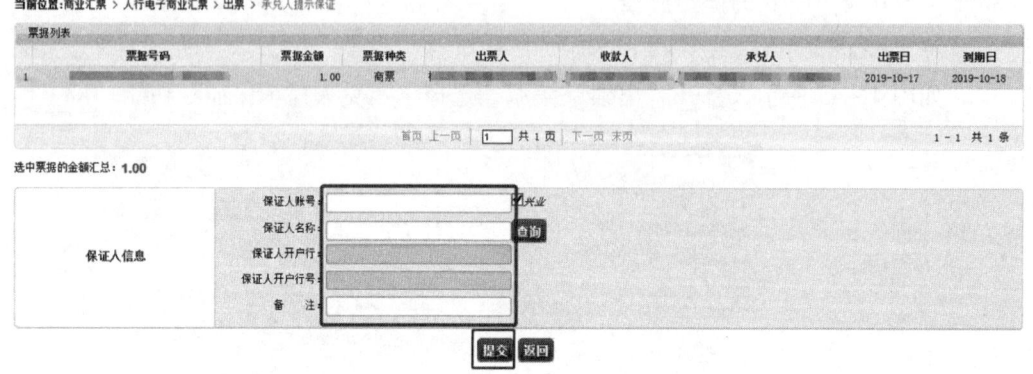

图 3-45　填写保证人信息

4. 填写保证人账号、名称、开户行、开户行号、备注等信息，点击"提交"。保证人是兴业银行账户时，如不确定账号户名，可以点击查询按钮查询账号对应的户名。

以上指令完成后，需复核/授权人员进行复核/授权后生效。提示保证指令完成后，承兑人应及时通知保证人进行票据的签收，保证人签收完成后，此票据承兑保证完成。

保证人签收流程可参考本章第二节第二部分承兑的操作流程或参考本章第三节第二部分（二）背书签收的操作流程。

三、相关风险与案例

（一）票据保证不符合要式性要求，保证行为认定无效

《票据法》第四十六条规定：保证人必须在汇票或者粘单上记载标明"保证"的字样。《最高人民法院关于审理票据纠纷案件若干问题的规定》第六十二条：保证人未在票据或者粘单上记载"保证"字样而另行签订保证合同或者保证条款的，不属于票据保证，人民法院应当适用《担保法》的规定进行审理。

实践中保证业务存在的法律风险事件主要发生在"保证人"以出具保函的形式对票据进行保证却没有在电子商业汇票票面进行标记，此类保证行为认定无效。

案　例

（2016）鲁 11 民初 170 号

【案件概述】

原告 R 银行股份有限公司的分支机构石白支行与被告山东 Y 贸易有限公司于 2015 年 11 月 13 日签订 2015 年日银石流借字第 135 号流动资金借款合同，借款金额人民币

第三章 票据行为

4800万元，年利率6.09%，到期日2016年11月13日。同时，石白支行与被告山东L纺织有限公司、日照J园农林科技有限公司、日照J地农林科技有限公司、王某勉、王某珍签订最高额保证合同，由山东L纺织有限公司等五被告为涉案借款提供最高额连带保证担保；石白支行与被告山东Y贸易有限公司签订最高额质押合同，山东Y贸易有限公司以被告广东J某集团投资有限公司签发的电子商业承兑汇票作为涉案借款的权利质押，该质押已经办理登记。被告青岛荣某基业投资控股有限公司为电子商业承兑汇票出具保证承兑函：在此电子商业承兑汇票到期后如承兑人不能按期支付此电子商业承兑汇票记载的全部承兑金额款项，由青岛荣某基业投资控股有限公司在到期后五个工作日内全额承付。现借款人山东Y贸易有限公司未按约偿还借款本息，其余被告也未履行相应的保证或付款义务。

【争议焦点】

被告青岛荣某基业投资控股有限公司的行为是否构成票据保证行为？应如何承担责任？

【法律分析】

《电子商业汇票业务管理办法》第五十五条规定，电子商业汇票的保证，是指电子商业汇票上记载的债务人以外的第三人保证该票据获得付款的行为。被告青岛荣某基业投资控股有限公司虽向R银行股份有限公司石白支行出具承兑保证承兑函，提出为票据款项的支付承担保证责任，但该项保证未记载于中国人民银行电子商业汇票管理系统。《最高人民法院关于审理票据纠纷案件若干问题的规定》第六十二条规定，保证人未在票据或者粘单上记载"保证"字样而另行签订保证合同或者保证条款的，不属于票据保证，人民法院应当适用《中华人民共和国担保法》的有关规定。

【判决结果】

被告山东Y贸易有限公司于本判决生效之日起三日内偿还原告R银行股份有限公司借款4800万元及利息（利息以4800万元为基数，按照合同约定利率自2016年3月21日起计算至本息付清之日）。

被告山东L纺织有限公司、日照J园农林科技有限公司、日照J地农林科技有限公司、王某勉、王某珍分别在最高债权额4800万元内对被告山东Y贸易有限公司所负上述债务承担清偿责任，其承担保证责任后，有权向被告山东Y贸易有限公司追偿。

如被告山东Y贸易有限公司到期不履行本判决第一项确定的债务，被告广东J某集团投资有限公司应向原告R银行股份有限公司支付2304588000014201510220 34269102号电子商业承兑汇票项下票款，原告R银行股份有限公司有权就该票款对本判决第一项确定的债务行使优先受偿权。

本判决生效后，对于被告广东J某集团投资有限公司财产依法强制执行仍不能履行债务时，被告青岛荣某基业投资控股有限公司对本判决第三项确定的债务向原告 R 银行股份有限公司承担还款责任。

【法条链接】

1.《电子商业汇票业务管理办法》第五十五条　电子商业汇票的保证，是指电子商业汇票上记载的债务人以外的第三人保证该票据获得付款的票据行为。

2.《最高人民法院关于审理票据纠纷案件若干问题的规定》第六十二条　保证人未在票据或者粘单上记载"保证"字样而另行签订保证合同或者保证条款的，不属于票据保证，人民法院应当适用《中华人民共和国担保法》的有关规定。

3.《中华人民共和国担保法》第十八条　当事人在保证合同中约定保证人与债务人对债务承担连带责任的，为连带责任保证。

连带责任保证的债务人在主合同规定的债务履行期届满没有履行债务的，债权人可以要求债务人履行债务，也可以要求保证人在其保证范围内承担保证责任。

（二）保证人与被保证人对持票人承担连带责任

《票据法》第五十条：被保证的汇票，保证人应当与被保证人对持票人承担连带责任。汇票到期后得不到付款的，持票人有权向保证人请求付款，保证人应当足额付款。

案　例

（2018）川 0113 民初 2099 号

【案件概述】

S 公司于 2017 年 11 月 6 日签发了一张电子商业承兑汇票（票据号码 230××××8201700061252 29523），票据金额为 500 万元，出票日期为 2017 年 11 月 6 日，汇票到期日为 2018 年 5 月 22 日，收款人为仕某公司，出票人和承兑人均为 S 公司，出票保证信息载明保证人名称为 Y 公司，被保证人名称为 S 公司，保证人为 Y 公司，保证日期 2017 年 11 月 6 日。汇票注明可转让。承兑信息载明出票人承诺：本汇票请予以承兑，到期无条件付款。承兑人承兑：本汇票已经承兑，到期无条件付款，承兑日期 2017 年 11 月 6 日。汇票同时载明质押背书，出质人为仕某公司，质权人为瞬某公司，出质日期为 2017 年 11 月 6 日。汇票到期后，瞬某公司提示付款，付款人 S 公司拒绝付款票据状态显示提示付款已拒付。

本案 Y 公司系上市公司，其在庭审中辩称，作为上市公司，其对外担保有严格规定，应当经过股东会或股东大会决议，且应当在指定网站对外披露，其认为瞬某公司仅提供一份伪造的董事会决议未提供股东会决议，故该对外担保行为对 Y 公司不发生效力，Y 公司不应承担保证责任。

第三章 票据行为

【争议焦点】

本案涉案票据的保证人 Y 公司是否需要承担保证责任？

【法律分析】

依据《电子商业汇票业务管理办法》规定，电子商业汇票是出票人依托电子商业汇票系统，以数据电文形式制作的，委托付款人在指定日期无条件支付确定金额给收款人或持票人的票据。电子商业汇票的出票、承兑、背书、保证、提示付款和追索等业务必须通过中国人民银行批准建立的电子商业汇票系统办理。电子商业汇票的保证是指电子商业汇票上记载的债务人以外的第三人保证该票据获得付款的票据行为。依据《最高人民法院关于审理票据纠纷案件若干问题的规定》第六十二条规定"保证人未在票据或者粘单上记载'保证'字样而另行签订保证合同或者保证条款的，不属于票据保证，人民法院应当适用《中华人民共和国担保法》的有关规定"。《票据法》第四十九条规定"保证人对合法取得汇票的持票人所享有的汇票权利，承担保证责任。但是，被保证人的债务因汇票记载事项欠缺而无效的除外"。上述证明，只要票据记载了保证的相关事项，保证人 Y 公司就应依据《票据法》对外承担保证责任。即便 Y 公司认为瞬某公司提供的 Y 公司董事会决议存在瑕疵或违背 Y 公司对外担保制度，这也是 Y 公司内部管理问题，Y 公司可据此向公司相关责任人追究责任，但不能因此否定票据保证记载的效力，Y 公司应依据电子商业汇票系统中的记载承担保证责任。故对某赐公司主张 Y 公司该案涉 500 万元票据款及利息承担连带责任的诉求，本院依法予以支持。对 Y 公司的上述抗辩意见本院依法不予采纳。

【判决结果】

被告四川 S 特种钢管有限公司于本判决生效之日起十日内向原告深圳瞬某商业保理有限公司支付票据款 500 万元人民币及利息；利息的计算方式以 500 万元为基数，按中国人民银行人民币同期贷款基准利率标准从 2018 年 5 月 22 日计算至付清全款之日止。

被告西藏 Y 科技发展股份有限公司、成都仕某商贸有限责任公司对上述给付义务承担连带责任。

【法条链接】

1.《票据法》第四十九条　保证人对合法取得汇票的持票人所享有的汇票权利，承担保证责任。但是，被保证人的债务因汇票记载事项欠缺而无效的除外。

2.《票据法》第五十条　被保证的汇票，保证人应当与被保证人对持票人承担连带责任。汇票到期后得不到付款的，持票人有权向保证人请求付款，保证人应当足额付款。

3.《票据法》第六十八条　汇票的出票人、背书人、承兑人和保证人对持票人承担连带责任。持票人可以不按照汇票债务人的先后顺序,对其中任何一人、数人或者全体行使追索权。

4.《票据法》第三十七条　背书人以背书转让汇票后,即承担保证其后手所持汇票承兑和付款的责任。背书人在汇票得不到承兑或者付款时,应当向持票人清偿本法第七十条、第七十一条规定的金额和费用。

第五节　质　押

一、业务简介

(一)质押的定义与法律特征

1. 质押定义。票据质押是票据持票人以其持有的未到期的票据为自己或第三人的债务向债权人提供担保的票据行为。《电子商业汇票业务管理办法》指出,电子商业汇票的质押,是指电子商业汇票持票人为了给债权提供担保,在票据到期日前在电子商业汇票系统中进行登记,以该票据为债权人设立质权的票据行为。

票据质押关系中的当事人主要有两个:一是出质人,即向银行或其他客户提供票据作为质物的人,是票据的所有人;二是质权人,即接受债务人向其提供不到期票据为质物的人。

商业银行提供银行承兑汇票质押业务,银行承兑汇票的合法持有人作为融资业务申请人,在汇票到期日前以汇票作为质押担保,向商业银行申请融资,并按约定偿还本息和费用,属于商业银行的授信业务。

经授权开展票据业务的财务公司同样可以开展电票质押融资业务。面向集团成员单位以及一头在内的产业链上游供应商以电票作为质押进行贷款融资信贷业务。

在质押业务基础上,金融机构还进行了衍生,提供融资或者置换票据的业务。置换是持票人将其持有的一张或多张未到期的商业汇票质押于商业银行或财务公司,由其承兑一张或多张商业汇票用于支付的业务。在置换后,持票人变更了原有票据的期限结构、金额结构、票据种类。

2. 票据质押的法律特征。

(1)票据质押是权利质押。

我国《担保法》第七十五条规定:"下列权利可以质押:(一)汇票、支票、本票、债券、存款单、仓单、提单;(二)依法可以转让的股份、股票;……"这说明票据质押是一种权利质押。票据质押中,质权人享有的是一种权利质权,权利质权,简单地说,是以一定的权利而非一定的物为标的而成立的担保物权。

(2) 票据质押以实际交付票据为前提。票据质押与不动产抵押有很大的差别。在不动产抵押中,虽然抵押人和抵押权人订立了抵押合同,但为了不影响不动产的增值,一般情况下,办理抵押后都允许抵押人不转移对抵押物的占有。而票据质押则不同,它以出质人将其提供的未到期票据转移归质权人占有为要件和特征。票据质权的这一要件完全是为了便于质权人行使权利,在出质人违约时,也便于执行。因而,票据质押与不动产抵押在对标的物管理上有很大的差别。

(3) 票据质押是一种临时性扣留。票据质押与留置有相同之处。这是因为,留置是指债权人按照合同约定占有债务人的动产,债务人不按照合同约定的期限履行债务的,债权人有权留置该财产,以该财产折价或者以拍卖、变卖该财产的价款优先受偿。而票据质押则是指为促使出质人能够及时偿还其债务,根据出质人与质权人之间订立的质押合同,赋予质权人临时扣留出质人的票据的权利。但质权人的该项权利,仅限于临时性的扣留。因为在扣留期间,只要出质人没有违约行为,质权人就无权处置该票据。例如,在扣留期间,质权人不得通过背书方式将票据转让给他人,即使发生了该行为,在法律上也归于无效。只有在出质人确实无力偿还其债务,经出质人同意,质权人以票据代理人的身份将票据转让给他人,但质权人不能以自己的名义进行转让。若发生背书不连续,其转让行为也无效。在出质人占有票据期间,并不影响持票行使票据权利和履行票据义务,在必要时,经征得出质人同意,还可以交付与出质人进行承兑提示、付款提示或发生退票通知等。这足以说明票据质押与留置在质权人或留置权人对设质票据或留置物的扣留均是临时性的,且质权人或留置权人对其扣留的票据或留置物的处置均是在债务人不依约履行其合同义务时才行使的。

(4) 出质人无力偿还债务时,赋予质权人为持票人的资格。票据设质以保证债权实现为目的,基于这一目的,就应当赋予质权人票据权利,否则,票据本身是没有价值的。这也是票据质押不同于其他物品抵押和质押之处之一。票据的权利是由法律的强制力来保证实施的,正是由于有了法律的强制力的保护,才使票据的票载价值得以实现。当出质人确实无法偿还质权人债务时,则要求出质人做成背书,赋予质权人为持票人地位代其行使票据权利。但这种背书只是形式上的要求,证明该票据的背书是连续的而不是严格意义上的支付对价的票据权利的转让。出质人做成背书后,在形式上则把该票据的全部权利转让给质权人。

(二) 票据质押的生效条件与业务程序

1. 生效条件。

(1) 出质人持有票据。票据是完全有价证券。票据与票据权利不可分离,票据上权利的发生与行使,必须持有票据;票据丧失,则不能对票据债务人行使票据债权。这是由票据的性质及其法律特征所决定的。因此,票据设质时,出质人必须持有票据方能为票据设质。否则，无论何种原因，均不可能进行票据设质而成立权利质权。

（2）订立质押合同。根据我国《担保法》第六十四条第一款规定："出质人和质权人应当以书面形式订立质押合同"及第七十六条"以汇票、支票、本票、债券、存款单、仓单、提单出质的，应当在合同约定的期限内将权利凭证交付质权人。质押合同自权利凭证交付之日起生效"，质押应当由出质人和质权人以书面形式订立质押合同。另外，根据《担保法》第六十五条规定，质押合同应当包括以下内容：被担保的主债权种类、数额；债务人履行债务的期限；质物的名称、数量、质量、状况；质押担保的范围，质物移交的时间；当事人认为需要约定的其他事项。

（3）出质人向质权人交付票据。如前所述，票据是完全有价证券，其与票据权利不可分离。因此，票据持有人行使票据权利时，必须提示票据移转权利时，必须交付票据。而质权作为债权担保的一种方式，必须有质物的转移占有即交付这一要求，方可成立，并且标的物的转移占有也正是质权区别于抵押权的一个极为重要的特征。因此，我国《担保法》第六十四条第二款明确规定："质押合同自质物移交于质权人占有时生效。"

2. 票据质押的程序要求。实践中，电子商业汇票持票人在银行办理电票质押流程一般为：质押企业向金融机构提出书面申请，并提交相关材料，包括但不限于主体的资格审核材料、授信业务相关材料等。申请人提供相应主体证明文件。同时应符合质权人提出的申请人要求条件，包括但不限于固定的经营场所、财务与经营业绩情况良好等。此后，金融机构受理申请并进行调查审批，审批通过，则进入放款审批环节。落实担保手续，在电票系统中办理质押放款，签署《质押合同》，完成放款。此后进行贷后跟踪与管理。

另外，根据《关于完善票据业务制度有关问题的通知》，质押的程序要求为：

（1）票据质押时，应按《票据法》的有关规定做成质押背书。

（2）主债务履行完毕，票据解除质押时，被背书人应以单纯交付的方式将质押票据退还背书人。票据到期时，由持票人按支付结算制度的有关规定行使票据权利。

（3）质押票据所担保的债务到期后，背书人未能如期履行债务时，被背书人依法实现质权，但不得将票据进行转让或者贴现。被背书人在票据到期时按支付结算制度的有关规定行使票据权利。

出质人与质权人签订质押合同时，应充分考虑债务期限与票据的提示付款期限等情况，并明确双方的权利义务，避免产生票据纠纷。

根据《电子商业汇票业务管理办法》，主债务到期日先于票据到期日，且主债务已经履行完毕的，质权人应按约定解除质押。主债务到期日先于票据到期日，且主债务到期未履行的，质权人可行使票据权利，但不得继续背书。

票据到期日先于主债务到期日的,质权人可在票据到期后行使票据权利,并与出质人协议将兑现的票款用于提前清偿所担保的债权或继续作为债权的担保。

二、电子商业汇票系统中的操作流程

(一)质押申请

1. 如图 3-46 所示,打开"质押"菜单,选择"质押申请"功能。

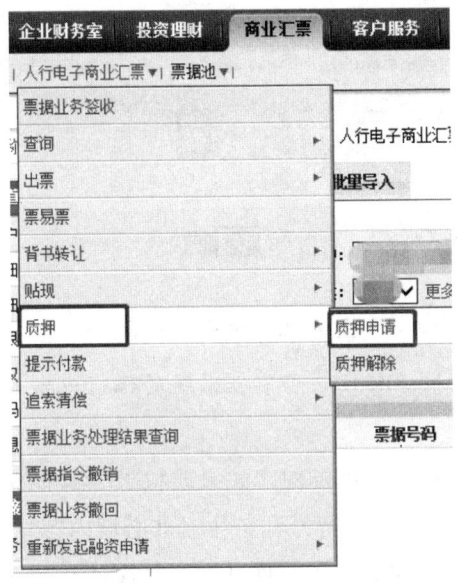

图 3-46　质押申请菜单

2. 完成步骤 1 后进入以下页面,选择票据种类或者通过"更多高级选项"功能,查询需要进行质押的票据。

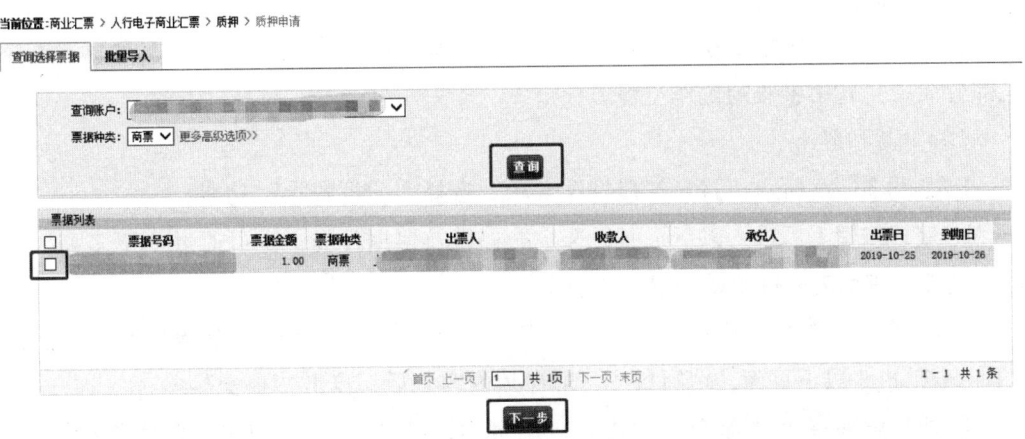

图 3-47　查询需质押的票据

3. 在通过步骤2查询所得的票据列表中，选择需要进行质押的票据，点击"下一步"进入以下页面。

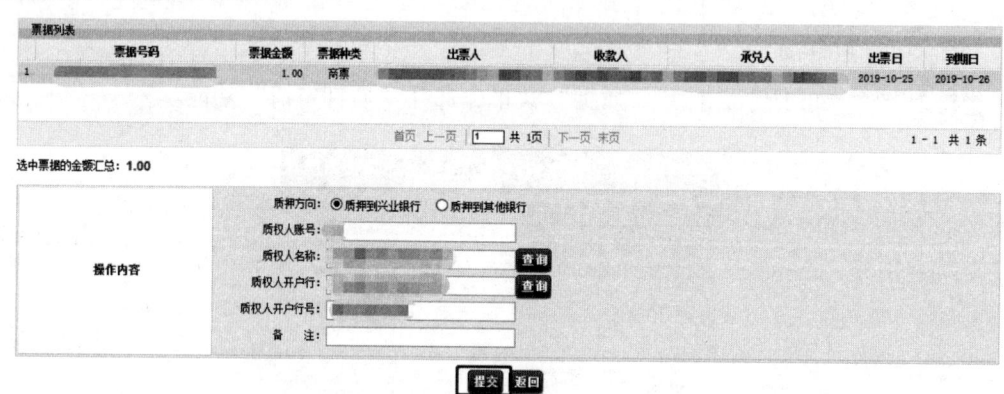

图3-48 填写质押信息

注：质权人如果为接入行人行电子票据系统的银行或财务公司，质权人账号必须为"0"。

默认的质权人为持票人的开户机构，如果质权人为其他企业或金融类机构，修改质权人账号、名称、开户行、开户行号和备注（非必填内容）后，点击"提交"。

4. 质押指令"提交"后进入以下页面，需经复核/授权人员的复核/授权后生效。

5. 完成以上操作后，可通过"票据业务处理结果查询"查询票据指令状态。该操作流程可参考第一节第二部分票据业务处理结果查询操作流程。

质押申请指令完成后，质押人应及时通知质权人进行票据的签收，质权人签收完成后，此票据质押完成。

质权人签收流程可参考本章第二节第二部分承兑的操作流程或参考本章第三节第二部分（二）背书签收的操作流程。

（二）质押解除

1. 如图3-49所示，打开"质押"菜单，选择"质押解除"功能。

2. 完成步骤1后进入以下页面，选定账户以及票据种类，也可通过"更多高级选项"功能，查询需要进行质押解除的票据。

3. 在通过步骤2查询所得的票据列表中，选择需要进行质押解除的票据，点击"下一步"进入以下页面，填写备注（非必填内容）后，点击"提交"。

4. 质押解除指令"提交"后进入以下页面，需经复核/授权人员的复核/授权后生效。

第三章 票据行为

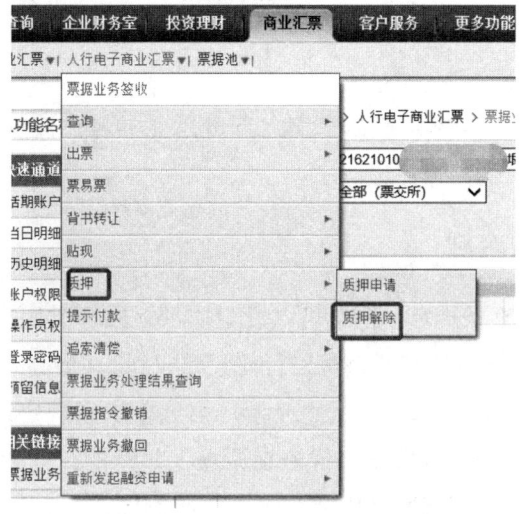

图3-49 质押解除菜单

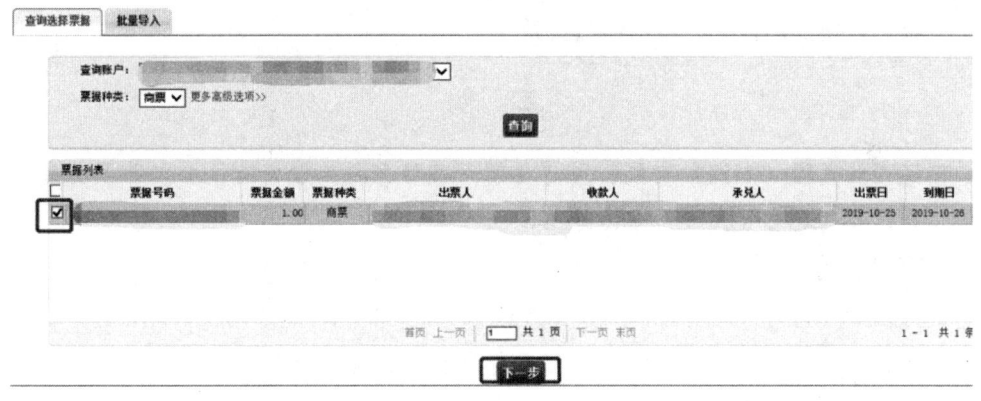

图3-50 查询需质押解除的票据

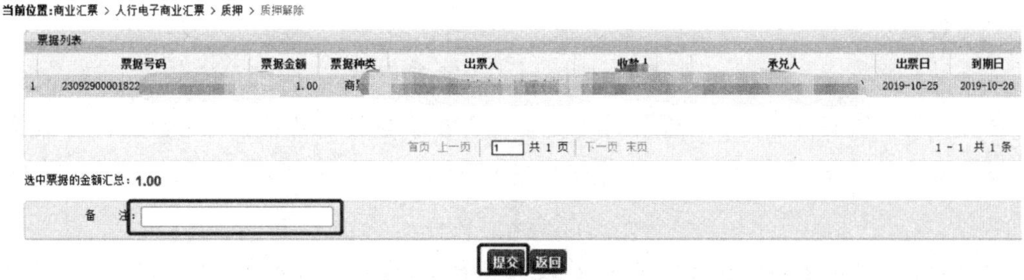

图3-51 填写备注信息

5. 完成以上操作后,可通过"票据业务处理结果查询"查询票据指令状态。该操作流程可参考第一节第二部分(三)票据业务处理结果查询操作流程。

质押解除指令完成后,质权人应及时通知质押人进行票据的签收,质押人签收完成后,此票据质押解除。

质押人签收流程可参考本章第二节第二部分承兑的操作流程或参考本章第三节第二部分(二)背书签收的操作流程。

三、相关风险与案例

《票据法》第三十五条规定,汇票可以设定质押;质押时应当以背书记载"质押"字样。被背书人依法实现其质权时,可以行使汇票权利。《最高人民法院关于审理票据纠纷案件若干问题的规定》(2008年整理版)第五十五条规定,以汇票设定质押时,出质人在汇票上只记载了"质押"字样未在票据上签章的,或者出质人未在汇票、粘单上记载"质押"字样而另行签订质押合同、质押条款的,不构成票据质押。

另外,关于票据代理事项,《票据法》第五条第一款有专门规定:"票据当事人可以委托其代理人在票据上签章,并应当在票据上表明其代理关系。"如是委托质押的关系,汇票上也应加以标记,表明代理关系。

案 例

瑞某商业保理(上海)有限公司与北京天某环保科技股份有限公司等票据追索权纠纷二审民事判决书(2019)京民终338号

【案件概述】

某大国际公司为天某公司出具票据金额100863000元的电子商业承兑汇票一张,承兑人为某大国际公司。天某公司将该汇票背书转让给瑞某保理公司,瑞某保理公司又将该汇票质押背书给Z银行。

瑞某保理公司与华某证券公司签订《华某证券瑞某保理(财盈三期)资产支持专项计划票据质押协议》,协议载明瑞某保理公司将该票据出质于华某证券公司。

瑞某保理公司、华某证券公司、Z银行三方签订《票据服务协议》,三方确认该票据质权人为华某证券公司,华某证券公司委托票据服务银行Z银行对该票据进行保管。华某证券公司与Z银行签署《票据托管协议》,确定Z银行为华某证券公司的代理服务机构。

该票据到期,Z银行通过电子商业汇票系统提示某大国际公司付款,某大国际公司在电子汇票系统表示同意付款。华某证券公司以自己名义向某大国际公司发出付款提示函,要求某大国际公司尽快还款,某大国际公司回执认可收到付款提示函并知晓其

第三章 票据行为

中内容。后华某证券公司又分别向瑞某保理公司、天某公司、某大国际公司邮寄追索函,但票据各背书前手均未实际付款。

【争议焦点】

华某证券公司是不是合法的票据质押权利人和合法持票人?从而其是否有权向其他前手行使票据追索权?

【法律分析】

《票据法》第四条第二款规定:"持票人行使票据权利,应当按照法定程序在票据上签章,并出示票据。"《票据法》第三十一条第一款规定:"以背书转让的汇票,背书应当连续。持票人以背书的连续,证明其汇票权利;非经背书转让,而以其他合法方式取得汇票的,依法举证,证明其汇票权利。"《票据法》第五条第一款规定:"票据当事人可以委托其代理人在票据上签章,并应当在票据上表明其代理关系。"因此,票据具有严格的文义性,票据的合法流转应见之于票据本身的记载,合法持票人是在票据上进行权利记载并持有票据的人。虽然华某证券公司称其委托Z银行作为票据代理服务机构,办理涉案票据的签收和质押手续,华某证券公司是票据权利人。但涉案票据背书显示出质人为瑞某保理公司,质权人为Z银行,并无华某证券公司的相关记载,且汇票上并未记载Z银行为华某证券公司代理人,因此无法推导出华某证券公司为涉案票据权利人的结论。华某证券公司既未按照法定程序在票据上签章,又未以其他合法方式取得票据,在票据上也看不出由Z银行代理其持有票据的字样,故其并非涉案票据的合法持票人,不享有票据权利。

由于华某证券公司并非涉案票据的合法持票人,其向某大国际公司、天某公司、瑞某保理公司行使票据追索权无事实和法律依据。华某证券公司可待Z银行行使票据追索权后,根据涉案《票据服务协议》向Z银行主张相应权利。

【判决结果】

瑞某保理公司的上诉请求于法有据,本院予以支持。依照《票据法》第四条第二款、第五条第一款、第三十一条第一款,《中华人民共和国民事诉讼法》第一百四十四条、第一百七十条第一款第(二)项、第一百七十四条之规定,缺席判决如下:

一、撤销北京市第三中级人民法院(2018)京03民初263号民事判决;

二、驳回华某证券有限责任公司的诉讼请求。

一审案件受理费553615元,二审案件受理费535315元,均由华某证券有限责任公司负担。

第六节 贴 现

一、业务简介

（一）贴现、转贴现与再贴现

1. 贴现。

（1）贴现的概念。《电子商业汇票业务管理办法》第四十二条，贴现是指持票人在票据到期日前，将票据权利背书转让给金融机构，由其扣除一定利息后，将约定金额支付给持票人的票据行为。贴现是银行的一项资产业务，汇票的支付人对银行负债，银行实际上是与付款人有一种间接贷款关系。

《最高人民法院关于审理票据纠纷案件若干问题的规定》第五十三条指出，依照《票据法》第二十七条的规定，出票人在票据上记载"不得转让"字样，其后手以此票据进行贴现、质押的，通过贴现、质押取得票据的持票人主张票据权利的，人民法院不予支持。

（2）贴现的分类。按照交易方式，贴现分为买断式和回购式。

买断式贴现：商业汇票贴出人向商业银行或财务公司出售其持有的未到期商业汇票，到期由商业银行或财务公司负责收款的票据行为。在这种贴现形式下，票据权利从申请人彻底转移到金融机构，不约定日后赎回。申请该类业务的客户除了希望融资，还希望通过这一手段改善财务报表。

回购式贴现：商业汇票的持票人将持有的未到期的商业汇票出售给商业银行或财务公司，同时约定日后赎回的一种贴现方式。

汇票贴现后，汇票由金融机构持有，在汇票到期前金融机构可以通过转贴现与再贴现进行融资。

2. 转贴现。

（1）转贴现概念。转贴现是商业银行（或财务公司）持未到期的已贴现的商业汇票向其他商业银行或系统内分行进行转贴现以融通资金的票据行为。电子商业汇票的转贴现业务在上海票交所的中国票据交易系统中进行。

（2）转贴现分类。转贴现业务中按照交易方式可以分为买断式与回购式两种。

买断式转贴现是指资金方买入票据后，票据的所有权发生转移，到期后由资金方负责托收的票据行为。

回购式转贴现是商业银行出现临时资金周转困难或临时性调节头寸的需要却又不希望完全放弃持有的未到期票据时，采用将其持有的已贴现未到期票据以不改变票据权利人的方式转让给其他金融机构,约定在未来某一日期赎回的票据业务。回购式转贴现又分为质押式回购和买断式回购两种。

根据上海票交所《票据交易主协议》要求,在票据交易过程中,买断式转贴现资金方可以占用票据承兑行或直贴行的授信,而回购式转贴现业务中的资金方则占用票据承兑行或交易对手的授信。

3. 再贴现。

(1) 再贴现概念。再贴现是指金融机构为了取得资金,将未到期的已贴现商业汇票再以贴现的方式向中国人民银行转让的票据行为,是中央银行的一种货币政策工具。

(2) 再贴现分类。按照交易方式,分为买断式和回购式。

买断式再贴现指贴出人将票据权利转让给中国人民银行,不约定日后赎回的交易方式。

回购式再贴现指贴出人将票据权利转让给贴入人,约定日后赎回的交易方式。

4. 业务基本要求。电子商业汇票当事人在办理回购式贴现、回购式转贴现和回购式再贴现业务时,应明确赎回开放日、赎回截止日。赎回开放日是指办理回购式贴现赎回、回购式转贴现赎回和回购式再贴现赎回业务的起始日期。赎回截止日是指办理回购式贴现赎回、回购式转贴现赎回和回购式再贴现赎回业务的截止日期,该日期应早于票据到期日。自赎回开放日起至赎回截止日止,为赎回开放期。

在赎回开放日前,原贴出人、原贴入人不得作出除追索行为外的其他票据行为。回购式贴现、回购式转贴现和回购式再贴现业务的原贴出人、原贴入人应按照协议约定,在赎回开放期赎回票据。在赎回开放期未赎回票据的,原贴入人在赎回截止日后只可将票据背书给他人或行使票据权利,除票据关系以外的其他权利义务关系由双方协议约定。

根据《电子商业汇票业务管理办法》第四十七条、第四十八条规定,电子商业汇票贴现、转贴现和再贴现必须记载下列事项:

①贴出人名称;

②贴入人名称;

③贴现、转贴现或再贴现日期;

④贴现、转贴现或再贴现类型;

⑤贴现、转贴现或再贴现利率;

⑥实付金额;

⑦贴出人签章。实付金额为贴入人实际支付给贴出人的金额。回购式贴现、回购式转贴现和回购式再贴现还应记载赎回开放日和赎回截止日。贴现还应记载贴出人贴现资金入账信息。

电子商业汇票回购式贴现、回购式转贴现和回购式再贴现赎回应做成背书,并记载下列事项：

①原贴出人名称；

②原贴入人名称；

③赎回日期；

④赎回利率；

⑤赎回金额；

⑥原贴入人签章。

(二) 贴现业务的审批

根据《支付结算办法》规定，商业汇票的持票人向银行办理贴现必须具备下列条件：在银行开立存款账户的企业法人以及其他组织；与出票人或者直接前手之间具有真实的商品交易关系；提供与其直接前手之间的增值税发票和商品发运单据复印件。贴现、转贴现、再贴现时，应做成转让背书，并提供贴现申请人与其直接前手之间的增值税发票和商品发运单据复印件。具体来说，贴现业务的审批包括以下内容（以建设银行商业汇票的贴现为例）。

1. 业务受理。贴现申请人与贴现行取得联系，就贴现利率、贴现价格和贴现种类达成一致。银行确定有剩余贴现额度，并开始受理业务，通知持票人准备办理业务所需的资料，包括申请人三证合一的营业执照原件与复印件；法定代表人身份证复印件、经办人身份证复印件，若商业汇票贴现业务申请书上签章人非法定代表人，需同时提供授权代理人身份证复印件和法人授权委托书；商品、劳务交易合同原件及复印件、贴现申请人与其直接前手之间根据税收制度有关规定开具的增值税发票或普通发票原件及复印件。

2. 贴现人资格审定。贴现申请人必须是具有法人资格或实行独立核算、在经办行开立存款账户并依法从事经营活动的经济单位；同时申请人在经办行开立了人民币结算账户并向经办行申请开通电子商业汇票业务服务。商业承兑汇票的贴现业务申请人或承兑人原则上必须有一方为贴现机构所属一级分行的授信客户。

3. 信贷审查。(1) 贴现申请的汇票需在总行公布的承兑行范围内且贴现申请的票据金额不超过该承兑行在贴现行的可用额度。如占用贴现申请人额度则要核对贴现申请人信用评级及授信额度。

(2) 承兑人与贴现人的经营状况，未发生影响偿债能力的重大变化。

(3) 调查核实贴现申请人的材料，要求与贴现票据保持一致。

(4) 贸易背景真实性检查，要求与贴现票据保持一致。

4. 业务审批与放款。上述审核通过后，银行客户经理在电票系统中录入贴现业务数据，并打印制作贴现凭证，审核岗对贴现凭证、经签字确认的申请审批表进行复核

第三章 票据行为

并计算利息,核算业务实际划款金额。审批完成后,分行会计部门收到放款指令,进行账务处理。

二、业务操作流程

（一）贴现

当企业持有的票据为以下状态时,可向银行、财务公司申请贴现：提示收票已签收、背书已签收、质押解除已签收、回购式贴现赎回已签收。

1. 如图 3-52 所示,打开"贴现"菜单,选择"贴现申请"功能。

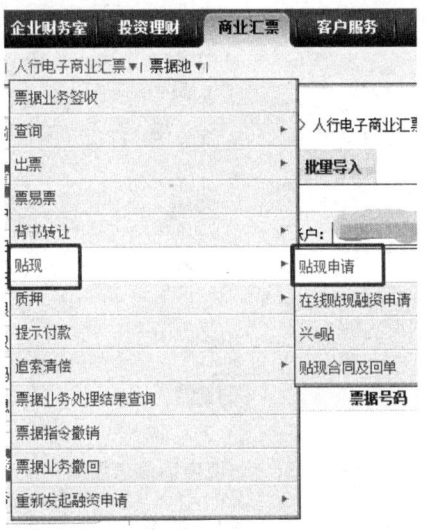

图 3-52 贴现申请菜单

2. 完成步骤 1 后进入以下页面,选择票据种类或者通过"更多高级选项"功能,查询需要进行贴现的票据。

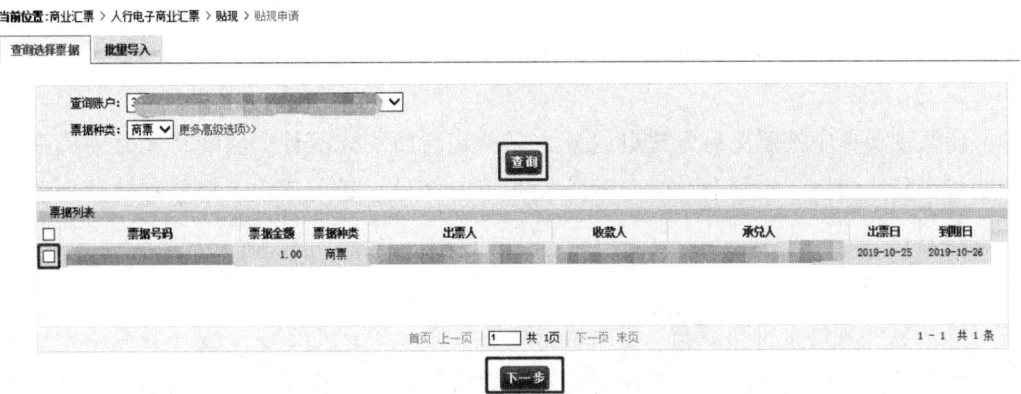

图 3-53 查询需贴现的票据

223

3. 在通过步骤 2 查询所得的票据列表中，选择需要进行贴现的票据，点击"下一步"进入以下页面。

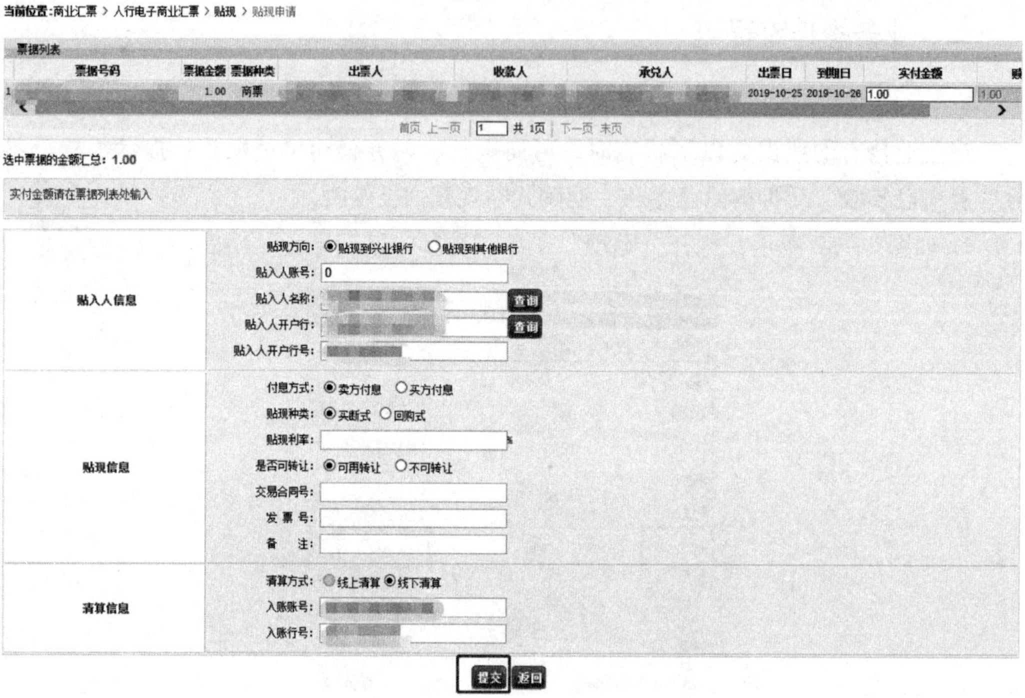

图 3-54 贴现申请信息填写

注：如贴入人为接入人行电子票据系统的银行或财务公司，贴入人账号必须为"0"，请勿修改，如为其他金融类机构，请输入贴入人账号、名称、开户行和开户行号。贴现信息请按照贴现协议进行填写。

4. 贴现指令"提交"后，需经复核/授权人员的复核/授权后生效。填写贴入人信息。贴入人默认为申请账号的开户机构，贴入人账号默认为"0"。如果贴入人不是申请账号开户机构，需同时修改贴入人账号、名称、开户行和开户行号。

（二）转贴现

转贴现业务中按照交易方式可以分为买断式与回购式两种。回购式又分为质押式回购与买断式回购。根据上海票交所公布的 2019 年第三季度用户手册整理转贴现业务流程如下。

1. 转贴现业务。

（1）转贴现的报价与成交。进入票据交易系统，点击"市场"，从下拉菜单中选择转贴现市场，查出当日新增还未成交的对话报价信息。当打开多个市场界面，可以通过鼠标点击或是 Ctrl + Tab 键进行界面切换。

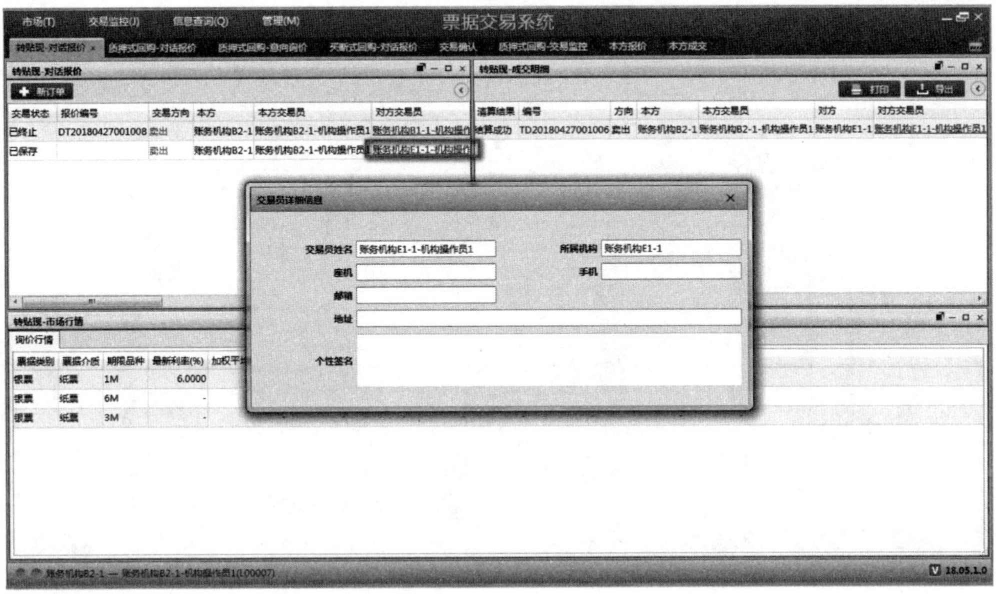

第三章 票据行为

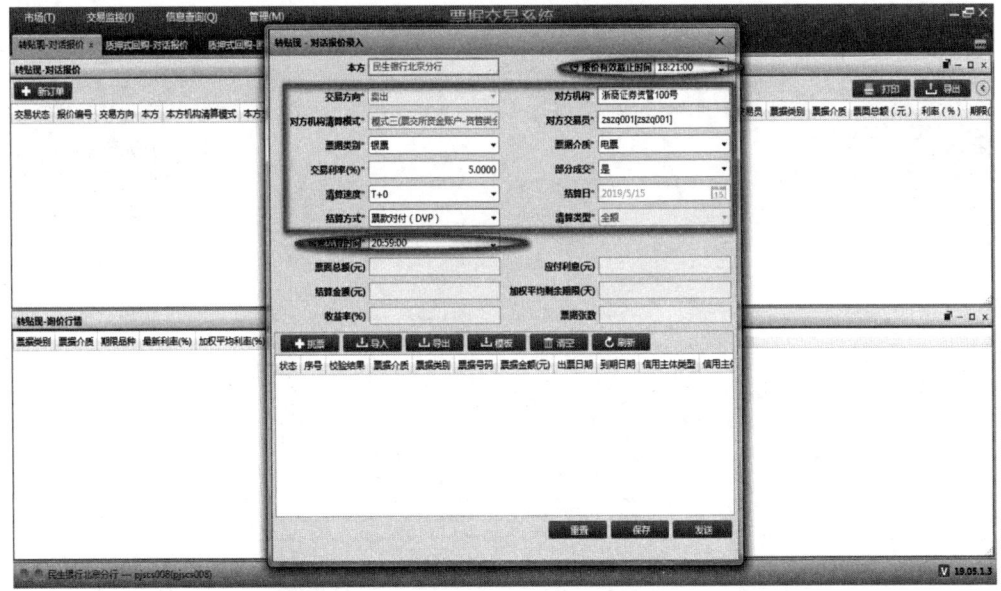

图 3-55 交易员信息查询

图 3-56 报价要素录入

具有"转贴现—对话报价"权限的交易员用户,选择市场→转贴现→对话报价,进入转贴现对话报价列表页面。点击"新订单"对话报价按钮后,在弹出的"转贴现—对话报价录入"窗口中,进入新增对话报价页面,录入报价要素。

建立对话报价卖单后,可在系统上通过票据挑选功能挑选交易票据。

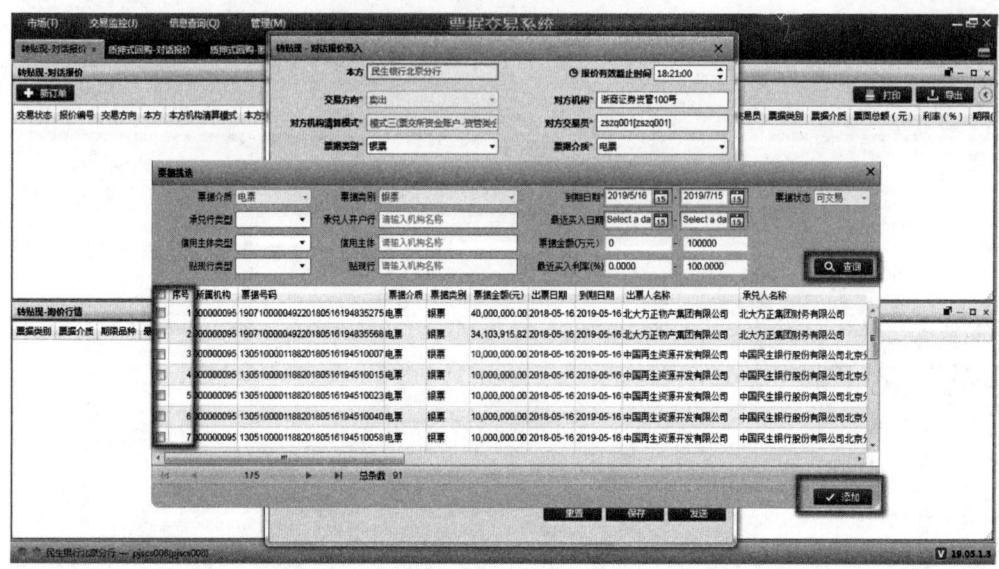

图 3-57 挑票界面

点击"挑票"按钮后进行挑票操作。当需要通过 Excel 导出对话报价的票据时,可点击"导出"按钮,打开并生成 Excel 文件。

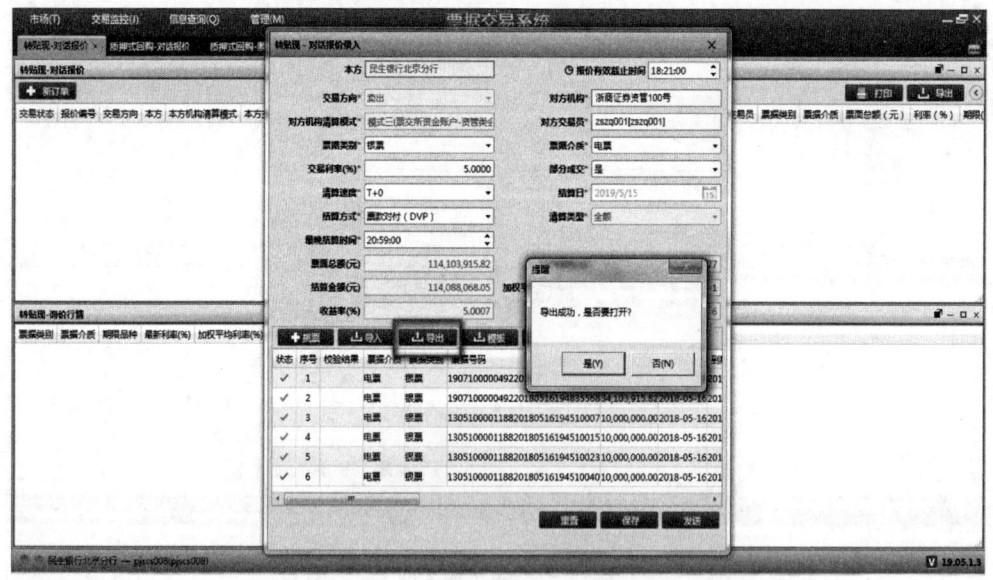

图 3-58 导出对话报价票据

查询过后,对报价进行发送,通过"发送"按钮实现。若无交易确认控制则直接发送至对方交易员;若需交易确认,则由本级机构其他具有交易确认权限操作员/管理员进行确认后再发送至对方交易员。

第三章 票据行为

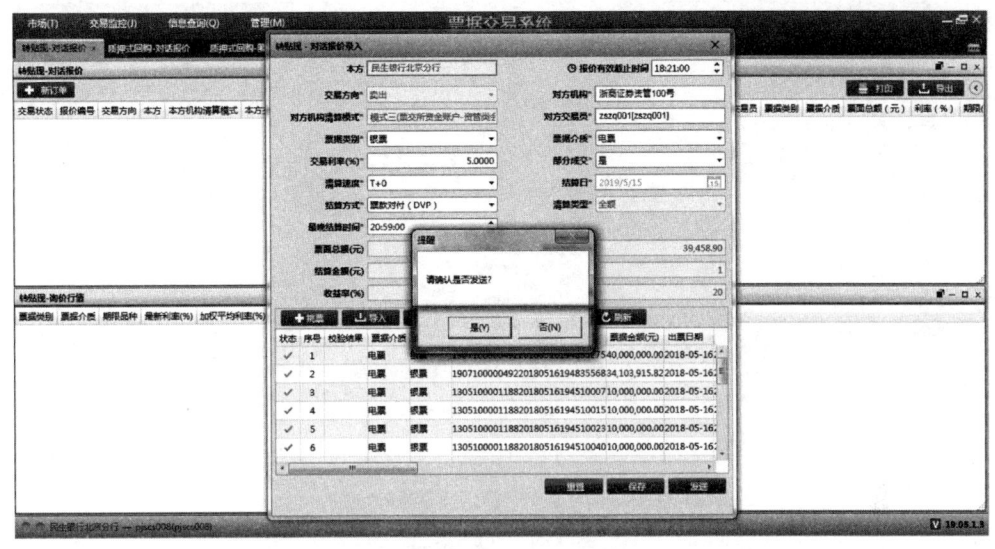

图3-59 报价信息的发送

当报价接收方收到新的对话报价单,需要修改对话报价,则点击该对话报价单,点击"修改",可以针对该笔对话报价的下列选项进行修改:交易利率(%)、报价有效截止时间、最晚结算时间、清算速度、交易标的票据的剔除。部分成交和清算类型一期不支持修改。

图3-60 报价信息的修改

报价方收到对方修改后的对话报价,双击该报价单进入完整对话报价窗口,点击"修改"按钮,即可进行修改对话报价。

图 3-61 对话报价的成交

当双方就交易达成一致，在上述对话报价窗口点击"成交"即完成对话报价的成交。

（2）转贴现的意向询价。买入和卖出方交易员可向全市场、特定群组或单一交易员发出转贴现交易意向的询价。

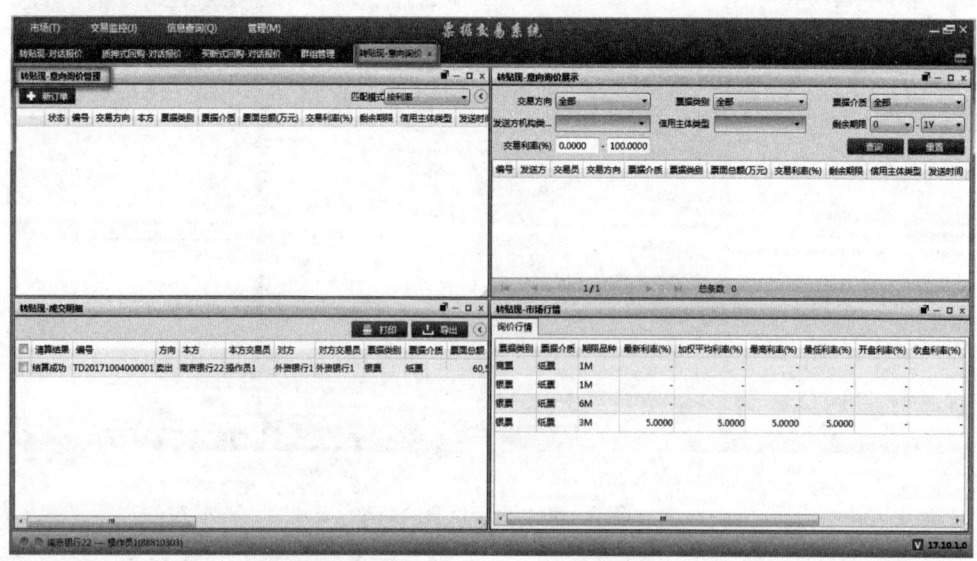

图 3-62 转贴现——意向询价界面

第三章 票据行为

点击转贴现——意向询价管理窗口中的"新订单",系统弹出转贴现——意向询价录入窗口,输入/选择必输项。若选择"群组/交易员"则需在新窗口中进行选择。

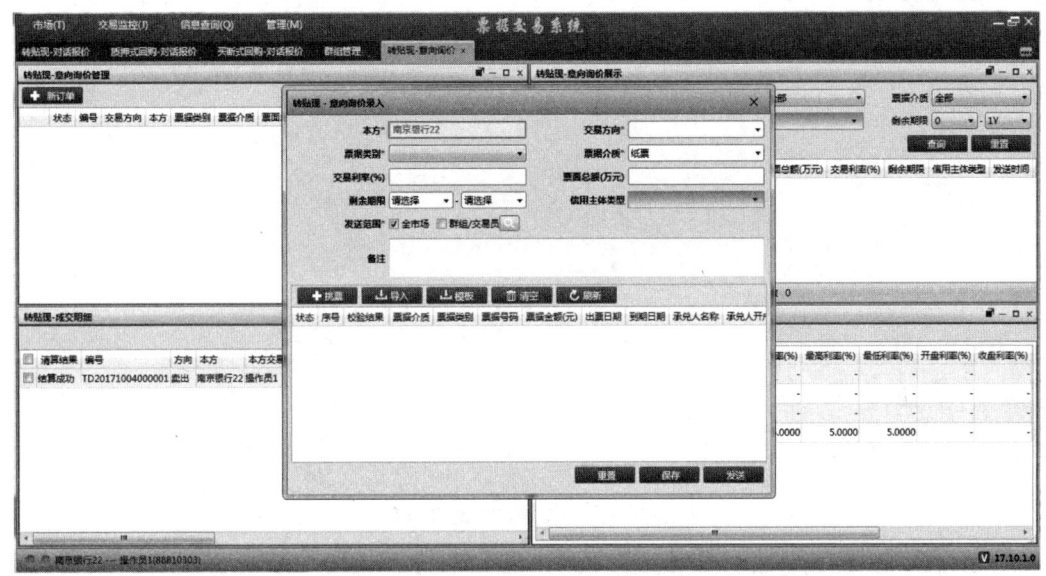

图 3-63 转贴现——意向询价录入

输入区域录入:

①本方:必输项,银行会员和非银行会员系统参与者显示本方机构简称,灰显。

②交易方向:必输项,选择买入或卖出。

③票据类型:必输项,选择银票或商票。

④票据介质:必输项,选择纸票或电票。

⑤交易利率:支持小数点后 4 位。

⑥票面总额:单位万元,支持小数点后 2 位。

⑦剩余期限:支持 0、1M、3M、6M、9M 和 1Y。

⑧信用主体类型:"政策性银行""国有商业银行""股份制商业银行""城商行""外资银行""农商行""信用社""财务公司""村镇银行",支持勾选全部和部分。

⑨发送范围:必输项,选择"全市场"或者"群组/交易员"。

⑩备注:可输入文本。

对卖出方支持在线挑票或 Excel 导入,增加拟交易票据清单。支持对询价进行"重置""保存"和"发送"操作。转贴现——意向询价发送后,可对询价进行修改和撤销操作。

图3-64 已发送的询价订单

在转贴现——意向询价管理窗口中,双击已发送的询价,弹出转贴现——意向询价修改窗口。可进行"撤销"和"修改"的操作。点击"撤销"则其他机构交易员不再看到该笔意向询价;若点击"修改"则可对交易利率、票面总额、剩余期限、信用主体类型、备注和票据清单进行修改;交易方向、票据介质和种类不得修改。修改完成后点击"发送",则更新发送,询价编号保持不变。

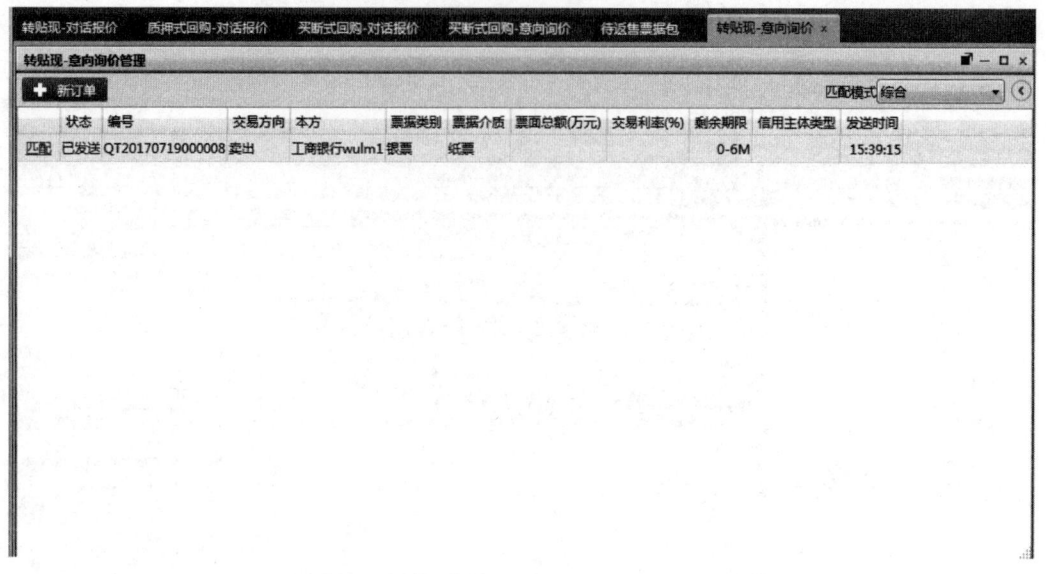

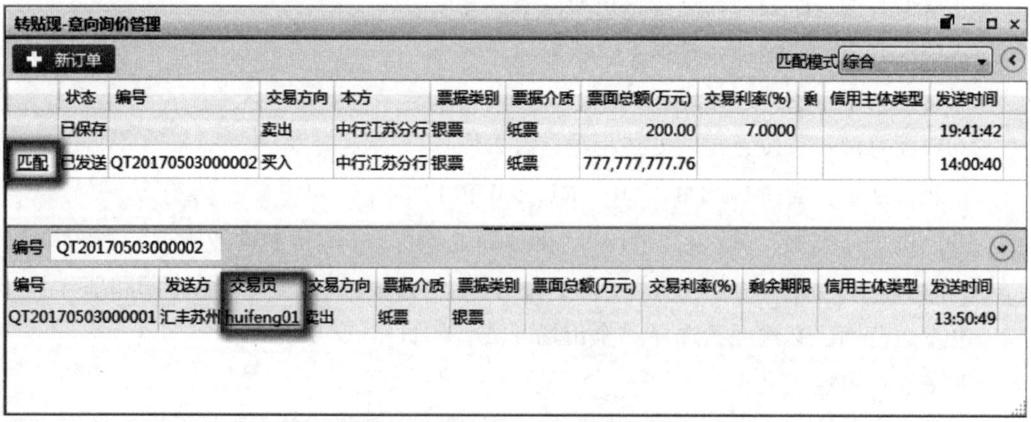

图3-65 意向询价对方交易员查询

第三章 票据行为

意向询价发出后，可通过意向询价管理窗口展示本交易员发出的意向询价，对已发出的意向询价进行查询与匹配。在匹配模式中选择：按利率、按期限、按信用主体或综合。对于已发送的询价，点击某笔已发送的意向询价前的"匹配"按钮，则系统在管理界面下方显示符合匹配规则的意向询价。在匹配成功的询价中可直接点击对方交易员，系统展示该交易员信息。对于已保存的询价，双击进入询价展示界面，可进行"作废""发送"等操作。

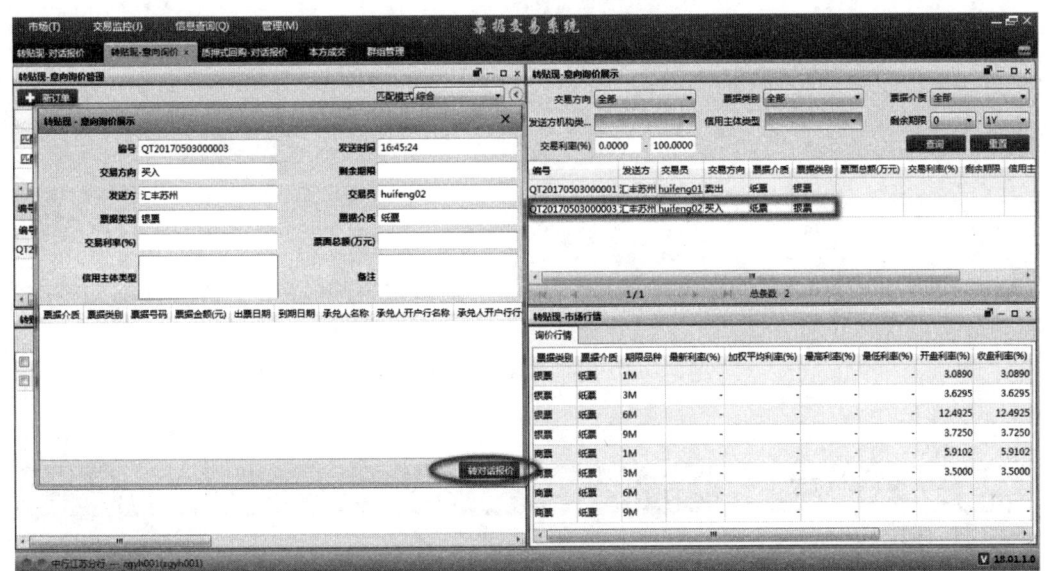

图3-66 意向询价转对话报价

意向询价可以转化为对话报价，双击意向询价展示窗口中交易方向为买入的询价交易，系统展示该笔询价要素，并提供转对话报价按钮。点击后进入转贴现对话报价界面，录入对方机构、对方交易员、票据介质、票据种类和交易利率等要素。后续操作同转贴现对话报价业务流程。

另外，中国票据交易系统提供报价单交易，可导入待交易的票据报价单在市场中进行展示与交易，操作步骤略。

2. 质押式回购业务。质押式回购业务操作分为对话报价、意向询价和交易确认三个环节。

（1）对话报价。

进入中国票据市场，市场菜单→质押式回购→对话报价，系统展示质押式回购对话报价窗口，系统自动发送查询请求，展示当天所有的未发送和未成交的对话报价列表。

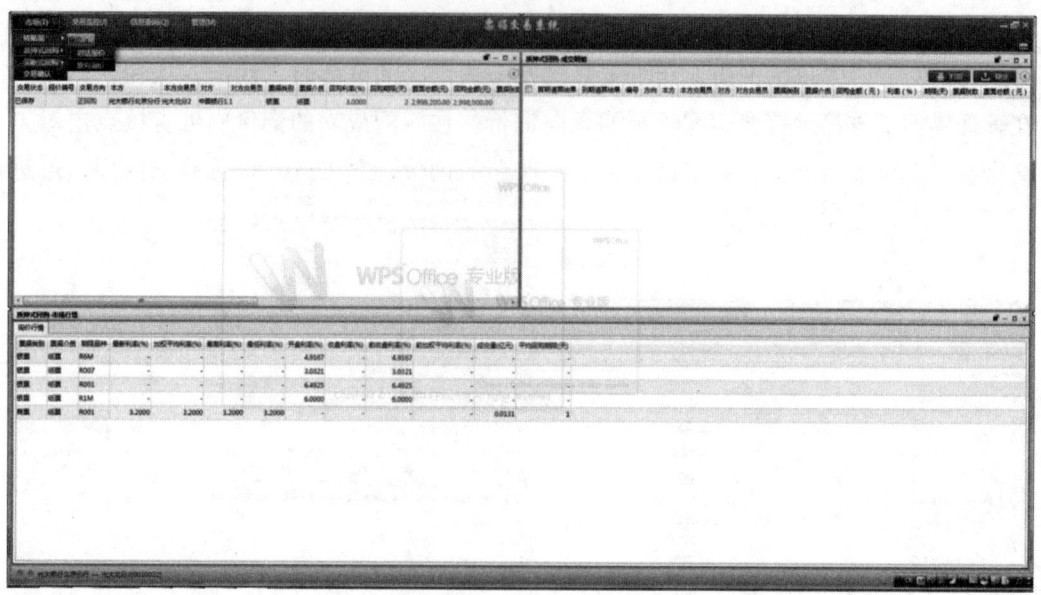

图 3-67 质押式回购对话报价窗口

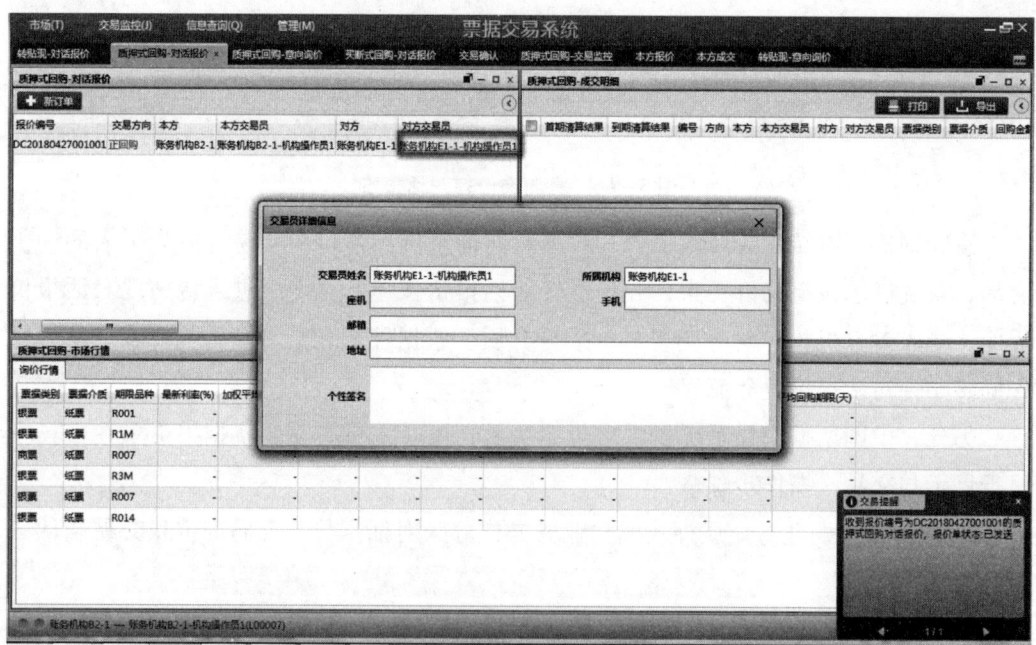

图 3-68 质押式回购对话报价列表

第三章 票据行为

点击"新订单"按钮,显示新增质押式回购对话报价界面,用户录入全部交易要素。

图3-69 新增质押式回购对话报价

本方:对于虚拟资管参与者之外的机构的交易员,显示本方机构全称,不能修改;对于虚拟资管参与者的交易员,显示本方非法人产品,提供下拉框选择和模糊查询。

交易方向默认为正回购,且不能修改。

输入对手方交易机构,回车进行模糊查询匹配,下拉展示10条记录,系统仅显示有质押式回购交易权限的对手方机构,若交易员进行搜索时输入的对手方机构没有质押式回购交易权限,则搜索结果显示为空。

输入对手方交易员姓名,回车进行对手方机构下的交易员模糊查询,下拉展示10条记录,需要先输入交易对手方机构,若对手方交易机构为空,则提示对手方机构为空,系统仅显示有质押式回购询价交易权限的对手方交易员。若交易员进行搜索时输入的对手方机构没有质押式回购询价交易权限,则搜索结果显示为空。

票据介质:下拉选择纸质/电子商业汇票。

回购期限,最短为1天,最长365天。

录入回购期限,算出到期结算日(经过节假日调整的);或录入到期结算日后,再反算回购期限。

部分成交:若选择"是",逆回购方可以对票据进行删除操作,不勾选,则接受方不能对票据进行删除操作。

票据挑选类型:可选择"单票"或"票据包"。

发起方交易标的票据挑选：

● "挑票按钮"，当"本方、票据介质、票据种类、到期结算日"有值时才允许点击，点击后进入库存票据挑选页面，从本机构票据托管账户中的"可交易"状态的票据中挑选，票据张数上限为 200 张。

● "导入按钮"，当对方机构、票据类别有值时才允许点击，点击后进入票据导入页面，上传文件必须为 Excel 格式文件，点击选定文件，点击打开按钮，完成上传。此时，系统自动将全部清单与本机构托管账户下"可交易"的票据进行一次性比对：校验一致，系统交易标的票据展示框显示"导入成功的票据"；校验错误，系统显示导入出错原因，关闭后重新导入正确 Excel 文件。

● "票据清单导出（按钮）"，当需要通过 Excel 导出挑好的票据时，可点击该按钮导出，系统提示是否打开，并生成 Excel 文件。

● 模板下载（按钮）：下载模板，填入票据信息，导入票据清单。
● 清空票据（按钮）：清空所有已挑好的标的票据。
● 刷新（按钮）：引入票据的信息更新。
● 交易标的票据展示框：交易员可以通过展示框，滑动滚轴查询已挑选的标的票据，也可以点击单张票据状态，删除已选的标的票据。

修改票据种类、票据介质、回购期限，系统提醒修改将导致清空已选票据，是否确认，确认则清空。

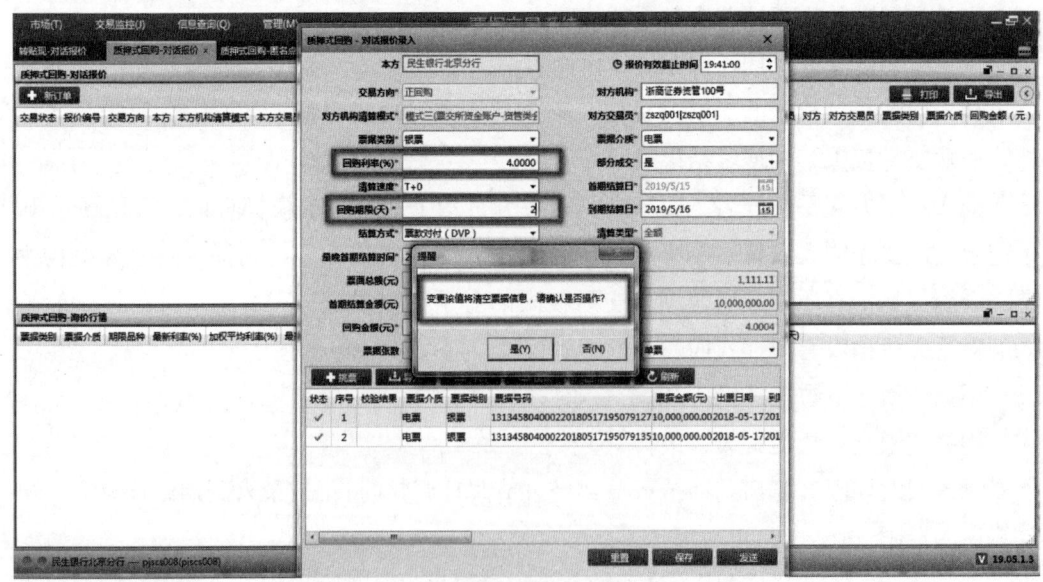

图 3-70　质押式回购对话报价的录入

清算速度：选项包括 T+0 和 T+1，默认为 T+0。

第三章 票据行为

清算速度修改时，系统先将首期结算日清空，再自动回显首期结算日，首期结算日＝成交日＋清算速度，遇到节假日需要顺延。

清算速度或回购期限修改时，系统将到期结算日清空，再自动回显到期结算日，到期结算日＝首期结算日＋回购期限，到期结算日根据营业日准则，反算回购期限。

结算方式自动回显，同一银行法人下的交易成员之间（不包括非法人产品），默认采用 FoP 结算，允许选择 DvP；不同法人机构的交易成员之间，强制采用 DvP 结算；非法人产品与其他任何交易成员之间强制采用 DvP 结算。

清算类型强制设定为全额清算。

回购金额由交易员输入，可小于等于票面金额。

在回购金额、回购期限和回购利率都有值的情况下，系统自动回显应付利息。

应付利息回显后，系统自动回显首期结算金额。首期结算金额＝回购金额－应付利息。

报价有效截止时间（默认为登录时参数设置的收盘时间）、最晚结算时间（默认为登录时参数设置的清算结束时间）在客户端不作范围校验，在发送时服务端根据最新的参数情况作校验。

对话报价单录入界面，点击清空、关闭、重置、发送按钮时，弹出确认框。点击确认才能继续，点击取消则不执行操作。

新建对话交易报价交易要素填写完毕或对已保存的质押式回购对话报价确认无误后，点击"发送"按钮，进行对话报价的发送。

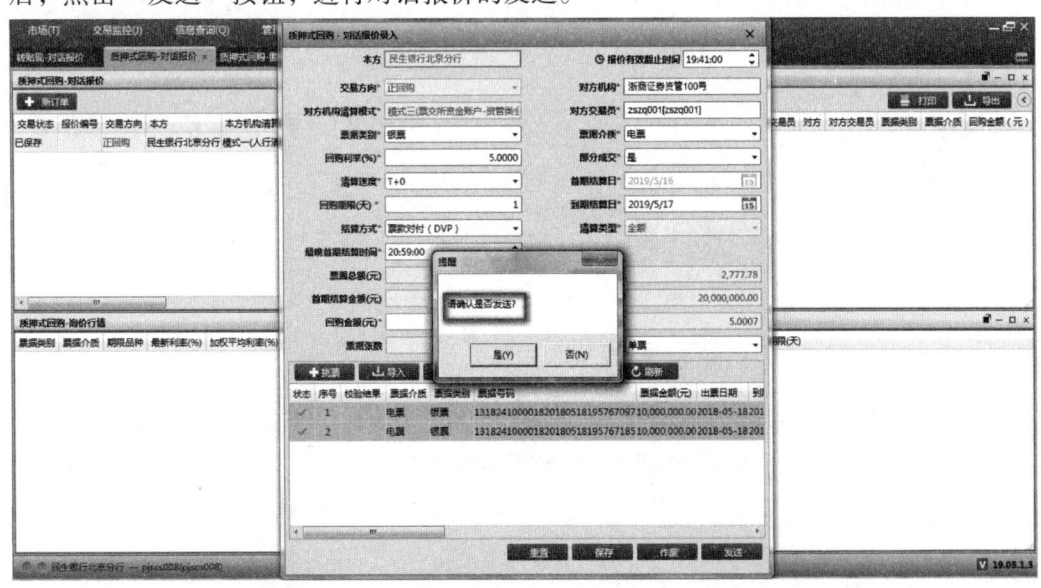

图 3-71　质押式回购对话报价发送

对话报价单发送后，该报价单项下的标的票据状态变更为"已锁定"，同机构的其他交易员不得再次挑选相关票据。若无交易确认控制则直接发送至对方交易员，对话报价状态为"已发送"；若需交易确认，则由本级机构其他具有交易确认权限操作员/管理员进行确认后再发送至对方交易员，对话报价状态变更为"发送待确认"。

质押式回购对话报价进行交易要素可以修改，质押式回购对话报价可修改要素如下：

①回购期限（与到期结算日互推）。

1天≤回购期限≤Min（质押票据最短剩余期限－1，买断式回购待赎回票据包上一次买断式回购剩余期限－1，365天），在范围之外，则提醒回购期限有误。

②到期结算日（与回购期限互推）。

到期结算日＝首期结算日＋回购期限，到期结算日根据营业日准则，反算回购期限。

③回购金额手动输入。

④回购利率。

⑤报价有效时间。

⑥最晚首期结算时间。

⑦质押票据挑选（买入方可以删除，卖出方可以新增或删除）。

⑧清算速度。

⑨结算方式（相同法人机构的交易成员之间采用FoP结算；不同法人机构的交易成员之间，强制采用DvP结算）。

⑩清算类型为全额清算。

图3-72 质押式对话报价的成交

第三章 票据行为

交易双方就对话报价达成一致，即在接收的对话报价点击确认成交，达成交易，系统生成成交单。

（2）质押式回购的意向询价。逆回购方和正回购方交易员可向全市场、特定群组或单一交易员发出质押式回购交易意向的询价。

点击质押式回购—意向询价管理窗口中的"新订单"，系统弹出质押式回购—意向询价录入窗口，输入/选择必输项。若选择"群组/交易员"则需在新窗口中进行选择。对正回购方支持在线挑票或 Excel 导入，增加拟交易票据清单。

图 3-73　质押式回购意向询价的录入

本方：必输项，银行会员和非银行会员系统参与者显示本方机构简称，灰显。

交易方向：必输项，选择正回购或逆回购，正回购可挑票。

票据类型：必输项，选择银票或商票。

票据介质：必输项，选择纸票或电票。

回购利率：支持小数点后 4 位。

回购金额：单位万元，支持小数点后 2 位。

回购期限：可选择时间区间，两个下拉框支持 0、1D、7D、14D、1M、3M、6M、9M 和 1Y。

信用主体类型："政策性银行""国有商业银行""股份制商业银行""城商行""外资银行""农商行""信用社""财务公司""村镇银行"，支持勾选全部和部分。

交易对手类型：可选择"中央银行""银行业机构""非银行金融机构""非法人

机构""非金融机构",支持勾选全部和部分。

发送范围:必输项,可选择"全市场"或者"群组/交易员"。

票据挑选类型:可选择"单票"或者"票据包"。

备注:可输入文本。

意向询价发出后,可对询价进行修改和撤销。在质押式回购—意向询价管理窗口中,双击已发送的询价,弹出质押式回购—意向询价修改窗口。点击"撤销"则其他机构交易员不再看到该笔意向询价;若点击"修改"则可对回购利率、回购金额、回购期限、信用主体类型、备注、票据挑选类型和票据清单进行修改;交易方向、票据介质和种类不得修改。修改完成后点击"发送",则更新发送,询价编号保持不变。

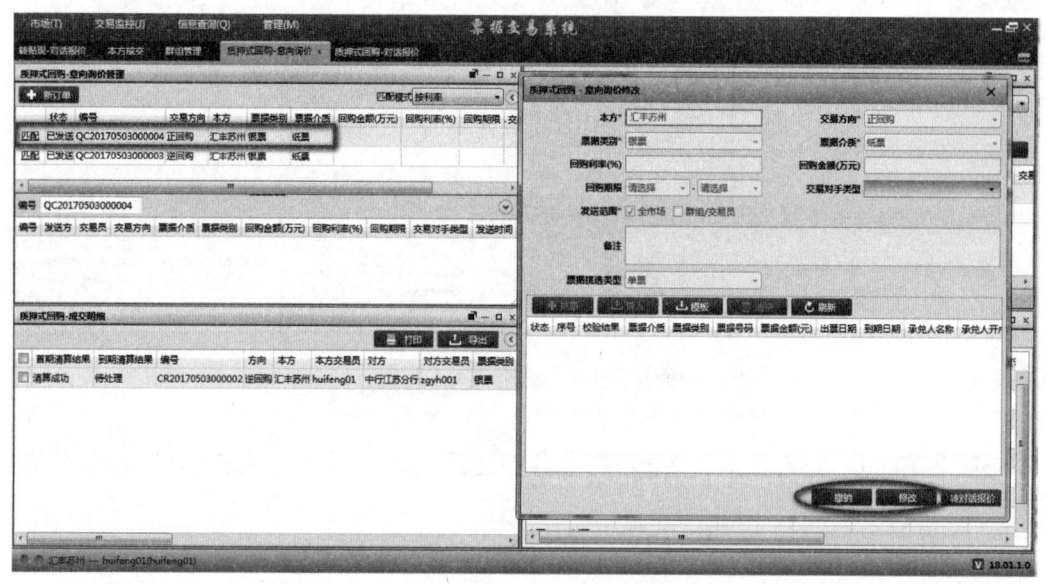

图 3-74 意向询价的修改与撤销

与转贴现业务一样,质押式回购意向询价可以转为对话报价。双击意向询价展示窗口中交易方向为逆回购的询价交易,系统展示该笔询价要素,并提供转对话报价按钮。点击后进入转贴现对话报价界面,录入对方机构、对方交易员、票据介质、票据种类和回购利率等要素。后续操作同质押式回购对话报价业务流程。

逆回购方和正回购方交易员可向全市场发出质押式回购交易的匿名点击报价。

点击质押式回购—匿名点击管理窗口中的"新订单",系统弹出质押式回购—匿名点击报价录入窗口,输入/选择必输项。

本方:必输项,银行会员和非银行会员系统参与者显示本方机构简称,灰显,虚拟资管会员下属操作员需填写参与交易的产品简称。

第三章 票据行为

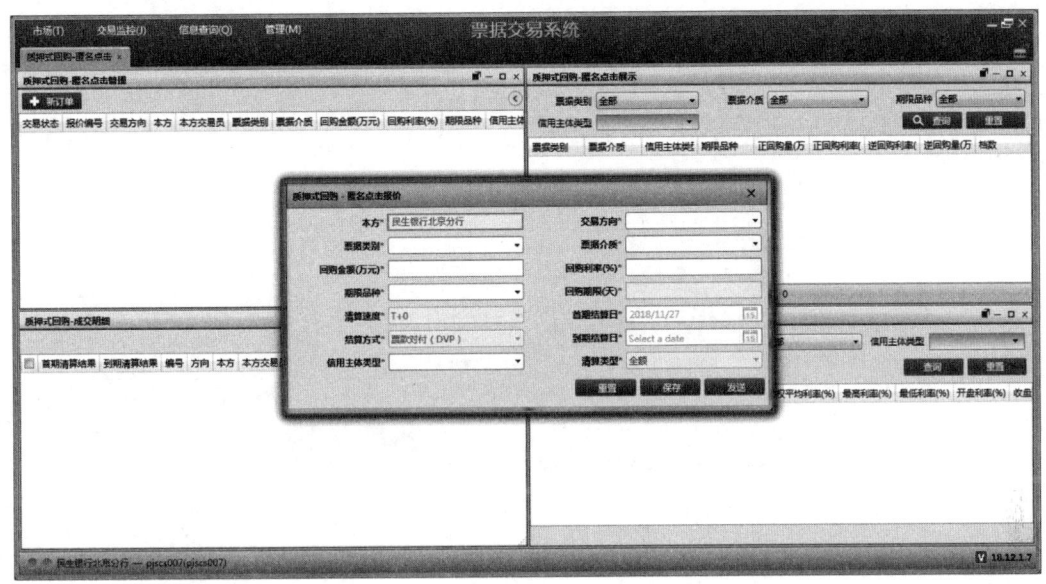

图 3-75 质押式回购匿名点击报价

交易方向：必输项，选择正回购或逆回购。

票据类别：必输项，选择银票或商票。

票据介质：必输项，选择纸票或电票。

回购金额：必输项，单位万元，系统目前设置最小报价量需 1000 万元起，最小变动单位需满足 1000 万元。

回购利率：必输项，单位%，支持小数点后 4 位。

期限品种：必输项，包括 1D、7D、14D、1M、3M、6M、9M 和 1Y。

信用主体类型：必输项，选项包括"政策性银行""国有商业银行""股份制商业银行""城商行""外资银行""农商行""村镇银行""农信社""财务公司"。

回购期限：根据期限品种，系统自动计算，不可修改。

清算速度：系统设置为 T+0，不可修改。

结算方式：系统设置为 DvP，不可修改。

清算类型：系统设置为全额，不可修改。

首期结算日：首期结算日＝成交日。

到期结算日：到期结算日＝成交日＋调整后的实际回购期限。

质押式回购匿名点击报价发送后，可对报价进行修改与撤销操作。

在质押式回购—匿名点击管理窗口中，双击已发送的报价，弹出质押式回购—匿名点击撤回窗口。可进行"撤销"和"撤回"操作。点击"撤销"，该报价单作废，从"匿名点击管理窗口"中消失；若点击"撤回"，报价单状态变为"已保存"，可选

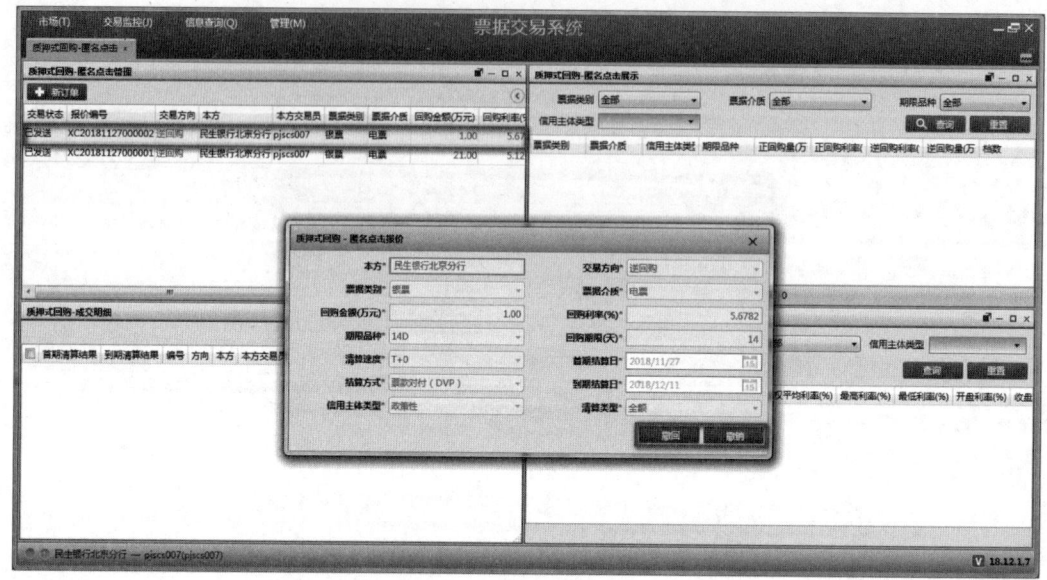

图3-76 质押式回购匿名点击报价的撤回与撤销

择"修改",对其本方(虚拟资管操作员)、交易方向、票据类别、票据介质、回购利率、回购金额、期限品种和信用主体类型等要素进行修改,也可选择"作废",报价单作废,从"匿名点击管理窗口"中消失。

发出的意向订单,可与市场中其他会员下属机构与产品操作员已发出的意向订单进行撮合匹配。

点击"市场"—"质押式回购"—"匿名点击",在匿名点击管理界面可"刷新"找到"已发送"和"已保存"的订单;对"已发送"的订单,双击可进行"撤回"和"撤销"操作;对"已保存"的订单,双击可进行"修改""作废""发送"。

对于已发送的订单,系统后台自动进行匹配,匹配成功生成成交单的交易将在左下方"质押式回购—交易明细"模块中展示,并出现弹窗进行提示。

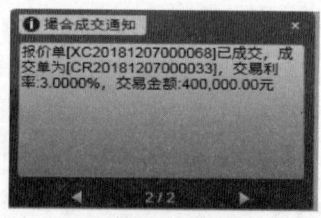

图3-77 质押式回购撮合成交通知

未匹配成功的订单与匹配后有剩余交易量的订单将展示在匿名点击管理界面内,

继续等待匹配交易；在匹配成功的匿名点击业务中可直接点击对方交易员，系统展示该交易员信息。

若机构设置有双人经办复核角色，则"交易状态"在发起方显示为"发送待确认"，需要复核人员登录系统后在"市场"→"交易确认"，业务类型选择"质押式回购"，"查询"后找到该笔业务双击，确认已发送业务订单。

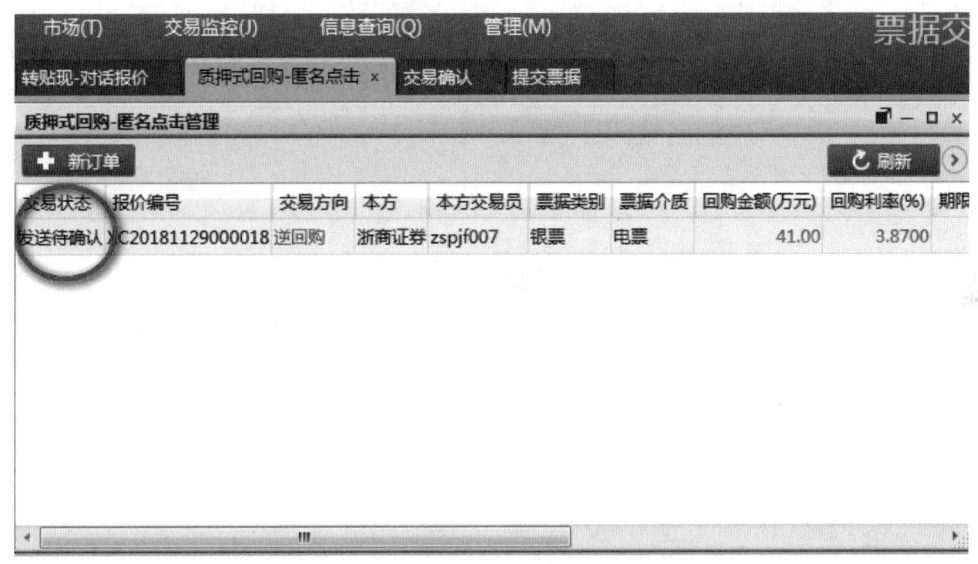

图3-78 质押式回购匿名订单的查找

匿名点击成交：可以直接在"匿名点击报价展示"窗口通过点击某笔匿名报价的回购金额，直接新增成交订单，如图3-79所示。

图3-79 质押式回购匿名报价订单的修改

此时点击某笔符合我方交易意愿的匿名报价订单，点击回购量后，弹出一个直接匹配的点击交易窗口，"回购金额"可以修改，"可交易金额"可以查看刷新，回购利率不可修改。

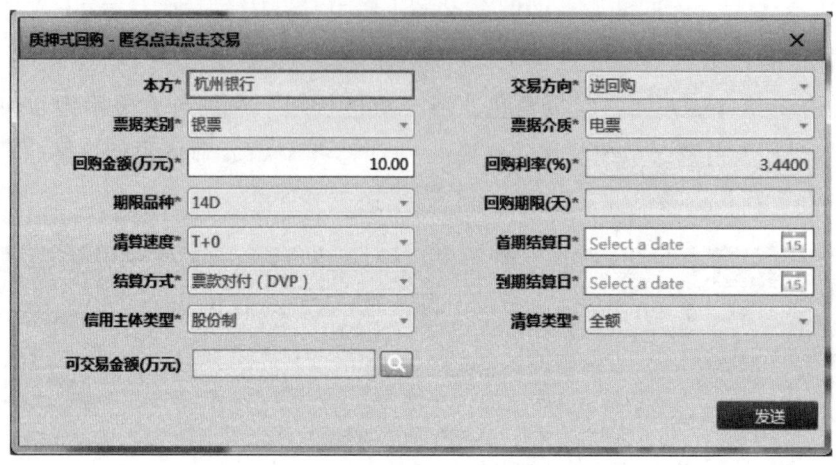

图 3-80 匿名报价订单交易窗口

匹配或点击后,成交即达成,可在成交明细中找到该笔成交业务,系统生成成交编号和成交单。

3. 买断式回购业务。买断式回购业务操作分为对话报价、意向询价与交易确认三种流程。

(1)买断式对话报价。用户进入市场→买断式回购→对话报价查看买断式回购对话报价列表,展示当天所有对话报价列表。

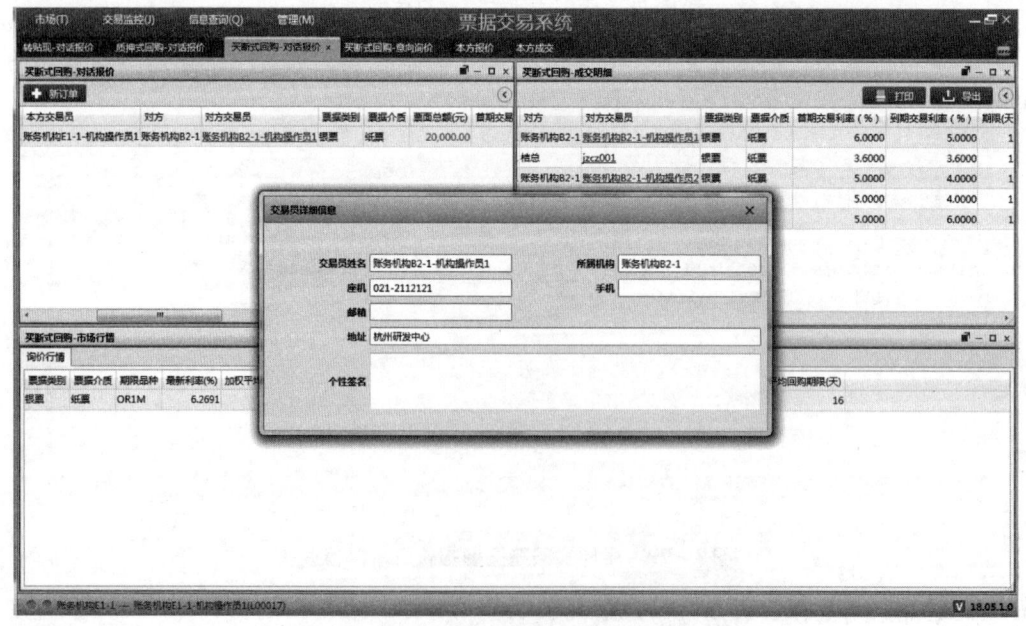

图 3-81 买断式回购报价的查询

第三章　票据行为

进入市场→买断式回购→新订单→对话报价录入，填写交易要素。

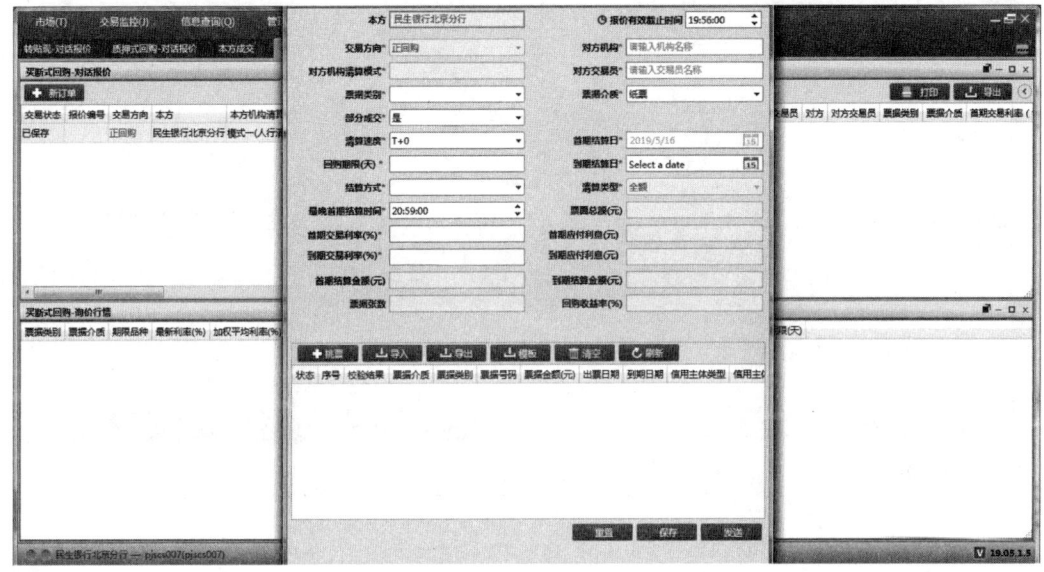

图 3-82　买断式回购对话报价交易要素的录入

在对话报价界面选择/输入：本方、交易方向、对方机构、对方交易员、票据种类、票据介质、回购期限、首期结算日、到期结算日、结算方式、报价有效截止时间、最晚首期结算时间、首期交易利率、到期交易利率、部分成交、清算速度、结算方式、清算类型。

票据挑选后，系统自动显示票面总额、首期应付利息、到期应付利息、票据张数和回购收益率。

用户新建对话报价后，可以对未发送的对话报价保存。

报价信息确认完毕后，点击"发送"按钮发送新建的或已保存的买断式回购对话报价。

用户在接收到对手方发送的对话报价单，可以点击"终止"按钮停止该笔对话报价的对话。系统保留终止对话报价的记录。也可以对买断式回购对话报价进行交易要素修改。

买断式回购对话报价可修改要素如下：

①回购期限（与到期结算日互推）；

②到期结算日（与回购期限互推）；

③到期结算日＝首期结算日＋回购期限，到期结算日根据营业日准则，反算回购期限；

④首期交易利率和到期交易利率；

图 3-83　买断式回购对话报价交易要素的修改

⑤报价有效截止时间；

⑥最晚首期结算时间；

⑦交易票据挑选（逆回购方可以删除；正回购方可以新增或删除）；

⑧清算速度；

⑨结算方式（相同法人机构的交易成员之间采用 DvP 或者 FoP 结算；不同法人机构的交易成员之间，强制采用 DvP 结算）；

⑩清算类型为全额清算。

用户就接收的对话报价确认成交，达成交易，系统生成成交单。正回购方/逆回购方就对手方发送的对话报价确认成交，接受报价，达成交易，系统自动生成成交单。

图 3-84　买断式回购成交单

第三章　票据行为

（2）买断式回购的意向询价。逆回购方和正回购方交易员可向全市场、特定群组或单一交易员发出买断式回购交易意向的询价。

点击买断式回购—意向询价管理窗口中的"新订单"，系统弹出买断式回购—意向询价录入窗口，输入/选择必输项。若选择"群组/交易员"则需在新窗口中进行选择。

图3-85　买断式回购意向询价的录入

本方：必输项，银行会员和非银行会员系统参与者显示本方机构简称，灰显。

交易方向：必输项，选择正回购或逆回购，正回购可挑票。

票据类型：必输项，选择银票或商票。

票据介质：必输项，选择纸票或电票。

回购利率：支持小数点后4位。

票面金额：单位万元，支持小数点后2位。

回购期限：可选择时间区间，两个下拉框支持0、1D、7D、14D、1M、3M、6M、9M和1Y。

信用主体类型："政策性银行""国有商业银行""股份制商业银行""城商行""外资银行""农商行""信用社""财务公司""村镇银行"，支持勾选全部和部分。

交易对手类型：可选择"中央银行""银行业机构""非银行金融机构""非法人机构""非金融机构"，支持勾选全部和部分。

发送范围：必输项，可选择"全市场"或者"群组/交易员"。

备注：可输入文本。

买断式回购意向询价发送后，可对询价进行修改和撤销操作。在买断式回购—意向询价管理窗口中，双击已发送的询价，弹出买断式回购—意向询价修改窗口。

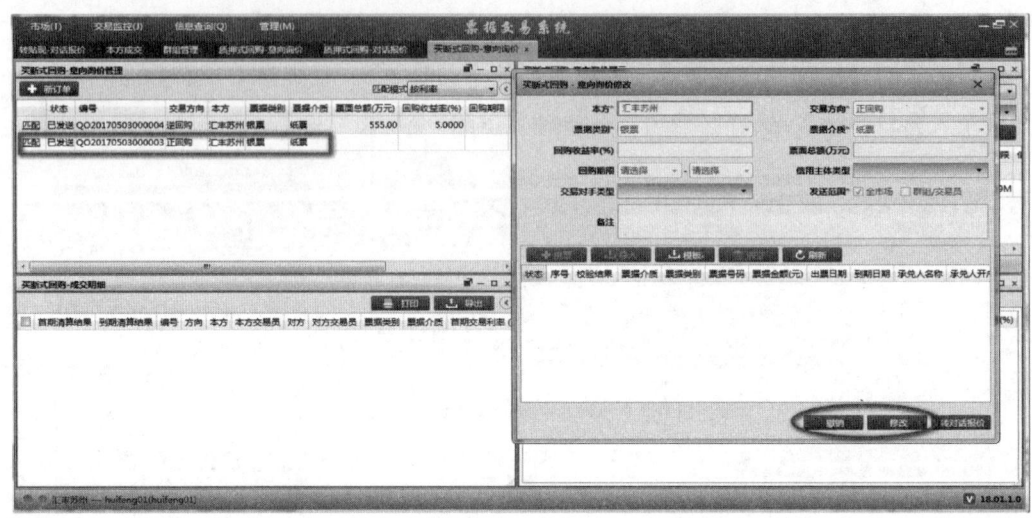

图3-86 买断式回购意向询价的修改和撤销

可进行"撤销"和"修改"的操作。点击"撤销"则其他机构交易员不再看到该笔意向询价;若点击"修改"则可对回购利率、回购金额、回购期限、信用主体类型、备注、票据挑选类型和票据清单进行修改;交易方向、票据介质和种类不得修改。修改完成后点击"发送",则更新发送,询价编号保持不变。

意向询价管理窗口展示本交易员发出的意向询价,可对已发出的意向询价进行查询和匹配。

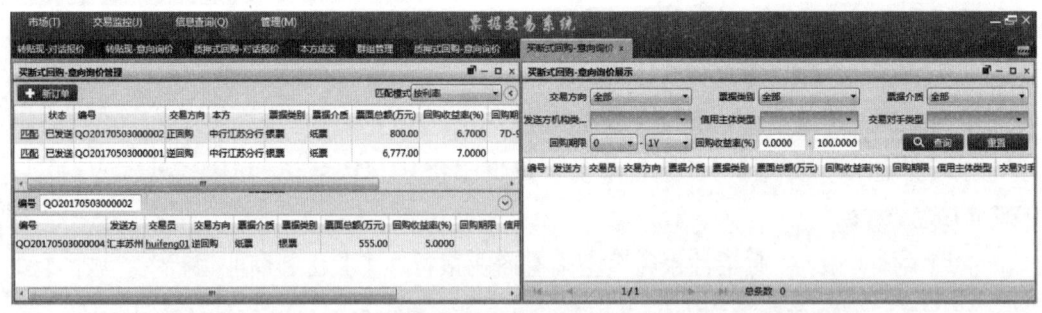

图3-87 意向询价管理窗口对已发出意向查询匹配

正回购方交易员可以在意向询价管理和展示界面将意向询价转化为对话报价。双击意向询价展示窗口中交易方向为逆回购的询价交易,系统展示该笔询价要素,并提供转对话报价按钮。点击后进入转贴现对话报价界面,录入对方机构、对方交易员、票据介质、票据种类和回购利率等要素。后续操作同买断式回购对话报价业务流程。

第三章 票据行为

图3-88 意向询价转为对话报价

(三) 再贴现

目前中国票据交易系统提供的再贴现业务是指再贴现质押式回购业务,包括业务申请和业务确认两个环节。

1. 业务申请。机构操作员登录再贴现模块,选择业务申请,向人行申请办理再贴现业务。

(1) 点击"新增",系统展示申请单录入窗口。

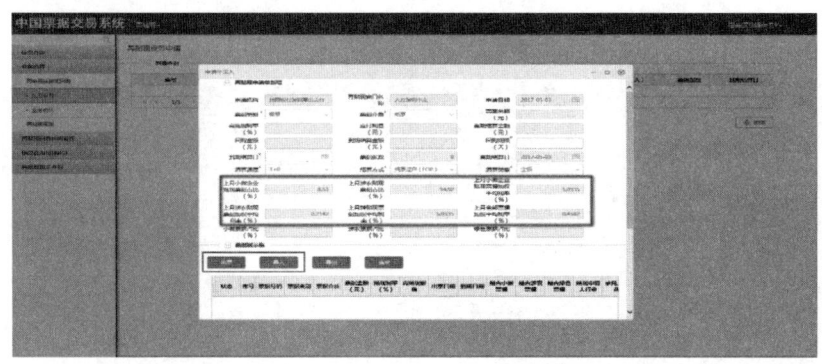

图3-89 再贴现申请单录入窗口

(2) 申请机构根据录入信息,选择/输入再贴现业务要素。其中"上月小微企业贴现票据占比""上月涉农贴现票据占比""上月小微企业贴现票据加权平均利率""上月涉农贴现票据加权平均利率""上月转贴票据加权平均利率""上月全部票据加权平均利率"值为系统根据上月数据计算后自动返写。

（3）选择票据类别、填写回购日期后，再贴现利率由系统计算后自动返写。

（4）再贴现要素输入后，申请机构可选择“挑票”或者“导入”方式，增加拟再贴现票据（挑票方式和清单导入方式）。

图 3-90　选择票据信息

	序号	票据介质	票据类别	票据号码	票据金额（元）	出票日期	到期日期	出票人名称	承兑行（确认）名称	承兑人开户行行号	承兑人开户行名称	贴现行名
✓	1	纸票	银票	3200035201708101	10,099.00	2017-09-04	2017-11-23	八月测试-村镇银行3			001196615005	八月测试-
✓	2	纸票	银票	3200035201708100	10,098.00	2017-09-04	2017-11-24	八月测试-村镇银行3			001196615005	八月测试-
✓	3	纸票	银票	3200035201708099	10,097.00	2017-09-04	2017-11-25	八月测试-村镇银行3			001196615005	八月测试-
✓	4	纸票	银票	3200035201708098	10,096.00	2017-09-04	2017-11-26	八月测试-村镇银行3			001196615005	八月测试-
✓	5	纸票	银票	3200035201708097	10,095.00	2017-09-04	2017-11-27	八月测试-村镇银行3			001196615005	八月测试-
	6	纸票	银票	3200035201708096	10,094.00	2017-09-04	2017-11-28	八月测试-村镇银行3			001196615005	八月测试-

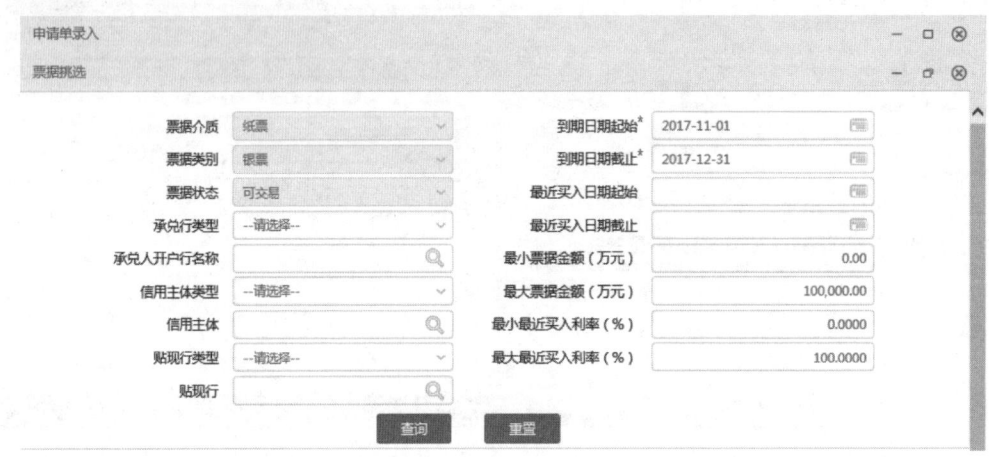

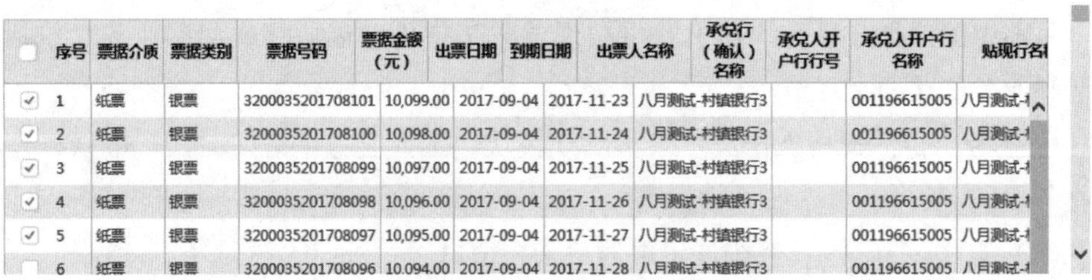

图 3-91　挑票方式

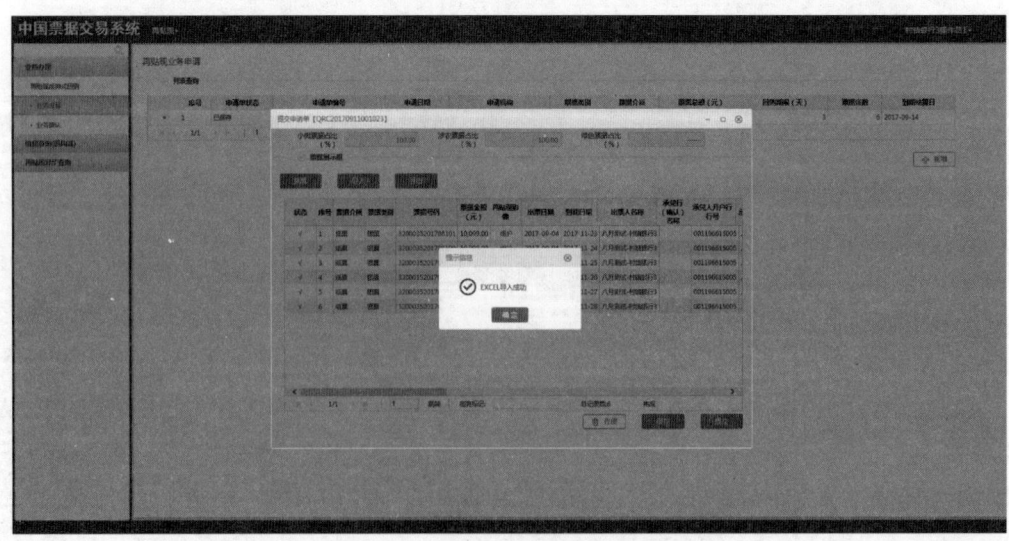

图 3-92　导入方式

(5) 票据导入完成后，可选择点击再贴现影像"维护"进行票据影像上传。

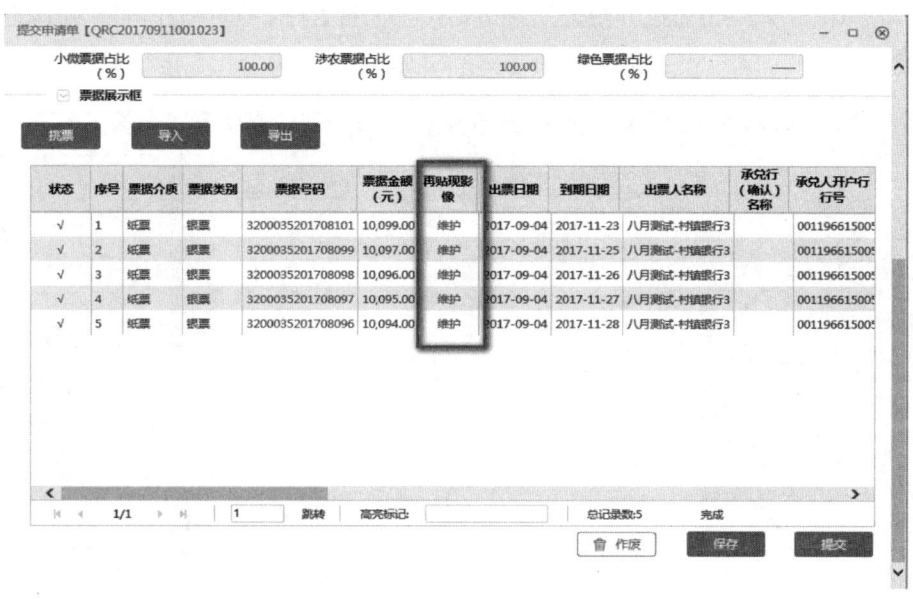

图 3-93　再贴现影像维护

(6) 上述操作完成后，可对该笔申请单进行"作废""保存"或者"提交"处理。若作废，则该笔申请终止；若保存，则该笔申请在申请界面展示，点击该笔申请，可进行再次修改或提交；若提交，则该笔申请发送至该机构复核岗进行确认。

2. 业务确认。机构操作员登录再贴现模块，对已提交的申请进行确认。

(1) 申请机构在业务确认界面中，可查看到待确认的再贴现申请单，点击后系统展示申请单详情。

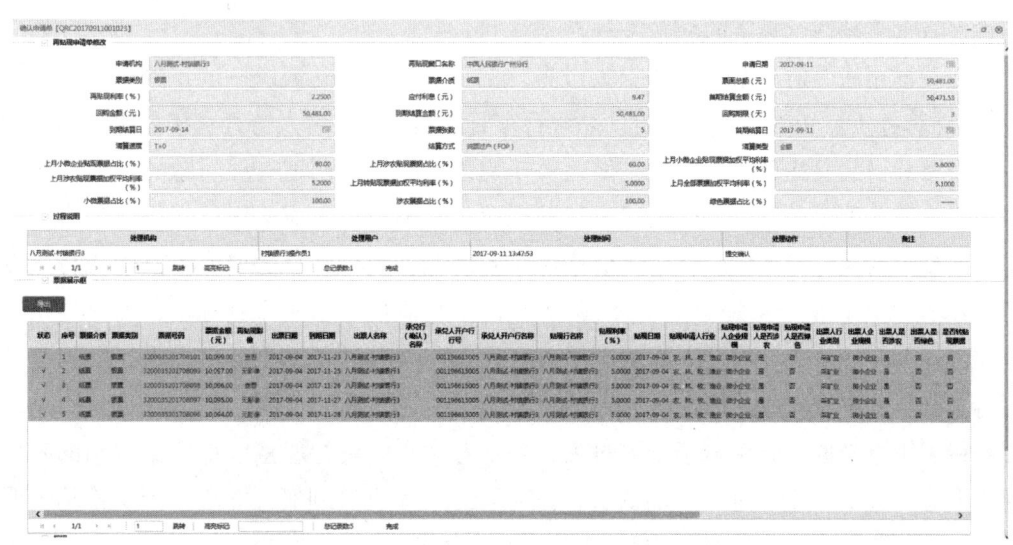

图 3-94　再贴现申请单

(2) 机构复核岗对再贴现要素确认无误后,可进行"确认通过""确认退回"或"申请单打印"。若点击通过,则该笔申请提交至人行处理;若点击退回,则该笔申请退至发起岗修改;若点击打印,则显示该笔再贴现的申请表。

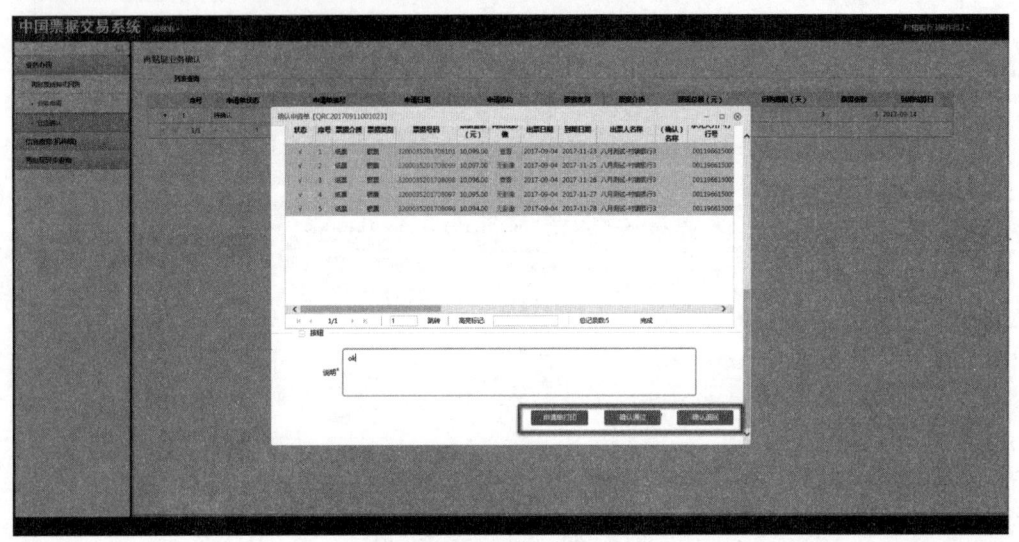

图 3-95　再贴现要素的确认后处理

三、相关风险与案例

因贴现发生的票据纠纷,主要集中在商业银行是否履行了对基础交易关系的审查义务,是否具有"重大过失"等系列法律问题。依据中国人民银行的相关规定,贴现行办理贴现业务应履行以下审查义务:汇票的真实性、查询查复、票面记载内容的完整性、背书连续性、真实的交易关系。

而我国司法界对于贴现行"重大过失"的认定并没有达成统一的审判标准。根据《支付结算办法》第九十二条规定,贴现行审查的是贴现申请人与其直接前手之间的增值税发票和商品发运单据复印件。而《关于完善票据业务制度有关问题的通知》第一条规定,商业汇票的持票人向银行申请贴现时,贴现申请人应向银行提供交易合同原件、贴现申请人与其直接前手之间根据税收制度有关规定开具的增值税发票或普通发票。在实务操作中,贴现行对真实交易关系的审查倾向于形式审查标准,即只要贴现行在办理贴现业务时,申请人提供了增值税发票与合同并留存复印件即可,贴现行即履行了必要的审查义务。即便事后证明该发票、合同系虚假或有一般瑕疵也认为贴现行履行了审查义务。而相较于重大过失,在实务中,贴现行恶意取得票据权利的判例并不多见。关于"重大过失"的认定,《票据法》《票据管理实施办法》等文件均未明确规定,导致各地法院裁判标准不一。

第三章 票据行为

案 例

不认可中国人民银行行政规章作为认定依据

【案件概述】

M银行股份有限公司成都分行、成Y科技有限公司、泸州市W集团有限公司等票据付款请求权纠纷案。

四川省高级人民法院（2018）川民终1106号判决书认为：M银行成都分行以贴现方式取得案涉票据，对泸州W集团公司与成Y公司真实交易关系的审查义务仅有相关金融监管机构的管理性规章制度予以了明确，并非法律、行政法规规定的强制性义务，未审查真实交易关系并不导致票据行为无效，不影响M银行成都分行行使票据权利。《票据法》第三十二条第一款规定："以背书转让的汇票，后手应当对其直接前手背书的真实性负责"。本案中，泸州W集团公司向M银行成都分行转让案涉票据，上诉人M银行成都分行依约支付票据贴现款，符合前述法律规定，履行了相应审查义务。

认可中国人民银行的行政规章作为认定依据

【案件概述】

河北唐山市中级人民法院（2015）唐民一终字第747号判决书指出：结合本案，上诉人M银行股份有限公司上海分行在办理贴现业务时，对宁波金某贸易有限公司提供贴现材料中，《棉纱采购合同》内容前后矛盾及增值税发票与购销合同价款不符，作为贴现银行如果谨慎审查，能够对贴现申请人宁波金某贸易有限公司与其直接前手奉化市某衬衫厂之间是否具有真实的商品交易产生合理怀疑，而上诉人M银行股份有限公司上海分行未尽到审查义务，存在重大过失。虽然上诉人M银行股份有限公司上海分行通过办理贴现手续通过背书转让的方式支付了对价取得了本案票据，成为最后持票人，但因其办理贴现业务中，没有严格按照规定办理贴现业务，没有尽到审慎义务，存在重大过失。《票据法》第十二条第二款规定，持票人因重大过失取得不符合本法规定的票据的，也不得享有票据权利。据此，上诉人M银行股份有限公司上海分行不享有本案诉争票据的票据权利。

真实交易的审查标准倾向于形式审查

【案件概述】

Z银行股份有限公司厦门江头支行、邯郸市T物资有限公司与H银行股份有限公司烟台南大街支行、罗某国票据纠纷。

（2016）最高法民再68号判决书认为：上述事实，证明H银行烟台南大街支行在办理案涉票据的贴现时，确实没有真实的贸易背景。因此，H银行烟台南大街支行在办理案涉票据的贴现中存在瑕疵。但由于H银行烟台南大街支行已经实际支付了案涉票据的贴现款，而该款根据某娟的陈述已经按照某烁的指令从贴现账户中转出，T 公司虽主张该贴现账户由 H 银行烟台南大街支行实际控制，但未提交证据证明。故在 H 银行烟台南大街支行已经支付了案涉票据的贴现款的情形下，该行办理贴现中存在的上述瑕疵不宜认定属于其重大过失取得票据。

第七节　提示付款

一、业务介绍

提示付款是承兑人付款的前提条件，提示付款是指持票人向承兑人或付款人出示汇票并请求承兑人或付款人支付汇票记载的票据金额的行为。

（一）提示付款的概念

根据《电子商业汇票业务管理办法》第五十八条规定，提示付款是指持票人通过电子商业汇票系统向承兑人请求付款的行为。持票人应在提示付款期内向承兑人提示付款。

根据《电子商业汇票业务管理办法》第六十三条规定，电子商业汇票提示付款，必须记载下列事项：提示付款日期；提示付款人签章。持票人可与接入机构签订协议，委托接入机构代为提示付款并代理签章。

汇票作为一种流通证券，持票人将票据进行背书转让、质押或其他处分时，无须通知承兑人，因此在票据到期后，承兑人并不知道票据真正的权利人为何人，也无法向权利人支付票据金额，故须持票人向承兑人出示票据并提示承兑人履行付款义务。

（二）提示付款的时间

根据《电子商业汇票业务管理办法》第五十八条规定，提示付款期自票据到期日起 10 日，最后一日遇法定休假日、大额支付系统非营业日、电子商业汇票系统非营业日顺延。

持票人未按照前款规定期限提示付款的，在作出说明后，承兑人或者付款人仍应当继续对持票人承担付款责任。

根据《票据法》第一百零七条规定，本法规定的各项期限的计算，适用民法通则关于计算期间的规定，按月计算期限的，按到期月的对日计算；无对日的，月末日为到期日。

根据《中华人民共和国民法总则》第二百条规定，民法所称的期间按照公历年、月、日、小时计算。第二百零一条规定，按照年、月、日计算期间的，开始的当日不计入，自下一日开始计算。按照小时计算期间的，自法律规定或者当事人约定的时间

第三章 票据行为

开始计算。第二百零三条规定，期间的最后一日是法定休假日的，以法定休假日结束的次日为期间的最后一日。期间的最后一日的截止时间为二十四时；有业务时间的，停止业务活动的时间为截止时间。

根据《电子商业汇票系统业务报文处理规则》的规定，提示付款期期末 T+10，其中 T 为到期日。

持票人超过提示付款期限提示付款的，接入机构不能拒绝受理。持票人在作出合理说明后，承兑人仍应当承担付款责任，并在上款规定的期限内付款或拒绝付款。

举例说明电子商业汇票的提示付款日期。

1. 如某张商业承兑汇票的到期日为 2019 年 9 月 21 日，按照 T+10 的规则，法定提示付款日期从票据到期日次日即 22 日起算向后顺延 10 日，即到 10 月 1 日截止，10 月 1 日至 10 月 7 日法定节假日，故提示付款时间截止日期为 10 月 8 日。

商业承兑汇票的到期日为 2019 年 9 月 21 日是星期六，即非系统营业日，要不要将提示付款期的首日向后顺延呢？答案是"不"！只有最后一日遇法定休假日、大额支付系统非营业日、电子商业汇票系统非营业日才会顺延。

2. 如某张商业承兑汇票的到期日为 2019 年 10 月 2 日，按照 T+10 的规则，法定提示付款日从票据到期日次日即 10 月 3 日起算向后顺延 10 日，即到 10 月 12 日截止，10 月 12 日虽为周六，但是因为调休，该日为工作日，故提示付款时间截止日期为 10 月 12 日。

在实践操作过程中，持票人可能出现的提示付款时间有以下三种情况：

1. 票据到期前提示付款。持票人在票据到期日前进行提示付款。在此情况下，承兑人有三种应对可能，分别产生不同法律效果。

持票人在票据到期日前进行提示付款，承兑人付款：根据《票据法》第六十条规定，如果承兑人在到期日前付款的，全体汇票债务人的责任解除。承兑人在到期日前付款的产生的责任由付款人自行承担。

持票人在票据到期日前进行提示付款，承兑人拒付：根据《票据法》第六十一条规定，如果在票据到期日前有以下三种情况出现，持票人可以行使追索权：（1）汇票被拒绝承兑的；（2）承兑人或者付款人死亡、逃匿的；（3）承兑人或者付款人被依法宣告破产的或者因违法被责令终止业务活动的。

除以上三种情况外，对于未到期的票据，承兑人可根据《电子商业汇票业务管理办法》第五十九条规定，对持票人在距到期日前进行提示付款的票据拒绝付款。且此情况下，虽为期前拒付，但不属于《票据法》第六十一条规定的可以行使追索权的情形，持票人不得拒付追索。

持票人在票据到期日前进行提示付款，承兑人无应答：如持票人在票据到期日前进行了提示付款，承兑人可以不予应答。此时持票人在提示付款期内进行再次提示付款，持票人仍可享有所有票据权利，即票据被拒付的，可向所有前手拒付追索。反之，若没有在提示付款期内再次提示，在票据有效期内进行了提示，则票据状态显示为"逾期提示付款"，只可向出票人、承兑人拒付追索。

2. 在法定提示付款期间提示付款。持票人在自票据到期日起 10 日内提示付款（最后一日遇法定休假日、大额支付系统非营业日、电子商业汇票系统非营业日顺延）。如持票人在提示付款后，收到承兑人足额付款的，全体汇票债务人的责任解除，如承兑人拒付或未足额付款，持票人可依照《票据法》第六十一条，对背书人、出票人以及其他票据债务人行使追索权。

（1）承兑人在收到提示付款后当日或次日付款的，全体汇票债务人的责任解除。

（2）承兑人在收到提示付款请求次日起 3 日内拒付的，持票人可行使追索权。

（3）承兑人在收到提示付款请求次日起第 3 日仍未应答的，接入机构根据《电子商业汇票业务管理办法》第六十条应作如下处理：

①承兑人账户余额在该日电子商业汇票系统营业截止时足够支付票款的，则视同承兑人同意付款，接入机构应扣划承兑人账户资金支付票款，并在下一日（遇法定休假日、大额支付系统非营业日、电子商业汇票系统非营业日顺延）电子商业汇票系统营业开始时，代承兑人作出付款应答，并代理签章。

②承兑人账户余额在该日电子商业汇票系统营业截止时不足以支付票款的，则视同承兑人拒绝付款，接入机构应在下一日（遇法定休假日、大额支付系统非营业日、电子商业汇票系统非营业日顺延）电子商业汇票系统营业开始时，代承兑人作出拒付应答，并代理签章。

（三）提示付款的应答

根据《票据法》第五十四条规定，持票人按照法律规定提示付款的，付款人必须在当日足额付款。

根据《电子商业汇票业务管理办法》第五十九条规定，持票人在票据到期日前进行提示付款的，承兑人可以付款或拒绝付款，或于到期日付款。承兑人拒绝付款或未予应答的，持票人可待票据到期后再次提示付款。

根据《电子商业汇票业务管理办法》第六十条规定，持票人在提示付款期内提示付款的，承兑人应在收到提示付款请求的当日至迟次日（与法定休假日、大额支付系统非营业日、电子商业汇票系统非营业日顺延）付款或拒绝付款。

电子商业承兑汇票承兑人在票据到期后收到提示付款请求，且在收到该请求次日起第 3 日（遇法定休假日、大额支付系统非营业日、电子商业汇票系统非营业日顺延）仍未应答的，接入机构应按其与承兑人签订的《电子商业汇票业务服务协议》，进行如

第三章 票据行为

下处理：

1. 承兑人账户余额在该日电子商业汇票系统营业截止时足够支付票款的，则视同承兑人同意付款，接入机构应扣划承兑人账户资金支付票款，并在下一日（遇法定休假日、大额支付系统非营业日、电子商业汇票系统非营业日顺延）电子商业汇票系统营业开始时，代承兑人作出付款应答，并代理签章。

2. 承兑人账户余额在该日电子商业汇票系统营业截止时不足以支付票款的，则视同承兑人拒绝付款，接入机构应在下一日（遇法定休假日、大额支付系统非营业日、电子商业汇票系统非营业日顺延）电子商业汇票系统营业开始时，代承兑人作出拒付应答，并代理签章。

根据《电子商业汇票业务管理办法》第六十四条规定，承兑人付款或拒绝付款，必须记载下列事项：（1）承兑人名称；（2）付款日期或拒绝付款日期；（3）承兑人签章。承兑人拒绝付款的，还应注明拒绝付款的理由。

根据《电子商业汇票业务处理手续》第十章规定，法定拒付理由为：

1. 与自己有直接债权债务关系的持票人未履行约定义务；
2. 持票人以欺诈、偷盗或者胁迫等手段取得票据；
3. 持票人明知有欺诈、偷盗或者胁迫等情形，出于恶意取得票据；
4. 持票人明知债务人与出票人或者持票人的前手之间存在抗辩事由而取得票据；
5. 持票人因重大过失取得不符合《票据法》规定的票据；
6. 超过提示付款期未说明合理理由；
7. 被法院冻结或收到法院止付通知书；
8. 票据未到期；
9. 商业承兑汇票承兑人账户余额不足。

（四）提示付款的方式与清算方式的选择

《电子商业汇票业务管理办法》第五十八条规定，提示付款是指持票人通过电子商业汇票系统向承兑人请求付款的行为。

根据《电子商业汇票业务管理办法》第六十二条规定，持票人可通过电子商业汇票系统进行提示付款，并且可以选择票款兑付方式（线上清算方式或线下清算方式），持票人也可以其他方式向承兑人提示付款。

根据《电子商业汇票业务处理手续》第十章规定，提示付款可以选择线上清算方式或线下清算方式，若选择线上清算方式，则承兑人签收时大额支付系统必须为日间处理状态；持票人可与接入行、接入财务公司签订协议，委托接入行、接入财务司代为发出提示付款、逾期提示付款申请，并代理签章。

持票人通过电票系统选择不同的清算方式时，需要填写不同内容，为避免重复，该部分内容详见本节第二部分操作流程步骤5。

此外,根据《电子商业汇票业务处理手续》第十章相关规定,如通过电票系统进行提示付款,在进行票据资金结算时,可能会受到限制,如持票人或承兑人的接入点中有一方为接入财务公司,则不得选择线上清算方式。在此情况下,仍可以选择线上清算方式的提示付款,只是选择线上清算后,承兑人与持票人无法进行资金结算。如持票人开户行与承兑人开户行相同时,也可能出现无法线上清算的情况。

如持票人选择线下清算方式的,可能存在承兑人签收票据后不付款的情况,因为票据为设权证券,票据被承兑人签收后,持票人丧失对票据的占有,最终影响到追索权的行使。

电子商业汇票的资金清算有线上清算模式与线下清算模式两种方式。

线上清算是指电票系统参与者在办理票据业务时,电票系统通过与大额支付系统的连接完成电子商业汇票的资金清算,从而实现票、款的变更由系统自动完成,通俗讲就是一手交钱、一手交票。如A银行将票据转贴现给B银行,在线上清算模式下,首先A银行向B银行发出转贴现申请,B银行作出签收,在B银行签收时,票据交易系统不是实时地将B银行的签收转发给A银行,而是在票据交易系统中作暂存和锁定处理,根据B银行的签收,自动向大额支付系统发出即时转账报文,然后根据大额支付系统返回的成功扣款的报文将票据权利修改为B银行,并将处理结果通知A银行。

票交所成立后,目前票交所系统分为电子商业汇票系统与中国票据交易系统。

票据交易系统只支持线上清算模式。加入中国票据交易系统会员的金融机构应根据《上海票据交易所系统参与者资金账户业务操作规程》相关规定,通过中国人民银行清算账户即大额支付系统账户或票交所资金账户办理票据业务的资金清算结算。

已拥有中国人民银行清算账户或未在中国人民银行开立清算账户但取得其关联的大额支付系统直接参与者出具的清算账户使用授权书的金融机构及财务公司,应当使用该大额支付系统账户办理票据业务资金清算结算。商业银行和以下7家财务公司皆拥有大额支付系统账户,分别是宝钢集团财务公司、海尔集团财务有限责任公司、上海汽车集团财务有限责任公司、美的集团财务有限责任公司、兵工财务有限责任公司、海信集团财务有限公司、中国—拖集团财务有限责任公司。

对于不符合中国人民银行清算账户使用条件的外资银行、农村商业银行和农村合作银行、农村信用社、民营银行、村镇银行、非银金融机构,应当由其法人系统参与者申请票交所的资金账户,会员下辖的所有系统参与者统一使用该资金账户办理票据业务资金清算结算。非法人产品管理人需为下辖的每个非法人产品系统参与者申请开立票交所资金账户,每个非法人产品参与者使用独立的票交所资金账户进行票据业务资金清算结算。

第三章 票据行为

而对于电子商业汇票系统而言，没有了票交所的资金账户支持，线上清算的实现只是通过电票系统与大额支付系统实时连接完成的。而目前大多数财务公司并未加入大额支付系统，因此若承兑人或承兑人的接入点为财务公司的，除上面提到的 7 家拥有大额支付系统账户的财务公司外，不得选择线上清算的方式，只能选择线下清算（非票款对付）方式清算资金。持票人需按照《电子商业汇票系统报文格式标准》要求，在"提示付款人备注"中填写入账行行号账号及联系人电话，入账行行号和账号须以"#"开始，以"#"结束，入账行行号和账号之间以"@"分割，以半角方式填写。如"#102100012345@1234567890#电话58881234"。

另外，同一个清算行下的系统参与者若发生线上清算业务，电子商业汇票系统受理该业务申请，但不会将资金清算的申请提交大额支付系统，而是向系统参与者直接返回清算成功的应答，由其内部系统自动调整账务，而不在大额支付系统中进行反映。所以，当持票人开户行与承兑人开户行相同时，也可能出现无法线上清算的情况。

二、电子商业汇票系统中的操作流程

（一）提示付款申请

1. 如图 3-96 所示，打开"提示付款"菜单。

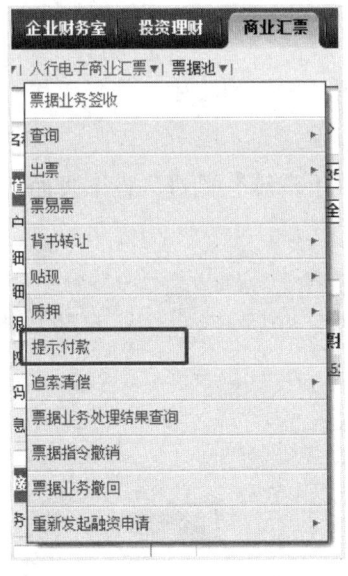

图 3-96 提示付款菜单

2. 完成步骤 1 后进入以下页面，选择提示付款类型、查询账户、票据种类或者通过"更多高级选项"功能，查询需要进行质押解除的票据。

选择提示付款类型："提示付款"或"逾期提示付款"。

票据到期日后 10 日内能够发起正常"提示付款"指令（票据在到期日前也可发起"提示付款"指令），如果第十日为节假日，则此期限进行顺延。若逾期，则选择"逾期提示付款"。

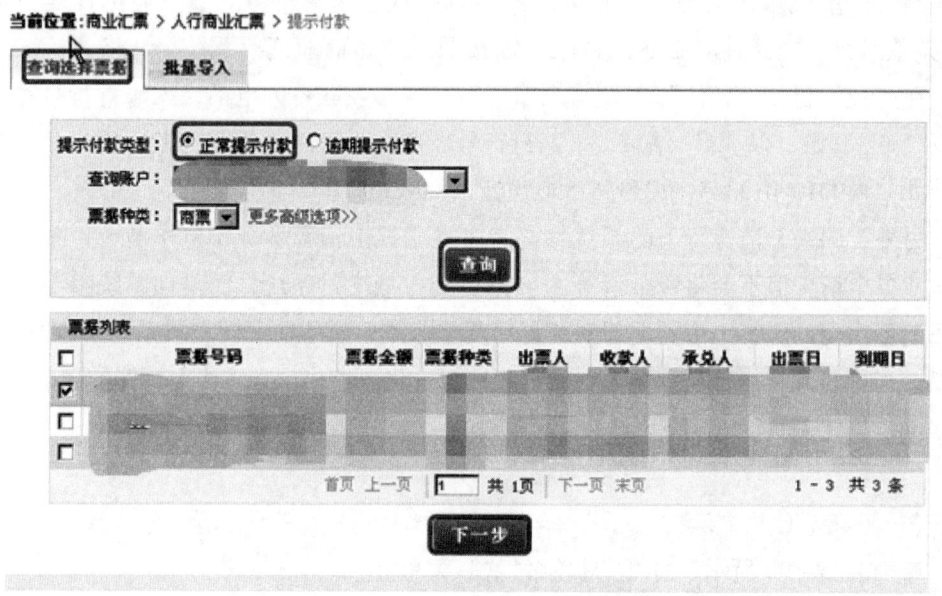

图 3-97　选择提示付款类型

3. 在通过步骤 2 查询所得的票据列表中，选择需进行提示付款的票据，点击"下一步"。

（1）如清算方式选择"线上清算"则进入以下页面。

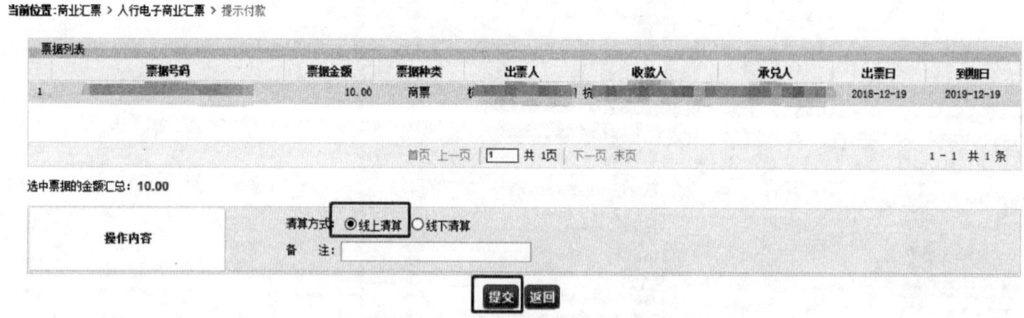

图 3-98　线上清算方式

如选择线上清算，填写备注信息（非必填选项），点击"提交"。

持票方发起线上清算提示付款，承兑人签收后，资金实时到账。在线上清算方式下，如承兑人账户资金不足，则无法成功签收票据。

第三章　票据行为

（2）如清算方式选择"线下清算"则进入以下页面。

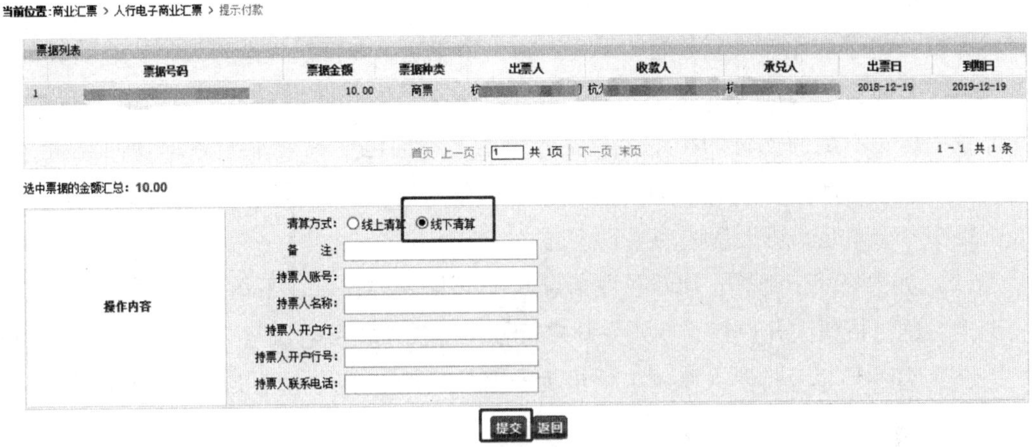

图 3–99　线下清算方式的录入

如选择线下清算，填写备注信息（非必填选项）、持票人账号、持票人名称、持票人开户行、持票人开户行号、持票人联系电话（非必填选项）、点击"提交"。

持票人发起线上清算提示付款，承兑人签收后，持票人与承兑人通过其他途径结算资金。

4. 提示付款指令"提交"后，需经复核/授权人员的复核/授权后生效。

5. 完成以上操作后，可通过"票据业务处理结果查询"查询票据指令状态。该操作流程可参考第一节第二部分（三）票据业务处理结果查询操作流程。

以上提示付款完成后，应及时通知承兑人进行票据的签收。

选择清算方式"线上清算"与"线下清算"。

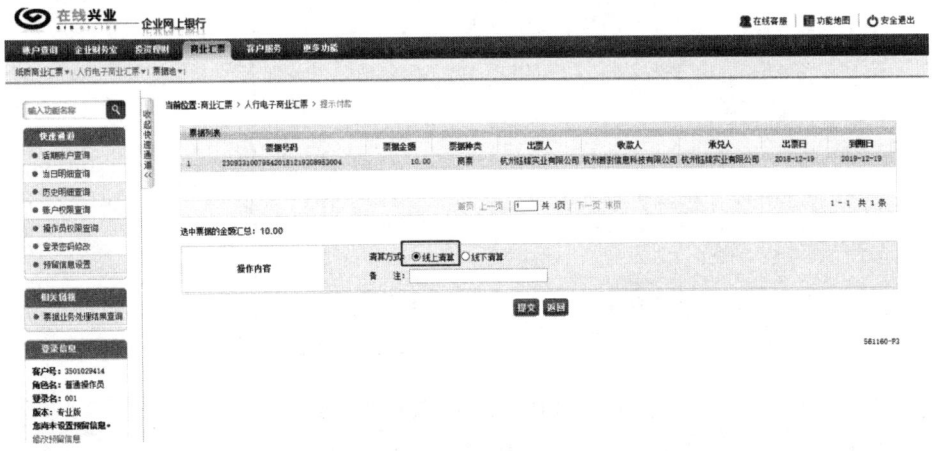

图 3–100　承兑人查询待签收的线上清算票据

（1）如选择线上清算，填写备注信息（非必填内容，可以不填写），点击"提交"。

根据《电子商业汇票业务处理手续》第十章规定，如持票人选择线上资金清算的，若承兑人签收，接入行判断客户资金余额，足额支付的扣收客户款项，向电子商业汇票系统发送；不足额支付的拒绝客户签收申请，不向电子商业汇票系统发回复报文，并通知客户。因此，线上清算的提示付款，承兑人签收票据后，资金实时到账；如承兑人账户资金不足，则无法成功签收票据。

（2）如选择线下清算，填写备注信息（非必填内容，可以不填写）、持票人账号、持票人名称、持票人开户行、持票人开户行号、持票人联系电话（非必填选项）、点击"提交"。备注信息及持票人联系电话虽为非必填内容，但为避免支付中遇到问题承兑人无法联系承兑人，建议填写。

根据《电子商业汇票业务处理手续》第十章规定，若持票人发起线下清算提示付款的，商业承兑汇票票款的划转由承兑人自行划付，持票人与承兑人通过其他途径结算资金，金融机构不负责划付票款。

（二）提示付款签收

1. 如图3-101所示，选择"票据业务签收"功能。

图3-101　提示付款签收菜单

2. 完成步骤1后进入以下页面，选定查询票据种类、业务种类、票据号码或者通过"更多高级选项"功能，查询需要进行签收的票据。

第三章 票据行为

图3-102 查询待签收的票据

3. 在通过步骤2查询所得的票据列表中,点击票据号码,可以查看票据正面及背面信息。

4. 查看完票据详细信息后,可选择"签收"并点击下一步。以上指令完成后,需复核/授权人员进行复核/授权后生效。

三、相关风险与案例

(一)期前提示付款,且在法定提示期内未再次提示引发的风险

在实际的操作中,持票人不一定完全按照法律规定的时间进行提示付款,如未按照相关法律规定的时间内进行提示付款,可能导致丧失对部分债务人的追索权。如持票人在票据到期日前提示付款,承兑人无应答,且在票据到期后,持票人未在法定提示付款期内进行提示付款,从而丧失对票据出票人以及承兑人以外的债务人的追索权。

案 例

(2018)宁0221民初4447号、(2019)宁02民终162号

【案件概述】

原告宁夏凌某化工有限公司与被告宁夏贝某特氰胺产业发展有限公司因贸易往来,

被告宁夏贝某特氰胺产业发展有限公司于2018年2月22日交付原告宁夏凌某化工有限公司背书承兑的一张电子商业汇票，票据金额：人民币伍拾万元整，票据号码：130887109520120180119150943278，出票日期：2018年1月18日，汇票到期日2018年7月17日，出票人：宁夏灵武宝某大古储运有限公司，承兑人：宝某石化集团财务有限公司。该电子商业承兑汇票的背书人依次是宁夏贝某特氰胺产业发展有限公司、贝某特化学股份有限公司、如皋市中某化工有限公司、泰兴市泰某医药化工有限公司、淮安瀚某新材料有限公司、张家港瀚某化工有限公司、福建省邵武市北某化工染料有限公司、福州斯某贸易有限公司、张家港科某奇机械科技有限公司、宁夏宝某能源化工有限公司，出票人和承兑人承诺到期无条件付款。宁夏凌某化工有限公司在汇票到期日前一日发出提示付款请求，在对方未应答且未付款的情况下，未在提示付款的期限内继续向承兑人提示付款。票据状态显示"提示付款，待签收"，原告与被告协商支付汇票金额无果，诉至法院。

一审原告诉讼请求：

1. 依法判令被告向原告支付承兑汇票本金50万元及利息（按银行同期贷款利率计算，自2018年7月17日起计算至实际清偿之日止），承兑人宝某石化集团财务有限公司承担连带责任（原告撤回对第三人宝某石化集团财务有限公司的起诉，一审法院予以准许）。

2. 本案诉讼费由被告负担。

一审法院认为，涉案电子商业承兑汇票形式完备，要素齐全、真实，应为有效票据。汇票收款人宁夏贝某特氰胺产业发展有限公司作为背书人转让给原告宁夏凌某化工有限公司，该汇票经连续背书转让后最后持有人为原告宁夏凌某化工有限公司。现原告宁夏凌某化工有限公司于提示付款期限内提示付款，但票据状态始终显示是待签收状态，即没有及时支付，原告可依法向票据债务人行使追索权。依据《票据法》第六十八条"汇票的出票人、背书人、承兑人和保证人对持票人承担连带责任。持票人可以不按照汇票债务人的先后顺序，对其中任何一人、数人或者全体行使追索权"的规定，原告宁夏凌某化工有限公司向背书人宁夏贝某特氰胺产业发展有限公司行使追索权符合法律规定。

一审法院判决被告宁夏贝某特氰胺产业发展有限公司于判决生效之日起十五日内向原告宁夏凌某化工有限公司支付电子商业汇票金额50万元及利息（利息以票据金额为基数，自2018年7月17日起至判决确定给付之日止，按中国人民银行同期同档贷款基准利率计算）。案件受理费4400元，由被告宁夏贝某特氰胺产业发展有限公司负担。

此后，宁夏贝某特氰胺产业发展有限公司提起上诉（原审被告），被上诉人（原审原告）宁夏凌某化工有限公司。请求：（1）依法撤销（2018）宁0221民初4447号民

第三章 票据行为

事判决;(2)依法改判驳回被上诉人全部诉讼请求或发回重审;(3)本案的全部诉讼费用由被上诉人承担。并提出以下事实与理由:

1. 一审法院认定的被上诉人"于提示付款期内提示付款"与事实不符,被上诉人未依法在提示付款期内提示付款,其已丧失向前手行使追索权的权利,其应自行承担因此造成的损失。涉案票据为电子商业汇票,为定日付款票据。依据《票据法》第五十三条第一款,定日付款汇票的持票人应"自到期日起十日内向承兑人提示付款"。《电子商业汇票业务管理办法》第五十八条也规定,持票人应在提示付款期内向承兑人提示付款,提示付款期自票据到期日起10日。本案中,涉案票据到期日为2018年7月17日,即被上诉人应于2018年7月17日起10日内发出提示付款申请。但被上诉人于2018年7月16日提示付款,当承兑人未对该提示付款申请给予应答时,其并未依照《电子商业汇票业务管理办法》第五十九条在提示付款期内再次发出提示付款申请,丧失对其前手的追索权,被上诉人应当自行承担其未及时行使票据权利所造成的损失。

2. 一审法院将涉案票据"提示付款,待签收"状态错误等同于"未支付",被上诉人行使追索权并未提供拒绝付款证明的意见,被上诉人丧失对其前手即上诉人的追索权。综上所述,上诉人认为一审法院对案件事实认定有误,被上诉人已无权向上诉人主张权利。请求二审法院依法撤销一审判决,将本案改判驳回被上诉人诉讼请求或发回重审。

【法律分析】

当事人对自己的主张有责任提供证据加以证明,没有证据或证据不足以证实其主张的,应承担举证不能的法律后果。上诉人主张被上诉人未在法定期限内向付款人发出提示付款,丧失向其追索的权利。《票据法》第五十三条规定:"定日付款、出票后定期付款或者见票后定期付款的汇票,持票人应当自到期日起十日内向承兑人提示付款。"中国人民银行《支付结算办法》第八十八条规定:"定日付款或者出票后定期付款的商业汇票,持票人应当在汇票到期日前向付款人提示承兑。"中国人民银行《电子商业汇票业务管理办法》第五十九条规定:"持票人在票据到期日前提示付款的,承兑人可付款或拒绝付款,或于到期日付款。承兑人拒绝付款或未予应答的,持票人可待票据到期后再次提示付款。"本案被上诉人在汇票到期日前发出提示付款,在付款人未付款也未应答的情况下,应在票据到期后再次提示付款,但被上诉人未能在法定的提示付款期内发出提示付款。依据中国人民银行《电子商业汇票业务管理办法》第六十六条"持票人在票据到期日前被拒付的,不得拒付追索。持票人在提示付款期内被拒付的,可向所有前手拒付追索。持票人超过提示付款期提示付款被拒付的,若持票人在提示付款期内曾发出过提示付款,则可向所有前手拒付追索;若未在提示付款期内发出过提示付款,则只可向出票人、承兑人拒付追索"的规定,被上诉人票据到期日前向付款人提示付款在未付款未应答的情况下,在票据到期后的提示付款期内未再发出过提示付款,被上诉人丧失了向其前手追索的权利,只能向出票人、承兑人拒付追索。

【判决结果】

二审法院认为上诉人的上诉理由成立,一审法院适用法律及判决结果不当,应予纠正。

一、撤销宁夏回族自治区平罗县人民法院(2018)宁0221民初4447号民事判决;

二、驳回被上诉人宁夏凌某化工有限公司的诉讼请求。

一审案件受理费4400元,二审案件受理费8800元,由被上诉人宁夏凌某化工有限公司负担。

案 例

(2019)新4321民初89号

【案件概述】

原告某港股份有限公司岚山装卸分公司与被告中国某外轮代理有限公司基于港口货物作业产生的港口费,原告取得被告背书转让的电子银行承兑汇票,该汇票出票日为2018年1月26日,出票人为宁夏灵武某塔大古储运有限公司,承兑人为某塔石化集团财务有限公司,收票人为宁夏某塔能源化工有限公司,票据号码为130887109520120180126154325143,票面金额为1000000元,到期日为2019年1月26日,承兑人承兑:"本汇票已经承兑,到期无条件付款"。原告的前手背书人依次为中国某外轮代理有限公司(被告)、日照某洋国际贸易有限公司、上海寅某金属材料有限公司、上海某律实业有限公司、宁夏某塔能源化工有限公司、宁夏灵武某塔大古储运有限公司。案涉汇票于2019年1月26日到期后,原告于2019年4月29日通过电子商业汇票系统提示付款,系统显示为"逾期提示付款待签收"。

原告诉请:(1)判令被告支付原告电子银行承兑汇票项下的票款金额1000000元并支付利息(自2019年1月26日起至实际履行之日止,以1000000元为基数按照中国人民银行规定的同期贷款基准利率计算);(2)本案诉讼费由被告承担。

【争议焦点】

(1)涉案票据是否为被拒绝付款的情形;(2)原告行使追索权的条件是否成就以及被告是否应支付票据记载的款项。

【法律分析】

1. 关于涉案票据是否为被拒绝付款的情形的问题。原告通过电子商业汇票系统多次提示付款,但付款人均未签收,票据一直处于待签收状态,该行为实际为变相的拒绝付款,已构成事实的拒付情形。

2. 关于原告行使追索权的条件是否成就以及被告是否应支付票据记载的款项的问题。

第三章 票据行为

《票据法》第六十一条第一款规定:"汇票到期被拒绝付款的,持票人可以对背书人、出票人以及汇票的其他债务人行使追索权。"因涉案票据构成拒付情形,原告可以对背书人即本案被告行使追索权,但《票据法》第五十三条第一款第二项规定:"定日付款、出票后定期付款或者见票后定期付款的汇票,自到期日起十日内向承兑人提示付款。"中国人民银行《电子商业汇票业务管理办法》第十三条第一款规定:"电子商业汇票为定日付款票据。"第五十九条规定:"持票人在票据到期日前提示付款的,承兑人可付款或拒绝付款,或于到期日付款。承兑人拒绝付款或未予应答的,持票人可待票据到期后再次提示付款。"第六十六条规定:"……若持票人在提示付款期内曾发出过提示付款,则可向所有前手拒付追索;若未在提示付款期内发出过提示付款,则只可向出票人、承兑人拒付追索。"根据上述规定,案涉票据为定日付款汇票,原告作为合法持票人,应在票据到期日起十日内向承兑人提示付款,但其未在规定的提示付款期内提示付款,而是在案涉汇票到期日起十日后的2019年4月29日提示付款,因此,原告丧失了向前手追索的权利,只能向出票人、承兑人拒付追索。故原告请求被告支付电子银行承兑汇票项下的票款金额1000000元及利息的主张,法院不予支持。

【判决结果】

驳回原告某港股份有限公司岚山装卸分公司的诉讼请求。

(二)逾期提示付款引发的风险

持票人超过法定提示付款期限进行提示付款的。如持票人提示付款时间仍在票据到期日起两年内,且提示付款后被承兑人拒付或者未收到承兑人付款,根据《票据法》第十七条规定,持票人仍享有对出票人和承兑人的权利。如持票人提示付款时间为票据到期日起两年后,则持票人的票据权利因未在法律规定期限内行使而消灭。

超过票据时效后,持票人的票据权利转化为自然债权。

自然债权又称不完全债权,不具有法律债权的全部权能,它是欠缺法律债权效力之一而产生的。自然债权不具有强制执行力,债权人向法院提起诉讼后,得不到法院的支持,债权人只享有法律上的受领权和道德上的请求权,如果债务人自愿履行给付,则不得援用不当得利的规定,请求返还。一般来说,自然债权只是一种道义上的权利义务关系,法律不对其进行调整。但是为了保护债权人利益、化解债权债务纠纷、维护社会秩序,大多数国家都通过民事法律对自然债权加以适当保护。

案 例

(2002)静民(二)商初字第258号、(2002)沪二中民三(商)终字第348号

【案件概述】

2001年3月,原告艾某国际贸易(上海)有限公司依约向被告长某宽带网络服务

上海有限公司供应通信产品。被告收货后，于同年5月26日开具了金额为60万元、到期日为2001年8月24日的第00223076号商业承兑汇票一张，该汇票载明：汇票已经承兑，到期无条件支付票款；本汇票请于到期日付款。2001年8月23日被告表示，出具给原告共计160万元的两张商业承兑汇票已到期，要求延至同年10月底前分期付清票款。为此，原告未在汇票到期日提示付款。因被告未在2001年10月底付款，原告遂来法院主张该汇票票据的权利。

原告诉讼请求：要求判令被告偿付商业承兑汇票项下的票款60万元、支付逾期付款利息29736元（自2001年8月25日起至判决生效日止，以每日万分之二点一计算，暂算至2002年4月18日），并承担诉讼费。

【争议焦点】

持票人逾期提示付款，是否丧失票据权利？

【法律分析】

一审法院认为：根据上述事实和证据认为：被告出具定日付款商业承兑汇票，记载完整，真实有效。原告未在汇票到期日提示付款，在作出说明后，作为承兑人的被告仍应当继续对原告（持票人）承担票据付款责任，即原告并不丧失向被告请求票据付款的权利。审理中，被告以原告未在汇票到期日提示付款为由，抗辩原告诉请，缺乏法律依据，本院不予采信。被告对延期支付到期票款的公函与本案无关的辩称，不能推翻其出具的汇票证明力，该辩称本院难以采信。因原告未提示付款，故其要求被告承担该票据不获付款的责任缺乏依据，故本院对原告利息请求不予支持。原告其余诉请，合情合理合法，本院应予支持。

一审裁判结果：

上海市静安区人民法院根据《票据法》第四十四条、第五十三条第二款、《最高人民法院关于审理票据纠纷案件若干问题的规定》第五十九条的规定，判决如下：

1. 被告应在判决生效后的十日内支付原告汇票款60万元。

2. 案件受理费11307.40元（原告已垫付），原告负担297.40元，被告负担11010元（被负担部分应与第一项一并支付原告）。

二审情况：

上诉人（原审被告）诉称：原告未按时对所持票据提示付款，根据《票据法》的规定，原告应先就未提示付款的原因作出解释，才能提起诉讼。即使原告作了解释，也应当向票据付款人、承兑人提示付款，在无法实现该票据项下款项时方可提起诉讼，而不能径直向法院主张票据权利。故请求驳回原告的诉讼请求。

被上诉人（原审原告）辩称：被上诉人系根据上诉人的意思表示未去提示付款，被上诉人无须就此向上诉人作出解释。作为票据承兑人，上诉人应承担无条件付款之

第三章 票据行为

责。故请求驳回上诉人的上诉请求,维持原审判决。

二审裁判结果:

上海市第二中级人民法院认为:根据《票据法》规定,持票人未在法定期限内提示付款,承兑人或者付款人仍应继续承担付款责任的前提条件仅是由持票人作出说明,且《票据法》未对说明的时间及形式作出进一步规定。本案中,鉴于被上诉人已在诉讼中对未按时提示付款作出说明,故上诉人理应就其承兑的票据承担付款责任。关于上诉人提出被上诉人未作出解释前不享有主张票据款项权利的上诉理由,因缺乏法律依据,法院难以采信,原审法院所作判决,并无不当,应予维持。

【法条链接】

1.《票据法》第四十四条【承兑的效力】付款人承兑汇票后,应当承担到期付款的责任。

2.《票据法》第五十三条第二款:持票人未按照前款规定期限提示付款的,在作出说明后,承兑人或者付款人仍应当继续对持票人承担付款责任。

3.《最高人民法院关于审理票据纠纷案件若干问题的规定》第五十九条规定,承兑人或者付款人依照《票据法》第五十三条第二款的规定对逾期提示付款的持票人付款与按照规定的期限付款具有同等法律效力。

(三)提示付款,承兑方无应答的情况

案 例
(2019)晋0581民初1214号

【案件概述】

被告山西南某煤业有限公司(以下简称南某煤业)为向原告郑州某机械集团股份有限公司支付货款,将票号为×××、票面金额为100万元的电子银行承兑汇票背书转让给原告,汇票出票人为某塔盛华商贸集团有限公司,承兑人为某塔石化集团财务有限公司,承兑日期为2017年8月22日。被告科某能源系该汇票被告南某煤业的前手背书人。该汇票到期后,原告登录电子商业汇票系统进行了提示付款,该汇票一直处于"提示付款待签收"状态。

2019年2月19日,原告以南某煤业为被告提起票据纠纷诉讼,后于2019年3月21日撤诉。

2019年4月17日,原告派人到承兑人某塔石化集团财务有限公司住所送达《付款请求书》提示付款,并由宁夏回族自治区银川市国信公证处予以公证,宁夏回族自治区银川市国信公证处于同日作出(2019)宁银国信证字第2592号公证书对原告请求付款的过程予以确认。承兑人某塔石化集团财务有限公司一直未付款。

原告于 2019 年 5 月 10 日即向法院提起了诉讼。

原告诉讼请求：

1. 依法判令两被告立即向原告支付电子银行承兑汇票票款 100 万元及利息 3.0628 万元（自 2018 年 8 月 23 日起至被告实际支付之日止，按照中国人民银行同期贷款利率计算）；

2. 本案费用由两被告承担。

【争议焦点】

1. 原告于 2019 年 5 月 10 日向法院起诉时，起诉时的期限是否超过了《票据法》第十七条规定的持票人对前手的追索，自被拒绝承兑或被拒绝付款之日起六个月的期限？

2. 票据状态为"提示付款待签收"状态时，持票人是否可以行使追索权？

【法律分析】

根据《票据法》第十七条的规定，原告行使对其前手追索权的票据权利的期限为自被拒绝承兑或者被拒绝付款之日起 6 个月，原告持有的汇票付款到期日为 2018 年 8 月 22 日，汇票到期后，承兑人未明确表示拒绝承兑。原告于 2019 年 4 月 17 日再次向承兑人行使付款请求权，承兑人推诿付款，宁夏回族自治区银川市国信公证处于当日作出（2019）宁银国信证字第 2592 号公证书，可以作为被拒绝付款的证明，原告于 2019 年 5 月 10 日即向本院提起了诉讼，其行使追索权的期限没有超过 6 个月。

出票人某塔盛华商贸集团有限公司、承兑人某塔石化集团财务有限公司均承诺"到期无条件付款"，但该汇票到期且经持票人即原告在电子商业汇票系统提示付款后，承兑人既不签收提示付款，也不出具拒绝付款证明，其违反了《票据法》第五十四条关于"持票人依照前条规定提示付款的，付款人必须在当日足额付款"和第六十二条第二款关于"持票人提示承兑或者提示付款被拒绝的，承兑人或者付款人必须出具拒绝证明，或者出具退票理由书"的规定。原告于 2019 年 4 月 17 日再次向承兑人行使付款请求权，承兑人已经知悉持票人提示承兑，但至今不在电子商业汇票系统签收提示付款，应视为承兑人以其行为拒绝付款。持票人可以行使追索权。

根据《票据法》第六十一条的规定，汇票到期被拒绝付款的，持票人可以对背书人、出票人以及汇票的其他债务人行使追索权。根据《票据法》第七十条的规定，持票人行使追索权，可以请求被追索人支付被拒绝付款的汇票金额及汇票金额自到期日或者提示付款日起至清偿日止，按照中国人民银行规定的利率计算的利息。

【判决结果】

1. 被告山西科某能源发展有限公司、被告山西南某煤业有限公司于本判决生效后十日内共同向原告郑州某机械集团股份有限公司支付电子银行承兑汇票票据金额 100

第三章 票据行为

万元及自 2018 年 8 月 23 日起至票据金额清偿之日止按中国人民银行同期贷款利率计算的利息。

2. 如果未按本判决指定的期间履行给付金钱义务，应当依照《中华人民共和国民事诉讼法》第二百五十三条的规定，加倍支付迟延履行期间的债务利息。

3. 案件受理费 14076 元，减半收取 7038 元，由被告山西科某能源发展有限公司、被告山西南某煤业有限公司共同负担。

【法条链接】

1.《票据法》第十七条【票据时效】票据权利在下列期限内不行使而消灭：

（1）持票人对票据的出票人和承兑人的权利，自票据到期日起二年。见票即付的汇票、本票，自出票日起二年；

（2）持票人对支票出票人的权利，自出票日起六个月；

（3）持票人对前手的追索权，自被拒绝承兑或者被拒绝付款之日起六个月；

（4）持票人对前手的再追索权，自清偿日或者被提起诉讼之日起三个月。

票据的出票日、到期日由票据当事人依法确定。

2.《票据法》第五十四条【付款人即时足额付款的义务】持票人依照前条规定提示付款的，付款人必须在当日足额付款。

3.《票据法》第六十一条【追索权的发生】汇票到期被拒绝付款的，持票人可以对背书人、出票人以及汇票的其他债务人行使追索权。

汇票到期日前，有下列情形之一的，持票人也可以行使追索权：

（1）汇票被拒绝承兑的；

（2）承兑人或者付款人死亡、逃匿的；

（3）承兑人或者付款人被依法宣告破产的或者因违法被责令终止业务活动的。

4.《票据法》第六十二条【追索权的行使】持票人行使追索权时，应当提供被拒绝承兑或者被拒绝付款的有关证明。

持票人提示承兑或者提示付款被拒绝的，承兑人或者付款人必须出具拒绝证明，或者出具退票理由书。未出具拒绝证明或者退票理由书的，应当承担由此产生的民事责任。

5.《票据法》第六十八条【追索权的效力】汇票的出票人、背书人、承兑人和保证人对持票人承担连带责任。

持票人可以不按照汇票债务人的先后顺序，对其中任何一人、数人或者全体行使追索权。

持票人对汇票债务人中的一人或者数人已经进行追索的，对其他汇票债务人仍可以行使追索权。被追索人清偿债务后，与持票人享有同一权利。

6. 《票据法》第七十条【追索金额】持票人行使追索权，可以请求被追索人支付下列金额和费用：

（1）被拒绝付款的汇票金额；

（2）汇票金额自到期日或者提示付款日起至清偿日止，按照中国人民银行规定的利率计算的利息；

（3）取得有关拒绝证明和发出通知书的费用。

被追索人清偿债务时，持票人应当交出汇票和有关拒绝证明，并出具所收到利息和费用的收据。

（四）其他

对于承兑人在票据到期后不付款的行为，除采取诉讼手段维护持票人的合法权益外，持票人也可以考虑通过其他途径作为辅助手段维护权益。

《票据法》第一百零五条规定了付款人故意压票的法律责任：票据的付款人对见票即付或者到期的票据，故意压票、拖延支付的，由金融行政管理部门处以罚款，对直接责任人员给予处分。

票据的付款人故意压票、拖延支付，给持票人造成损失的，依法承担赔偿责任。

《支付结算管理办法》第二百二十三条规定，单位为票据的付款人，对见票即付或者到期的票据，故意压票、拖延支付的，应按照《票据管理实施办法》的规定承担行政责任。

《票据管理实施办法》第三十三条规定，票据的付款人对见票即付或者到期的票据，故意压票、拖延支付的，由中国人民银行处以压票、拖延支付期间内每日票据金额 0.7‰ 的罚款；对直接负责的主管人员和其他直接责任人员给予警告、记过、撤职或者开除的处分。

第八节 追 索

一、业务介绍

（一）追索

1. 追索定义。根据《票据法》第六十一条、《电子商业汇票管理办法》第六十五条的规定，追索是指持票人在法定提示付款时间请求付款而被拒绝时，持票人要求汇票出票人、背书人及其他债务人支付票据金额及其他费用的行为。

追索分为拒付追索和非拒付追索，拒付追索是指电子商业汇票到期后被拒绝付款，持票人请求前手付款的行为。非拒付追索是指存在下列情形之一，持票人请求前手付

第三章 票据行为

款的行为:

(1) 汇票被拒绝承兑的;

(2) 承兑人或者付款人死亡、逃匿的;

(3) 承兑人或者付款人被依法宣告破产的或者因违法被责令终止业务活动的。

2. 行使追索权的要件。

(1) 追索权的行使时间。根据《票据法》第十七条规定,持票人的票据权利须在以下期限内行使:持票人对前手的追索权,自被拒绝承兑或者被拒绝付款之日起六个月;持票人对票据的出票人和承兑人的权利,自票据到期日起二年。

根据《最高人民法院研究室对〈票据法〉第十七条如何理解和使用问题的复函》《票据法》第十七条第一款第(一)项规定的"持票人对票据的出票人和承兑人的权利",包括付款请求权和追索权;第(三)项规定的"持票人对前手的追索权",不包括对票据出票人的追索权。综上,持票人对前手的追索权行使期限为自票据被拒付之日起六个月,持票人对出票人和承兑人的追索权行使期限为自票据被拒付之日起二年。

票据权利期间不等同于诉讼时效,也不等同于消灭时效,也不是除斥期间,票据权利时效制度是《票据法》关于票据权利期限的特别规定,因此票据时效的完成将直接导致票据权利的消灭。但票据时效届满仅消灭了票据权利,并不必然导致持票人其他实体上权利的丧失,法院在审理票据纠纷案件中也可直接适用有关票据权利时效的规定。

(2) 追索权行使对象。根据《票据法》第六十八条规定,汇票的出票人、背书人、承兑人和保证人对持票人承担连带责任。持票人可以不按照汇票债务人的先后顺序,对其中任何一人、数人或者全体行使追索权。持票人对汇票债务人中的一人或者数人已经进行追索的,对其他汇票债务人仍可以行使追索权。被追索人清偿债务后,与持票人享有同一权利。

持票人为出票人的,对其前手无追索权。持票人为背书人的,对其后手无追索权。在票据上已有姓名的债务人再次通过背书转让成为被背书人的,这种情况属于特殊的转让背书,称为回头背书。回头背书时,持票人如何行使追索权,参考以下举例:

出票人 A 签发商业承兑汇票给收款人 B,票据承兑人为 C,B 将该票据背书转让给 D,D 又将票据背书转让给 E,假设 E 将票据背书转让给 A,因为 A 为出票人,所以在票据发生拒付时,A 作为持票人不得向其前手 B、C、D 行使追索权。

出票人 A 签发商业承兑汇票给收款人 B,票据承兑人为 C,B 将该票据背书转让给 D,D 又将票据背书转让给 E,假设 E 将票据背书转让给 B,在票据发生拒付时,B 作为持票人仅可以向 A 和 C 行使追索权,不得向 D、E 行使追索权。

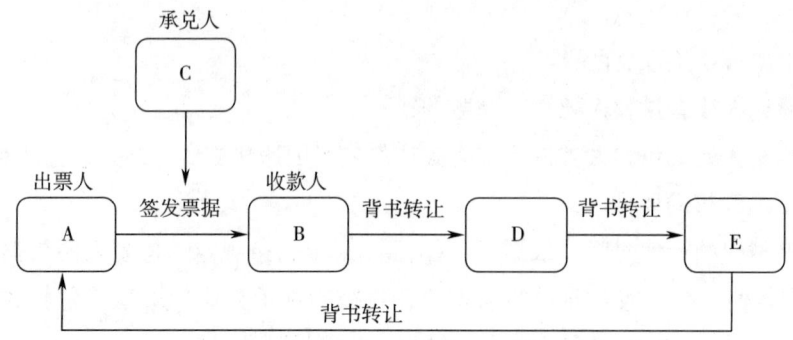

图 3-103 正常流转的票据追索

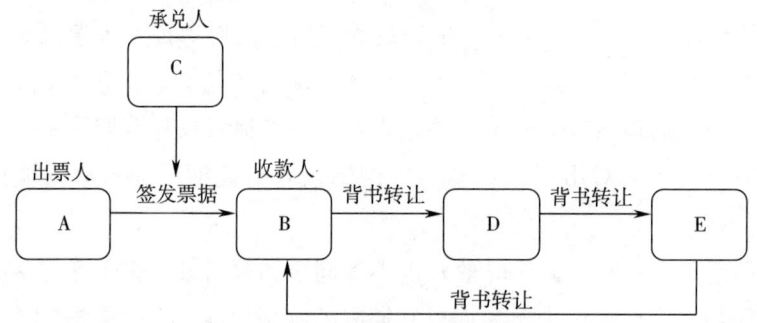

图 3-104 回头背书的票据追索

值得注意的是，票交所成立后，中国票据交易市场的参与者使用《票据交易主协议》进行交易，持票人在提示付款期内通过票交所提示付款，提示付款后承兑人拒绝付款的，持票人可以按照增信行（若有）、贴现人、贴现人的保证人（若有）的顺序进行追索。持票人放弃对前手背书人行使追索权，但保留对票据出票人、承兑人、承兑人的保证人、贴现人、贴现人的保证人（若有）及贴现人前手背书人的追索权。另外，商业银行根据票交所交易规则在票交所开设备付金账户，缴存备付金，当票到期承兑人拒绝付款时，则直接从贴现行备付金账户扣除款项。贴现行再向前手追索适用《票据法》追索规定。

在这一规则下，商票定价将趋近于直贴行承兑的银票，票交所的资产都是银行信用，从而大幅降低信用风险，利率成为业务的重心。另外直贴行不能免追索，将提升直贴行的资本占用，或将引起直贴行贴现业务受到影响。最后，与非银机构的交易更加便利，同时非银机构和非法人产品没有信贷规模的限制，将更加活跃地参与市场交易，出现新的信贷规模腾挪方式。

（3）追索金额。根据《票据法》第七十条规定，持票人行使追索权，可以请求被追索人支付下列金额和费用：被拒绝付款的汇票金额；汇票金额自到期日或者提示付款日起至清偿日止，按照中国人民银行规定的利率计算的利息；取得有关拒绝证明和发出通知书的费用。

第三章 票据行为

被追索人清偿债务时，持票人应当交出汇票和有关拒绝证明，并出具所收到利息和费用的收据。

（4）追索权行使的须提供拒付证明。根据《票据法》第六十二条规定，持票人行使追索权时，应当提供被拒绝承兑或者被拒绝付款的有关证明。

持票人提示承兑或者提示付款被拒绝的，承兑人或者付款人必须出具拒绝证明，或者出具退票理由书。未出具拒绝证明或者退票理由书的，应当承担由此产生的民事责任。

根据《票据法》第六十三条规定，持票人因承兑人或者付款人死亡、逃匿或者其他原因，不能取得拒绝证明的，可以依法取得其他有关证明。根据《票据管理实施办法》第二十八条以及《最高人民法院关于审理票据纠纷案件若干问题的规定》第七十一条规定，《票据法》第六十三条规定的"其他有关证明"是指：（1）医院或者有关单位出具的承兑人、付款人死亡的证明；（2）司法机关出具的承兑人、付款人逃匿的证明；（3）公证机关出具的具有拒绝证明效力的文书；（4）人民法院出具的宣告承兑人、付款人失踪或者死亡的证明、法律文书。根据《票据法》第六十四条规定，承兑人或者付款人被人民法院依法宣告破产的，人民法院的有关司法文书具有拒绝证明的效力。承兑人或者付款人因违法被责令终止业务活动的，有关行政主管部门的处罚决定具有拒绝证明的效力。根据《最高人民法院关于审理票据纠纷案件若干问题的规定》第十一条规定，付款人或者承兑人被人民法院依法宣告破产的，持票人因行使追索权而向人民法院提起诉讼时，应当向受理法院提供人民法院依法作出的宣告破产裁定书或者能够证明付款人或者承兑人破产的其他证据。

根据《票据法》第六十五条规定，持票人不能出示拒绝证明、退票理由书或者未按照规定期限提供其他合法证明的，丧失对其前手的追索权。但是，承兑人或者付款人仍应当对持票人承担责任。

根据《票据管理实施办法》第二十七条规定，票据法第六十二条所称"拒绝证明"应当包括下列事项：（1）被拒绝承兑、付款的票据的种类及其主要记载事项；（2）拒绝承兑、付款的事实依据和法律依据；（3）拒绝承兑、付款的时间；（4）拒绝承兑人、拒绝付款人的签章。票据法第六十二条所称"退票理由书"应当包括下列事项：（1）所退票据的种类；（2）退票的事实依据和法律依据；（3）退票时间；（4）退票人签章。

3. 行使追索权的注意事项。根据《票据法》第六十六条规定，持票人应当自收到被拒绝承兑或者被拒绝付款的有关证明之日起三日内，将被拒绝事由书面通知其前手；其前手应当自收到通知之日起三日内书面通知其再前手。持票人也可以同时向各汇票债务人发出书面通知。

未按照前款规定期限通知的，持票人仍可以行使追索权。因延期通知给其前手或者出票人造成损失的，由没有按照规定期限通知的汇票当事人，承担对该损失的赔偿责任，但是所赔偿的金额以汇票金额为限。

在规定期限内将通知按照法定地址或者约定的地址邮寄的，视为已经发出通知。

根据《票据法》第六十三条规定，持票人向前手所发出的票据被拒付的书面通知，应当记明汇票的主要记载事项，并说明该汇票已被退票。

（二）再追索

若持票人行使追索权的对象非最终债务人（出票人或承兑人），而是请求其他债务人偿还，根据《票据法》第七十一条规定，被追索人向持票人清偿债务后，其责任解除，并可以向其他汇票债务人行使再追索权，请求其他汇票债务人支付下列金额和费用：已清偿的全部金额；前项金额自清偿日起至再追索清偿日止，按照中国人民银行规定的利率计算的利息；发出通知书的费用。

行使再追索权的被追索人获得清偿时，应当交出汇票和有关拒绝证明，并出具所收到利息和费用的收据。

根据《票据法》第十七条规定，持票人对前手的再追索权，自清偿日或者被提起诉讼之日起三个月。

二、电子商业汇票系统中的操作流程

（一）追索通知操作流程

持票人对遭到拒付或由于其他原因未收到票款时，可通过"追索通知"功能发起对出票人、承兑人、背书人、保证人或其他票据债务人的追索通知。

1. 如图 3-105 所示，打开"追索清偿"菜单，选择"追索通知"功能。

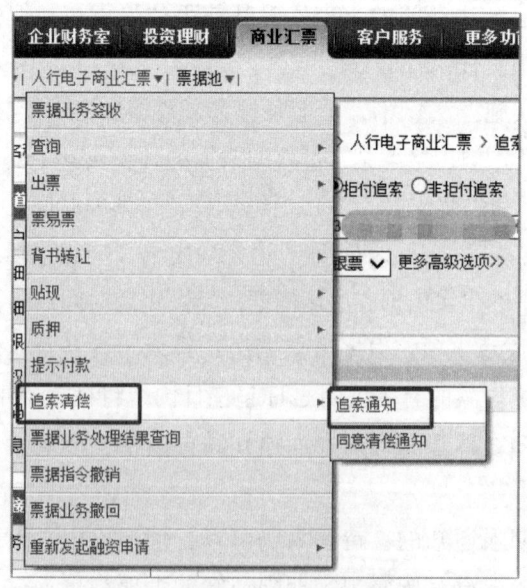

图 3-105　追索通知菜单

第三章 票据行为

2. 完成步骤1后进入以下页面，选择追索类型（拒付追索/非拒付追索），选定账户以及票据种类或者通过"更多高级选项"功能，查询需要进行追索的票据。

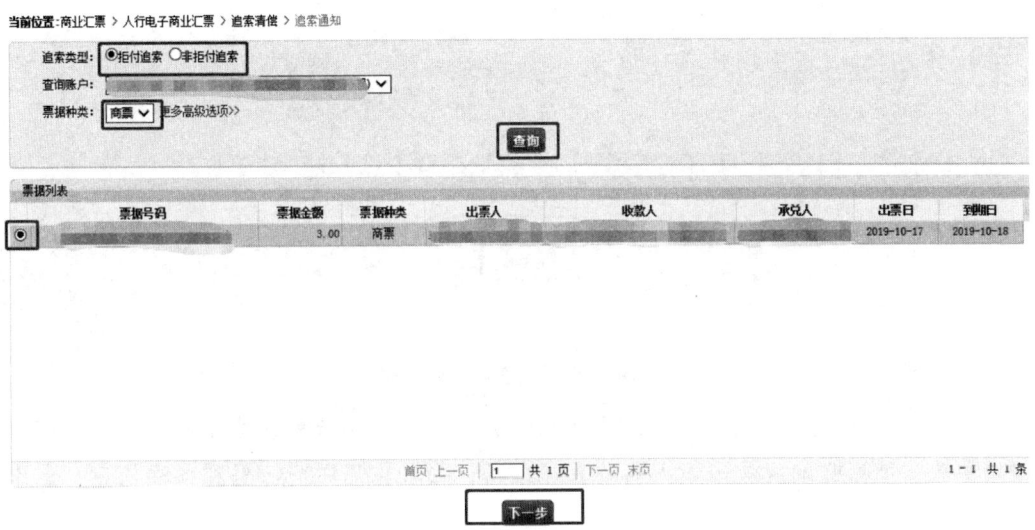

图3-106 追索类型的选择

3. 在通过步骤2查询所得的票据列表中，选择需要发出追索通知的票据，点击"下一步"进入以下页面。

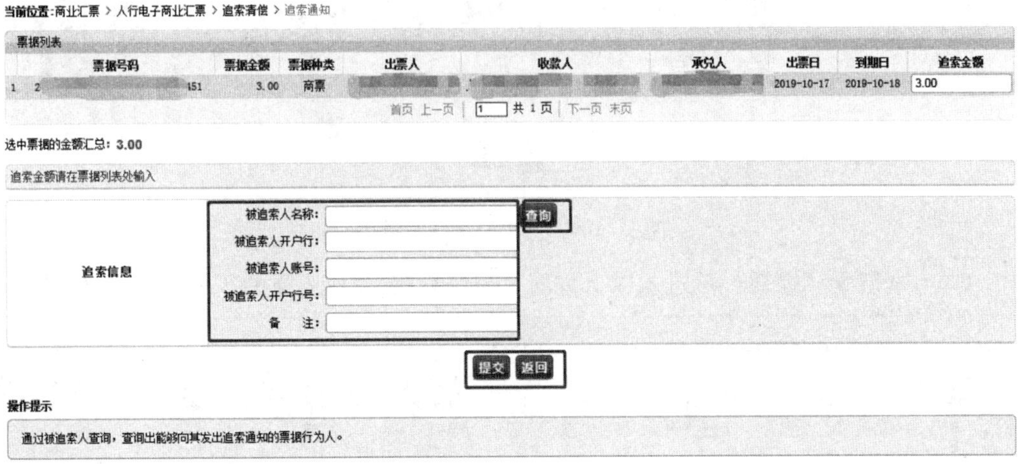

图3-107 追索信息的录入

4. 可点击"查询"功能，查询可发出追索通知的票据债务人，并选择发出追索通知的债务人，并点击"选择"。

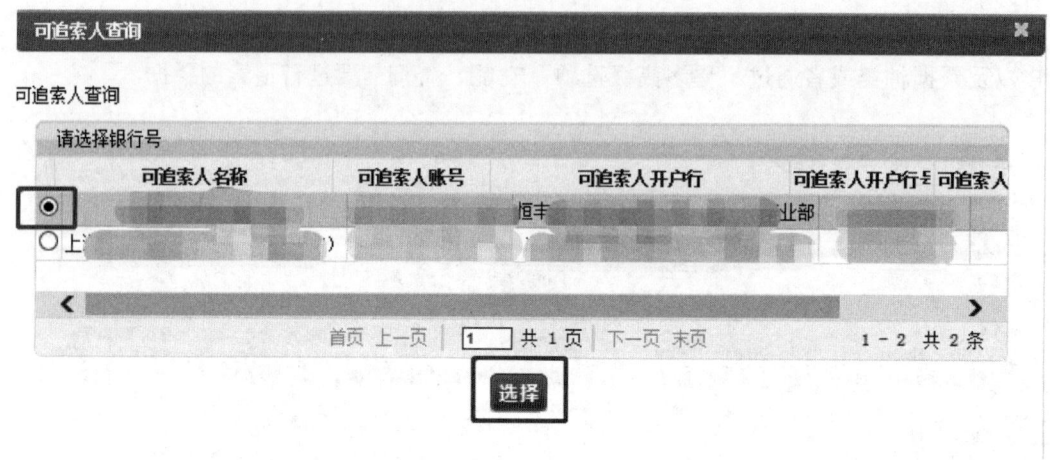

图 3-108 追索对象的选择

5. 在票据列表"追索金额"项下填写追索的金额、系统默认为票面金额,但该金额可更改。填写或确认被追索人名称、开户行、账号、开户行行号和备注信息,点击"提交"。

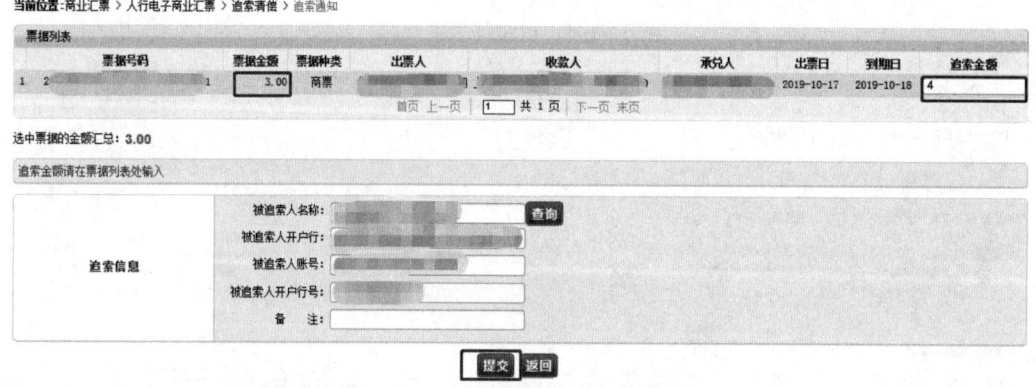

图 3-109 追索对象信息确认

6. 追索指令"提交"后进入以下页面,需经复核/授权人员的复核/授权后生效。

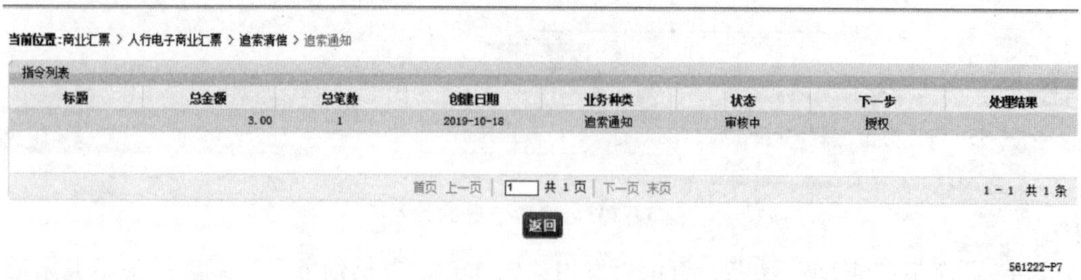

图 3-110 追索指令提交后状态

第三章　票据行为

7. 完成以上操作后，可通过"票据业务处理结果查询"查询票据指令状态。该操作流程可参考第一节第二部分票据业务处理结果查询操作流程。

8. 追索通知成功发起后，应告知被追索人发起"同意清偿通知"申请。

（二）同意清偿通知

1. 如图3-111所示，打开"追索清偿"菜单，选择"同意清偿通知"功能。

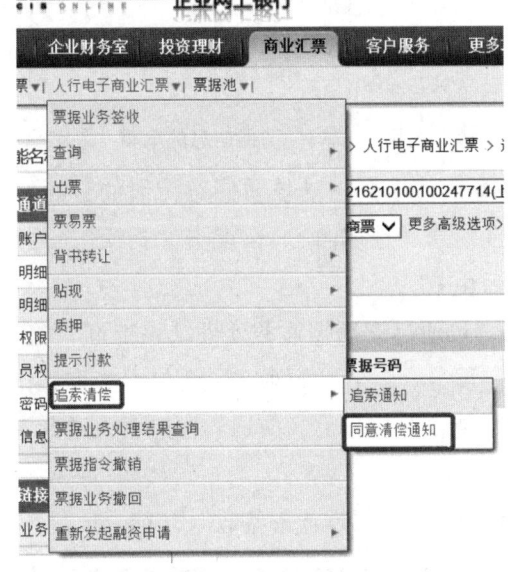

图3-111　同意清偿菜单

2. 完成步骤1后进入以下页面，选择查询账户、票据种类或者通过"更多高级选项"功能，查询需要已收到追索通知的票据。

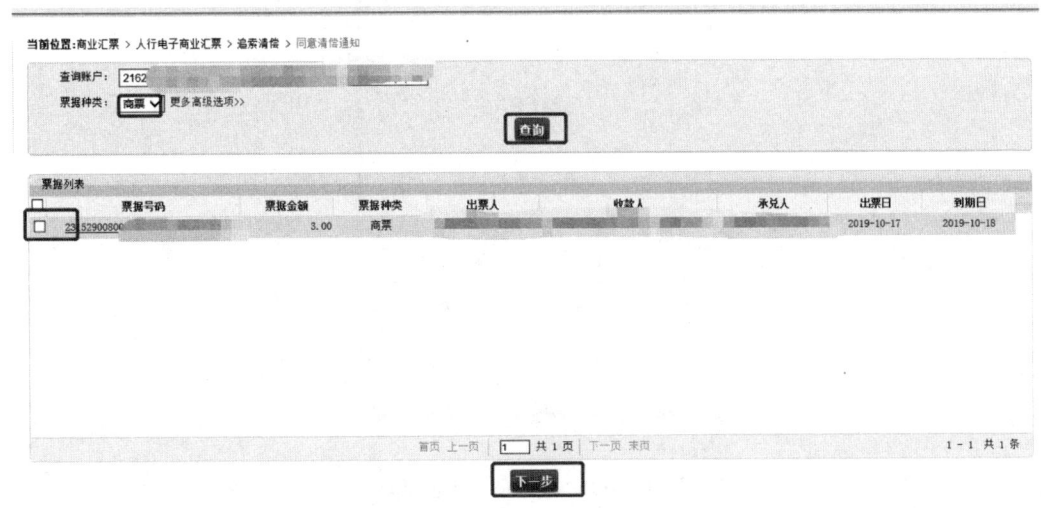

图3-112　查询收到追索通知的票据

277

3. 在通过步骤 2 查询所得的票据列表中，选择同意清偿通知的票据，点击"下一步"进入以下页面。

图 3 – 113　清偿信息的填写

4. 在票据列表"同意清偿金额"处填写同意清偿的金额，系统默认为票面金额，该金额可修改。填写备注信息（选填内容），点击"提交"。同意清偿指令生成，经复核/授权人员复核/授权后生效。

5. 完成以上操作后，可通过"票据业务处理结果查询"查询票据指令状态。该操作流程可参考第一节第二部分（三）票据业务处理结果查询操作流程。

被追索人完成"同意清偿"操作后，应通知原追索人进行签收。

（三）追索权人签收

1. 如图 3 – 114 所示，选择"票据业务签收"功能。

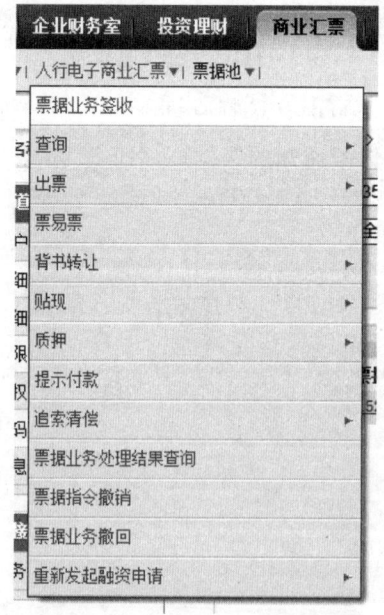

图 3 – 114　追索权人签收菜单

第三章 票据行为

2. 完成步骤1后进入以下页面，选定账户、票据种类、业务种类查询票据或者通过"更多高级选项"功能，查询需要进行签收的"同意清偿通知"的票据。

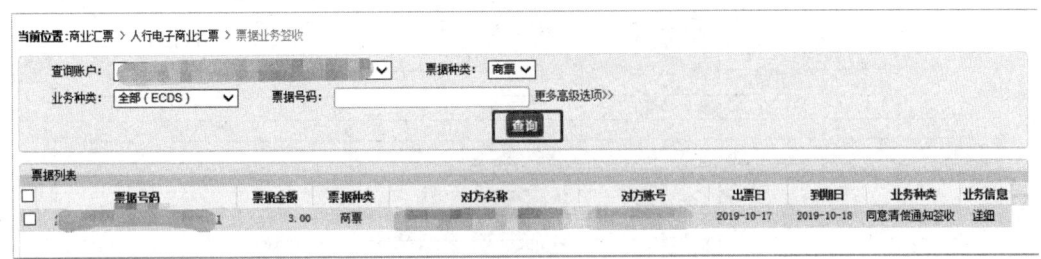

图3-115 查询需签收的"同意清偿"票据

3. 在通过步骤2查询到的票据列表中，选择需要进行签收的票据，点击票据号码，可以查看票据正面及背面信息，查看完成后，点击"下一步"进入以下页面。

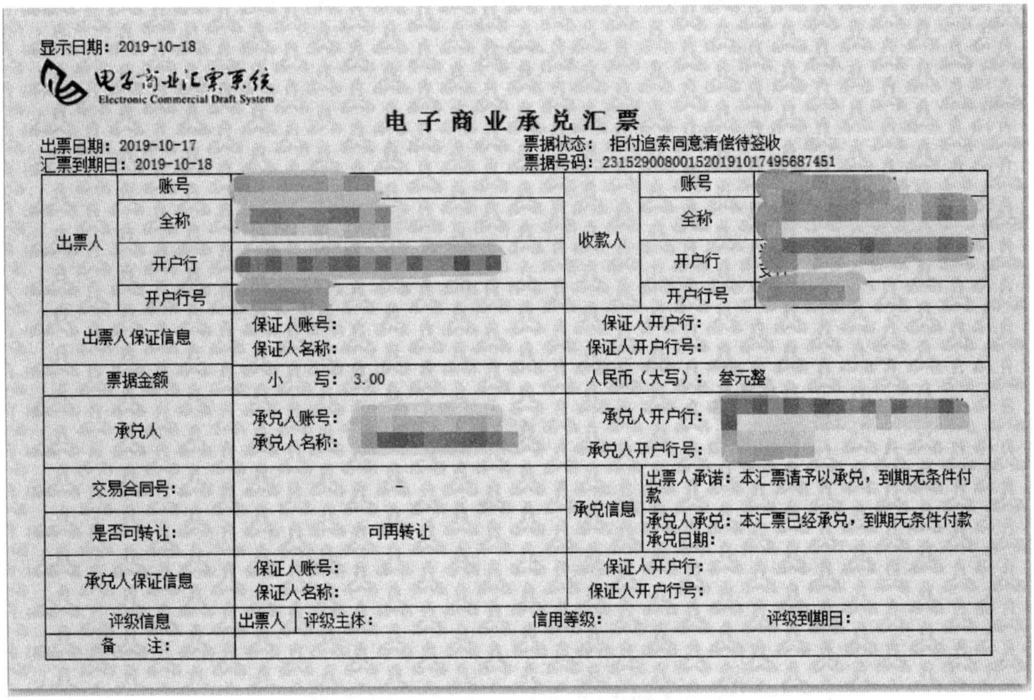

图3-116 票据正面信息

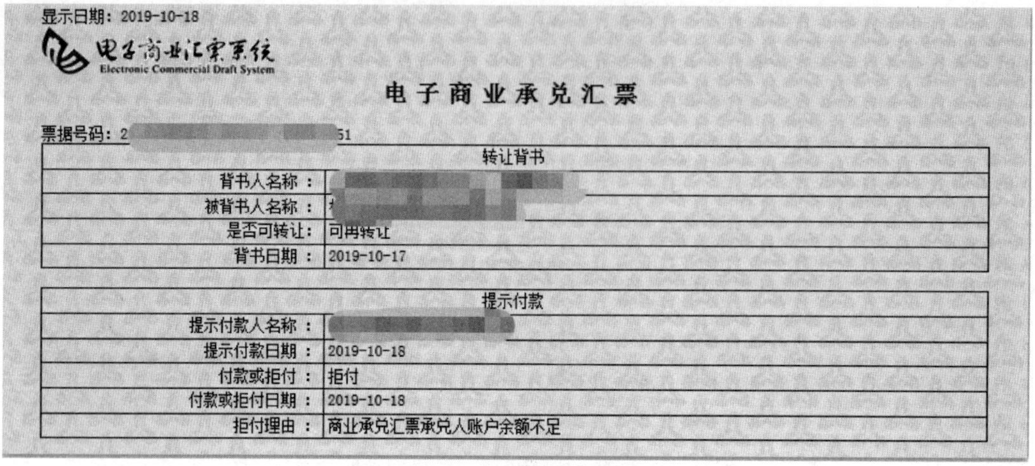

图 3–117　票据背面信息

4. 在通过步骤 2 查询到的票据列表中，选择同意签收的票据，点击"下一步"。

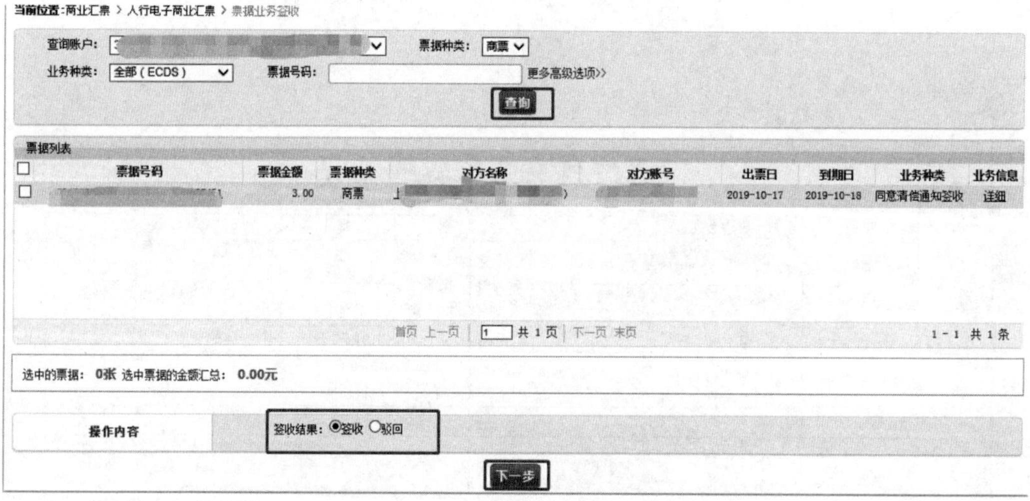

图 3–118　同意清偿的签收

5. 同意清偿通知指令签收后进入以下页面，需经复核/授权人员的复核/授权后生效。

同意清偿成功发起后，应及时通知原追索人进行签收，签收完成后，票据完成同意清偿，电票系统会将票据状态根据清偿人的身份修改票据状态。

如追索同意清偿人为非承兑人且非出票人的，票据状态将根据是否是拒付追索更改为"拒付追索同意清偿已签收"或"非拒付追索同意清偿已签收"。

如追索同意清偿人为承兑人或出票人的，票据状态将被更改为"票据已结清"。

特别提醒：电票系统中"追索通知功能"以及"同意清偿功能"均不涉及资金款

第三章　票据行为

项的划转,因此,提醒追索人在收到被追索人的"同意清偿"通知时,务必确认在收到被追索人支付款项后进行签收,以免未收到追索款项时,又因票据状态更改丧失票据权利。

三、法律风险与相关案例

(一) 票据某前手为分公司时,持票人可否向其总公司行使追索权?

问题:票据到期后被拒付,持票人向前手行使追索权时,其中某一前手为A公司的分公司,持票人可否同时起诉A公司与A公司的分公司行使追索权?

可以同时起诉。《公司法》第十四条规定,公司可以设立分公司,但分公司不具有法人资格,其民事责任由公司承担,所以持票人可以起诉A公司,向A公司行使票据追索权。

《中华人民共和国民事诉讼法》第四十八条规定:"公民、法人和其他组织可以作为民事诉讼的当事人。法人由其法定代表人进行诉讼。其他组织由其主要负责人进行诉讼。"《最高人民法院关于适用〈中华人民共和国民事诉讼法〉的解释》第五十二条规定:"其他组织是指合法成立、有一定的组织机构和财产,但又不具备法人资格的组织,包括:(一)依法登记领取营业执照的个人独资企业;(二)依法登记领取营业执照的合伙企业;(三)依法登记领取我国营业执照的中外合作经营企业、外资企业;(四)依法成立的社会团体的分支机构、代表机构;(五)依法设立并领取营业执照的法人的分支机构;(六)依法设立并领取营业执照的商业银行、政策性银行和非银行金融机构的分支机构;(七)经依法登记领取营业执照的乡镇企业、街道企业;(八)其他符合本条规定条件的组织。"

合法成立、有一定组织机构和财产,但又不具备法人资格的组织(包括依法设立并领取营业执照的法人的分支机构)可以作为民事诉讼当事人,所以持票人可以起诉A公司的分公司,向其行使追索权。

案　例

(2015) 中二法黄民二初字第658号判决、(2016) 粤20民终第1881号判决

【案件概况】

原告中山某亿公司从案外人唐某处取得票据号码为10404430的Z银行支票一张(出票日期为2015年7月31日、收款人空白、票面金额为10万元、出票人为被告兆某公司恒益达分公司)、号码为31404430的某农村商业银行支票一张(出票日期为2015年8月5日、收款人为原告、票面金额为15万元、出票人为被告兆某公司恒益达分公司)。

被告兆某公司恒益达分公司系被告兆某公司于 2010 年 12 月 9 日经中山市工商行政管理局核准依法设立的分支机构。

2015 年 8 月 13 日，原告持某农村商业银行支票去银行承兑，银行以出票日期及票面金额涂改、小写金额不符为由退票。原告称已持 Z 银行支票去银行承兑，但未能提供证据证明。

原告诉讼请求：

1. 两被告支付原告票据款 25 万元及逾期付款利息损失（从出票之日起按中国人民银行同期同类贷款利率计算至清偿之日止，逾期加倍计息）；

2. 由两被告承担本案诉讼费用。

【法律分析】

法院根据原告提交的证据，认定原告提交金额为 15 万元的某农村商业银行支票已有退票理由书证明被拒绝承兑，原告对该支票行使票据追索权，符合法律规定，故原告请求被告兆某公司恒益达分公司支付票据款 15 万元及利息，理据充分，法院予以支持，但利息应从支票提示付款之日起计算，原告请求从出票之日起计算，理据不足，法院不予支持。原告提交金额为 10 万元的 Z 银行支票因其未能提供证据证明该支票被拒绝承兑，原告对该支票行使票据追索权，不符合法律规定，故原告请求被告兆某公司恒益达分公司支付票据款 10 万元及利息，理据不足，法院不予支持。

公司可以设立分公司，分公司应当向公司登记机关申请登记并领取营业执照，分公司不具有法人资格，其民事责任由公司承担。由于兆某公司恒益达分公司系兆某公司的分公司，兆某公司恒益达分公司在隶属企业授权范围内从事经营活动，故原告有权据此要求兆某公司对兆某公司恒益达分公司的上述债务承担民事责任。

【判决结果】

1. 两被告于判决生效之日起 10 日内向原告中山某亿电镀有限公司支付票据款 15 万元及利息损失（从 2015 年 8 月 13 日起以实欠款额按中国人民银行同期贷款利率计至清偿之日止）；

2. 诉讼费用原告与两被告各承担一部分（不再详述）；

3. 放弃追索权协议的效力。

（二）因票据时效届满，丧失对部分票据债务人的追索权

案　例

（2016）沪 0110 民初 10208 号、（2017）沪 02 民终 3928 号

【案件概况】

2015 年 6 月 1 日，出票人中某集团有限公司华东分公司（以下简称中某华东分公

第三章 票据行为

司）向上海善某坊贸易有限公司（以下简称善某坊公司）出具商业承兑汇票一张。票据正面记载：金额10000000元，付款人及承兑人均为被告中某华东分公司，收款人为被告善某坊公司，汇票出票日2015年6月1日，到期日为2015年12月1日。在出票人、承兑人签章处均加盖了"中某集团有限公司华东分公司财务专用章"和"出票人中某华东分公司负责人周某龙"私章。汇票背面记载"周某龙、石某同意为上海善某坊贸易有限公司保证"，以及周某龙、石某在该文字内容下的签名。

同日，善某坊公司持该汇票向Z银行股份有限公司上海创智天地支行（以下简称Z行创智天地支行）申请贴现，该银行向善某坊公司发放贴现款9648055.56元，善某坊公司也将该汇票背书转让给该行。

2015年12月1日，汇票到期后，Z行创智天地支行持该汇票提示付款，汇票付款人中某华东分公司账户无款支付，Z行创智天地支行于同年12月15日向中某华东分公司发出追索函，要求履行票据责任。但并无证据显示Z行创智天地支行向善某坊公司、石某、周某龙主张过权利。事后，善某坊公司、中某华东分公司、石某、周某龙均未能履行付款义务，Z行创智天地支行遂于2016年6月21日向法院起诉要求出票人中某华东分公司、中某集团有限公司（以下简称中某集团公司）及前手善某坊公司、票据保证人周某龙和石某连带承担票据责任。

一审原告诉请：

1. 被告善某坊公司、被告中某华东分公司、被告中某集团公司连带偿还原告商业汇票款人民币（以下币种均为人民币）10000000元。

2. 被告善某坊公司、被告中某华东分公司、被告中某集团公司连带向原告支付利息（以10000000元为本金，按中国人民银行同期同档贷款基准利率，自2015年12月2日起计算至实际清偿日止）。

3. 被告石某、被告周某龙对上述诉讼请求1和2项下付款义务承担连带保证责任。

一审法院认为汇票到期被拒绝付款的，持票人行使追索权，可以请求被追索人支付被拒绝付款的汇票金额以及相应利息。我国《票据法》第十七条规定，"持票人对票据的出票人和承兑人的权利，自票据到期日起二年，持票人对前手的追索权，自被拒绝承兑或者被拒绝付款之日起六个月"，该条文是票据权利实效的规定，其法律后果是票据权利人在上述期限内不行使，将丧失票据的实体权利，与诉讼时效的法律后果不同。故原告以诉讼方式对涉案汇票出票人（即承兑人）被告中某华东分公司行使追索权应受法律保护，而对前手即被告善某坊公司行使追索权因超过了票据时效而丧失票据权利。

此外，由于票据保证责任从属于被保证债务的性质，原告也丧失要求被告石某和被告周某龙承担票据保证责任的权利。被告中某华东分公司系被告中某集团公司下属分支机构，应由被告中某集团公司承担支付商业汇票款及利息的责任。

一审法院判决被告中某集团有限公司应于本判决生效之日起十日内支付原告Z银行股份有限公司上海创智天地支行票据款人民币10000000元及利息（以人民币10000000元为基数，自2015年12月2日起至实际清偿日止，按中国人民银行同期贷款利率计付）。

此后，Z银行股份有限公司上海创智天地支行、中某集团有限公司华东分公司、中某集团有限公司提起上诉。

1. 请求依法改判善某坊公司与中某集团公司、中某华东分公司连带支付票据款人民币10000000元（以下币种均为人民币）及利息（以10000000元为基数，自2015年12月2日起至实际清偿日止，按中国人民银行同期贷款利率计付）；

2. 请求依法改判被上诉人石某、周某龙为上述债务承担连带保证责任。

理由：（1）票据权利时效属于诉讼时效而非除斥期间。《最高人民法院关于审理票据纠纷案件若干问题的规定》第二十条规定："票据法第十七条规定的票据权利发生中断的，只对发生时效中断事由的当事人有效。"由此可见，票据权利时效属于诉讼时效，可中断、延长。（2）《最高人民法院关于审理民事案件适用诉讼时效制度若干问题的规定》第三条规定，人民法院不应对诉讼时效问题进行释明及主动适用。本案中，被上诉人善某坊公司、被上诉人周某龙、石某未到庭参加诉讼，并未提出时效抗辩，原审法院不应主动适用。

上诉人中某集团公司、上诉人中某华东分公司上诉请求及理由：

（1）请求撤销原审判决发回重审，或改判不支持上诉人Z行创智天地支行原审中对中某集团公司、中某华东分公司的诉请。

（2）诉讼费用由其他当事人负担。

理由：原审法院违反"不告不理"原则，主动适用票据时效，使得善某坊公司不承担票据责任。

【争议焦点】

上诉人Z行创智天地支行对被上诉人善某坊公司及票据保证人的票据追索权是否因票据权利时效经过而消灭？

【法律分析】

关于人民法院可否主动适用票据权利时效的问题。《票据法》第十七条规定，持票人对前手的追索权，自被拒绝承兑或者被拒绝付款之日起六个月内不行使而消灭。该条文明确了票据权利人在一定期间内不行使权利的法律后果，即为票据权利的消灭。票据权利时效有别于诉讼时效。诉讼时效期间届满，义务人可进行诉讼时效抗辩，权利人丧失了胜诉权，但实体权利依然存在，而票据时效的经过将直接导致票据权利的

第三章 票据行为

消灭。但同时，票据时效届满仅消灭了票据权利，也并不必然导致持票人其他实体上权利的丧失。因此，票据权利时效是票据法上的特别规定，它与票据的流通功能相适应，旨在维护票据法律关系的稳定与秩序。原审法院主动适用票据权利时效的规定，认定上诉人Z行创智天地支行票据权利对相应前手的票据权利归于消灭，符合法律规定，并无不当。至于上诉人Z行创智天地支行所提及的"票据法第十七条规定的票据权利发生中断的，只对发生时效中断事由的当事人有效"这一条文，二审法院认为，该条目的在于区分票据上不同当事人（如出票人、背书人、保证人等）以认定票据权利时效，体现了票据行为的独立性，而不是将票据权利时效制度等同于诉讼时效制度。另外，鉴于被上诉人周某龙、被上诉人石某作为票据保证人系为被保证人善某坊公司提供票据保证，在善某坊公司因票据时效经过而免除票据责任的情况下，被上诉人周某龙、被上诉人石某的相应票据责任也可免除。

【判决结果】

驳回上诉，维持原判。

（三）关于持票人期内提示付款，承兑人无应答的问题

持票人在法定提示付款期进行提示付款后，承兑人无应答，票据状态一直为"提示付款待签收"时，是否应认定票据被拒绝付款，目前的判决中法院有两种不同的观点：

（2019）辽1403民初601号判决中，法院认为：《票据法》第六十一条有关"拒绝付款"的规定，不仅包括付款人明确表示拒绝付款的情形，而且还包括付款人客观上无力履行付款义务而无法付款的情形。票据一直处于"提示付款待签收"状态，且截至庭审之日，承兑人未实际进行付款，以上说明承兑人已经构成客观上无力履行付款义务而无法付款的情形，已实际产生了拒付的同样后果，从而导致持票人的票据权利并未得到实现。综上，足以认定持票人已实际上被拒绝付款。

在（2019）辽14民终1538号判决中，法院认为行使票据追索权应具备实质要件和形式要件，形式要件是持票人应提供被拒绝承兑或被拒绝付款的证明。本案中，持票人通过电子汇票系统中申请提示付款，付款人未签收，票据处于提示付款待签收状态，该情形不属于拒绝付款的形式。

随着票据纠纷的大量涌现，如2018年宝塔集团财务公司票据纠纷，该类风险成了众多持有电子银行承兑汇票持票人的风险隐患。《电子商业汇票业务管理办法》第六十条规定：电子商业承兑汇票承兑人在票据到期后收到提示付款请求，且在收到该请求次日起第3日（遇法定休假日、大额支付系统非营业日、电子商业汇票系统非营业日顺延）仍未应答的，接入机构应按其与承兑人签订的《电子商业汇票业务服务协议》，进行如下处理：

（1）承兑人账户余额在该日电子商业汇票系统营业截止时足够支付票款的，则视同承兑人同意付款，接入机构应扣划承兑人账户资金支付票款，并在下一日（遇法定休假日、大额支付系统非营业日、电子商业汇票系统非营业日顺延）电子商业汇票系统营业开始时，代承兑人作出付款应答，并代理签章；

（2）承兑人账户余额在该日电子商业汇票系统营业截止时不足以支付票款的，则视同承兑人拒绝付款，接入机构应在下一日（遇法定休假日、大额支付系统非营业日、电子商业汇票系统非营业日顺延）电子商业汇票系统营业开始时，代承兑人作出拒付应答，并代理签章。

接入机构代为应答是以票据种类为电子商业承兑汇票这一前提，然而电子银行承兑汇票并无这一规定。在实际的业务中，也确实存在大量银行承兑汇票逾期兑付的情况。《中国人民银行关于规范和促进电子商业汇票业务发展的通知》指出，"持票人在电子银行承兑汇票提示付款期内提示付款的，如提示付款指令于中午12：00前发出，承兑人应在收到提示付款请求的当日（遇法定休假日、大额支付系统非营业日、电票系统非营业日顺延，下同）付款或拒绝付款；如提示付款指令于中午12：00后发出，承兑人应在收到提示付款请求的当日至迟次日付款或拒绝付款。"但电票系统中没有根据该规定作出票据状态自动调整的设置。导致大量诸如宝塔集团财务公司这类电子银行承兑汇票逾期后"拒付证明"获取困难的问题。

案 例

（2019）辽1403民初601号

【案件概况】

2017年12月12日，辽宁鑫某科技有限公司作为背书人向辽宁奥某化学股份有限公司背书转让一张票据号码为1308100005141201709181108247l0的电子银行承兑汇票，用于支付货款，票面金额为10万元，出票人为某塔盛华商贸集团有限公司，收款人为北京某塔国际经济技术合作有限公司，承兑人为某塔石化集团财务有限公司，该汇票出票日期为2017年9月18日，汇票到期日为2018年9月18日，该汇票为可转让汇票，承兑人承诺本汇票已经承兑，到期无条件付款，票据状态显示提示付款待签收。截至庭审日期，涉案票据已到期，某塔石化集团财务有限公司未付款。

2018年7月10日某塔石化集团财务有限公司发布《公告》，内容："1. 凡持有我公司10万元（含）以下已到期尚未兑付票据客户，于本周内全部兑付。2. 凡持有我公司10万~50万元（含）已到期尚未兑付票据客户，于7月16~20日全部兑付。3. 其余投资机构将于本月23日至8月20日，进行统筹、沟通、协调、兑付完毕。在此期间已经到期及即将到期尚未兑付的票据，于周一另行公告。"2018年11月26日，自治区

第三章 票据行为

进驻某塔石化集团工作组发布第一次公告,该公告要求票据持有人提供相关资料进行登记。本院在审理本案期间,向某塔石化集团财务有限公司的法务部门询问,其公司对符合公告条件的持票人正在进行承兑。本案所涉汇票已由辽宁奥某化学股份有限公司向某塔石化集团财务有限公司进行登记。

辽宁奥某化学股份有限公司向一审法院起诉请求:辽宁鑫某科技有限公司支付汇票金额10万元及利息(自汇票到期日2018年9月18日起至实际付清之日止,按照中国人民银行同期同类贷款利率计算);由辽宁鑫某科技有限公司承担本案全部诉讼费用及其他实现债权费用。

【法律分析】

一审法院认为:本案为票据追索权纠纷,汇票到期被拒绝付款的,持票人可以对背书人、出票人以及汇票的其他债务人行使追索权。汇票的出票人、背书人、承兑人和保证人对持票人承担连带责任。持票人可以不按照汇票的债务人的先后顺序,对其中任何一人、数人或全体行使追索权。本案中,辽宁奥某化学股份有限公司通过背书取得了案涉承兑汇票,该汇票背书连续,记载事项完备,其作为被背书人、持票人依法享有票据权利。本案的争议焦点在于涉案票据是否应认定为被拒绝付款。法院认为,《票据法》第六十一条有关"拒绝付款"的规定,不仅包括付款人明确表示拒绝付款的情形,而且还包括付款人客观上无力履行付款义务而无法付款的情形。本案中,辽宁鑫某科技有限公司在庭审时对承兑人某塔石化集团财务有限公司因其财务状况不好,无力付款的情况无异议,某塔石化集团财务有限公司对于辽宁奥某化学股份有限公司要求付款的票据一直处于"提示付款待签收"状态,且截至庭审之日,某塔石化集团财务有限公司也未实际进行付款,以上说明承兑人某塔石化集团财务有限公司已经构成客观上无力履行付款义务而无法付款的情形,已实际产生了拒付的同样后果,从而导致辽宁奥某化学股份有限公司的票据权利并未得到实现。综上,足以认定辽宁奥某化学股份有限公司已实际上被拒绝付款,辽宁鑫某科技有限公司的抗辩理由不能成立,辽宁奥某化学股份有限公司享有票据追索权,辽宁奥某化学股份有限公司主张要求辽宁鑫某科技有限公司支付到期票据款项10万元的诉讼请求,法院依法予以支持;关于利息,应自汇票到期日即2018年9月18日起至清偿日止,按照中国人民银行规定的企业同期流动资金贷款利率计算。

【判决结果】

(1)辽宁鑫某科技有限公司于本判决生效后十日内支付辽宁奥某化学股份有限公司票据款项10万元及利息(利息自2018年9月18日起至清偿日止,按照中国人民银行规定的企业同期流动资金贷款利率计算);(2)驳回辽宁奥某化学股份有限公司其他诉讼请求。一审案件受理费2300元,由辽宁鑫某科技有限公司承担。

此后，辽宁鑫某科技有限公司提起上诉。

案 件
（2019）辽 14 民终 1538 号

【案件概况】

上诉人（原审被告）：辽宁鑫某科技有限公司；

被上诉人（原审原告）：辽宁奥某化学股份有限公司。

辽宁鑫某科技有限公司上诉请求：撤销一审判决，依法改判，案件受理费由被上诉人承担。事实与理由：一审判决认定事实错误，适用法律错误。一审判决认定辽宁鑫某科技有限公司所持的 10 万元票据被某塔石化集团拒绝付款错误，根据《票据法》第六十一条、第六十二条规定辽宁奥某化学股份有限公司应提交拒绝付款证明，2018 年 7 月 10 日某塔石化集团财务有限公司曾发布公告，对持票人持有的 10 万元至 50 万元已到期承兑和未到期承兑的票据均公布了承兑时间，故一审判决认定某塔石化集团财务有限公司已经构成客观无力履行付款义务而无法付款是错误的。

【争议焦点】

案涉汇票是否属于被拒绝付款的情形？

【法律分析】

二审法院认为行使票据追索权应具备实质要件和形式要件，形式要件是持票人应提供被拒绝承兑或被拒绝付款的证明。本案中，辽宁奥某化学股份有限公司通过电子汇票系统中申请提示付款，付款人未签收，票据处于提示付款待签收状态，该情形不属于拒绝付款的形式。某塔石化集团财务有限公司发布的《公告》，从形式上看系出票人的陈述，不具有"拒付理由书"的法律效力；从《公告》的内容看，某塔石化集团财务有限公司没有"拒绝付款"的意思表示。因此，辽宁奥某化学股份有限公司在本案中未能提供拒付证明，一审判决认为某塔石化集团财务有限公司实际产生拒付的法律后果，没有事实依据。故辽宁奥某化学股份有限公司向辽宁鑫某科技有限公司行使票据追索权，证据不足，本院对辽宁奥某化学股份有限公司的诉讼请求不予支持。

【判决结果】

一审判决认定事实错误，本院依法予以改判。依照《中华人民共和国民事诉讼法》第一百七十条第一款第（二）项规定，判决如下：

一、撤销葫芦岛市龙港区人民法院（2019）辽 1403 民初 601 号民事判决；

二、驳回辽宁奥某化学股份有限公司的诉讼请求。

一审案件受理费 2300 元、二审案件受理费 2300 元，均由辽宁奥某化学股份有限公

第三章 票据行为

司负担。

（四）以票据作为支付手段，遭遇逾期可否认为完成了合同款项的支付

案 例

(2019) 苏 1112 民初 1511 号、(2019) 苏 11 民终 2475 号

【案件概况】

玉某公司与中某公司因贸易往来，2018 年 4 月 10 日，中某公司通过背书转让电子银行承兑汇票方式，向玉某公司支付货款 200000 元。2018 年 4 月 27 日，中某公司通过背书转让，将票号为 13088710952012018031917217186l 的一张电子银行承兑汇票转让给玉某公司。该票据的出票日期为 2018 年 3 月 19 日，到期日为 2018 年 9 月 19 日，承兑人为某塔石化集团财务有限公司，票据金额为 500000 元。玉某公司在票据到期后就该票据申请付款，未能成功兑付，票据状态显示为"提示付款待签收"。

玉某公司向一审法院起诉请求：

1. 请求法院判令中某公司立即支付货款人民币 509968.47 元。

2. 请求法院判令中某公司赔偿因逾期付款给玉某公司造成的利息损失（以 509968.47 元为基数，自 2018 年 1 月 1 日起至实际偿付之日，按中国人民银行同期同档贷款利率计算）。

3. 本案诉讼费用由中某公司承担。

一审法院认为，虽然中某公司已于 2018 年 4 月 27 日通过背书转让票据金额为 500000 元的电子银行承兑汇票 1 份，但截至目前，该票据经玉某公司申请付款，票据状态显示仍为提示付款待签收，且该票据已过期。持票人提示承兑或者提示付款被拒绝的，承兑人或者付款人必须出具拒绝证明，或者出具退票理由书，未出具拒绝证明或者退票理由书的，应当承担由此产生的民事责任。本案中，玉某公司向承兑人提示付款，但票据状态一直是"提示付款待签收"，一审法院认为，根据法律规定，付款人对向其提示承兑①的汇票，应当自收到提示承兑的汇票之日起 3 日内承兑或者拒绝承兑，并且不得附有条件，附有条件的承兑视为拒绝承兑。本案中的电子银行承兑汇票长期维持"提示付款待签收"状态，持票人就无法取得拒付证明，也无法获得票据金额，此状态应当视为拒绝承兑。中某公司辩称其背书转让票据的行为应当视为已履行完毕付款义务，没有事实和法律依据，中某公司不应将未能成功承兑汇票的不利后果转嫁给玉某公司承担。玉某公司未能取得汇票记载金额，即中某公司付款义务未履行完毕，故玉某公司有权要求中某公司更换付款方式，继续给付 500000 元货款，但同时

---

① 上文判决书中加下划线处的"承兑"应理解为"付款"。

玉某公司应当将其享有的争议票据的权利转让给中某公司。

一审法院判决：中某公司于判决生效后十日内向玉某公司给付货款 500000 元及逾期付款利息（以 500000 元为本金，自 2018 年 1 月 1 日起按中国人民银行公布的同期同档贷款基准利率计算至实际给付之日止）。

此后，中某镇江盐化有限公司提起上诉，诉请：撤销镇江市丹徒区人民法院（2019）苏 1112 民初 1511 号民事判决，改判驳回玉某公司的诉讼请求；诉讼费用由玉某公司承担。理由：上诉人将 50 万元电子银行承兑汇票背书给被上诉人时，即已结清全部货款；一审法院认为"提示付款待签收"应当视为拒绝承兑，没有法律依据；案涉汇票承兑人并未明确拒付，有获得支付的可能；被上诉人目前不可能将此票退还给上诉人，按照一审法院的判决，被上诉人可能会因一笔债权获得两项权利，对上诉人不公平；一审法院关于利息的起算点也是错误的，货款利息应当自汇票到期的次日即 2018 年 9 月 20 日起算。

【法律分析】

本案系买卖合同纠纷，被上诉人向上诉人主张权利系基于买卖合同关系，而非票据关系。《中华人民共和国合同法》第一百三十条规定，买卖合同是出卖人转移标的物的所有权于买受人，买受人支付价款的合同。据此，买受人负有向出卖人支付价款的合同义务。案涉《工业品买卖合同》约定可以承兑汇票（国有四大银行）作为付款方式。但是，上诉人背书给被上诉人的并非国有四大银行的承兑汇票，且该承兑汇票自 2018 年 9 月 19 日到期后，长时间处于"提示付款待签收"状态。上诉人也陈述承兑人某塔石化集团财务有限公司出了问题，目前还没有处理结果。因此，尽管上诉人将案涉承兑汇票背书给了被上诉人，但由于该承兑汇票未能按期兑付，也不确定能否最终兑付，故不能视为上诉人完成了支付货款的合同义务。庭审中被上诉人确认，若案涉承兑汇票后期得到兑付，被上诉人同意将获得的票据金额返还给上诉人，故也不存在上诉人认为的一笔债权获得两项权利的不公平情况。被上诉人所供货物已于 2016 年 5 月 4 日经上诉人验收合格，由于上诉人未能完成付款义务，被上诉人要求上诉人承担自 2018 年 1 月 1 日起按中国人民银行同期同档贷款基准利率计算的逾期付款利息，符合合同约定和法律规定，法院予以支持。

【判决结果】

驳回上诉，维持原判。

四、延伸

票据纠纷中，如采用诉讼方式可能会因为诉讼流程导致持票人收回款项时间被延长，在票据债务人财务状况较好、无须采取保全措施且持票人愿意放弃逾期利息的情

第三章　票据行为

况下，采用非诉的督促程序，向法院申请支付令，或许可以加快持票人收回款项的速度，尽早收回票据款项。

（一）支付令的概念及应用条件

1. 概念。支付令是人民法院根据债权人的申请，向债务人发出的限期履行给付金钱或有价证券的法律文书。

2. 应用条件。

（1）请求给付金钱或者汇票、本票、支票、股票、债券、国库券、可转让的存款单等有价证券；

（2）请求给付的金钱或者有价证券已到期且数额确定，并写明了请求所根据的事实、证据；

（3）债权人没有对待给付义务，即债权人和债务人之间没有其他债务纠纷；

（4）债务人在我国境内且未下落不明；

（5）支付令能够送达债务人；

（6）收到申请书的人民法院有管辖权；

（7）债权人未向人民法院申请诉前保全。

3. 管辖法院。申请支付令的案件由债务人住所地的基层人民法院管辖，两个以上人民法院都有管辖权的，债权人可以向其中一个基层人民法院申请支付令。

债权人向两个以上有管辖权的基层人民法院申请支付令的，由最先立案的人民法院管辖。

基层人民法院受理申请支付令案件，不受债权金额的限制。

4. 法院审查。人民法院受理申请后，由审判员一人进行审查。经审查，有下列情形之一的，裁定驳回申请：

（1）申请人不具备当事人资格的；

（2）给付金钱或者有价证券的证明文件没有约定逾期给付利息或者违约金、赔偿金，债权人坚持要求给付利息或者违约金、赔偿金的；

（3）要求给付的金钱或者有价证券属于违法所得的；

（4）要求给付的金钱或者有价证券尚未到期或者数额不确定的。

人民法院受理支付令申请后，发现不符合本解释规定的受理条件的，应当在受理之日起十五日内裁定驳回申请。

5. 支付令的效力。

（1）限期履行效力。债务人应当自收到支付令之日起十五日内清偿债务，或者向人民法院提出书面异议。

（2）强制履行债务。债务人在自收到支付令之日起十五日内既不提出异议又不履行支付令的，债权人可以向人民法院申请执行。

6. 债务人异议。

（1）异议的条件。异议只能由债务人在法定期限内（在自收到支付令之日起十五日内）以书面的方式向发出支付令的人民法院提出，且必须针对债权人的实体权利主张提出。

超过法定期限提出异议的，视为未提出异议；口头方式提出的，异议无效；异议理由为缺乏清偿能力、延缓债务清偿期限、变更债务清偿方式；向其他法院提出的，不构成异议。

债务人在收到支付令后，未在法定期间提出书面异议，而向其他人民法院起诉的，不影响支付令的效力。

债权人基于同一债权债务关系，在同一支付令申请中向债务人提出多项支付请求，债务人仅就其中一项或者几项请求提出异议的，不影响其他各项请求的效力。

债权人基于同一债权债务关系，就可分之债向多个债务人提出支付请求，多个债务人中的一人或者几人提出异议的，不影响其他请求的效力。

（2）异议的审查。经形式审查，债务人提出的书面异议有下列情形之一的，应当认定异议成立，裁定终结督促程序，支付令自行失效：

①最高人民法院关于适用《中华人民共和国民事诉讼法》的解释（五）规定的不予受理申请情形的；

②最高人民法院关于适用《中华人民共和国民事诉讼法》的解释（五）规定的裁定驳回申请情形的；

③最高人民法院关于适用《中华人民共和国民事诉讼法》的解释（五）规定的应当裁定终结督促程序情形的；

④人民法院对是否符合发出支付令条件产生合理怀疑的。

（3）异议的效果。人民法院收到债务人提出的书面异议后，经审查，异议成立的，应当裁定终结督促程序，支付令自行失效。

支付令失效的，转入诉讼程序，但申请支付令的一方当事人不同意提起诉讼的除外。

支付令失效后，申请支付令的一方当事人不同意提起诉讼的，应当自收到终结督促程序裁定之日起七日内向受理申请的人民法院提出。

申请支付令的一方当事人不同意提起诉讼的，不影响其向其他有管辖权的人民法院提起诉讼。

支付令失效后，申请支付令的一方当事人自收到终结督促程序裁定之日起七日内未向受理申请的人民法院表明不同意提起诉讼的，视为向受理申请的人民法院起诉。

第三章　票据行为

债权人提出支付令申请的时间,即为向人民法院起诉的时间。

7. 支付令失效。有下列情形之一的,人民法院应当裁定终结督促程序,已发出支付令的,支付令自行失效:

(1) 人民法院受理支付令申请后,债权人就同一债权债务关系又提起诉讼的;

(2) 人民法院发出支付令之日起三十日内无法送达债务人的;

(3) 债务人收到支付令前,债权人撤回申请的。

对设有担保的债务的主债务人发出的支付令,对担保人没有拘束力。债权人就担保关系单独提起诉讼的,支付令自人民法院受理案件之日起失效。

案　例

(2019) 黔0302民督261号贵州省遵义市红花岗区人民法院民事裁定书

【案件概况】

申请人遵义金某科技有限公司与被申请人贵州新某经济开发投资有限责任公司申请支付令一案,本院于2019年7月24日立案后,于2019年7月29日发出(2019)黔0302民督261号支付令,限令被申请人贵州新某经济开发投资有限责任公司在收到本支付令之日起十五日内清偿债务,或者向本院提出书面异议。

被申请人贵州新某经济开发投资有限责任公司于2019年8月19日向本院提出支付令异议,认为其与遵义金某科技有限公司不存在业务和经济往来,没有给遵义金某科技有限公司签发过商业承兑汇票,对遵义金某科技有限公司获得该汇票的途径及其是否享有该汇票的权益有异议。

【法律分析】

2019年1月10日,贵州新某经济开发投资有限责任公司作为承兑人,向案外人贵州新某建设有限公司开具了总金额为12000000元的四张电子商业承兑汇票,该汇票载明可转让、到期无条件付款等信息。后该汇票经两手背书转让给遵义金某科技有限公司,上述背书过程已经电子商业汇票系统予以公示。故遵义金某科技有限公司通过合法连续背书转让方式取得票据权利,其作为最后持票人有权向承兑人贵州新某经济开发投资有限责任公司主张票据权利,承兑人贵州新某经济开发投资有限责任公司不得以基础关系所产生的抗辩理由对抗遵义金某科技有限公司行使依据合法背书转让取得的票据债权。

贵州新某经济开发投资有限责任公司不能举证证明涉案票据是遵义金某科技有限公司非法所得,其作为付款人,应当在票据到期日无条件向持票人遵义金某科技有限公司付款,故贵州新某经济开发投资有限责任公司提出的异议不成立。

【判决结果】

依照《中华人民共和国民事诉讼法》第一百五十四条第一款第十一项、《最高人民法院关于适用〈中华人民共和国民事诉讼法〉的解释》第四百三十八条的规定，裁定如下：

驳回贵州新某经济开发投资有限责任公司的支付令异议。

第四章 电子商业汇票的应用

第一节 票据功能综述

与其他金融工具相比,票据通过签发、承兑、背书、贴现、转贴现和再贴现等业务流程,把企业、商业银行等金融机构、中央银行有机地联结在一起。而商业汇票通过票据的支付、结算、融资、调控和交易等多个功能,使票据成为商品流通、社会资金循环和货币政策传导的重要通道。随着市场环境的改变,这些功能衍生了新的特点与具体的应用,但其服务实体经济的本质并没有发生改变。了解票据功能演变下新的应用模式,对于充分发挥票据市场作用、便利中小企业融资、支持实体经济发展、减少从业机构各类业务风险和优化货币政策传导具有重要意义。

一、信用功能

票据的信用功能是各种功能的基础与核心。以商业汇票为例,基于真实、合法的商品交易而产生的票据,是购销人之间根据约定付款的购销合同和商品交易开具的、反映债权债务关系并约定按期清偿的一种票据。

承兑是票据业务的核心环节,意味着到期无条件支付的责任。根据承兑人的不同,将商业汇票分为银行承兑汇票和商业承兑汇票,两者并无本质区别,关键在于票据背后的信用等级,银行承兑汇票背后是银行主体的信用,商业承兑汇票的背后是商业主体的信用。

从票据的流转来看,票据产生的源头在于票据的信用功能,此时只是简单的出票人与承兑人之间的关系。在得到开具票据方或承兑人一方的信用后,票据进入流转,从而实现票据的支付与结算功能。而票据的贴现等融资功能的实现也是以票据的信用为基础开展的交易。

二、支付功能

票据的支付功能是指票据可以代替现金进行支付,从而避免现金支付在时间、空间、费用等方面对支付方产生的不利影响,是票据最原始的功能之一。它是通过票据的背书转让实现的。在电子商票时代，使用电子商票作为支付工具，流通转让极其便利，突破了空间、时间的限制，极大地提高了交易效率，是社会经济发展的表现，同时也反映了支付手段的不断升级。

三、融资功能

票据是建立在商业信用基础上的一种延期付款的支付凭证。对于付款方而言，以商票作为债务凭证，可以获得收款企业给予的延期支付信用期限。同时在约定的票据到期日到来之前，票据的流通属性可以使其通过背书进行转让与流通，实现了信用的传递。因此可以说，票据所代表的就是利用商业信用实现的一种融资功能。同时，在票据所载付款日期到来之前，持票人因资金困难或其他原因可以到商业银行进行票据贴现，商业银行再将票据拿到银行间市场上进行转贴现，或到中央银行进行再贴现。票据贴现解决了企业资金流转中的困难，对实体经济特别是中小微企业的融资支持作用突出。同时，票据业务是商业银行加强流动性管理和提高盈利能力的重要手段，不仅能为银行增加存款提供途径，也可以提高银行盈利水平特别是增加中间业务收入。

四、流通功能

流通功能是指通过背书转让票据，使其发挥了信用货币的能力。票据持有人在偿还债务、购买商品或向银行融通资金时，可经背书后将票据转让（或出卖）给债权人，这一行为即票据的转让流通。

单独从票据的签发来看，它只是作为一次性的支付工具，不具备流通性，但当它背书转让后，票据的流通性便发挥了作用。根据《票据法》规定，票据经背书转让后，背书人对被背书人有到期无条件付款的义务。经多次背书的票据，各债务人对最后一个持票人均负有票据到期无条件支付票款的责任，从这一点来看，票据背书人越多，其信用程度就越高。票据转让可使未到期的票据代替货币流通，节约现金的使用。

五、宏观调控功能

票据的宏观调控职能主要体现在两个方面：一是通过再贴现这个工具执行货币政策；二是通过票据融资数据的增减幅度和趋势，作为评估信用宽松与紧缩的重要标志，向社会传达政策导向，从而影响社会资金价格。

以银行承兑汇票为例，票据融资分为表内融资与表外融资，已贴现的银行承兑汇票构成表内信贷；未贴现的银行承兑汇票是社会融资的重要组成。二者之和等于银行承兑汇票总额。

第四章 电子商业汇票的应用

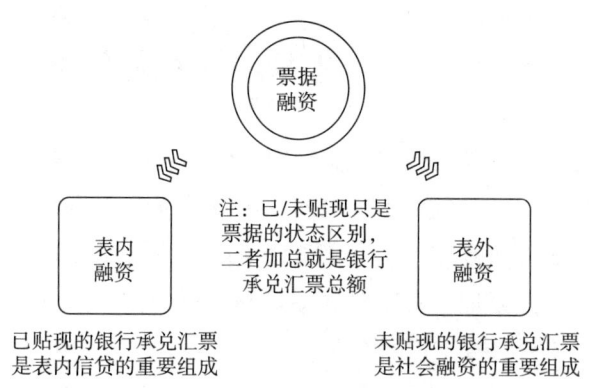

图 4-1 票据融资的分类

第二节 票据功能的应用举例

一、票付通

票付通体现了票据的支付功能。

"票付通"产品是上海票交所践行商务部、人民银行等八部门印发的《关于开展供应链创新与应用试点的通知》（商建函〔2018〕142号）要求的落地措施，旨在为供应链、B2B电商以及小微和民营企业提供成本相对较低、高效快捷的金融服务。"票付通"产品瞄准了小微企业和民营企业手上持有未到期票据的现状，为票据支付赋能互联网属性。通过上海票交所发挥票据支付市场基础设施的重要作用，为企业和B2B平台提供安全、高效、便捷的支付服务。

（一）票付通概况

2018年12月6日下午，上海票交所发布票据供应链创新产品"票付通"，通过扩大汇票支付的应用场景，提高票据支付功能。

"票付通"业务是交易双方在B2B平台约定以电子商业汇票作为支付方式，付款人通过合作金融机构发起线上票据支付指令，由合作金融机构、收（付）款人开户机构调用上海票交所接口服务完成票据线上签发、提交、锁定、解锁和签收等行为的线上票据支付业务。

"票付通"业务支持已持有票据支付、新签发票据支付、票据和资金组合支付以及票据支付冲正。对于实现票据支付功能的银行、财务公司，上海票交所提供线上跳转电票账户开户机构的功能，支持电票账户持有企业一站式完成线上票据支付操作。

(二) 票付通的主要功能

"票付通"产品是上海票交所基于供应链、B2B电商场景提供的线上票据支付服务，产品主要提供两项功能：

一是票据支付的见证机制。提供票据锁定、解锁功能，既能解决票据"打飞"的操作风险和道德风险问题；又可以解决电商、供应链远端"陌生人"交易互不信任的问题，建立票据支付成功和B2B平台交易最终完成互为前提条件的安全机制。

二是票据支付的线上处理，实现票据签发和企业背书环节的全线上、一站式流程处理，填补当前线上平台票据支付的空白。

(三) 票付通业务的参与主体

"票付通"的参与主体主要包括三种，分别是合作金融机构、开户机构和B2B平台。

1. 合作金融机构。合作金融机构是指分别与票交所线上票据支付系统和B2B平台系统对接，提供票据线上锁定、解锁和信息通知等"票付通"相关服务的银行、财务公司。

2. 开户机构。开户机构是指为收（付）款人开立电子商业汇票账户，提供票据线上签发、锁定、提交、信息通知等"票付通"相关服务的银行、财务公司。

3. B2B平台。B2B平台是指符合《中华人民共和国电子商务法》规定的为企业提供网络经营场所、交易撮合和信息发布等服务的电子商务平台经营者。

2019年1月26日，上海票交所"票付通"产品成功上线投产。招商银行携手云筑网、石化e贸，中信银行携手银耐联、江苏银行携手国网商城，成为"票付通"产品首批上线机构。上线首日，"票付通"业务共办理24笔，涉及票据30张、金额7192.63万元。首日累计票据支付业务量最大的为银耐联，共办理"票付通"产品业务15笔、金额5473.51万元。

"票付通"产品的运作模式简单可以概述为：买卖双方通过互联网平台（B2B电商、供应链平台）在线上达成交易后，买方通过嵌入B2B电商平台的票据支付控键选择使用"票付通"产品，跳转至合作金融机构收银台，线上一站式完成使用票据作为支付方式在平台购买商品的行为，支付行为的同时锁定相关票据；当互联网平台确认交易完成后，票据自动解锁，卖方可以直接线上签收票据。

具体来说，分为四种情况：

(1) 已持有票据的支付流程（收银台录入方式，支持单张及多张票据合并支付）。

在这一模式下，买卖双方在B2B平台达成交易，选择票付通进行支付，跳转至合作金融机构收银台。此时买方在收银台录入拟支付的票据信息，如是签发的票据，则录入票据状态为"承兑已签收"，相关票据由买方在开户机构进行预签；如票据是已持

第四章 电子商业汇票的应用

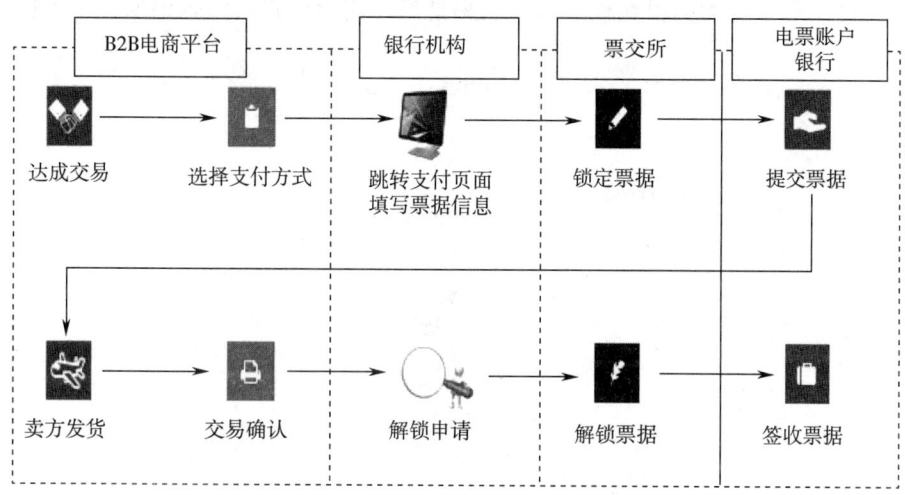

图 4-2 "票付通"流程示意图

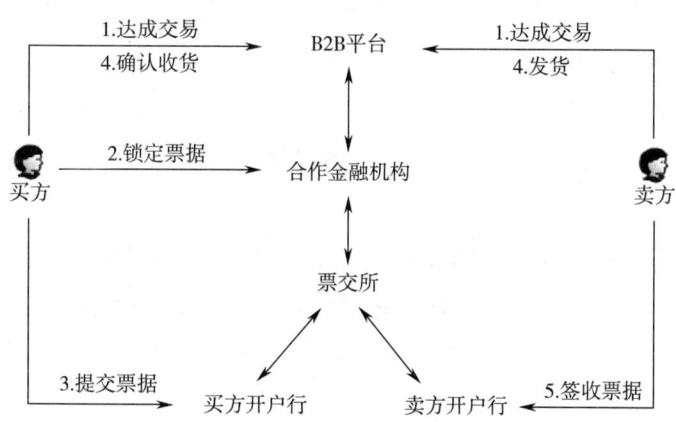

图 4-3 已持有票据的支付流程（收银台录入）

有的票据，则在录入时输入一张或多张同一电票账户下的票据，由合作机构向票交所申请锁定票据。

票交所处理线上票据支付指令，锁定相关票据。此时该票据只能支付给指定的收款人。票交所将锁定信息经合作金融机构通知 B2B 平台，平台根据锁定结果更新交易状态。

买方收到平台反馈的锁定结果后，通过登录开户机构网银（线下提交）或从合作金融机构收银台经票交所跳转至开户机构网银（线上跳转），在待处理任务中向卖方提交票据。

B2B 平台收到相关票据已提交的信息后，通知卖方发货。买方收到货物，在 B2B 平台确认交易完成。此后，B2B 平台经合作金融机构向票交所发出允许票据过户的请求。票交所解除票据锁定，卖方签收票据完成票据过户。

299

（2）已持有票据的支付流程（开户机构选票，支持单张及多张票据合并支付）。

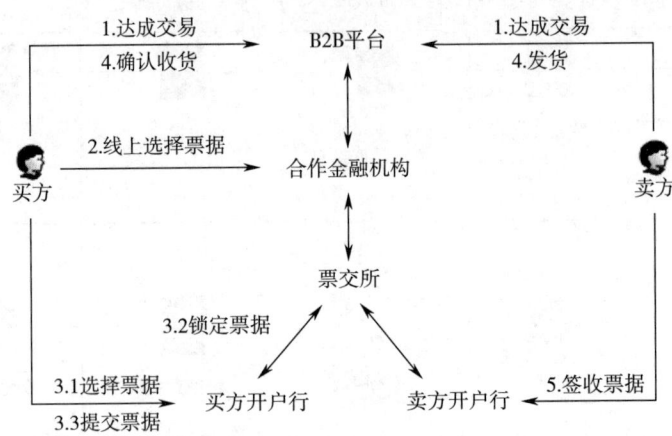

图4-4　已持有票据的支付流程（开户机构选票）

对于已持有票据的支付（开户机构选票模式），买卖双方在 B2B 平台达成交易，选择票付通支付后，跳转至合作金融机构收银台。

如是买方机构线上跳转，则买方在收银台选择"线上选择票据"；如买方从合作金融机构收银台经票交所跳转至开户机构，则票交所将买方支付信息传递给买方开户机构。

买方登录开户机构网银，在待处理任务中完成票据的选择，其开户机构向票交所申请锁定相关票据，锁定后，票交所将锁定信息经合作金融机构通知 B2B 平台，平台根据锁定结果更新交易单状态。之后，买方向卖方提交相关票据，后续流程与已持有票据支付流程（收银台录入方式）一致。

（3）新签发票据支付流程（支持单张或多张票据签发）。

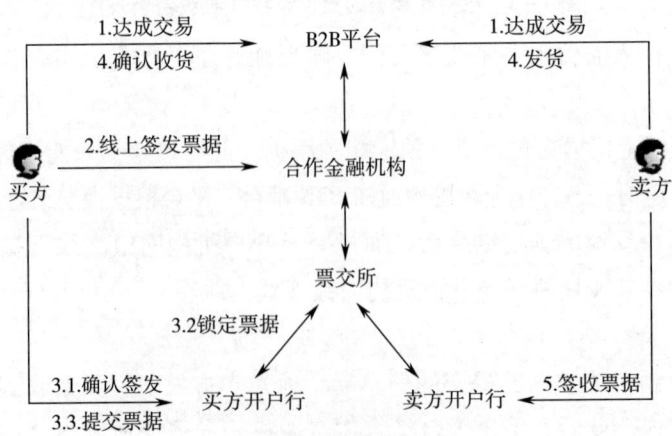

图4-5　新签发票据支付流程

第四章 电子商业汇票的应用

该种模式下,买卖双方在 B2B 平台达成交易,选择"票付通"业务后,跳转至合作金融机构收银台。买方登录开户机构网银,在待处理业务中完成签发票据。买方开户机构完成票据承兑环节后,向票交所申请锁定相关票据。锁定后,票交所将锁定信息经合作金融机构通知 B2B 平台,平台根据锁定结果更新交易单状态。

此后,买方向卖方提交相关票据。平台收到提交信息后,通知卖方发货。买方收到货物后,在 B2B 平台确认交易完成。平台经合作金融机构向票交所发出票据过户请求,票交所解除票据锁定,卖方签收票据完成票据过户。

(4) 票据和资产组合支付流程(支持单张或多张票据与一笔资金组合支付)。

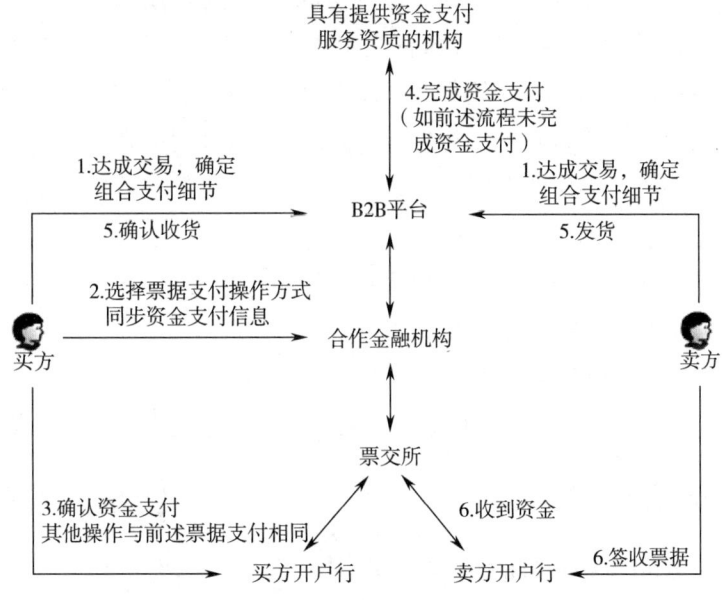

图 4-6 票据和资产组合支付流程

与之前类型的支付流程类似,买卖双方在 B2B 平台达成交易,选择"票付通"业务后,在平台输入票据支付金额和资金支付金额。平台跳转至合作金融机构收银台。

买方在收银台选择相应的票据,票交所将买方需要操作的资金支付信息传递到买方开户机构,经买方在开户机构确认后,由买方开户机构将资金划转到 B2B 平台合作金融机构的资金存管专户(如 B2B 平台选择具有通过资金支付服务资质的合作金融机构同步处理资金支付信息)。

票据的支付同上述类型一样,买方登录开户机构网银,在待处理任务中完成票据的选择,后经票交所锁定票据。

票据提交和资金支付均完成后,B2B 平台通知卖方发货。买方收到货物后,在 B2B 平台确认交易完成。此后,票据过户、资金过户。

(5) 交易的取消。交易达成至交易完成期间，买卖双方均可以在线上协商取消交易。订单管理、退货由 B2B 平台负责，资金退回由 B2B 平台和提供资金支付服务的机构负责。

4. 关于票付通业务相关主体的具体规定。根据《上海票据交易所关于适当扩大"票付通"业务试点范围的通知》（票交所发〔2019〕54 号），"票付通"业务中接入机构承担着合作 B2B 平台审核及相关业务真实性审核等责任。

接入的金融机构既包括商业银行，也包括财务公司，向票交所申请开通"票付通"业务后，可为本机构电票账户开户企业办理"票付通"业务。

(1) 合作 B2B 平台的审核。合作金融机构根据《上海票据交易所"票付通"业务申报接入规范（暂行）》要求为符合条件的 B2B 平台申请开通"票付通"业务功能。B2B 平台的审核由合作金融机构完成，并由合作金融机构向票交所提交平台符合条件的审核意见。原则上，该 B2B 平台与合作金融机构的合作时间在一年及以上。

(2) 业务项下具体工作的责任。

应对 B2B 平台信息的真实性负责；

对使用"票付通"业务的 B2B 平台客户身份真实性负责；

对线上票据支付的基础关系真实性负责；

对线上票据支付指令的准确性、安全性、及时性负责。

以上规定与《电子商业汇票业务管理办法》中对接入机构的相关要求保持一致。

二、票据池业务

票据池业务是票据融资功能的具体体现。

（一）票据池的概况与参与主体

1. 银行票据池。传统的"票据池"业务参与主体通常为商业银行与企业客户（含集团公司），是商业银行为企业提供的一种以票据质押为基础的综合性金融服务。票据池以银行对客户持有的票据委托保管、转移占有为前提，利用银行的专业优势为客户提供商业汇票鉴别、查询、保管和托收等一揽子服务；并可以根据客户的需要，通过票据池向银行质押票据或保证金的方式，产生票据池额度，办理流动资金贷款、银行承兑汇票、信用证和保函等授信业务。

票据池业务经过近十年的发展，从商业银行主导的传统模式逐步向财务公司参与、牵头的三方合作模式转变，业务范围也从单一的票据保管质押向更广泛的电子化、个性化方向发展。

2. 财务公司"票据池"。这类"票据池"业务参与主体为财务公司与集团内企业，以及商业银行。财务公司"票据池"是指单一企业或集团企业将其自身及下属或各成

第四章　电子商业汇票的应用

员单位所持有的商业汇票统一管理，银行为其提供票据查验、质押、到期托收和查询统计等服务，供客户统一支配和使用客户内部的票据，实现票据资源的共享。并可根据客户需要量身定制，提供商业汇票的提取、拆分、贴现质押开票和质押贷款等融资服务。

目前，越来越多的大型企业集团成立了财务公司，财务公司以集团利益最优为出发点，具备产业与金融的双重属性，相较于企业财务部门业务功能更加完善、职能定位更加清晰、管理水平更加高效。

与传统意义上的票据池管理思路相比，财务公司"票据池"的特点如下：

一是"池子"建在企业（或企业集团）内部，如企业（或企业集团）的职能部门——财务部，或企业集团下属的非银行金融机构——财务公司，而不是建立在外部商业银行；

二是票据池管理，既包括票据实物的集中保管，也包括票据行为（如开票、贴现、背书、票据追索、到期支付与托收）的集中管理；

三是进入"票据池"中的票据，是广义上的票据，不仅包括商业承兑汇票和银行承兑汇票，还可以包括企业（或企业集团）创设的内部票据。

（二）"票据池"业务的作用

随着上海票交所统一交易平台的搭建以及电票的大发展，票据池业务在近几年得到快速成长。不管是从宏观上对调整我国经济结构、提升工业制造能力，还是微观上解决企业资产流动性、降低融资成本和转变商业银行经营理念都有重大作用。

对企业而言，有利于企业及时掌握票据真实信息。对于纸票，银行核实票据是否存在伪造、挂失、背书瑕疵等问题，为企业及时处理票据问题争取时间，避免企业疏于查验或查验不及时带来的票据损失。在电票时代可以集中资源，降低企业的票据管理成本，管理风险，提高企业的集中管控能力。票据池还有利于企业充分利用远期头寸办理融资业务，银行可以根据企业入池票据的额度，授予企业票据池质押融资授信额度，在额度内企业可申请办理银承、流贷等具体融资业务或是进行票据拆分、合并或长换短、短换长、不同信用置换来进行对外支付，而企业在这个过程中只需要缴纳一定比例的手续费，无须再通过贷款等途径满足资金需求，从而能够有效地降低企业的财务成本。票据池业务也能帮助企业盘活沉淀的票据资产从而更好地满足企业的不同期限和产品的融资需求。

对商业银行而言，票据池业务可以增加商业银行的综合收益。第一，"票据池"存管业务可明显增加管理费收入等中间业务收入；第二，"票据池"融资不但因承兑、贴现和转贴现业务本身可产生承兑手续费与贴现利息收入，同时也基于"票据池"押品质押提供了低风险担保，从而增强企业与金融机构的合作机会，拓展利息收入来源；

第三,"票据池"的集中管理可全面掌握企业票据库存结构,便于银行通过客户联系其供应链上的上下游企业进行营销开拓业务。

此外,票据池也是大力发展供应链金融的一个很好的突破口,对于供应链金融的发展具有重要的推动作用,银行可以针对供应链上的上下游企业建立票据池,提供相应的票据拆分、合并、置换以及贴现等服务,从而实现供应链上下游配套企业成为一个完整的整体。以产业链为依托,以资金调配为主线,以交易环节为重点,以风险管理为保证,从而实现降低整个供应链企业的融资成本,提高整个链条企业应收账款流动性和交易的效率,实现整个供应链财务成本最小化。

(三)"票据池"业务的服务内容

提供"票据池"服务的金融机构为其客户提供以下服务:

1. 信息登记。信息登记是指票据池业务的被服务方即企业或集团客户将持有的票据信息(包括影像信息)登记到服务提供者即银行或财务公司票据池系统中,由银行或财务公司提供多条件、多级别的信息查询、到期提醒等服务,实现对服务客户和其授权单位票据信息的集中、统一管理。

2. 委托管理。票据池服务的客户及其授权单位在使用银行或财务公司提供的票据池信息登记服务的基础上,同时将票据提交银行或财务公司并委托其代为保管。银行或财务公司提供票据信息的集中、统一管理服务,并提供票据代保管、提取、背书转让、提示付款和贴现服务。

票据管理的主要服务对象是企业客户以及财务公司。尤其是对集团客户服务的优势更加明显,商业银行在服务集团客户时,票据池的管理分为集中管理和分散管理两种模式。

集中管理是指成员单位对票据池的票据失去相应申请操作权限,必须由票据有权操作单位统一发起票据指令。

分散模式是指成员单位可自行管理本单位的池内票据,无须得到上级单位的指令或授权。

表 4-1　　　　　　　　　集中管理模式下的业务权限

集中管理	查询		发起申请	
模式	自身	成员单位	自身	成员单位
上级	是	是	是	是
下级	是	—	否	—

第四章 电子商业汇票的应用

表 4-2 分散管理模式下的业务权限

分散管理模式	查询		发起申请	
	自身	成员单位	自身	成员单位
上级	是	是	是	否
下级	是	—	是	—

备注：
- 两种模式下，上级单位均可对所有下级成员单位在池票据信息进行查询；
- 上级管理模式为集中管理，则其下属单位受上级管理模式必须为集中；
- 上级管理模式为分散管理，则其下属单位受上级管理模式可以为集中或分散。

服务具体流程：

（1）客户办理票据池业务开户，签订票据池服务协议。纸票需携带至就近网点，交付存入票据，银行将票据信息录入系统；电票信息直接入池。

（2）入池后银行将所有票据按照客户、票据种类和服务项目等因素进行票据入池管理。以票据池业务系统为平台，银行为客户建立独立的台账，记录票据信息明细，便于客户了解所有票据信息，便于银行与客户及时核对。银行按照协议约定办理票据的鉴别、查询、传递、托收和代理交易等业务。

（3）银行根据客户创造的综合收益确定是否向客户收取存管业务费用。

3. 票据池质押融资。票据池融资业务服务是在上述两项服务的基础上，对入池票据整体作为质押或/和缴存保证金，建立固定或者流动的票据池，产生票据池额度。该额度可用于为企业或集团客户或协议合作客户办理授信业务，如银行承兑汇票承兑、商业承兑汇票贴现业务、信用证、大拆小和期限长短互换等，为金融机构客户办理票据转贴现、买入返售或其他占用金融机构客户授信额度的资产业务。

一般来说，在授信额度上，商业银行或财务公司会对入池票据进行风险评估，根据承兑人的不同，设定不同的质押率。而整个票据池的额度包括持票人票据贡献的额度和质押保证金贡献的额度。具体计算公式为：授信额度 = $\sum$ 票面金额 × 质押率 + 保证金金额。客户融资的可用额度 = 票据池的授信额度 - $\sum$ 相关授信业务已使用的额度 - $\sum$ 已分配给下级的额度。

（四）票据池业务相关法律风险

票据池业务作为银行或财务公司提供给企业的综合服务方案，是以票据质押为基础提供从票据入池到池内管理与融资，再到票据出池的各类服务。在实际应用中，可能会遇到的法律风险主要包括三个类型：融资客户违反合同约定未及时足额交纳票款、融资客户使用虚假材料办理委托导致授权委托关系不予确认、没有真实贸易背景银行被骗取授信的风险。

（1）融资客户未按合同约定及时、足额交纳票款导致金融机构损失。

案 例

【案件概述】

2015年10月20日，原告Z银行某支行（甲方、授信办理人）与被告杭州名某公司（乙方、授信申请人）签订《票据池业务专项授信协议》。协议约定：甲方向乙方提供人民币80000000元的授信额度。授信额度内的贷款、融资利率及相关业务收取的费用，按各具体合同的规定执行。甲、乙双方签订《银行承兑合作协议》，协议约定：乙方向甲方申请承兑其开出的商业汇票，甲方同意为乙方办理承兑。乙方具体申请承兑时，无须与甲方逐笔另签承兑协议，但须逐笔向甲方提出承兑申请，甲方逐笔审批、办理。乙方在甲方存入一定金额的保证金，该资金自进入保证金账户之日起视为特定化和移交甲方占有，未经甲方许可乙方不得动用，作为承兑业务的担保。每笔商业汇票承兑到期时，甲方有权从保证金账户中扣收相应的金额对外支付。乙方应于每笔承兑票据到期前三日将应付票款足额交存于其开立于甲方的账户，以备支付到期票款。经甲方办理承兑的汇票到期时，甲方凭票无条件支付票款。如汇票到期日前乙方未足额交付票款时，甲方有权从乙方在甲方开立的任何存款账户上扣款以作支付。因乙方不足交付或其账户余额不足扣收而致甲方垫付的票款，由甲方按《支付结算办法》有关规定计收罚息。

上述合同签订后，原告为被告开立了保证金账户。2015年12月9日，被告向原告提交了《授信额度申请书》，申请使用《授信协议》项下的授信额度，金额为30585000元。2015年12月10日，被告向原告提交了《承兑申请书》及相应的银行承兑汇票，并在Z银行网上申请实票签发，原告于同日经审批同意为被告签发的银行承兑汇票办理了承兑。2016年6月9日，上述承兑汇票到期，原告在扣除被告账上保证金及利息后，垫款692562.94元。截至2016年7月25日，被告尚欠原告银行承兑汇票垫款本金人民币692562.94元、利息人民币14962.64元。

【法律分析】

原、被告双方签订的《票据池业务专项授信协议》《银行承兑合作协议》等是当事人的真实意思表示，不违反法律、行政法规的禁止性规定，合法有效。上述协议签订后，原告按约向被告履行了票据承兑义务，但被告未按约及时足额交存票款，构成违约，依法应向原告承担偿还垫款本金并支付利息（含复息、罚息）民事责任。原告垫付票款692562.94元，被告应当偿还。

关于垫款的利息计算标准。《支付结算办法》第九十一条规定银行承兑汇票的出票人于汇票到期日未能足额交存票款时，承兑银行除凭票向持票人无条件付款外，对出

第四章 电子商业汇票的应用

票人尚未支付的汇票金额按照每天万分之五计收利息。

【判决结果】

被告杭州名某贸易有限公司于本判决发生法律效力之日起十日内向原告 Z 银行股份有限公司某支行支付银行承兑汇票垫款本金 692562.94 元及其利息（其中截至 2016 年 7 月 25 日止的利息为 14962.64 元；其后利息以 692562.94 元为基数，按每天万分之五计算至实际清偿之日止）。

【法条链接】

《中华人民共和国合同法》第一百零七条 当事人一方不履行合同义务或者履行合同义务不符合约定的，应当承担继续履行、采取补救措施或者赔偿损失等违约责任。

第一百一十四条 当事人可以约定一方违约时应当根据违约情况向对方支付一定数额的违约金，也可以约定因违约产生的损失赔偿额的计算方法。

约定的违约金低于造成的损失的，当事人可以请求人民法院或者仲裁机构予以增加；约定的违约金过分高于造成的损失的，当事人可以请求人民法院或者仲裁机构予以适当减少。

当事人就迟延履行约定违约金的，违约方支付违约金后，还应当履行债务。

第二百零七条 借款人未按照约定的期限返还借款的，应当按照约定或者国家有关规定支付逾期利息。

(2) 融资客户使用虚假材料办理委托导致授权委托关系不予确认的风险。

案 例

【案件概述】

被告祥某金属材料有限公司与原告平某银行签订《综合授信额度合同》《汇票承兑合同》，被告王某与原告签订《最高额保证担保合同》为该笔业务提供最高额保证担保，原告依约为被告祥某公司签发的银行承兑汇票予以承兑。后原告与被告祥某公司签订《汇票承兑合同》，约定：原告为被告祥某公司向被告钰某公司签发的总金额为人民币 2670 万元的商业汇票进行承兑。合同签订后，原告依据被告祥某公司的申请为被告办理了银行承兑汇票。

汇票到期后，被告祥某公司未交付票款，原告为其垫付了票款，被告祥某公司未履行还款义务，被告王某也未履行保证义务。后经查实，原告所提交的《合作协议书》、被告钰某公司出具的《授权书》经司法鉴定，该《合作协议书》《授权书》上"青岛钰某发展股份有限公司"的签章与被告钰某公司所使用的公章不符，原告不能证明被告钰某公司与其签订了《合作协议书》。被告钰某公司系被告青某公司的子公司，原告提交由被告青某公司出具的《授权书》欲证明被告青某公司授权被告钰某公司与原告签订《合作协议书》及办理相关业务。但原告不能证明其与被告钰某公司签订了《合作协议书》，且原告在指定的期限内未提交被告青某公司出具的《授权书》作为检材进行鉴定，也未提交证据证明被告青某公司使用过该枚公章。

【争议焦点】

1. 被告钰某公司、青某公司是否应承担责任。
2. 使用虚假材料签订金融业务合同的效力。

【法律分析】

《合作协议书》《授权书》上"青岛钰某发展股份有限公司"的签章与被告钰某公司所使用的公章不符，原告不能证明被告钰某公司与其签订了《合作协议书》，因此，该《合作协议书》《授权书》的真实性不予确认，被告钰某公司与原告之间不存在合同关系。且原告在指定的期限内未提交被告青某公司出具的《授权书》作为检材进行鉴定，也未提交证据证明被告青某公司使用过该枚公章，因此，对原告提交的该《授权书》的真实性同样不予确认。基于两份《授权书》均未得以确认，被告钰某公司、青某公司不应承担责任。

关于金融业务合同的效力问题，原告依据与被告祥某公司、被告王某分别签订的《综合授信额度合同》《最高额保证担保合同》《汇票承兑合同》的约定，履行了合同义务。被告祥某公司、被告王某在申请开立承兑汇票时存在提供虚假材料等欺诈行为，依据我国《合同法》的规定，涉及欺诈的合同属可撤销的合同，原告并未申请撤销，故双方之间订立的《综合授信额度合同》《最高额保证担保合同》《汇票承兑合同》为有效合同，关于被告祥某公司、被告王某的欺诈行为可以另行处理。

【判决结果】

被告青岛祥某金属材料有限公司于本判决生效之日起 10 日内给付原告垫款本金及利息。被告青岛祥某金属材料有限公司承担原告律师费用。被告王某对上述给付款项在《最高额保证担保合同》约定的保证范围内承担连带清偿责任。法院驳回原告对被告青某钢铁公司、钰某发展股份有限公司的起诉。

【法条链接】

《合同法》第五十二条　有下列情形之一的，合同无效：

（一）一方以欺诈、胁迫的手段订立合同，损害国家利益；

（二）恶意串通，损害国家、集体或者第三人利益；

（三）以合法形式掩盖非法目的；

（四）损害社会公共利益；

（五）违反法律、行政法规的强制性规定。

《中华人民共和国担保法》第十八条　当事人在保证合同中约定保证人与债务人对

债务承担连带责任的,为连带责任保证。

连带责任保证的债务人在主合同规定的债务履行期届满没有履行债务的,债权人可以要求债务人履行债务,也可以要求保证人在其保证范围内承担保证责任。

(3) 没有真实贸易背景的票据入池,银行被骗取授信的风险。

集团票据池对入池票据贸易背景真实性审查出现漏洞,导致部分不法企业利用银行"票据池"质押业务进行"洗票",通过虚构或伪造的方式,明知没有真实的贸易背景仍通过欺骗手段,骗取银行的授信。

常用的手段包括以某一实业公司为核心,然后由其多家关联企业组成关联企业群非法从事银行票据的买卖业务,在某商业银行办理大量承兑业务和贴现业务,该关联群除个别企业有实体经营业务外,其余均为"壳"公司,其承兑业务和贴现业务总量远远超过其销售规模,且绝大部分业务无法提供增值税发票原件。在没有真实贸易背景的情况下,该关联体向不特定对象持票人收购银行承兑汇票,利用银行"票据池"质押业务,以收购的大量银行承兑汇票为质押物,虚构贸易背景,向银行申请签发新的大额银行承兑汇票,汇票收款人均为关联体内企业,并将这些银行承兑汇票转卖给票据中介,以赚取差价牟利。

此外,各商业银行经营机构或财务公司办理集团票据池业务往往没有要求企业逐笔提供贸易合同及发票,而是在收票时或入池后对入池票据对应的发票、交易合同或发运单据等材料进行抽查,贸易背景真实性审查有所疏忽。近年来,因伪造基础交易合同、发票等而引发的案件时有发生。

三、票据资产证券化

票据资产证券化体现了票据的融资功能。

(一) 资产证券化概况

1. 证券化的概念。资产证券化是指以基础资产未来所产生的现金流为偿付支持,通过结构化设计进行信用增级,在此基础上发行资产支持证券(Asset-backed Securities,ABS)的过程。它以特定资产组合或特定现金流为支持,在资本市场上以发行证券的方式予以出售,获取融资,最大化提高资产流动性的过程。

2. 资产证券化的交易流程。典型的资产证券化的交易流程可以概括为资产服务机构(发起人)从原始权益人(有时候可以是同一人)手中购买合格的基础资产,组成资产池,由管理人(也是推广机构或承销商)设立特殊目的机构(SPV)购买基础资产池,实现破产隔离,依托其他各类第三方服务机构,评估资产池现金流情况,设计各类信用增级结构,以该资产池所产生的现金流为支撑在金融市场上发行有价证券融资,最后用资产池产生的现金流来清偿所发行的有价证券。

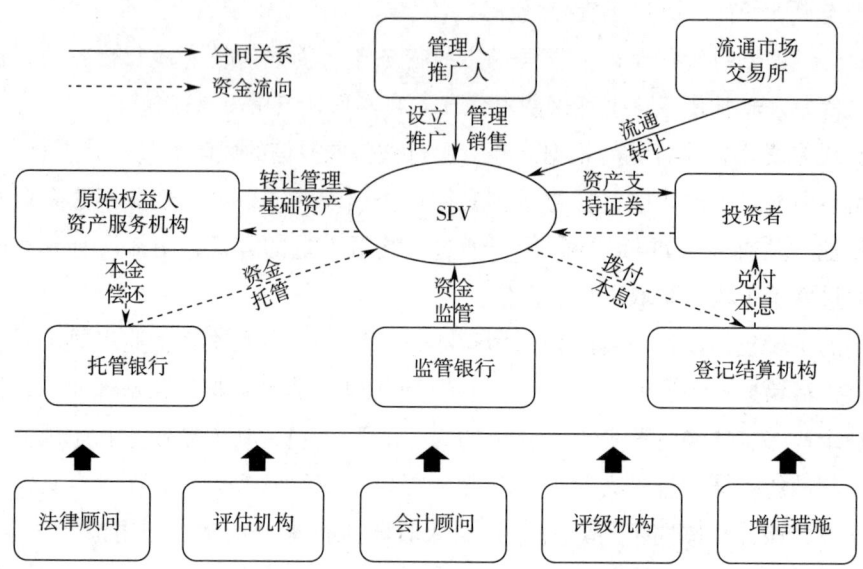

图 4-7 资产证券化交易一般流程

第一步：构建资产池。资产服务机构（发起人）从原始权益人（有时候可以是同一人）手中购买合格的基础资产，组成资产池。根据《证券公司资产证券化业务管理规定》，可证券化的基础资产是指可以产生独立、可以预测的现金流的财产权利或者财产。基础资产可以是单项财产权利或者财产，也可以是多项财产权利或者财产构成的资产组合。具体可以是企业应收款、信贷资产、信托受益权、基础设施收益权等财产权利，商业票据、债券及其衍生产品、股票及其衍生产品等有价证券，商业物业等不动产财产。

第二步：设立特殊目的载体（SPV）。计划管理人根据资产服务机构的委托，设立资产支持专项计划。发起人向专项计划转让基础资产，实现基础资产破产隔离的目的。计划管理人作为 SPV 或 SPT 的管理人和代表，是发起人和投资者之间的桥梁，同时负责整个业务过程中 SPV 的运营。

第三步：设计交易结构。SPV 与托管银行、承销机构、担保公司签订托管合同、承销协议、担保合同等，完善交易结构，进行信用增级。

第四步：发行资产支持证券。SPV 通过承销机构向投资者销售资产支持证券，投资者购买证券后，SPV 将募集资金用于支付发起人基础资产的转让款，发起人实现筹资目的。证券发行完毕后到交易所挂牌上市，实现流动性，在资产支持证券的存续期间，SPV 用基础资产产生的现金流按协议约定向投资者偿付本金和收益，直至到期，整个资产证券化过程结束。

资产证券化交易中主要涉及：原始权益人、资产服务机构（一般由原始权益人担任)、管理人、投资人、托管人、监管银行、评级机构、律师事务所等。主要涉及的交易合同包括：原始权益人与管理人签署的《资产买卖协议》；资产服务机构与管理人签署的《资产服务协议》；管理人与投资人签署的《认购协议及风险揭示书》；资产服务机构、监管银行与管理人签署的《监管协议》；管理人与托管人签署的《托管协议》；原始权益人签署的《差额支付承诺函》（如有）；担保人与管理人、原始权益人签署的《担保协议》（如有）；其他协议。

3. 资产证券化的相关当事人。

（1）原始权益人。原始权益人也可以充当发起人，一般是资产证券化业务的直接需求者，资金的融入需求方。一般为商业银行、消费金融机构和资产管理公司等。这类机构拥有大量的信贷资产等，具有很大的流动性需求，因此产生资产证券化的动机。

（2）特殊目的载体（SPV）。SPV 是资产证券化的核心，是发起人与投资者的中介。按约定从原始权益人受让或者以其他方式获得基础资产，并以该资产产生的现金流作为支持发行证券化产品。它是连接投资人与发起人的桥梁。根据《证券公司资产证券化业务管理规定》，证券公司可以作为特殊目的载体的管理人。根据《证券公司及基金管理公司子公司资产证券化业务管理规定（修订稿）》，基金管理公司子公司通过设立特殊目的载体开展资产证券化业务。

（3）主要服务方。律师事务所：律师负责在项目前期出具法律意见书及草拟制定合同文本，这是资产证券化必不可少的环节，也为证券化运行后期减少纠纷的产生提供了保障，是降低潜在风险重要环节。

会计师事务所：在证券化前期与运行期间都发挥作用。在证券化成立阶段为发起人提供审计服务，出具财务报表审计稿件。在证券化运行阶段，对 SPV 资产情况出具审计意见，为信息披露提供素材。

评级机构：如果发行的证券化属于债券，发行前必须经过评级机构进行信用评级，揭示风险。初始评级后，评级机构还跟踪评估证券存续期间的信用状况，调整信用评级，保障投资者的权利。

承销人：负责证券设计和发行承销的机构。如果涉及金额较大，还可能会组成承销团。

托管机构：为保证资金和基础资产的安全，特殊目的载体通常聘请良好的金融机构作为托管机构负责资金和资产的托管。托管机构代表投资者利益，充当投资者和服务商的中介，对服务商进行约束和激励，对基础资产有效监督。

（二）票据资产证券化

1. 票据资产证券化概况。截至 2019 年 9 月，我国市场上共发行票据资产证券化产品 40 单，总金额 329.01 亿元，均以票据收益权作为底层资产。除建信 ABN2017 – 1

外，其余 36 单票据资产证券化都是以证券或基金资管子公司成立资管计划的形式设立 SPV。

我国《票据法》规定："票据的签发、取得和转让，应当遵循诚实信用的原则，具有真实的交易关系和债权债务关系。"基于此，票据资产证券化过程中 SPV 无法从原持票人通过转让实际取得票据作为基础资产，目前发行的票据资产证券化产品其基础资产都被设定为票据的收益权加以转让。

2. 我国首单票据资产证券化产品——融元 1 号。① 2016 年 3 月 29 日，江苏银行与华泰资产管理公司推出的华泰资管——江苏银行融元 1 号资产支持专项计划（以下简称融元 1 号）在上海证券交易所发行，发行总额 6.4 亿元人民币，是我国首单将票据收益权进行资产证券化的产品。

（1）参与主体。

表 4-3　　　　华泰资管——江苏银行融元 1 号资产支持专项计划

证券代码	131096.SH	交易场所	上海证券交易所
证券简称	融元 1 号	信用级别	AAA
基础资产	票据收益权	资产规模	6.56 亿元
还本方式	到期还本	发行利率	3.64%
产品成立日期	2016 年 3 月 29 日	法定到期日	2018 年 9 月 30 日
发行总金额	6.44 亿元	面值（元）	100
计划管理人/推广机构	华泰证券（上海）资产管理有限公司		
托管机构	江苏银行股份有限公司（上海分行）		
原始权益人代理人/担保代理人	江苏银行股份有限公司		
资产服务机构/托收行	江苏银行股份有限公司		
保证金账户开户行	江苏银行股份有限公司		
信用评级机构	中诚信证券评估有限公司		
出票人	泰州市东兴建设工程有限公司、泰州市工商经济服务公司 靖安市皓辰建设有限公司、江苏正兴建设工程有限公司 泰州市高鑫源建设发展有限公司、泰兴市源兴仓储有限公司 泰州市凯源投资发展有限公司、泰州市潘特内物资有限公司 宁波广博纳米新材料有限公司、宿迁市洋河新城城市建设开发有限公司 宿迁三台山实业发展有限公司、沐阳天成混凝土有限公司 泗阳国宇实业有限公司、泗洪永乐苗木有限公司		

---

① 资料来源：华泰证券——江苏银行融元 1 号资产支持专项计划说明书。

第四章 电子商业汇票的应用

续表

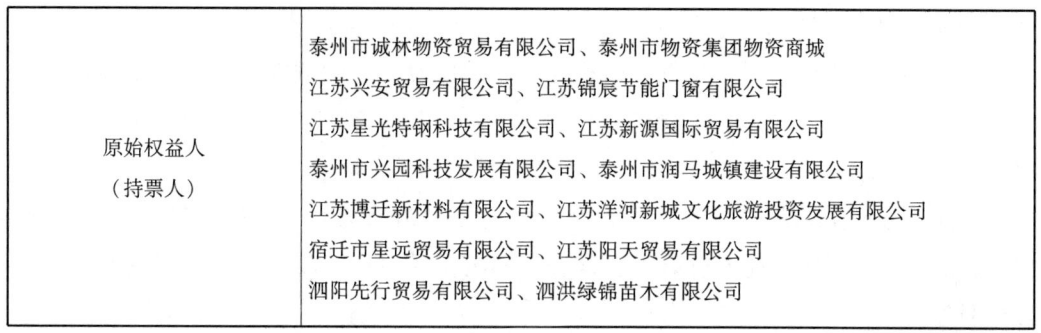

原始权益人 （持票人）	泰州市诚林物资贸易有限公司、泰州市物资集团物资商城 江苏兴安贸易有限公司、江苏锦宸节能门窗有限公司 江苏星光特钢科技有限公司、江苏新源国际贸易有限公司 泰州市兴园科技发展有限公司、泰州市润马城镇建设有限公司 江苏博迁新材料有限公司、江苏洋河新城文化旅游投资发展有限公司 宿迁市星远贸易有限公司、江苏阳天贸易有限公司 泗阳先行贸易有限公司、泗洪绿锦苗木有限公司

（2）交易结构。

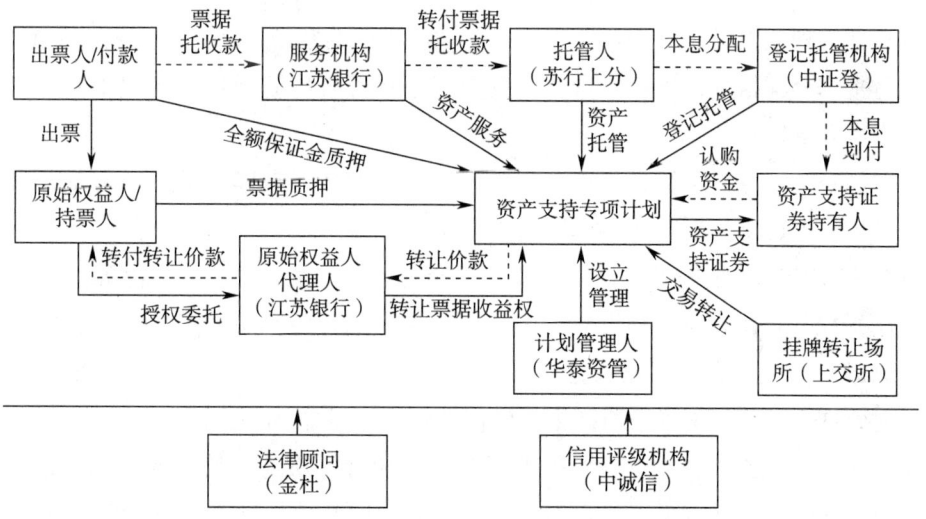

图 4-8　江苏银行融元 1 号资产支持专项计划交易结构

交易相关方的职责与权利：

①华泰资管（计划管理人）设立专项计划面向合格投资者发行资产支持证券，与投资者签署《认购协议及风险揭示书》并募集资金。

②泰州市诚林物资贸易有限公司等 14 家企业（原始权益人/持票人）与江苏银行（原始权益人代理人）签订《授权委托协议》，江苏银行作为代理人接受各原始权益人的委托，代理各原始权益人签署《资产买卖协议》，买卖的标的即基础资产（各原始权益人持有的泰州市东兴建设工程有限公司等 14 家企业作为出票人的商票的收益权），向资产支持专项计划转让基础资产、接收并向各原始权益人转付转让价款。

专项计划与代理人签署《资产转让协议》，将资产支持证券募集资金用于购买收益权作为基础资产。

③持票人作为出质人、专项计划管理人作为质权人和江苏银行作为担保代理人签

署《票据质押协议》，将票据质押给资产支持专项计划。江苏银行对质押、解除、托收和转付等事宜进行服务。

④出票人作为出质人、专项计划管理人作为质权人、江苏银行作为账户银行签署《保证金质押协议》，将票据金额的全额保证金存至保证金账户，并将保证金质押给资产支持专项计划。

⑤江苏银行作为资产服务机构为专项计划提供票据审验、票据保管、票据质押、票据解质、票据托收、提示付款等票据服务和资金转付、回收款催收资产赎回通知等资产服务。

⑥江苏银行作为托管人对专项计划资产进行保管，处理资产归集和划转、会计核算、专项计划资产清算交收等事宜。

⑦计划管理人根据《计划说明书》及相关文件的约定，向托管银行发出分配指令，托管银行根据分配指令，将相应资产划拨至登记托管机构的指定账户用于支付资产支持证券本金和预期收益。

⑧中国登记结算提供资产支持证券的登记托管服务，具体包括资产支持证券持有人账户管理、资产支持证券注册登记和清算等。

(3) 基础资产。根据专项计划资产管理合同的约定及相关规定，融元1号的基础资产为原始权益人在专项计划设立日转让给管理人的、各原始权益人依据各票据自基准日（含该日）起享有的票据收益权及相关其他权利，包括但不限于：各票据由持票人提示付款在内的任何情形下所产生的任何资金流入收益、各票据经贴现或其他处置/出售所产生的资金流入收益；各票据项下担保（如有）所产生的资金流入收益；各票据被拒付后对出票人、背书人（如有）以及各票据的其他债务人（如有）行使追索权后取得相关票款的权利；各票据所衍生的全部权益在任何情形下的卖出/处置产生的资金流入收益；经各方同意的其他任何权利。

(4) 风险隔离机制。根据中国证券监督管理委员会《证券公司及基金管理公司子公司资产证券化业务管理规定》第四条规定，证券公司、基金管理公司子公司为开展资产证券化业务专门设立的资产支持专项计划为资产证券化交易的 SPV 或者中国证监会认可的其他特殊目的载体。第五条指出，专项计划资产的管理、运用、处分或者其他情形而取得的财产，归入专项计划资产。专项计划资产独立于原始权益人、管理人、托管人及其他业务参与人的固有财产。原始权益人、管理人、托管人及其他业务参与人因依法解散、被依法撤销或者宣告破产等原因进行清算的，专项计划资产不属于其清算财产。

在此关系下，作为基金管理人的证券公司或基金管理公司子公司代表资产支持专项计划与原始权益人签署资产买卖合同，并发行资产支持证券募集资金支付对价。只

第四章 电子商业汇票的应用

要资产买卖构成"真实交易",资产支持专项计划取得的基础资产将不再属于原始权益人的破产财产,从而实现风险隔离。

(5) 增信与风险缓释措施。

表 4-4　　　　　　　　　　　　　　增信措施

增信措施	具体内容
超额利差	基础资产所产生的现金流流入超过费用及资产支持证券所预期需要支付的部分,为资产支持证券提供一定的信用支持。
票据质押担保	以质押的方式为票据收益权作为基础资产的专项计划提供担保。被担保债务为现在或将来任何时候原始权益人在《资产买卖协议》下欠付管理人的所有实际或或有债务,包括但不限于票据收益权转让项下履约。
全额保证金质押担保	出票人作为出质人、专项计划管理人作为质权人、江苏银行作为账户银行签署《保证金质押协议》将票据金额的全额保证金存至保证金账户,并将保证金质押给资产支持专项计划。被担保债务为现在或将来任何时候原始权益人在《资产买卖协议》下欠付质权人的所有实际或或有债务。
保证金提前划转机制	为保证产品的如期、足额兑付,账户银行根据《保证金质押协议》约定,在发生下列情况时,根据出票人和管理人事先不可撤销的授权,在保证金提前划转事件发生之日将相应的保证金账户中的全部款项划付至专项计划账户。具体包括:发生与付款人有关的丧失清偿能力事件;付款人在账户银行的信用等级下降至C;付款人在中国人民银行征信中心出现违约记录。

(三) 法律风险

为了避免票据在专项计划存续期间被原始权益人(即基础交易债权人/持票人)恶意转让,计划管理人均要求原始权益人将商票质押,以达到锁定票据权利的目的。可一旦遭遇原始权益人发生破产,一方面收益权转让本身没有法律的确认,本身违反了《票据法》的规定;另一方面,票据质押将可能被破产管理人视为担保融资,而票据对应的收益存在被纳入破产财产的风险。

1. 收益权的法律存疑。票据资产证券化的核心问题在于,目前我国《票据法》规定票据的转让须有贸易背景真实性的审核要求,由此导致专项计划无法以背书的方式直接受让票据成为持票人。

另外,票据收益权的转让并不会影响原始权益人对票据资产的所有权,原始权益人仍可以将票据出质。票据与其他资产证券化过程中的基础资产所对应的收益权载体不同,基于无因性,票据一经背书转让给善意第三人,以该票据收益权作为基础资产的专项计划将承担基础资产灭失的风险。同时,当作为基础资产的票据到期后如果发生逾期,追索是基于对票据享有权利,如不通过质押的方式加以保障,专项计划将面临无法主张追索权利的困境。

2. 破产隔离机制存疑。根据《证券公司及基金管理公司子公司资产证券化业务管理规定》,专项计划资产独立于原始权益人、管理人、托管人及其他业务参与人的固有财产。从操作来看,"真实销售"是实现破产隔离的主要方法,原始权益人需要将特定资产转让给专项计划,同时对相应风险也一并转移,以达到破产隔离的目的。然而在票据资产证券化中,基于《票据法》对真实贸易背景的考量,专项计划管理人很难做到"真实销售"从而对该票据收益权进行破产隔离。票据收益权归类为约定债权,也就不具有物权的排他效力。

案 例

瑞某商业保理(上海)有限公司与西藏某财富证券股份有限公司、中国某(集团)有限公司等票据追索权纠纷二审民事判决书

【案件概述】

2016年1月18日,正某公司与和某公司签订《购货合同》,约定正某公司向和某公司购买铜精矿和粗铜,价格合计100675306元,并约定由正某公司向和某公司开具电子商业承兑汇票,作为全部货物的货款。此后,该两方当事人又签订《供货确认说明》,载明和某公司于2016年3月22日至26日完成供货,并确认最终结算价格为99995447.20元。同年4月1日,正某公司作为出票人和承兑人开具电子商业承兑汇票一张(即本案系争汇票),载明收款人为和某公司,票据金额为99995447.20元,汇票到期日为2017年3月21日。

2016年3月,和某公司与瑞某公司签订《应收账款转让合同》,约定和某公司将其依据上述《购货合同》对正某公司享有的应收账款债权转让给瑞某公司。正某公司在相应的《应收账款转让通知书》回执上盖章确认。同年4月6日,和某公司将系争汇票背书转让给瑞某公司。同年4月7日,该项应收账款转让在中国人民银行征信中心办理了登记,登记载明应收账款金额为99995447.20元。

2016年4月,瑞某公司与某财富公司签订《资产买卖协议》,约定瑞某公司将包括上述99995447.20元债权在内的若干项资产转让给某财富公司,转让价格为某财富证券瑞某保理(财盈二期)资产支持专项计划募集资金扣除首期管理费后的余额,并约定某财富公司向瑞某公司支付购买价款且瑞某公司收到时,相关资产即转让给某财富公司。经查,《某财富证券瑞某保理(财盈二期)资产支持专项计划标准条款》中约定专项计划募集资金为2.4亿元,首期管理费费率为0.1%/年。同年4月19日,某财富公司按照上述约定向瑞某公司支付239760000元(2.4亿元扣除首期管理费24万元)。

2016年4月,瑞某公司与某财富公司签订《票据质押协议》,约定瑞某公司以系争

第四章 电子商业汇票的应用

汇票设定质押,作为正某公司履行货款支付义务的担保。同月,瑞某公司、某财富公司、Z银行上海分行共同签订《票据服务协议》,约定瑞某公司根据上述《票据质押协议》将系争汇票出质给某财富公司,某财富公司委托Z银行上海分行作为票据服务银行及质押代理人提供质押票据的审验、保管和提示付款等服务。并约定"各方同意,票据服务银行仅作为质权人的代理人在电子商业汇票系统中持有票据,本协议及《票据质押协议》项下质权人对于票据的全部权利与义务仍由某财富公司享有"。同年4月18日,瑞某公司作为出质人,在电子商业汇票系统中就系争汇票进行质押背书,质权人登记为Z银行上海分行。

电子商业汇票系统显示,2017年3月21日,Z银行上海分行就系争汇票进行提示付款,同年4月13日遭拒付,拒付理由记载为"商业承兑汇票承兑人账户余额不足"。该系统中显示系争汇票目前的状态为"拒付追索待清偿"。

某财富公司向一审法院提出诉讼请求:

1. 判令瑞某公司向东方财富公司支付汇票金额人民币99995447.20元(以下币种同)以及利息(利息以99995447.20元为基数,按中国人民银行同期贷款基准利率计算,自2017年3月21日起计算至实际清偿之日止);

2. 判令正某公司、和某公司对瑞某公司的上述义务承担连带清偿责任。

一审法院对某财富公司的诉请予以支持。

瑞某商业保理(上海)有限公司不服一审判决,提起上诉,请求二审法院撤销原审判决,改判驳回某财富公司的全部诉讼请求。

【争议焦点】

本案二审争议焦点为:

1. 瑞某公司是否应承担因票据质押而产生的法律责任。

2. 某财富公司是否为系争汇票的合法持票人,其是否有权向瑞某公司、正某公司、和某公司行使票据追索权。

【法律分析】

1. 瑞某公司与某财富公司签订的《票据质押协议》明确约定,瑞某公司以系争汇票设定质押,作为正某公司履行货款支付义务的担保,之后,瑞某公司作为出质人对系争汇票作了质押背书。因此,瑞某公司理应承担因票据质押而产生的法律责任。

2. 根据《票据法》第四条第二款的规定,持票人行使票据权利,应当按照法定程序在票据上签章,并出示票据。系争汇票背书显示出质人为瑞某公司,质权人为Z银行上海分行,并无某财富公司的相关记载,某财富公司并非系争汇票权利人。根据《票据法》第三十一条的规定,以背书转让的汇票,背书应当连续。持票人以背书的连续,证明其汇票权利;非经背书转让,而以其他合法方式取得汇票的,依法举证,证明其汇票权利。因系争汇票系由瑞某公司直接背书质押给Z银行上海分行，某财富公司并没有取得并持有该票据。某财富公司主张其是系争汇票真正的质权人，Z银行上海分行只是其票据权利的代理人。对此，本院认为，根据《票据法》第五条第一款的规定，票据当事人可以委托其代理人在票据上签章，并应当在票据上表明其代理关系。系争汇票并未载明Z银行上海分行为某财富公司的代理人。由于票据具有严格文义性，故无法认定某财富公司为系争汇票的质权人。综上，某财富公司既未按照法定程序在票据上签章，又未以其他合法方式取得票据，在票据上也看不出由Z银行上海分行代理其持有票据的字样，故某财富公司关于其为系争汇票的合法持票人的主张，依据不足。由于某财富公司并非系争汇票的合法持票人，其向瑞某公司、正某公司、和某公司行使票据追索权无事实和法律依据。某财富公司可待Z银行上海分行行使票据追索权后，根据涉案《票据服务协议》向Z银行上海分行主张相应权利。

【判决结果】

二审法院支持瑞某公司上诉请求，判决如下：

一、撤销上海市第一中级人民法院（2017）沪01民初1059号民事判决；

二、驳回被上诉人西藏某财富证券股份有限公司的原审诉讼请求。

一审案件受理费人民币541777.24元，二审案件受理费人民币541777.24元，均由被上诉人西藏某财富证券股份有限公司负担。

【法条链接】

《票据法》第四条 持票人行使票据权利，应当按照法定程序在票据上签章，并出示票据。

第五条 票据当事人可以委托其代理人在票据上签章，并应当在票据上表明其代理关系。

第三十一条 以背书转让的汇票，背书应当连续。持票人以背书的连续，证明其汇票权利；非经背书转让，而以其他合法方式取得汇票的，依法举证，证明其汇票权利。

（四）标准化票据

根据《标准化票据管理办法（征求意见稿）》，所谓标准化票据，是指存托机构归集商业汇票组建基础资产池，以基础资产产生的现金流为偿付支持而创设的受益证券。标准化票据适用于现券买卖、回购、远期等交易品种。其基础资产应符合以下条件：

承兑人、贴现行、保证人等信用主体的核心信用要素相似、期限相近；

依法合规取得，权属明确、权利完整，无附带质押等权利负担；

可依法转让，无挂失止付、公示催告或被有关机关查封、冻结等限制票据权利的情形；

承兑人、贴现行、保证人等信用主体和原始持票人最近三年内无重大违法、违规行为；

第四章 电子商业汇票的应用

法律法规和中国人民银行规定的其他条件。

其存托机构为熟悉票据和债券市场业务的商业银行和证券公司担任。

原始持票人取得基础资产应真实、合法、有效,存托时以背书方式将基础资产权利完整转让,不得存在虚假或欺诈性存托,不得作为投资人认购或变相认购以自己存托的商业汇票为基础资产的标准化票据。

2019 年 8 月 16 日,经中国人民银行同意,上海票交所创设 2019 年第 1 期标准化票据。该产品对票据市场产生重大影响,促进了票据市场的发展。

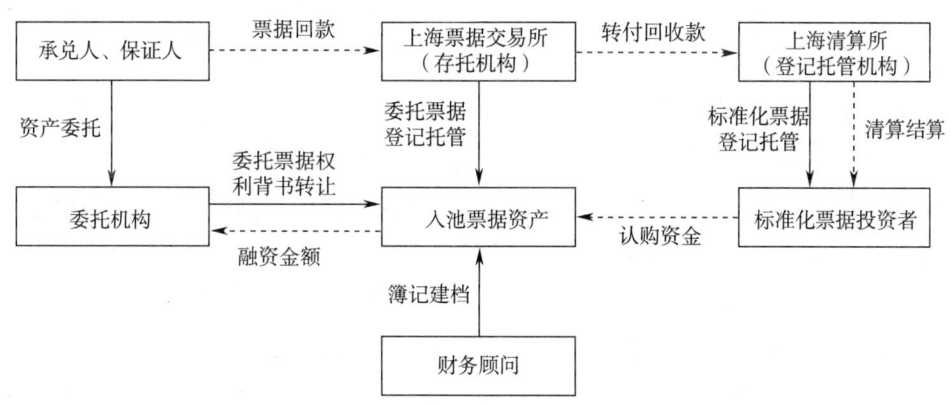

图 4-9 标准化票据运作流程

1. 产品简介。

表 4-5　　　　　　　　2019 年第 1 期标准化票据产品信息

名称	2019 年第 1 期标准化票据	简称	19 标准化票据 001
代码	151900001	期限	92 天
计划创设总额	5 亿元人民币	实际创设总额	5 亿元
认购利率	4.9%	创设价格(元/百元)	98.7478
基础资产	锦州银行承兑的已贴现商业汇票	融资利率	4.90%
存托机构	上海票交所,为首期标准化票据提供基础资产管理、产品创设、标准化票据交易、信息等服务		
登记机构	上海清算所为标准化票据提供登记托管、清算结算服务		
财务顾问	国泰君安证券股份有限公司,为首期标准化票据提供财务顾问、簿记建档管理等服务		
投资人	票据市场参与者		
基础资产	出票人为辽宁兰德新材料有限公司、锦州银行股份有限公司北京分行承兑、清徐农商银行贴现的 19 张商业汇票		

2. 标准化票据的意义。在标准化票据创设之前,基于《票据法》对票据转让以真实的贸易和债权债务关系为基础的设定,票据资产证券化业务不能以票据资产作为其

基础资产，市场发行的票据资产证券化都是基于票据的收益权作为基础资产开展业务，因而难以避免存在法律上的瑕疵。

另外，根据《中国人民银行 中国银行保险监督管理委员会 中国证券监督管理委员会 国家外汇管理局关于规范金融机构资产管理业务的指导意见》（以下简称《资管新规》）指出，资产管理产品进行投资应当符合以下规定，标准化债权类资产应当同时符合以下条件：

①等分化，可交易。

②信息披露充分。

③集中登记，独立托管。

④公允定价，流动性机制完善。

⑤在银行间市场、证券交易所市场等经国务院同意设立的交易市场交易。

标准化债权类资产的具体认定规则由中国人民银行会同金融监督管理部门另行制定。标准化债权类资产之外的债权类资产均为非标准化债权类资产。金融机构发行资产管理产品投资于非标准化债权类资产的，应当遵守金融监督管理部门制定的有关限额管理、流动性管理等监管标准。金融监督管理部门未制定相关监管标准的，由中国人民银行督促根据本意见要求制定监管标准并予以执行。金融机构不得将资产管理产品资金直接投资于商业银行信贷资产。商业银行信贷资产受（收）益权的投资限制由金融管理部门另行制定。这一规定使得非银机构投资票据资产以及票据资产证券化都产生了一定的阻碍。但标准化票据的创设，本身的定义即约定其为等分化、可交易的受益凭证。以票交所作为存托机构，上清所作为托管机构，实现了信息披露充分，集中登记、独立托管。另外标准化票据的计息方式为贴现式，标准化票据的定价可直接与银行间市场票据承兑人的定价相链接，解决了公允定价的问题。另外在《资管新规》中提到中央国债登记结算有限责任公司、中国证券登记结算有限公司、银行间市场清算所股份有限公司、上海票据交易所股份有限公司、上海黄金交易所、上海保险交易所股份有限公司和中保保险资产登记交易系统有限公司于每月 10 日前向中国人民银行和金融监督管理部门同时报送资产管理产品持有其登记托管的金融工具的信息。无论是银行间市场还是上海票交所都被认为是资管产品的交易市场。由此可见，标准化票据已然成为资产管理产品的投资对象，为票据市场参与主体的扩容提供广阔空间。

四、供应链金融

（一）供应链金融产生的背景

1. 供应链产生的微观基础。企业的供应链是一个复杂的经营与管理过程，其中涉及上下游企业间的相互协调与交互活动，这些活动直接影响整个供应链中参与者的质

第四章 电子商业汇票的应用

量与效率。在整个流程中，不仅涉及商品的流通、信息的流转、商品的转移，更为重要的是资金的流动。资金流是整个供应链中企业生存与发展的生命之源，当企业收入与支出的资金出现时间差，就会导致整个链条中企业的资金出现缺口。

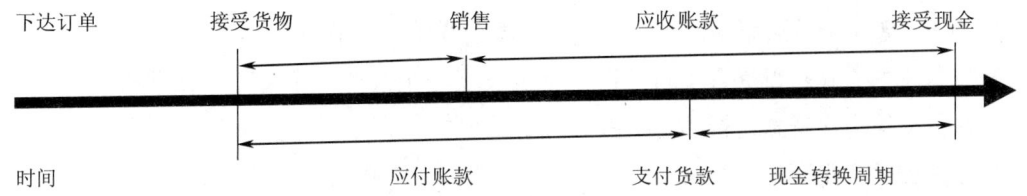

图4-10 供应链中企业的资金缺口

企业下达订单与接受货物之间存在资金缺口；货物进入仓库后形成存货，产生库存成本；在销售产品和下游客户支付货款之间存在一定的资金缺口，即所谓的应收账款；在支付现金与实际接受现金之间存在着现金的转换周期，从而对其他经营过程产生资金压力。根据国际信用保险及信用管理服务机构法国科法斯集团2018年发布的《2018中国企业贸易信用调查报告》显示，逾期付款情况持续增加导致企业后期风险增加，遭遇超过120天逾期付款的受访企业占比从2016年的19%增加至2017年的26%，而那些遭遇超长期逾期付款（超过180天）且超过其年营业额2%的受访企业占比从2016年的35%增至2017年的47%。更令人担忧的是，遭遇超长期逾期付款金额占年营业额10%以上的受访企业比例，从2016年的11%增至2017年的21%。而根据科法斯以往经验，约80%的超长期逾期付款根本无法收回。为了缓解上述经营阶段出现的资金缺口，供应链渠道中的参与者往往选择更好的支付条件与更高的管理手段，但这都无形中给企业带来了更大的挑战、更高的成本。中小企业在面对这一市场时，显得更为弱势。

2. 供应链金融产生的宏观基础。

（1）中小企业急需供应链金融的支撑。

第一，中小企业在我国的经济体系中占有重要地位。截至2017年末，全国小微企业法人约2800万户，个体工商户超过6500万户，合计占全部市场主体的比重超过90%；小微企业贡献了60%以上的GDP、50%以上的税收以及80%的就业岗位；小微企业完成了65%的发明专利和80%以上的新产品开发，是大众创业、万众创新的重要载体。

第二，小微企业生存艰难。相对于大中型企业，小微企业公司治理结构不够完善、财务管理往往不够规范，抗风险能力也比较弱。数据显示，我国中小企业的平均寿命在3年左右，成立3年后的小微企业持续正常经营的约占三分之一。而这其中非常重要的一个原因就是小微企业融资渠道实际上非常狭窄。从外源融资方式来看，国内股票市场准入门槛颇高，很多中小企业受注册资本和公司总股本的限制无法加入主板市场，甚至更多的中小企业无法加入公开的证券市场募集资金。所以，中小企业普遍采用内源融资，但这一方式很难满足自身生存、发展的需要。目前，银行信贷是中小企业最主要的融资渠道，但这一渠道并不通畅。根据中国人民银行统计，小微企业平均在成立4年零4个月后第一次获得贷款。小微企业要熬过平均3年的死亡期后，才会通过银行信贷的方式获得资金支持。但是笔者发现一个规律，小微企业在获得第一次贷款后能获得第二次贷款支持的比率占76%，得到4次以上贷款支持的比率为51%，后续贷款融资的可得率比较高。

（2）国际市场全球化催生新型贸易融资模式。国际分工全球化催生了全球化大生产，在这一趋势下客观带来了金融的全球化。金融资金在世界范围内重新分配，资本必然流向收益率更高的国家和地区。与此同时，通过资本市场、金融机构、金融政策与法律法规的传递，金融市场同质化、一体化更加显著。生产链的全球化必然带来金融市场应围绕生产链为中心提供成本更低、效率更高、风险更加可控的金融产品与金融模式。供应链融资模式应运而生。在这一背景下，又进一步推动了商业银行、非银金融机构等各类金融机构与市场主体加入。

（3）国家政策的大力支持。2016年2月14日，中国人民银行、国家发展和改革委员会、工业和信息化部、财政部、商务部、银监会、证监会、保监会《关于金融支持工业稳增长调结构增效益的若干意见》指出：大力发展应收账款融资。加强动产融资统一登记系统建设，改进完善应收账款质押和转让、特许经营权项下收益权质押、未来收益权质押、融资租赁、保证金质押、存货和仓单质押等登记服务。推进产融对接融合。支持符合条件的工业企业集团设立财务公司，探索开展企业集团财务公司延伸产业链金融服务试点。加快推进应收账款证券化等企业资产证券化业务发展，盘活工业企业存量资产。

2017年3月30日，中国人民银行、工业和信息化部、银监会、证监会、保监会《关于金融支持制造强国建设的指导意见》指出：大力发展产业链金融产品和服务。鼓励金融机构依托制造业产业链核心企业，积极开展仓单质押贷款、应收账款质押贷款、票据贴现、保理、国际国内信用证等各种形式的产业链金融业务，有效满足产业链上下游企业的融资需求。

2017年10月13日，国务院办公厅印发《关于积极推进供应链创新与应用的指导意见》，指出：供应链金融的规范发展，有利于拓宽中小微企业的融资渠道，确保资金流向实体经济。推动建立供应链综合服务平台，拓展金融服务、研发设计等功能，提供采购执行、物流服务、融资结算等一体化服务。鼓励商业银行、供应链核心企业等建立供应链金融服务平台，为供应链上下游中小微企业提供高效便捷的融资渠道。鼓励供应链核心企业、金融机构与人民银行征信中心的应收账款融资服务平台对接,发展线上应收账款融资等供应链金融模式。

(二)供应链金融的概念、特点与意义

1. 供应链金融的概念①。目前国内有一种普遍的说法,认为供应链金融(Supply Chain Finance,SCF)应基于核心企业的 M+1+N 这种表述形式来描述。中国人民大学宋华教授认为这种表述比较符合金融机构或商业银行主导的供应链金融模式,因为商业银行或金融机构并不直接从事供应链产业的运行和管理。从某种意义上来讲它们是依托产业供应链中的核心企业运行来进行融资、风险管理和收益管理的。而这个负责管理商品流、信息流、物流的核心企业就是这个结构中的"1"。但实际上并不是所有的供应链金融都是由金融机构主导,供应链中的其他参与者,生产企业、贸易企业、互联网公司和物流公司都可以参与乃至于主导这三个流的控制。另外,供应链金融是基于整个链条中的参与主体产生的综合金融服务,所以不能说谁是这个唯一的主导。我们比较认可这一观点。

供应链金融是一种集物流运作、商品流运作和金融管理为一体的管理行为和过程。它是将贸易中的买方、卖方、第三方物流以及金融机构紧密联系在一起,实现用供应链物流盘活资金,同时用资金拉动供应链物流的作用;而在这个过程中,金融机构等资金方如何更有效地嵌入供应链网络,与供应链经营企业相结合,实现有效的资金运行,同时又能控制风险,成为供应链的关键问题。这其中的核心是量身定制,改变传统思路,解放固有思维方式,不再以"产品套客户",以客户需求为中心,设计适合企业真正需求的方案,提升整个产业链企业的整体竞争力。

2. 供应链金融的特点。

(1)供应链的支撑是金融服务的基础。供应链金融不是单纯依赖客户企业的基本面资信状况来判断服务情况,而是根据整个供应链运作情况,从企业真实的贸易情境入手,判断企业流动性以及企业未来的收益。没有实际的供应链作支撑就不可能产生供应链金融。

(2)闭合式的资金运作是供应链金融服务的刚性要求。供应链金融要求资金流、贸易流、物流的有效控制,使注入链条的资金在可控范围内,按照具体业务逐笔核实放款,并通过对资产的监控确定未来现金流的回收,达到控制风险的目标。如资金运作无法实现闭合,则无法实现三流的协同。

(3)构建供应链生态体系是供应链金融的必备手段。所谓供应链生态系统是指在供应链中参与运作相互关联与作用的联合体。这些个体共同构成了供应链的生态系统,

---

① 宋华. 供应链金融[M]. 第二版. 北京:中国人民大学出版社,2016.

如果不能有效发挥各自的作用，相互之间缺乏有效分工、不能承担相应的职责与义务，并且实时沟通与互动，供应链金融就很难有效开展。

（4）流动性较差的资产是供应链金融服务的主要目标。在供应链运作过程中，各类资金沉淀的环节就是供应链金融最迫切的需求点。这其中最主要的就是各类存货、预付款、应收账款等。解决上述需求点，即可很大程度地解决企业资金的流转困境。

3. 开展供应链金融的意义。供应链金融是实业与金融的结合，也是互联网金融供给侧改革的创新之一。金融自身的创新，也能够创造新供给，从而增强国民经济的整体活力。处于资金链断裂困扰中的众多企业都急需供应链金融服务，巨大的需求催生了供应链金融的蓬勃发展，各类金融机构以及传统产业都在积极布局供应链金融。

现代企业的竞争，不再是传统的产品的价格、品牌的竞争，更核心的是供应链整体竞争。核心企业必须充分认识到给上下游降低成本就是给自己降低成本，损害上下游利益即损害自身利益。

促进产业融合、产融结合，小微企业和大型企业共同成长，依托核心企业信用，不再仅仅依据中小企业自身作授信审查，解决中小微企业融资门槛难题。

通过供应链金融体系的构建，核心企业可以实现零成本融资，上下游企业获得低成本融资。

（三）商票模式下的供应链金融

1. 电子商票的特点。商业汇票兼具支付、结算、融资等多重功能，是供应链金融中常见的工具，相较于其他工具，它具有独特的优势。

第一，商业汇票具有延期支付和背书转让等优势，成功满足了供销企业间的短期资金支付需求，降低资金的流动性风险，还能节约资金使用的费用，有效提高资金使用效率。通过发展以真实商品交易为背景的商票，促进资金向实体经济特别是中小企业流通，增强企业活力，从而活跃商品市场交易。

第二，电子商票可以视为电子货币，体现的是承兑企业的信用，承兑企业利用自身信用融资最低成本为零，充分激活承兑企业信用，并提高企业信誉度，减少对银行信用的过度依赖，银行信贷规模紧张时企业可立即利用自身信用融资。

第三，电子商业汇票信用透明，ECDS 内含信用记录功能，可以记载商业汇票的承兑人或出票人、前手的支付信用信息，记录所有出票与兑付的历史行情，企业签发电子商票的行为越多，且全部按期兑付，自身资信度越高，其承兑的电子商票的流动性越好。

第四，收款人融资效率更高，融资成本更低，收款人及其后手利用承兑人信用融资。电子汇票取消贴现贸易背景审查后，商票融资贴现简化为银行与企业的有价证券买卖关系，极大地提升了业务效率，缩短了企业获得资金的时间。

第四章 电子商业汇票的应用

第五,票据业务的交易效率更高,回款速度加快,收票、托收实现零在途,持票方直接在电票系统向票据承兑人提示付款,几乎不存在瑕疵票据,电票系统拒绝无理由退票,当天款项即可到账。

第六,开票、背书时间缩短,付款效率更高,开出电票业务全部在网上银行操作,开票成功后可直接将电票发送到供应商的电票账户。电票背书便捷高效,仅需登录网上银行提交背书,供应商即时可以登录网银签收电票,实现即时签收。

第七,电子商票安全性高,不会发生遗失、损坏、抢劫、假票、背书不连续和票面瑕疵等问题,系统允许的操作即为合规,违规操作系统自动禁止。电子承兑汇票一切活动均在 ECDS 上记载生成,而 ECDS 是由中国人民银行牵头建设的全国性金融业务运行系统,该系统具备金融级的系统安全及信息灾备保障。

2. 票据业务的特点。应收账款的转让依据《合同法》第七十九条,债权人可以将合同的权利全部或者部分转让给第三人,但《合同法》第八十条明确规定债权人转让权利的,应当通知债务人。未经通知,该转让对债务人不发生效力。然而,票据是指出票人约定自己或委托付款人在见票时或指定的日期向收款人或持票人无条件支付一定金额并可流通转让的有价证券。显然,票据的流动性比应收账款要好。

与应收账款、信用证等贸易融资工具相比,商业汇票可以最大程度抵销供应链上下游企业的应收/应付账款,优化企业财务报表,同时,商业汇票奉行独立原则,能有效保护债权人利益。

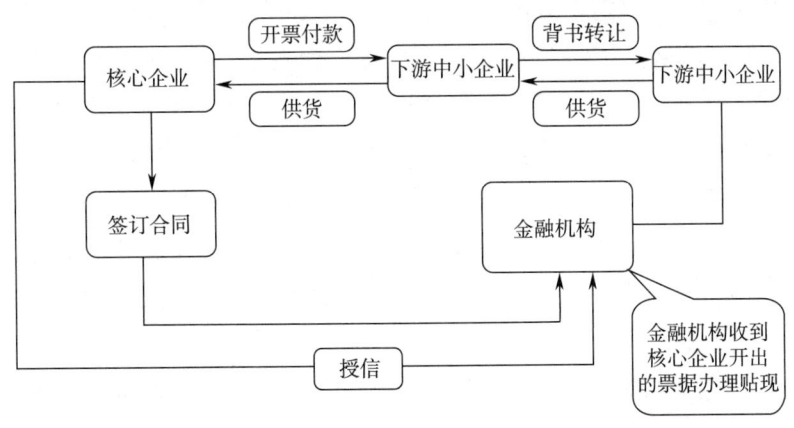

图 4-11 供应链金融中的票据业务

另外,在供应链金融场景下,可依托核心企业的信用,或是依托供应链中上下游企业与核心企业之间的真实贸易以此作为打开供应链中小企业融资的通道。票据融资的成本可由出票人和持票人分别承担,票据开出即可提前抵扣税款,尤其适合中小企业的融资。商票在供应链管理中对中小企业的资金融通作用是发展趋势。较应收账款优势明显,付款时间确定,变现能力强,便捷高效。

3. 各地政府对商业承兑汇票助推产业链融资的政策支持。

(1) 山东临沂。2018 年 2 月,中国人民银行临沂市中心支行与临沂银监分局联合制定了《关于规范发展商业承兑汇票业务助推产业链融资的指导意见》,提出了推动商票业务规范发展的具体措施。筛选 53 家企业纳入首批商票推广"白名单",推动商票业务规范发展,以供应链金融为突破口开展试点,推动优质试点企业签发商票,银行提供保证保贴等服务。形成了商票助推供应链金融发展的"临沂模式"。

(2) 山东济宁。2018 年 12 月,中国人民银行济宁市中心支行、济宁市金融办、济宁银监分局联合制定了《关于促进商业承兑汇票业务发展的指导意见》,指出进一步发挥商业承兑汇票对社会经济发展的促进作用,引导和鼓励商业信用发展,助推产业链融资,缓解小微企业融资难题。在具体落实上,结合济宁市产业链转型升级整体规划与企业实际需求,定期评选公布商票推广企业"白名单"。"白名单"企业采取银行业金融机构推荐,市级金融管理部门认定的方式产生。名单内企业将享有一定的政策优惠:主办银行优先提供商票保贴、保兑等增信服务;金融机构对企业实施差别化的信贷政策,降低贴现利率,优先给予贴现;人民银行给予再贴现政策支持。

(3) 宁波市。2019 年 5 月,中国银保监会浙江监管局、浙江省商务厅、中国银保监会宁波监管局联合发布《关于发展供应链金融支持小微企业发展的通知》,要求各银行保险机构根据国家级、省级供应链创新与应用试点企业名单,切实做好金融服务。一是建立名单制管理。制定小微供应链金融业务核心企业准入标准,实施名单制管理,"一企一策"制订试点金融服务方案。二是搭建金融服务平台。对接核心企业需求,充分运用大数据、区块链、人工智能等金融科技手段,围绕农业、制造业、商贸流通等重点领域搭建供应链金融服务平台。三是提供配套综合金融服务。根据技术条件和金融服务水平,不断创新服务方式和管理机制,满足核心企业及上下游中小微企业多元化金融服务需求。四是支持商业信用发展。积极推动核心企业提升产融合作意识,探索建立银行保险机构与核心企业之间利益共享机制和风险分担机制,激发核心企业主动参与供应链金融业务。

(4) 上海浦东。2019 年 10 月,人民银行上海总部与浦东新区政府共同研究制定《关于金融支持浦东新区改革开放再出发 实现新时代高质量发展的指导意见》,从支持开放举措率先落地、降低企业融资成本、支持建设具有国际竞争力的产业新高地、支持发展总部经济、优化金融发展环境以及防范和化解金融风险等方面为实现新时代高质量的发展提出指导意见。文中强调,深化应收账款融资服务平台推广应用,促进浦东中小微企业融资。鼓励金融机构积极运用商业汇票发展供应链金融,积极发展定向可转票据、信用联结票据等适应定向发行方式的创新产品,实实在在服务实体经济。

4. 商票供应链业务模式。

（1）针对核心企业下游经销商的"商票"+在线供应链金融模式。①

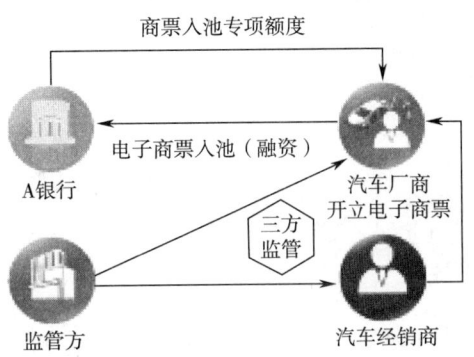

图 4-12 "票据+在线供应链金融"服务小微企业方案

在这一模式下，经销商（小微企业）可以借助核心企业的信用，获得银行业授信支持，解决其融资难问题。银行对部分核心企业认可并推荐的优质经销商客户免收开票保证金、免收开票手续费，同时，银行实现线上操作，经销商通过开立电子商业汇票，降低了经销商的人力成本，提高了办事效率。

以北汽为例。其下游经销商在传统模式下很难获得银行授信，但通过在线供应链金融模式，可以成功将电子商业承兑汇票入池应用到汽车金融。A银行给北汽股份一定额度的商票入池专项额度，限定商业承兑汇票出票人为核心企业的下游经销商，在汽车经销商缴纳保证金的情况下（一般为20%），为每个经销商核定商票开票额度，允许经销商在A银行开立以北汽股份为收票人的电子商票。A银行根据北汽股份的推荐，与每个推荐的经销商签订《三方汽车金融协议》，与经销商及仓储监管公司签订《三方仓储监管协议》，委托监管方对A银行商票所采购的车辆进行监管，销售回款进入A银行的保证金账户，由A银行监管中心进行销售监控。最后，经销商开立的电子商票连同北汽股份收到的其他银行承兑汇票全部入北汽在A银行的票据池。入池票据根据北汽要求统一安排，当北汽需对外付款时，将托管票据进行质押，由北汽股份换开A银行承兑汇票、发放超短贷或开立信用证。

（2）采购端"一头在外"的票据业务。②

钢铁企业在资金收付结算流转广泛采用票据结算业务，票据占据资金比重高、规模大。河钢大宗原燃料采购主要适用票据进行资金结算，月均80亿元，上游客户从河钢获得的票据较多，存在票据贴现需求，但受到银行信贷规模和授信限制。河钢财务

---

① 邹倩，高源等. 大力发展票据供应链融资破解小微企业融资难题 [J]. 中国银行业，2018 (5).
② 河钢集团有限公司. 大型钢铁企业集团全产业链金融服务模式的构建与创新 [J]. 冶金财会，2018 (1).

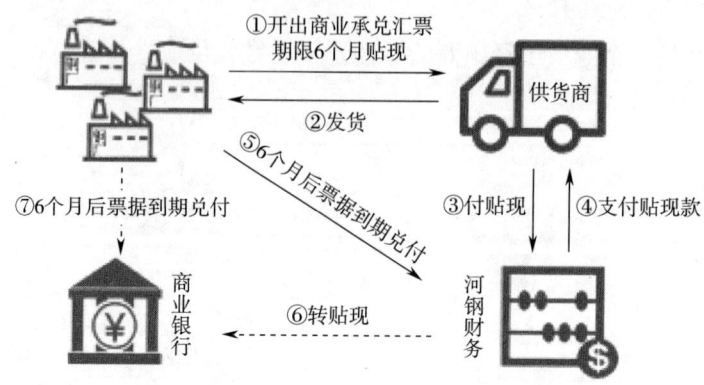

图 4-13 采购端"一头在外"的票据业务

开展"一头在外"票据贴现业务相对于下游企业风险更加可控，票据资产可变现能力强。不管是持有还是转贴现都可以利用自身的资金管理。河钢财务开展"一头在外"的票据贴现业务。业务范围严格限定客户为河钢有长期往来的供应商，同时加强对贴现资料的审核，确保真实贸易背景的前提下开展贴现业务。所得票据既可自持，在资金短缺的情况下也可以向商业银行进行转贴现。

（3）中国石油天然气集团的多元化供应链金融。

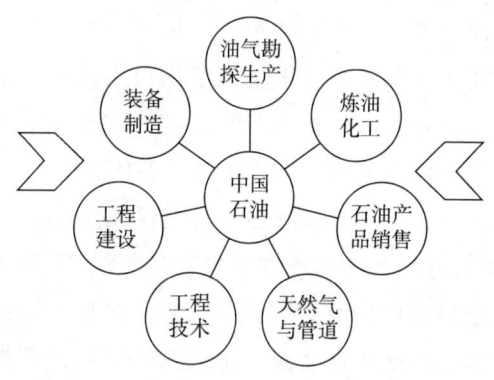

图 4-14 中石油的多元化供应链金融

中国石油是国有独资公司，是产炼运销储贸一体化的综合性国际能源公司，主要业务包括国内外石油天然气勘探开发、炼油化工、油气销售、管道运输、国际贸易、工程技术服务、工程建设、装备制造、金融服务和新能源开发等。在它的供应链中拥有大量的上下游企业，一级核心企业137家，产业链客户9309户，其中上游客户7609家、下游客户736家。

昆仑银行根据中石油天然气集团公司供应链的特点，推出"中石油供应链融资业务"为其成员单位的上游供应商、服务商（借款人）基于其与核心企业之间通过电子采购平台2.0的物资供应等交易活动，以交易所产生的未来应收账款或现实的应收账款债权提供质押担保，并以对应的结算资金作为第一还款来源，以围绕核心企业对客户的物流、资金流、信息流的掌握，来控制风险，用于满足借款人在生产、贸易、服务等经营过程中资金需求的贸易融资服务，从而实现三方共赢：石油核心企业降本增效；产业链客户盘活资金；金融企业增加客户市场。同时对于中石油而言，这一业务激活了上游中小企业融资；促进了油气化工产品销售；助力成员企业解决痛点问题，实现降本增效、压降"两金"、去杠杆的作用。

围绕主业上游产业链客户推出"通"字号产品，如商信通、油企通、物采通、租融通、投融通等产品；围绕主业下游产业链客户推出"贷"字号产品，如燃气贷、促销贷、油易贷等，充分满足服务于主业的"三商"（物资供应商、服务商、工程承包商）不同融资需求。与商业汇票有关的主要是以下两项业务：

商信通业务，是昆仑银行为持有中石油商业承兑汇票的各类客户，包括直接从中石油成员单位取得商票和经背书转让取得商票的客户提供的集融资支持、资金结算、理财服务于一体的综合金融服务方案特色产品。持有商票客户仅需将商票进行质押，即可按照商票金额100%办理贷款或转开银行承兑汇票业务。

物采通业务，是昆仑银行为中石油成员单位提供各类原料、设备、配件等物资供应的服务商开发的集融资支持、资金结算、理财服务于一体的综合金融服务方案专属产品。以借款人与中石油成员单位基于物资供应交易产生的应收账款债权质押担保，提供流动资金贷款、银行承兑汇票、订单融资、发票融资等多种融资产品。

5. 商票供应链的推广要素。

（1）选择具有良好信誉、具有供应链且应付账款较多的企业合资成立供应链管理平台。

（2）将其应付账款转成商业承兑汇票支付，展现核心企业将获得的收益：

若将1亿元支付货款，只能获得1亿元货物规模，如将1亿元资金用于商票回购，按40%贴现率，商票支付可购买2.5亿元货物，按20%贴现率，可购买5亿元规模；

按年化5%贴息，扣除贴现利息实际支出减少 $10000 \times 5\% = 500$ 万元。

（3）前期准备不低于50%的资金用于回购商票，形成闭环，随着商业信用的激活，适度降低回购资金准备。

通过以上步骤，实现企业信用的充分激活，市场信用度提高，另外可提高中小企业黏性，为上游企业降低融资成本，实现共同成长。